武冈一中"百年校

庆"教工全家福

（摄影　谢毅　2022年5月）

百年校史 百年芳华

刘兴龙 主编

湖南师范大学出版社

· 长沙 ·

图书在版编目（CIP）数据

百年校史 百年芳华／刘兴龙主编. —长沙：湖南师范大学出版社，2022.8
ISBN 978 - 7 - 5648 - 4604 - 6

Ⅰ.①百… Ⅱ.①刘… Ⅲ.①湖南师范大学附属武冈实验中学—校史—文集
Ⅳ.①G639. 286. 44 - 53

中国版本图书馆 CIP 数据核字（2022）第 126664 号

百年校史 百年芳华

Bainian Xiaoshi Bainian Fanghua

刘兴龙 主编

◇出 版 人：吴真文
◇组稿编辑：李 阳
◇责任编辑：赵英姿 李红霞
◇责任校对：张晓芳 张欣怡
◇出版发行：湖南师范大学出版社
　　　　　　地址/长沙市岳麓区 邮编/410081
　　　　　　电话/0731 - 88873071 0731 - 88873070
　　　　　　网址/https：//press. hunnu. edu. cn
◇经销：新华书店
◇印刷：湖南立信彩印有限公司
◇开本：889 mm × 1194 mm 1/16
◇印张：21. 25
◇字数：570 千字
◇版次：2022 年 8 月第 1 版
◇印次：2022 年 8 月第 1 次印刷
◇书号：ISBN 978 - 7 - 5648 - 4604 - 6
◇定价：198. 00 元

凡购本书，如有缺页、倒页、脱页，由本社发行部调换。
投稿热线：0731 - 88872256 微信：ly13975805626 QQ：1349748847

编委会

明理　砺志　笃学　践行

湖 南 省 武 冈 市 第 一 中 学
湖 南 师 大 附 属 武 冈 实 验 中 学

明理

章学诚《文史通义·原道下》："文章之用，或以述事，或以明理。"

砺志

李渔《慎鸾交·久要》："待我砺志清云，立身廊庙，做些显亲扬名的大事出来。"

笃学

《三国志·魏书·管宁传》："此君笃学隐居，不与时竞，以道乐身。"

践行

《朱子语类》卷九："只有两件事：理会，践行。"

校徽图标取汉语拼音"YIZHONG"之"Y""Z"设计而成。总观犹如一只飞翔在蓝天的小鸟，寓意着一中的腾飞，充满生机活力。

是字母"Y"的变形，细看便是一中学生正在向老师或国旗行礼，反映着一中良好的礼仪常规教育。

是字母"Z"的变形，既是人的身体又是鸟的身体。

是"三"的变形，既是鸟的翅膀，又是一中"三种精神"的象征。采用树叶形的设计，充满着希望和生命。

（校徽设计者：柳秀勇）

湖南省武冈市第一中学

团结进取 求实创新

——湖南省武冈市第一中学校歌

1=F 2/4

中速稍快 坚定 自豪地

林绿琪 曲
于秋林 王顺生 词

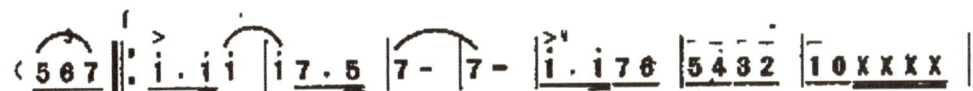

身处 云 台 岭,胸怀 天下 志.身处 云 台 岭,胸怀
脚踏 红 军 山,放眼 天下 路.脚踏 红 军 山,放眼

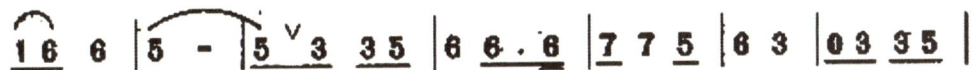

天 下 志. 我们在 竖起的 黑土上 耕耘, 倾满腔
天 下 路. 我们在 知识的 海洋里 遨游, 长千般

热血, 献一片 爱心, 蜡烛 燃烧着 真理的 追求, 春
智慧, 练一身 本领, 白云 托起我们 报国的 理想, 太

蚕 吐不尽桃 李. 桃李 芬 芳 桃李 芬
阳 铺开我 们 灿烂的 前 程 灿烂的 前

芳. 啊 团结 进取, 求实 创新, 继 往开来 我们
程.

高 歌猛 进! 团结 进取, 求实 创新, 继 往开来 我们

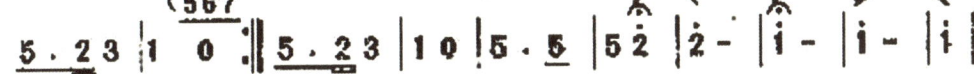

高 歌猛 进! 高 歌猛 进! 高 歌猛 进!

明理砺志　笃学践行

——湖南师范大学附属武冈实验中学校歌

1=D 2/4

♩=110　坚定、自豪地

刘兴龙　词
蒋军荣　林绿琪　曲

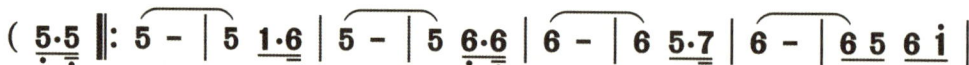

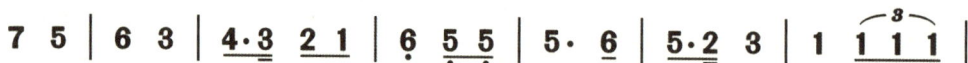

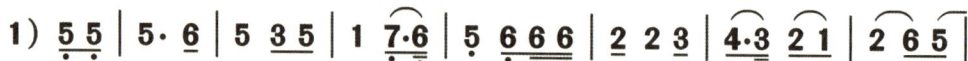

心装云山美,胸怀报国志,我们在巍峨的书山攀登。
乘着都梁风,放眼观天下,我们在浩瀚的学海追寻。

朝气蓬勃,向阳花开,点亮心中的明灯。
不负青春,追梦韶华,铺开灿烂的前程。

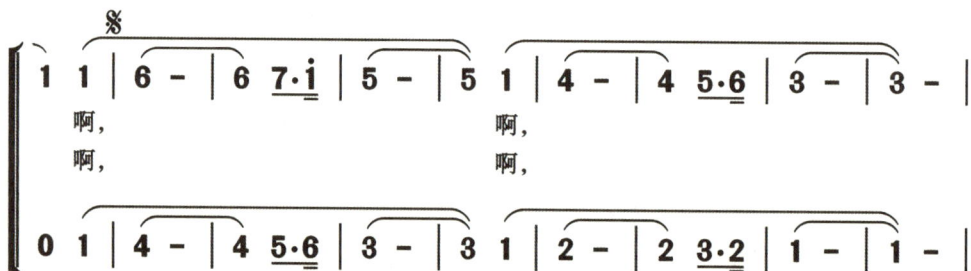

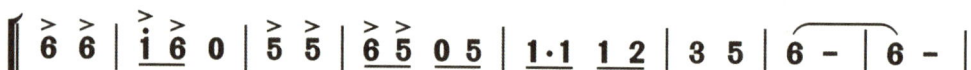

啊,　　　　啊,
啊,　　　　啊,

明理砺志,笃学践行,在新时代的晨光里,
明理砺志,笃学践行,在新时代的晨光里,

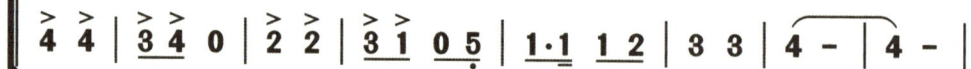

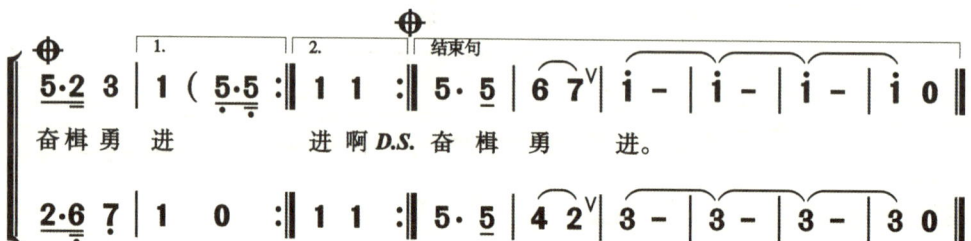

奋楫勇进　　　进啊 D.S. 奋楫勇进。

　　武冈市第一中学，为了纪念百年华诞，总结历史经验，规划美好未来，乘建校百年之机，组建班子，编辑出版《百年校史　百年芳华》一书。书稿集成之时，刘君兴龙校长（也是该书主编）邀我作序。这对我来说，是一件既受之有愧，又却之不恭的事情，因为我与学校有着特殊的缘分：

　　一是1983年，我从湖南师范学院（现为湖南师范大学）毕业后被分配到武冈一中任教生物学科，历时三载；二是2014年受时任武冈市委书记侯文先生之托，联系湖南师大时任党委书记李民先生、校长刘湘溶先生，为武冈一中与湖南师范大学附属中学牵线搭桥，2015年一中加挂了"湖南师大附属武冈实验中学"的牌子……思之再三，觉得不违众意，勉为其难，写几句感想而已。

　　史记，自汉以降即有武冈。武冈乃是楚文化重镇，在两千多年的历史发展中，历来设军置府立州，是湘西南政治经济、文化教育的中心。武冈一中自创办至今发展的百年岁月里，我们亦可深深感受到武冈社会素有的厚重湖湘文化底蕴和尊师重教的优良传统。

　　我认真翻阅了《学校发展大事记》，得知武冈一中自1922年创办武冈县立女子小学校发端，1929年扩建为县立女子初级职业学校，在女子小学部基础上增设职业部，设缝纫、织布、织袜、刺绣四科，学制两年；1936年学校又增设乡村师范班，招收高小毕业女生，学制四年；1937年，学校改为县立女子初级中学。1943年更名为武冈县立初级中学，男女生兼收。1953年，学校改名为武冈县第一初级中学；1959年，学校更名为武冈县第一中学；1960年，原并入武冈一中的鸿基中学又分离出去，迁往龙江区创办县立第四初级中学。1959年秋季，学校开办高中，成为完全中学。2003年学校被省教育厅正式认定为湖南省重点中学（后改称为湖南省示范性普通高级中学），武冈市人民政府与香港展辉企业有限公司签订《联合办学合同书》，转让一中拥有的云台中学办学权；2015年市委市政府引进湖南师范大学优质教育资源，将学校冠名为湖南师范大学附属武冈实验中学……

　　从学校发展《大事记》中我们不难发现，武冈一中对武冈政治、经济、文化、社会，特别是学校教育的发展发挥了重要的历史作用，拥有极其重要的历史地位：

　　一是一中是武冈市各类别教育和学校建设、发展的重要基础。如武冈三中、四中、云台中学等学校的创建，以及女子教育、职业教育、师范教育等的发展都与一中有关，有的学校甚至就是直接脱胎于武冈一中。

　　二是学校在百年奋斗的历程中，从小到大，从弱到强，办学规模、质量和社会效益与时俱进、不断提升，从最初的一所女子初小发展到今天已经成为湖南省级重点中学，成为一所遐迩闻名的三湘名校。

　　三是学校历来以"立德树人""全面发展"作为基本的办学理念，以"明理、砺志、笃学、践行"为校训。教师以教为本，教会做人；学生以学为本，学以成人。学校为祖国、民族培养了一大批德、智、体、美、劳全面发展的优秀人才，他们在不同的历史时期，为祖国和人民的事业作出了自己应有的贡献。

　　《百年校史　百年芳华》一书以百年树人立宗，多视角、多层面、多维度地展现武冈一中学校建设发展波澜壮阔的百年画卷。其心昭昭，其意浓浓。全书不仅全景式地记录了武冈一中的百年发展史，也折射出武冈地方教育100年发展的历史脉络，更从一个侧面呈现了中华民族从屈辱到崛起而富强的百年沧桑。

　　历史，是一面镜子，也是最好的营养剂。武冈一中是一朵生长在历史土壤里，开放在现实社会中的艳丽鲜花，必将怒放在未来的岁月里。

　　是为序。

周德义

2022 年 3 月 27 日于湖南长沙崇文阁

　　（周德义，湖南省武冈市人。哲学家，中国哲学"一分为三"学派代表人物。曾任湖南省人民政府副主任督学、湖南省委教育纪工委书记、省纪委派驻省教育厅纪检组长、省属高校巡视组组长。现任湖南省教师教育学会会长、湖南省教科院博士后指导教授、岳麓书院客座教授等）

目　录

第一部分

学校历届党政领导名单

党组织

中共武冈县第一初级中学支部委员会

1957.8—1958.8

书　记　胡鳌松

1958.8—1959.8

书　记　刘文明

中共武冈县第一中学支部委员会

1959.8—1962.10

书　记　刘文明

1962.10—1966.2

书　记　邓志中

1966.2—1969.3

书　记　刘应中

1969.3—1971.3

（学校下放新东公社管理）

1971.3—1974.3

副书记　林柏安

副书记　蒋明尘 1973.3 任

1974.3—1974.5

书　记　蒋明尘

副书记　林柏安

1974.5—1978.5

书　记　刘应中

副书记　林柏安 1976.8 免

1978.5—1985.9

书　记　刘文明

副书记　邓先伟

1985.9—1986.8

副书记　周宜范（主持工作）

1986.8—1994.4

书　记　周宜范

副书记　戴时培

中共武冈市第一中学支部委员会

1994.4—1995.12

书　记　周宜范

副书记　戴时培 1994.8 免

1996—2002

书　记　周宜范

副书记　邓隆亮 1998.3–2001.9

2002—2007

书　记　唐启胜

副书记　唐　军

2007—2021

书　记　周乐庆

2021.2—

书　记　刘兴龙

副书记　李建涛

行政组织

武冈县立女子小学

民国十一年（1922—）
校　长　刘国干
校　长　傅彩萍
校　长　苏铎仙

武冈县立女子初级职业学校

民国一十八至二十一年
（1929—1932）
校　长　邓绍汉

民国二十一年至二十五年
（1932—1936）
校　长　王渭源

民国二十五年至二十六年
（1936—1937）
校　长　曾卧林

武冈县立女子初级中学

民国二十六年至三十二年
（1937—1943）
校　长　萧浚

武冈县立初级中学

民国三十二年至三十四年
（1943—1945）
校　长　王渭源

民国三十四年至三十六年
（1945—1947）
校　长　萧中阶

民国三十六年至三十八年
（1947—1949）
校　长　王焜

1949—1949.10
校　长　萧国汉

1949.10—1951.10
校　长　谢翼 1950 任

1951.10—1953.9
校　长　石易安

湖南省武冈县第一初级中学

1953.9—1954.7
校　长　易世廉 1953.3 任
1954.7—1955.8
副校长　傅鸣勋

1955.8—1958.8
副校长　胡鳌松

1958.8—1959.8
副校长　刘文明

武冈县第一中学

1959.8—1961.8
副校长　刘文明

1961.8—1962.10
校　长　李皋如
副校长　刘文明

1962.10—1966.2
副校长　刘文明　邓志中

1966.2—1969.1
校　长　刘应中

武冈县第一中学革命委员会

1969.1—1973.3
主　任　舒增银
副主任　林柏安 1971.6 任

1973.3—1974.5
主　任　蒋明尘

1974.5—1978.5
主　任　刘应中
副主任　舒增银

武冈县第一中学

1978.5—1984.4
副校长　邓先伟
　　　　周民颁
　　　　肖孝富 1980.9 任
　　　　唐义芳 1983.9 任

1984.4—1985.12
校　长　唐义芳
副校长　周维治　戴时培
　　　　周宜范 1985.8 任

1985.12—1986.8
副校长　周维治　戴时培
　　　　周宜范

1986.8—1987.7
校　长　周宜范
副校长　周维治　戴时培
　　　　杨祚益

1987.7—1994.4
校　长　戴时培
副校长　周维治
　　　　姜子华 1989.9 任
　　　　唐启胜 1991.9 任
　　　　杨祚益

武冈市第一中学

1994.4—1994.8
校　长　唐启胜
副校长　周维治　姜子华

1994.8—1995.5
校　长　唐启胜
副校长　周维治　姜子华

1995.5—1998.3
校　长　唐启胜
副校长　周维治　姜子华
　　　　周乐庆 1995.7 任
　　　　邓隆亮 1997.8-1998.3

1998.3—2001.8
校　长　唐启胜
副校长　龙运国　唐　军
　　　　周乐庆

2001.9—2007.2
校　长　唐　军
副校长　周乐庆　刘力平
　　　　龙运国

2007.2—2021.2
校　长　刘力平
副校长　邓星业 2007.9 任
　　　　黄荣新 2007.2 任
　　　　郑宏剑 2007.9 任
　　　　张居华 2011.9 任

2021.2 至今
校　长　刘兴龙
副校长　张居华　徐　军
　　　　伍春晖

第二部分

学校历史沿革

百年校史　百年芳华

2020 年
校址搬迁至新校舍恒丰东路

挂牌湖南师范大学
附属武冈实验中学 **2015** 年

2003 年
湖南省重点中学
湖南省示范性普通高级中学

武冈市示范性学校
邵阳市重点中学 **2001** 年

1978 年
武冈县重点中学

武冈县第一中学 **1959** 年

1955 年
校址搬迁至云台岭新校舍

武冈县第一初级中学 **1953** 年

1952 年　校址搬迁至塘富冲
许家大屋

校址搬迁至皇城坪北面
（县政协所在地） **1950** 年

1943 年　武冈县立初级中学
（希贤精舍内）

武冈县立简易乡村师
范学校（今政协楼） **1937** 年

1937 年　武冈县立女子
初级中学

1929 年
武冈县立女子初级职业学校

1924 年
武冈县立初级中学

1922 年　武冈县立
女子小学

武冈县立中学 **1914** 年

1906 年
武冈驻省中学堂

1901 年
武冈州立初等学堂

1875 年
希贤精舍（今王城公园）

1067 年
鳌山书院（今正骨医院）

第三部分

学校发展大事记

北宋治平四年（1067）

◎周敦颐创办鳌山书院，旧址在今正骨医院。

清光绪元年（1875）

◎武冈知州张宪和、乡贤邓辅纶与州人商定在武冈修建希贤精舍，旧址在今王城公园。竣工后，置经史诸书 3000 余卷，聘邓辅纶为主讲。

清光绪二十四年（1898）

◎以康有为、梁启超为代表的维新派人士通过清光绪皇帝发动了一场倡导学习西方、提倡科学文化，改革政治、教育制度，发展农、工、商业等的资产阶级改良运动，这场运动史称戊戌变法。因变法损害到以慈禧太后为首的守旧派的利益，1898 年 9 月 21 日，慈禧太后发动戊戌政变，光绪帝被囚，康有为、梁启超分别逃往法国、日本，谭嗣同等戊戌六君子被杀，历时 103 天的变法失败，因此戊戌变法又称百日维新。戊戌变法有一项重要内容就是开办新式学堂。光绪二十四年五月二十二日 (1898 年 7 月 10 日)，光绪皇帝颁布《改书院兴学校谕》，命令"将各省府厅州县现有之大小书院，一律改为兼习中学西学之学校""以省会之大书院为高等学、郡城书院为中等学、州县书院为小学"，皆仿京师大学堂章程办理。同年九月三十日（11 月 13 日），光绪皇帝此谕尚未贯彻到地方就因慈禧太后命令"各书院照旧办理，停罢学堂"而废。

清光绪二十七年（1901）

◎清廷开始推行新政，八月初二（9 月 14 日）光绪皇帝再颁谕旨，令各省府州县书院改为各级学堂，其教法"以四书五经纲常大义为主，以历代史鉴及中外政治艺学为辅，务使心术纯正、文行交修、博通时事、讲求实学"。其后各省遂相继实行。鳌山书院（1893 年蔡锷应院试补博士弟子员，入鳌山书院）在此大背景下正式改名武冈州初等学堂，这是武冈官办新式学堂的开始。

清光绪三十二年（1906）

◎武冈州旅省人士林泽佑、唐缪、王隆中、曾佩林、欧阳刚中、刘异等在长沙北门外荷花池，以武冈州同乡会馆的馆产创办武冈州驻省中学堂。

民国三年（1914）

◎武冈驻省中学堂迁回武冈城，校址设在原鳌山书院，即武冈初等学堂内，改为县立中学。著名史学家吕振羽 1916 年至 1920 年在这所学校学习，武冈最早的一批中共党员，如革命烈士邓中宇、欧阳东、李秋涛、尧文玉、邓成云等人都毕业于武冈县立中学。

民国十一年（1922）

◎在希贤精舍旧址上创办县立女子小学校。第一任校长为刘国干。

民国十二年（1923）

◎学校贯彻执行教育部颁发的新学制，即壬戌学制。新学制规定：中学六年，三三分段；小学六年，四二分段。

◎本年秋，根据教育部指示，小学一律改用语体文（非文言文）教学。

民国十三年（1924）

◎武冈县立中学改名武冈县立初级中学。

民国十六至十七年（1927—1928）

◎湖南"马日事变"后，军阀清乡清党，捕杀进步师生，加上土匪轮番洗劫，武冈城内各中小学校全部停办。停至1928年。

民国十八年（1929）

◎八月，将县立女子小学校扩为县立女子初级职业学校。除小学部维持原有编制外，增设职业部，职业部设有缝纫、织布、织袜、刺绣四科，学制两年。

民国二十年（1931）

◎教育部通令，这一年起，每年4月4日为儿童节，学校集会庆祝。

民国二十一年（1932）

◎民国二十一年七月，字第五二号，湖南省教育厅厅长曹典球签发委任状，委任王渭源为武冈县立女子职业学校校长。

民国二十五年（1936）

◎县立女子初级职业学校附设乡村师范班，招收高小毕业女生，学制四年。

民国二十六年（1937）

◎"七·七事变"爆发后，湖南省教育厅委派杨韶华为武冈县教育局局长。杨韶华上任后，即刻将武冈县立女子初级职业学校改为武冈县立女子初级中学，委任萧浚为校长。

◎全校共三个班，150名学生，所授课程与其他中学相同。

◎武冈县立初级中学增设乡村师范班，改名武冈县立简易乡村师范学校，仍保留初中部。

民国二十七年（1938）

◎县立女子初级中学的小学部停办。

民国二十八年（1939）

◎5月，根据教育部通令，各中学以"礼义廉耻"为共同校训。

民国三十一年（1942）

◎建筑校舍，扩充班次。建筑在两年内被日寇毁灭。

民国三十二年（1943）

◎武冈县立女子初级中学改名为武冈县立初级中学，实行男女生兼招，学制三年，简易乡村师范学校初中部并入新的武冈县立初级中学。

◎10月，湖南省教育厅厅长王凤喈签发委任状，委任王渭源为武冈县立初级中学校长。

民国三十三年（1944）

◎学校发展到六个班，学生360余人。秋后，武冈沦陷，学校停办。

民国三十五年（1946）

◎日本投降后，恢复学校建筑。

公元一九五〇年

◎2月，简易乡村师范学校停办，在校4个肄业班，并入省立第六师范学校，成为省立第六师范学校的初师部。原简易乡村师范学校的教学仪器和图书，按其需要分配给第六师范学校和县立初级中学。

◎城内私立中学的学生裁并到县立4所中学，武冈县立初级中学接受到部分学生。

公元一九五一年

◎武冈县立中学按照中央人民政府政务院颁布《关于改革学制的决定》要求，确定中等教育分初、高两级，修业年限各为三年。

公元一九五二年

◎学校迁至城东郊区的塘富冲许家大屋。该地交通不便，缺少水源。政府决定在东郊资江河畔的云台岭上新建校舍。

公元一九五三年

◎下学期，学校改名为武冈县第一初级中学。按照教育局指令，统一改为秋季招生。

公元一九五四年

◎武冈县第一初级中学在云台岭上修建新校舍。计划暂建8间一列式教室2栋，礼堂兼食堂1栋，厨房1栋，职工宿舍1栋，学生宿舍2栋，浴室1栋，厕所1栋。

公元一九五五年

◎学校从许家大屋搬至城东区云台岭新校舍办学。学校招收 11 个班，其余 5 间分别为阅览室、卫生室、图书仪器室、会议室、音乐室。

公元一九五六年

◎学校举办教师肃反学习班。下学期，教师工资改革后的人均工资为 51.43 元。

公元一九五七年

◎在整风"反右"运动中，两名老师被错划成右派，一些同志受到伤害。

公元一九五八年

◎"大跃进"运动，师生赴文坪煤矿挖煤，共计 48 天。

◎ 10 月，武冈师范学校、武冈县第一初级中学、武冈县第二中学、武冈县云山中学、武冈鸿基中学联合组成"红专人民公社"，统一建立教育、生产劳动体系。

◎武冈县第一初级中学与私立鸿基中学联合办学。

公元一九五九年

◎当年秋季，始招高中，学校成为完全中学。学校更名为武冈县第一中学。

◎校舍再次扩建。

公元一九六○年

◎鸿基中学从武冈一中分出，迁往龙江区改名为第四初级中学。

公元一九六二年

◎第一届毕业班考入大专院校 6 人。

公元一九六三年

◎ 1 月 23 日，省教育厅转发教育部《关于有重点地办好一批全日制中小学校的通知》，武冈县确定武冈一中为重点学校。

◎第二届考入大专院校 38 人。

公元一九六四年

◎第三届毕业生考入北京大学 1 人、清华大学 1 人，高考升学率上升为 66%。

公元一九六五年

◎第四届高中毕业生参加高考，2 人考入北京大学、2 人考入清华大学，高考升学率高达 78%，位居武冈第一。

公元一九六六年

◎学校发展到 16 个教学班，学生近 800 人，教职员工 60 余人。

◎6月，"文革"开始。学校受到冲击，档案、珍贵书刊和教师多年积累的教学资料全遭损毁。

◎10 月下旬，学校成立"文革小组"取代学校行政，高考中止。

公元一九六七年

◎3月，学校"复课闹革命"。

公元一九六八年

◎因云山中学（武冈三中前身）被轴承厂占用，云山中学强行并入武冈一中。

◎11 月，学校下放到新东公社。学制改为二二制，即初中、高中修业年限均为两年，并将秋季始业改为春季始业。

◎当年冬天，学校成立"革命委员会"，舒增银任革委主任。

公元一九六九年

◎9月，县革委指令学校划出办公楼一栋、教室一栋、寝室一栋、教工宿舍一栋、过亭一栋、大操场一个、农场土地九亩给县汽车配件厂。贯彻"五七"指示，开展"斗批改"，实行"开门办学"。

公元一九七一年

◎上学期，复归县办，学校奋力整顿教学秩序，学校面貌有所改观。

公元一九七二年

◎轴承厂搬迁至邵阳市，云山中学从武冈一中分离，回到原来的校址。

公元一九七四年

◎学校原春季始业改秋季始业。

公元一九七六年

◎粉碎"四人帮"后，恢复正常教学。

公元一九七七年

◎高考制度恢复，学校三个应届班考取大中专 10 人。

◎高三十二班被评为邵阳地区先进集体。县人大代表杨祚益老师代表高三十二班出席地区教育先代会。

公元一九七八年

◎上学期，县委派刘文明任党支部书记，组成新的领导班子。

◎下学期，被评定为武冈县重点中学。二二学制改为三二学制，即初中三年、高中二年。

◎学校两个应届班考取大专以上 8 人，初中升中专 3 人，复读班 28 人参考，考取大中专 14 人。

公元一九七九年

◎落实知识分子政策，恢复 3 名同志的党籍，安排 10 名被错误处理的教师回校任教，发展 21 名骨干教师入党。协助解决 14 位教师家属的农村户口转移问题。

◎学校被评为武冈县先进党支部。

◎学校四个班参加高考，被大中专院校录取了 59 人。

公元一九八一年

◎唐义芳当选为武冈县一届政协委员。

◎学校四个应届班大中专院校考取 51 人，其中大专以上 26 人、中专 25 人。

公元一九八二年

◎学校四个应届班大中专院校考取 53 人，其中大专以上 28 人、中专 25 人。

◎学校团委会被共青团中央授予先进单位荣誉称号。

公元一九八三年

◎学校获原国家教委评审的思想政治组织工作一等奖，被原国家教委评为思想政治教育先进单位。禹耀彩被评为邵阳地区先进教育工作者。

◎当年下学期，学校恢复了三三学制，即初、高中各三年。

◎学校四个应届班大中专院校考取 83 人，其中本科 25 人、大专 29 人、中专 19 人、艺术专业 4 人、英语专业 3 人、体育专业 3 人。

公元一九八四年

◎学校四个应届班大中专院校考取 84 人，其中大专以上 61 人，中专 23 人。

◎ 1985 年，周伟球考取清华大学，是恢复高考制度以来武冈一中考入清华的第一人。

◎萧孝富被评为邵阳地区先进教育工作者。

公元一九八六年

◎高 63 班学生李立新参加全省运动会，获中学组男子 500 米第一名。

公元一九八七年

◎学校共青团被评为市先进集体。

公元一九八九年

◎姜子华荣获国家人事部、教育部"全国优秀教师"称号。

◎周光辉同学考上北京大学,是恢复高考以来武冈一中考入北京大学的第一人。

公元一九九一年

◎戴时培荣获湖南省人民政府"优秀教育工作者"称号。

公元一九九三年

◎邓隆亮湖南省"优秀教师"称号。

◎学校314人参加高考考取92人,其中匡碧英被保送至国防科大、曾小群保送至八一体工大队,考上重点大学17人、本科25人,高考升学率为29.3%。

公元一九九四年

◎学校高考考取134人,在邵阳市14所省市重点中学中科平均成绩获三个第一名、二个第二名、四个第三名。刘宇飞同学以文科全省第二十二名的成绩考入中国人民大学。

◎8月,时任学校校长的戴时培调武冈市教育局任副局长,副校长唐启胜接任校长。

◎下学期起,停办高中复课班。

◎学校筹措资金征地扩建。

公元一九九五年

◎刘力平、姜海平荣获湖南省人民政府"优秀教师"称号。

公元一九九六年

◎陈云婕同学物理奥赛获邵阳市一等奖,当年考入北京大学。

公元一九九七年

◎与吉首大学联合开办武冈一中艺术中专班,学制三年,发吉首大学中专文凭。

◎李仁芳同学数学奥赛获湖南省二等奖,当年考入清华大学。

◎杜文塔同学以高考实考分武冈市第一名的成绩考入国防科技大学。

公元一九九八年

◎周乐庆荣获湖南省人民政府"优秀教育工作者"称号。

◎建成科教楼。

◎艺术班扩招美术学生。云台文学社被评为邵阳市特级文学社团。

◎赵伟兵同学物理奥赛获湖南省二等奖，当年考入清华大学。

◎林伟岸同学化学奥赛获湖南省三等奖，1999 年考入浙江大学。

◎湖南省高中毕业会考 8 科获武冈市第一名。

公元一九九九年

◎改艺术中专班为高中艺术班，发普高毕业文凭。

◎两栋教工集资房建成，40 位教工喜迁新居。

◎蒋明月同学获化学奥赛湖南省二等奖，邵阳市理科状元，当年考入复旦大学。

公元二〇〇〇年

◎多功能大礼堂建成并投入使用。

公元二〇〇一年

◎唐启胜荣获湖南省人民政府"优秀教育工作者"称号。

◎ 7 月，邵阳市教育局批准，国有民营的云台中学正式创办，由退休的副校长姜子华兼任校长。

◎ 9 月，唐军任学校校长。

◎艺术楼改造工程完工。

◎学校被评为武冈市示范性学校。

公元二〇〇二年

◎至 2002 年，学校教学班达 54 个，其中普高班 30 个，艺术高中班 3 个，初中班 21 个，在校学生 3368 人，教职员工 166 人。

◎提出"培养真正的人"的办学理念。学校编纂《云台烛光》，收录教师论文 132 篇。

◎图书馆办公综合大楼投入使用。

◎于秋林、唐启胜评为湖南省特级教师。

◎学校被评为邵阳市重点中学。

公元二〇〇三年

◎ 6 月 23 日被省教育厅正式批准为湖南省重点中学。

◎下学期，田径馆教学综合大楼交付使用，学校设置教科室。

◎普高艺术班扩大为声乐舞蹈班和美术班，共两个班。

◎武冈市人民政府与香港展辉企业有限公司董事长段世辉签订《联合办学合同书》，将云台中学的冠名权和招生权转让出去。"武冈一中不再以任何形式、任何名义招收初中生。"

公元二〇〇四年

◎春，建成两栋学生公寓。秋，建成后勤综合大楼。

◎艺术班扩招为四个班。学校停招初一新生，这是从 1937 年以来，第一次停招初一新生。

◎省重点中学更名为省示范性普通高级中学。

公元二〇〇五年

◎唐军被评为全国优秀老师。

公元二〇〇六年

◎学校被评为湖南省文明单位。

◎段辉同学以邵阳市理科第二名的成绩考入清华大学。

◎唐军、刘力平、黄荣新被评为湖南省特级教师。

公元二〇〇七年

◎2 月，刘力平同志升任学校校长，周乐庆同志任党支部书记。

◎学校荣获湖南省"模范职工之家"称号。

◎肖赛同学以理科武冈市第一、邵阳市第二、湖南省第二十名的优异成绩考入清华大学。

公元二〇〇八年

◎学校被评为湖南省人民防空工作先进单位。

公元二〇〇九年

◎高考一本上线 78 人，二本以上上线 267 人，创学校历史新高，获邵阳市教育局表彰。

◎学校被省教育厅授予"雷锋式学校"荣誉称号。

◎林亲刚被评为湖南省特级教师。

公元二〇一〇年

◎学校年内在生源基础极差（入校时市前 200 名占 19 人，前 600 名占 85 人）的不利情况下取得了高考一本二本上线 152 人的好成绩，超额完成了教育局下达的高考任务，被评为武冈市教育教学质量先进单位。

◎学校被评为邵阳市文明校园。

◎学校被评为湖南省文明卫生先进单位。

公元二〇一一年

◎高考一本上线 119 人，二本以上上线 316 人。肖永锋考入解放军飞行学院。

◎学校荣获全国模范职工之家荣誉称号。

公元二〇一二年

◎学校顺利通过省教育督导室六年一次的督导评估。

◎2012年高考一本上线197人，二本以上上线378人，创学校高考上线人数历史新高。理科前10名摘取第二名、第四名和两个并列第七名，林杰同学继2011年肖永锋同学之后考取飞行员。

公元二〇一三年

◎学校有57个高中班，21个初中班，在校学生5100余人，在职教职员工266人，专任教师236人，其中特级教师3人、高级教师90人、中级教师95人，研究生学历9人。高考考取一本51、二本156人，高考目标完成率达147.9%，居武冈市第一名。唐中富同学考取武冈市理科实考分第一名。

◎被评为邵阳市文明标兵单位。

公元二〇一四年

◎2014年高考考取一本90人、二本232人，一本目标完成率为151.7%，居武冈市第二名，二本目标完成率达162.6%，居武冈市第一名。雷嘉豪同学647分，夺得邵阳市文科实考分第一名。

◎许育群被评为湖南省特级教师。

公元二〇一五年

◎市委市政府引进湖南师范大学优质教育资源，将学校创办为湖南师范大学附属武冈实验中学，2015年6月24日在学校举行签字挂牌仪式。一所学校，两块牌子，法人单位：武冈市第一中学。

◎学校共有高中班级54个，初中班级30个，在校学生5834人，在职教职员工277人，专任教师246人，其中特级教师4人、高级教师92人、中级教师102人。高考一本上线104人，二本上线217人，一本二本合计上线321人，创学校高考上线人数新纪录，一本二本目标完成率居武冈市第一名。

◎11月18日顺利通过湖南省人民政府督导室的湖南省示范性普通高中督导评估。

◎在唐军、肖永明等校友的倡导下，高85届、初82届学生于30周年聚会成立校友助学基金会，首募资金超过一百二十七万元。

公元二〇一六年

◎2016年学校共有高中班级57个、初中班级26个，在校学生5454人，在职教职员工309人，其中特级教师4人、正高级教师1人、高级教师112人、中级教师117人。年内，湖南师大派何宪才担任学校学监，派专任教师2人来校、长沙南雅中学派2名教师来校支教。

◎高考文化类一本二本上线共302人，其中一本96人，艺术类上本科线31人。

◎被评为湖南省文明单位。

◎被评为湖南省文明卫生单位。

◎黄荣新被评为中学物理正高级教师。

公元二〇一七年

◎高考文化类一本二本上线共 285 人，其中一本 106 人，艺术类上本科线 27 人。

◎林亲刚被评为中学历史正高级教师。

公元二〇一八年

◎高考文化类一本二本上线共 365 人，其中一本 168 人，艺术类上本科线 16 人。

◎学校被评为湖南省文明标兵校园。

公元二〇一九年

◎高考文化类一本二本上线 395 人，其中一本 169 人，艺术类上本科线 21 人。

◎邓超同学考取清华大学。

公元二〇二〇年

◎ 8 月 17 日，学校从云台岭搬至塘富冲（许家大屋附近）新校区。

◎高考文化类一本二本上线 334 人，其中一本 176 人，艺术类本科上线 16 人。

公元二〇二一年

◎ 2 月，刘兴龙接任校长。

◎ 9 月，人民政府与湖南师范大学续签《合作办学协议》。

◎高考本科上线 598 人，其中艺术类本科上线 34 人，体育类本科上线 4 人。

◎李治林同学考取清华大学。

◎秋，高中招生与武冈二中共同实行本校以外生源 ABBA 录取模式。

公元二〇二二年

◎高考本科上线 660 人，其中上特控线 272 人，艺术生 19 人，体育生 5 人。唐劲同学考取中国人民解放军空军航空航天大学。

◎ 7 月，学校党总支书记、校长刘兴龙率班子成员赴长沙，与翟玉华等校友商谈"希贤教育基金会"筹备事宜。

第四部分

百年校史概况

一、校史前述

19世纪中叶，经过两次鸦片战争的失败和太平天国的打击，清朝的一部分知识分子和官僚开始认识到西方坚船利炮的威力。为了解除内忧外患，实现富国强兵，以学习西方文化及先进技术为目的的洋务运动兴起。

19世纪末期开始，世界主要资本主义国家相继进入帝国主义阶段，加紧了对落后国家和地区的侵略，西方列强趁机掀起侵略中国的狂潮，中国被分割成一块块列强的"势力范围"，整个国家已呈被瓜分之势。甲午战争的惨败，使中国再次遭受割地、赔款，以及主权进一步丧失的厄运，中国社会半殖民地化的进程加速。亡国灭种的危机形势，迫使一些先进的知识分子开始寻找新的救国救民道路。20世纪初期，中国社会进入重大变革的历史时期，八国联军侵华，军阀混战，辛亥革命，五四运动，社会动荡，各种新潮思想对抗、冲撞、渗透、融合，寻找适合中国未来发展道路的探索进一步深化。

在这样的历史背景下，武冈现代新式教育如雨后春笋般兴起，武冈州立初等学堂、武冈县立中学、武冈县立女子小学在20世纪初应运而生。它们就是武冈市历史最为悠久的公办学校——武冈一中的前身。

辛亥革命前，武冈有联立及私立小学堂11所，州立中学堂1所。辛亥革命后，在县劝学所的倡导下，原有的各小学堂改为小学校，旧书院和义塾也相继改为学校。武冈州中学堂（鳌山书院内）改为武冈县立中学校，随后，一批联立或私立的中小学校创立。

从民国元年（1912）到民国十五年（1926），据现有资料可查的小学校，有城厢区区立小学校、县立女子小学校、私立思思学校和自治小学校等26所。

从北宋至清末，武冈有三所学校与武冈一中有血缘关系：

一是鳌山书院。鳌山书院是北宋著名哲学家、教育家、理学奠基人周敦颐所创办的。周敦颐是著名文章《爱莲说》的作者。1067年，五十岁的周敦颐任永州通判，摄邵州（今邵阳）事，在邵州兼任讲学一年，除在武冈创办鳌山书院外，还在新化、蓝山、新宁、城步、绥宁创办了书院。鳌山书院1901年改为武冈州立初等学堂，后来改为州立中等学堂，1914 年后武冈州驻省中学堂迁入改作县立中学，1924 年改名为武冈县立初级中学。近代伟大的爱国者、著名的民主革命家、中华民国初年的杰出军事领袖蔡锷将军 1893 年应院试补博士弟子员，入鳌山书院读书。

二是希贤精舍。后来的鳌山书院的山长（院长），正如熊希龄所说"多半守旧不能时务之人"，他们"不敦行""不住院""院规无所整顿，士气由此败坏"。书院教学内容原与儒学一致，都是《四书》、《五经》、《通鉴纲目》和诗赋、时文等。光绪元年（1875），武冈知州张宪和、乡贤邓辅纶（首任山长）与州人商定在武冈鳌山书院王子堂东南（今王城公园）修建希贤精舍。竣工后，购置经史诸书 3000 余卷，聘邓辅纶为主讲。1922 年武冈县政府在希贤精舍创办县立女子小学，1929 年改县立女子小学为县立女子初级职业学校，1937 年改县立女子初级职业学校为县立女子初级中学，1943 年改县立女子初级中学为县立初级中学。

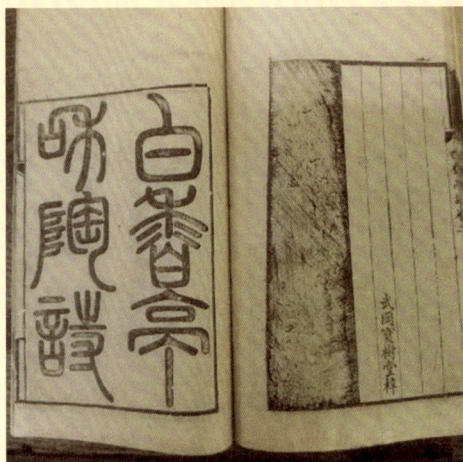

希贤精舍书院主讲人邓辅纶的著作《白香亭和陶诗》

三是武冈州驻省中学堂。清光绪三十二年（1906），武冈州旅省人士林泽佑、唐缪、王隆中、曾佩林、欧阳刚中、刘异等在长沙北门外荷花池，以武冈州同乡会馆的馆产创办了武冈州驻省中学堂。民国三年（1914），驻省中学堂迁回武冈城，校址设在鳌山书院内（即州立中等学堂，现在的正骨医院，后搬迁到现在的政协所在地），改为县立中学。著名史学家吕振羽 1916 年至 1920 年就在这所学校学习。民国十三年（1924）改为县立初级中学，后办简易乡村师范科，后又改为简易乡村师范学校。县立初级中学这块招牌，于民国三十二年（1943）转授给在希贤精舍基础上发展起来的武冈县立女子初级中学。武冈解放时，全县有 2 所完全中学，13 所初级中学，除县立初级中学（武冈一中）外，其余均为私立。全县在校学生2130 人，其中高中生 501 人。

武冈市第一中学始创于光绪二十七年（1901），是武冈历史上最悠久的特色名校，也是武冈唯一一所从创立至今一直为公办性质的普通中学。现为湖南省示范性普通高级中学、湖南省文明标兵校园、湖南省文明卫生单位、湖南省现代教育技术实验学校、湖南省级体育传统项目学校、湖南省雷锋式学校、全国现代教育媒体辅助实验教学实验学校、全国创新写作教学研究实验学校、全国模范职工之家等。2015 年，加挂湖南师范大学附属实验中学牌。

二、学校初创，坎坷沉浮
（1901—1949）

（一）武冈州立初等学堂（1901—1914）

光绪二十四年四月二十三日（1898 年 6 月 11 日），以康有为、梁启超为代表的维新派人士通过清光绪皇帝发动了一场倡导学习西方，提倡科学文化，改革政治、教育制度，发展农、工、商业等的资产阶级改良运动，这场运动史称戊戌变法。因变法损害到以慈禧太后为首的守旧派的利益，1898 年 9 月 21 日，慈禧太后发动戊戌政变，光绪帝被囚，康有为、梁启超分别逃往法国、日本，谭嗣同等戊戌六君子被杀，历时 103 天的变法失败，因此戊戌变法又百日维新。

戊戌变法有一项重要内容就是开办新式学堂。光绪二十四年五月二十二日（1898 年 7 月 10 日），光绪皇帝颁布《改书院兴学校谕》，命令"将各省府厅州县现有之大小书院，一律改为兼习中学西学之学校"，"以省会之大书院为高等学，郡城书院为中等学，州县书院为小学"，皆仿京师大学堂章程办理。同年九月三十日（11 月 13 日），光绪皇帝此谕尚未贯彻到地方就因慈禧太后命令"各书院照旧办理，停罢学堂"而废。

光绪二十七年（1901 年）清廷开始推行新政，八月初二（9 月 14 日）光绪皇帝再颁此谕，令改各省府州县书院为各级学堂，其教法"以四书五经纲常大义为主，以历代史鉴及中外政治艺学为辅，务使心术纯正，文行交修，博通时事，讲求实学"。其后各省遂相继实行。鳌山书院在此大背景下正式改名武冈州初等学堂，这是武冈官办新式学堂的开始。（1893 年蔡锷应院试补博士弟子员，入鳌山书院。）

（二）武冈州驻省中学堂（1906—1914）

光绪三十二年（1906），武冈州旅省人士林泽佑、唐缪、王隆中、曾佩林、欧阳刚中、刘昪等在长沙北门外荷花池，以武冈州同乡会馆的馆产创办武冈州驻省中学堂。

（三）武冈县立中学（1914—1943）

民国三年（1914），武冈驻省中学堂迁回武冈城，校址设在原鳌山书院（即武冈初等学堂）内，改为县立中学。著名史学家吕振羽1916年至1920年在这所学校学习，武冈最早的一批中共党员像革命烈士邓中宇、欧阳东、李秋涛、尧文玉、邓成云等都毕业于武冈县立中学。

民国十三年（1924）改为县立初级中学，后办简易乡村师范科。民国二十六年（1937）此县立初级中学改为简易乡村师范学校，主要培养乡村师资，兼招公办初中生。民国三十二年（1943），源于希贤精舍的武冈县立女子初级中学改名为武冈县立初级中学，实行男女生兼招制度，简易乡村师范学校公办初中并入新的武冈县立初级中学。

（注：1950年简易乡村师范学校停办，教学器材和图书分配给省立第六师范学校和县立初级中学。）

（四）武冈县立女子小学（1922—1929）

民国八年（1919）春，"早岁读书，即慕男女平等主义"的甘肃女子邓春兰致电北京大学校长蔡元培，倡议大学开放女禁。她认为妇女解放，先解放学校，再解放职业，再解放政权。在新思潮的冲击下，新女性为主宰自己命运，争取男女平等、女子独立，开辟了一条可行道路。部分进步官员、开明乡绅、知识分子也纷纷为之奔走呼号，或付诸行动，当时武冈地方官员和开明人士决定创办武冈第一所女子学校。

民国十一年（1922），武冈县立女子小学校正式创办（武冈一中前身），校址设在县城内老南门左侧，原为"希贤精舍"，现为"王城公园"（靠城墙边）。第一任校长为刘国干。刘国干为武冈县新东乡月半塘人，清宣统三年（1911）毕业于湖南优级师范博物科，曾任湖南省第二联合中学校长、武冈县劝学所所长。

县立女子小学招收七至十四岁的女性少年儿童，开修身、国文、算学、本国历史、地理、手工、图画、唱歌、体操、农业（或商业）、家事、读经等课程。学制贯彻执行教育部民国十二年（1923）颁布的新学制，即壬戌学制。新学制规定：

小学六年，四二分段，即初小四年，高小两年。当年秋季，按教育部指令，小学一律改用语体文（非文言文）教学。

大革命时期（1924—1927）的民国十三年（1924），学生陶国栋、周希妊等在县妇联、学联的领导下，组织同学参加革命宣传活动，动员广大妇女放足、剪辫。宣传活动起到一定效果。后来有进步群众手拿剪刀上街，发现长辫者即上前强制剪掉；对尚为裹足者，劝其立刻放足，不得再有裹变形的"粽子脚"。

大革命失败后，"马日事变"爆发，民国十六年（1927）五月二十一日晚，驻守长沙的武汉国民政府辖军在军官许克祥率领下，捣毁"湖南总工会""农民协会""农民讲习所"等中共控制的组织革命机关、团体，解除工人纠察队和农民自卫军武装，释放所有在押的土豪劣绅。共产党员、中国国民党左派及工农群众百余人被杀害。

"马日事变"后，军阀开始清乡清党，捕杀进步师生。国民党反动派在武冈组织"铲共义勇队"，大肆捕杀共产党员和进步人士，全县笼罩在白色恐怖之中。军阀清乡清党，致使社会混乱，人心惶惶。各山头的土匪对民众财产轮番洗劫，致使学校不能正常上课。城内各中学校舍，均被军阀和土匪队伍占据，以致城内各中小学校被迫全部停课，县立女子小学校也未能幸免。这一停课就停了两年，一直到民国十八年（1929），社会才相对安宁下来。

（五）武冈县立女子初级职业学校（1929—1937）

民国十八年（1929），各学校被军阀和土匪占据的校舍，已人去楼空。八月，县立女子小学校重新恢复办学，并更名为武冈县立女子初级职业学校。学校仍然维持原有的小学编制，增设的职业部设有缝纫、织布、织袜、刺绣四科，学制两年。职业部教师由学校聘请技师担任，文化课程则按民国教育部公布的中小学课程开设，主要课程有公民、童子军、体育、国文、英语、算学、历史、地理、劳作、图画、音乐等。

县立女子初级职业学校，首任校长邓绍汉，任期从民国十八年（1929）至民国二十一年（1932）止。民国二十一年（1932）七月，湖南省教育厅厅长曹典球签发委任状，委任王渭源继任武冈县立女子职业学校校长。

民国十八年（1929）国民政府公布教育宗旨："中华民国之教育，根据三民主义，以充实人民生活、扶植社会生存、

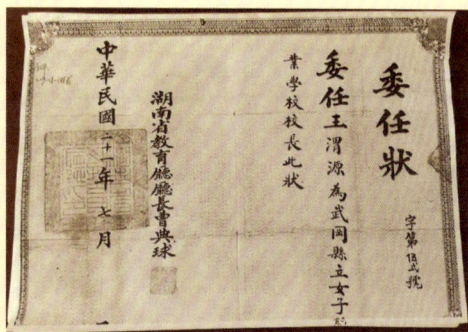

1932年，湖南省教育厅厅长曹典球签发委任状

发展国计民生、延续民族生命为目的，务期民族独立，民权普遍以促进世界大同。"围绕这一宗旨，民国二十五年（1936），县立女子初级职业学校附设了一个简易乡村师范班，学制四年，招收高小毕业生，任务是保国民学校（初小）的师资。开设的课程为国文、数学、地理、历史、博物、物理、化学、体育、童子军、军事训练与救护、公民、美术、音乐，教材教法，地方自治，农村经济与合作、农业实习、家事及实习等。

鳌山书院内武冈县立初级中学，始办简易乡村师范科。民国二十六年（1937）改为简易乡村师范学校。原县立初级中学的校牌闲置。

师范学校学制4年，招收高小毕业生，培养国民学校初小教员。随后，扩建校舍，增加班次。日军入侵武冈，搬至高沙市蓼湄中学后面一座庙宇中继续办学。日寇投降后迁回县城，修葺校舍，充实设备，恢复旧观。学校常年教学班7至8个，学生300多人，教职员工30余名。1949年，奉湖南省教育厅令，学校停止招生，翌年2月停办，在校4个肄业班，并入湖南省立第六师范学校，成为该校的初师部。

（六）武冈县立女子初级中学（1937—1943）

民国二十六年（1937），七七事变爆发后，湖南省教育厅委派杨韶华为武冈县教育局局长。杨韶华上任后，即刻将武冈县立女子初级职业学校改为武冈县立女子初级中学，委任萧浚为校长。民国二十七年（1938），小学部停办，从这一年开始至民国二十九年（1940），由于只招收中学女生，加之抗战爆发，生源严重不足。学校每年仅能招收一个班，三年招收了三个班，总共学生不足150人。

当年国民政府的教育宗旨，主要通过训育工作来贯彻，其中重点落实教育厅颁布的《湖南省中等学校训育方案（草案）》，其目标是：信仰三民主义，服从最高领袖，发扬爱国观念，培养御侮能力，培养公民道德，厉行纪律生活，培养服务观念，启发互助精神，锻炼强健体格，养成勤奋习惯，启发研究兴趣，充实生活技能，陶冶优美情操，提倡美化生活。

在这个目标之下，学校所授课程与其他普通中学校相同，即公民、童子军、体育、国文、英语、算学、历史、地理、劳作、图画、音乐等，选修博物、生理卫生、物理、化学。当时学校根据教育部通令，以"礼义廉耻"为共同校训。

学校初创时的织布机

武冈战役 74 军抗日战士

民国时期的女子学生

民国三十年（1941），学校实施"训教合一"，推行导师制，即每班设导师一人，通过集合训练、个别指导、分级讨论、工作训练、读物指导、人格感化、艺术陶冶等方式，对学生的德行、智能、健康等方面实行严格训导。期末评分，分甲乙丙等，丙等为不及格，下期改为试读，如再不及格则期终辞退。

民国三十一年（1942），学校建筑校舍，扩充班次。可是，建筑在两年内，即被日寇毁灭。武冈遭遇战争之苦，而周边地区也已沦陷，大批人员流亡到武冈。学校学生尽管年纪偏小，又是女生，但巾帼不让须眉，积极安顿逃亡人员，不吝接济困难同胞。这些行为，与女子特色学校有关，是她们智力开发和社会地位提升后的积极表现，在社会上赢得了广泛赞誉。

（七）武冈县立初级中学（1943—1949）

原县立中学闲置的校牌，于民国三十二年（1943）转授给武冈县立女子初级中学，原武冈县立女子初级中学，即更名为武冈县立初级中学，开始男女兼收，学制三年。10月，湖南省教育厅厅长王凤喈签发委任状，委任王渭源为武冈县立初级中学校长，继任校长有萧中阶（兼）、王焜、萧国汉等。学校规模逐步扩大，发展到六个班，学生数量保持在 360 余人。

民国时期，武冈县所辖地含今武冈市全境，洞口县区域的 90%，邵阳县的塘田市、白仓，隆回县紫阳河地区，新宁的马头桥地区。虽然有这么宽的地域，但是武冈当时仅有公立中学两所，一所是国立十一中，另一所是县立初级中学。国立十一中于民国二十八年（1939）长沙"文日"大火前迁到本县竹篙塘，民国三十三年（1944）迁往溆浦等地，日寇投降后迁往岳阳市黄沙街，即现在的岳阳市一中。武冈县立初级中学，即现在的武冈一中。民国三十三年（1944）秋，日寇入侵武冈，本县中小学生疏散离校。民国三十四年（1945）四月，日寇溃败武冈，全县中小学全部停课。

日本投降后，学校将被损建筑进行修复，学生也恢复上课。由于县立初级中学是武冈唯一的公立中学，与其他学校相比，少收学生两担俸谷，因此，许多贫寒子弟都选择这所学校。

民国三十七年（1948），中国共产党领导的人民军队打击国民党反动派，取得节节胜利，武冈进步师生和民众期盼军队的到来。而国民教育部却接连发出密令和代电，限制学生活动，镇压学生运动。政府在学校推行宣誓"戡乱"，要求师生遵守"剿匪公约"，结果适得其反。进步教师在课堂内外揭露国民党反动派的罪行，宣传迅速发展的解放战争形势，激发学生的革命热情。

县立初级中学是武冈唯一的公立中学，与其他学校相比，少收学生两担俸谷

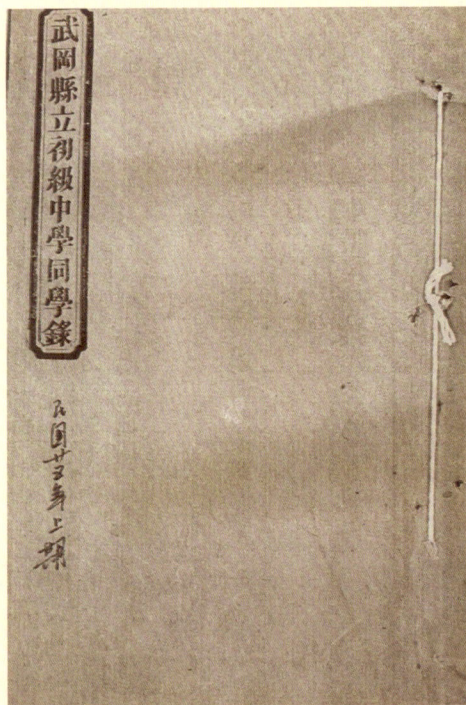

1936年，武冈县立初级中学同学录

三、逐渐定型，初步发展

（1949—1966）

1949 年解放军解放武冈县城

报纸刊登北京新华电台广播 10 月 10 日 9 时 40 分
解放武冈县城

（一）建国初期

1949 年 10 月 10 日武冈解放，解放军从东门浩浩荡荡进城。10 月 18 日成立武冈县人民政府，随即从国民党手中接管了教育主权。县军管会派军代表接管学校，实施向工农开门的教育方针，取缔了国民党的训导（育）制度和"公民""军训""童子军训练"等课程，增设了政治及其他新的课程。

1950 年，县立初级中学（武冈一中前身）取消了师范班。简易乡村师范学校也于 1951 年 2 月停办，在校 4 个肄业班并入省立第六师范学校（后为武冈师范），成为该校的初师部。原简易乡村师范学校解散后，县立初级中学即从希贤精舍搬出，迁到相对宽敞的原县立初级中学（简易乡村师范学校）校舍内，即皇城坪北面，现在的政协所在地。原县立初级中学（简易乡村师范学校）的教学仪器和图书，按其需要分配给第六师范学校和县立初级中学（武冈一中前身）。同时，城内私立中学的学生被分流，分别裁并到县立的 4 所中学，武冈县立初级中学（武冈一中前身）分配到部分学生。

1950 年，武冈县委派随军进城的党员干部谢翼担任县立初级中学校长，加强党对学校的领导。从 1950 年起，学校对学生进行"爱祖国、爱人民、爱劳动、爱科学、爱护公共财物"的国民公德教育，建立升国旗的制度，围绕土地改革、镇压反革命、抗美援朝三大运动，进行反封建教育、爱国主义和国际主义教育。

1950 年 10 月 1 日，中央人民政府政务院颁布《关于改革学制的决定》，武冈县立初级中学按照要求，贯彻修业年限六年，分初、高两级，各为三年。

1952 年，由副校长石易安主持工作。县立初级中学从

1950 年起在原县立中学校舍处办学两年，由于政府要将校舍另做他用，学校即被迁到城东郊区的塘富冲许家大屋。许家大屋最早是大地主的庭院，槽门是青石条框架，框架上有"双龙戏珠""八卦图"等浮雕，院内有两栋砖木结构的楼房。该楼房曾做过洞庭中学（武冈二中前身）的学生宿舍。许家大屋交通不便，又缺乏水源，给学校师生的生活带来不便，为此，政府拟定在城东郊资江河畔的白云山（又叫云台岭）上，修建新校舍，改善教学环境。

中华人民共和国成立伊始，百废待举，过去的教学模式和教学内容都在逐步变更，因此，教师的学习认识和业务培训就显得格外重要。当年，学校成立了团组织，即中国新民主主义青年团。教师在寒暑假期间集中学习"新民主主义论""社会发展史"等马列主义、毛泽东思想新课程，进行思想改造，树立为人民服务的思想。经过学习和培训，学校教师们的精神面貌大为改观。

下半年，武冈试行中小学规程草案，学校组织教师学习《普希金教育讲演录》、凯洛夫的《教育学》，推行五个环节的教学方法，即组织教学、复习旧课、进行新课程、巩固新课、布置作业。以前在语文教学中，思想性和政治性很贫乏，经过学习，语文教学贯彻落实了思想政治教育的要求。

到 1953 年，学校再更名为武冈县第一初级中学，校长由易世廉继任。学校按教育局指令，改为秋季招生。当年中央提出学习苏联的先进经验，学校根据"整顿巩固、重点发展、提高技师、稳步前进"的方针，强调学生要全面发展，加强学校的思想政治教育，改进学校的体育卫生工作，努力提高教学质量。

从半封建半殖民的旧中国到新中国社会主义革命和建设，建国初期是一个重要的过渡阶段。学校遵照上级要求，在下期进行过渡时期总路线的教育，使学生了解过渡时期总路线的基本内容，明确我国社会主义革命和建设的前途。同时，开展学习刘胡兰、邱少云、黄继光、罗盛教和苏联的马特洛索夫、丹娘、卓娅和舒拉等英雄人物的活动。

1954 年，学校由副校长傅鸣勋主持工作。

这一年，武冈县第一初级中学在云台岭上修建新校舍，人民政府预算拨款 104840 万元（旧币），计划开办初中 16 个班 800 人，最高额 1200 人，占地 20000 平方米。当年计

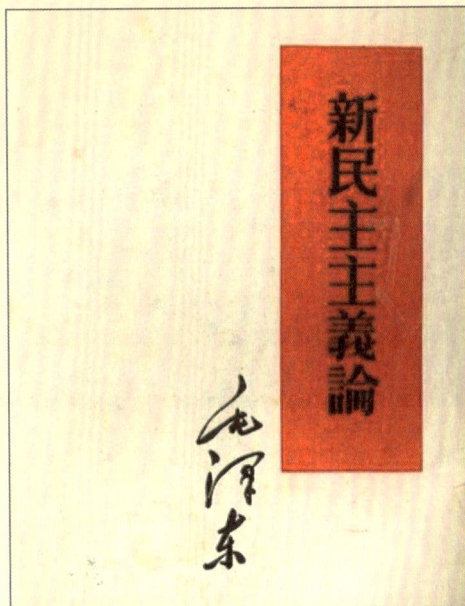

教师在寒暑假期间集中学习"新民主主义论""社会发展史"等马列主义、毛泽东思想新课程，进行思想改造，树立为人民服务的思想

学校开展学习刘胡兰、邱少云、黄继光、罗盛教和苏联的马特洛索夫、丹娘、卓娅和舒拉等英雄人物的活动

划暂建 8 间一列式教室 2 栋，礼堂兼食堂 1 栋，厨房 1 栋，职工宿舍 1 栋，学生宿舍 2 栋，浴室 1 栋，厕所 1 栋。

到年底，完成基建教室 1 栋、礼堂兼食堂 1 栋、厨房 1 栋，工程项目合计开支人民币 36840 万元，尚余经费 72000 万元，转入 1955 年使用。到 1955 年，学校新建教室、寝室等共 9 栋 6000 平方米。

1955 年，学校由副校长兼支书胡鳌松主持工作。

这一年，学校从许家大屋搬迁到云台岭上新校舍。

学校基建虽已建成 2 栋宿舍，但仅能做男生及男职工宿舍和储藏室，尚缺女生、女教师宿舍，教导总务 2 处，各科教研组、团、少先队、学生会等部门办公室。武冈县人民政府批示，增建办公楼 1 栋、女生宿舍 1 栋、厕所 1 栋，并追列人民币（新币）328400 千元基建经费。

这一年，学校招收 11 个班，占用教室 11 间，其余 5 间分别为阅览室、卫生室、图书仪器室、会议室、音乐室。

1956 年，学校举办教师"肃反学习班"。下学期教师进行工资改革，改革后教师人平均工资为 51.43 元。1957 年，原新民主主义青年团改名为中国共产主义青年团。全县开展整风反右运动，学校两名教师被错划成右派，一些同志受到伤害。

原许家大屋已废除，仅剩的槽门石条上可见"狮子耍绣球"雕刻

（二）大跃进时期

1958 年，学校由副校长兼书记刘文明主持工作。

这一年二月，全国扫盲先进单位代表会召开，会议提出一个响亮口号：来一个文化上的"原子爆炸"，向全国发出五年内基本上扫除全国青壮年文盲的倡议。3 月 7 日和 5 月 20 日，《人民日报》先后发表社论《掀起规模壮阔的扫盲大跃进》《用革命精神扫除文盲》。武冈县文教科制定了《武冈县教育事业发展规划纲要（草案）》，学校按照草案要求，组织部分教师和学生下到乡镇，进行扫盲教学工作。

当年 10 月，武冈师范学校、武冈一中、武冈二中、武冈云山中学、武冈鸿基中学联合组成"红专人民公社"，统一建立教育、生产劳动体系。在教育与生产劳动相结合中，有时把劳动放在第一位。这一年，学校停课，奔赴文坪煤矿下矿挖煤，苦干硬干，夜以继日，共计奋战 48 天。因学生劳动过多，教学计划无法完成，勤工俭学提出的"半年转风气，两年半自给，三年全自给"目标，几乎不能实现。

学生参加劳动，进入文坪煤矿挖煤，奋战 48 天

1958 年武冈一中与私立鸿基中学联合办学，到 1959 年 2 月，武冈县内联合办学的学校逐步恢复了原貌，而武冈一中直至 1960 年才完全恢复。原来联合办学的鸿基中学被分出后，迁往龙江区郭道坪，改名为第四初级中学。

这一年，城步县水库工地将因火烧伤的 40 余名民工送到武冈医院，急需输血抢救，学校师生闻讯后，全体报名献血，无一例外。

1959 年，学校更名为：武冈县第一中学，成为完全中学。当年秋季，学校开始招收高中生。

1960 年 5 月 6 日，学校按照县文教会议，部署教育改革工作，成立了教学领导小组，大上"双高课"，即高速度和高质量，大编教材、大力培训师资、大搞教具改革、大力提高教学质量。学校开展"双百运动"，即学生每期读 100 篇好文章，写 100 篇作文。全县县立中小学都这样搞，至 6 月 1 日，半个月完成九年一贯制和八年一贯制各科教学大纲和教材的编写工作。

（三）初步发展阶段

大跃进提出的口号是"赶英超美""多快好省地建设社会主义"。1960 年仅半个月时间速写的教材，经过 1961 年一年的检验后，得出结论是脱离实际。1961 年 7 月 15 日，武冈县人委发出通知："……教学改革采取分期分批过渡……确定一部分中小学实行十年制，其他中小学仍实行十二年制。"部分中小学试点，武冈一中不在试点之内。总的说来，虽然 1960 年有点过"左"，但成绩是主要的，当时主要是贯彻"三结合"，即结合家庭教育、结合学校教育、结合社会教育，克服"三脱离"，即脱离基层、脱离群众、脱离实际。

1961 年，学校由李皋如接任校长。从当年至第二年，学校贯彻"调整、巩固、充实、提高"的方针和《全日制中学暂行工作条例（草案）》，动员 17 周岁以上的超龄学生回乡参加农业生产，以及精简教职工。

1962 年，第一届毕业班考入大专院校的学生共 6 人。

当年 11 月，由副校长、支书邓志中主持工作，一直到 1966 年 9 月卸任。

1963 年 1 月 23 日，湖南省教育厅转发教育部《关于有重点地办好一批全日制中小学校的通知》，学校认真贯彻执行，

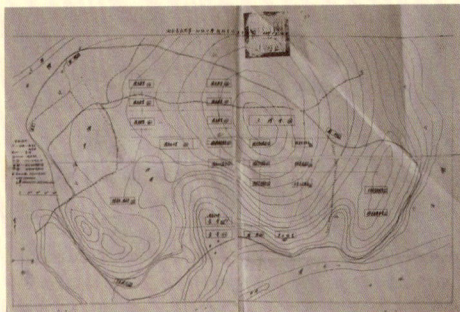
新校舍云台岭学校的建设设计图

云台岭上的武冈县第一中学校门

武冈县第一中学大礼堂

第一套广播体操

就在这一年，第二届毕业班考入大学的学生共38人。学校的教学质量向好的方向稳步发展，升学人数逐步上升。1964年第三届毕业生考入北京大学1人、清华大学1人，高考升学率上升为66%；1965年第四届高中毕业生参加高考、2人考入北京大学，2人考入清华大学，升学率高达78%，超过武冈其他所有学校。

学校不仅抓教学质量，也抓思想教育，经常开展学习毛主席著作、学雷锋、学王杰、学人民解放军的活动。通过学习，学生的精神面貌发生巨大变化，热爱集体、助人为乐、拾金不昧、遵纪守法之风蔚然兴起。因学校德育智育体育发展良好，群众口碑相传，吸引了较多学子报名入校学习。学校的生源迅速增加，到1966年上半年，学校扩展到16个教学班，在校学生近800人，教职员工60余人。

四、"文化大革命"，动乱十年

（1966—1976）

1966年2月，学校由刘应中接任校长，直至1969年1月止。

就在这年的6月，"文化大革命"来临，一直到1976年才结束，整整十年。"文化大革命"的出发点是防止资本主义复辟、维护党的纯洁性，寻求中国自己的建设社会主义的道路。中共中央1966年5月召开的政治局扩大会议和8月召开的八届十一中全会，是"文化大革命"全面开始的重要标志。两个会议先后通过的《中共中央通知》和《中共中央关于无产阶级"文化大革命"的决定》，以及对中央领导机构的改组，使"左"的方针占据了主导地位。从此开始了"文化大革命"。

"文化大革命"刚开始，红卫兵运动迅猛发展，最初是破除"四旧"，即所谓的旧思想、旧文化、旧风俗、旧习惯，随后发展为抄家、打人、砸物。长沙的"七一联司""湘江风雷"两大对立的红卫兵相继派人进入武冈一中，先在高中生中发展组织，遂即立刻席卷全校。武冈一中的"井冈山""延安""天兵""狂飙"等名称的红卫兵组织竞相冒头，大字报中的"打倒""火烧""炮轰""横扫"等暴力字眼分外醒目。

在破"四旧"中，学校的档案、珍贵书刊和教师多年积累的教学资料，全部付之一炬。在"横扫一切牛鬼蛇神"的行动中，学校党组被迫瘫痪，新中国成立十几年来形成的优良传统和良好的校风校纪荡然无存。"停课闹革命"之后，校园成了武斗的场所。

学校在"抓小邓拓"时更是闹腾得让人触目惊心。邓拓当时是《人民日报》社的社长，因与其他两位写了《海瑞罢官》遭到批判，下面就开展"抓小邓拓"运动，在运动中，学校受到冲击，管理秩序也是一片混乱，教学质量急剧下降。学校用

当时被批判的《园丁之歌》（图为连环画封面）

"开门办学"的体力劳动代替现代文化科学知识的学习，用批判资产阶级和"斗、批、改"代替学校正常活动。1967年，武冈中学校"停课闹革命"，武冈一中的红卫兵也是其中的参与者。

1966年10月下旬，武冈县成立"红代会"，武冈一中成立了"文革小组"取代学校行政，"停课闹革命"。派性组织受"文攻武卫"口号的煽动，武斗事件时有发生。1967年3月，学校"复课闹革命"，贯彻"以学为主，兼学别样"的原则，而实际情况是，继续闹革命。无奈之下，学校停止招生。1968年冬天，学校成立"革命委员会"，舒增银任革委会主任。

1968年，武冈云山中学（武冈三中前身）校舍被轴承厂占用，武冈县革委指令，将云山中学强行并入武冈一中，直到1972年秋季，地区将轴承厂迁入邵阳市，云山中学才从武冈一中分离出去。

1968年11月，武冈县革委决定，将武冈一中学校下放到新东公社办。学校下放到公社办后，学制改为二二制，即初中、高中修业年限均为两年，并将秋季始业改为春季始业。课程只开政治、语文、数学、工业基础知识、农业基础知识、军体六科。由于公社人力财力有限，老贫农管理水平又跟不上，武冈一中不但没有得到支持，反而被公社园艺场抽走资金6800元。再加上领导不得力，经营无方，办学条件差，学生不能顺利地进行学习，教学质量急剧下降。

1969年9月，县革委指令学校划出一部分校舍给县汽车配件厂。学校共被划去办公楼1栋、教室1栋、寝室1栋、教工宿舍1栋、过亭1栋、大操场1个、农场土地9亩。

这样经过多次折腾，学校元气大伤。汽车配件厂所占用的校舍，除后来在1984年退还大操场的一部分外，其余的直至现在仍然未予以归还学校。

1969年3月将学校下放到新东公社办的武冈一中，1971年上学期复归县办，学校奋力整顿教学秩序，狠抓教学质量，恢复了"文革"前的一些行之有效的做法，学校面貌有所改观。可是到了1972年开展"批林批孔"运动，反击"修正主义教育路线回潮"，否定了上学期整顿学校所取得的成果。

1973年，副校长林伯安主持学校工作，学校原春季始业改为秋季始业。而这年"批林批孔"运动进入高潮，正常的教育教学秩序又被打乱。当时学校实行开门办学，以社会为课堂，

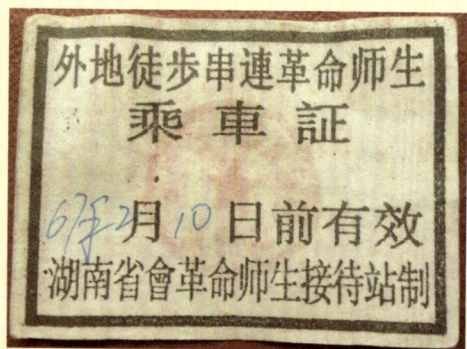

"文化大革命"时期的串连乘车证

拜工农兵为老师，把学习马列和毛主席著作作为必修课，把阶级斗争作为主课，把参加集体劳动、接受工农兵再教育作为基础课。

"文化大革命"时期的"学工学农"劳动

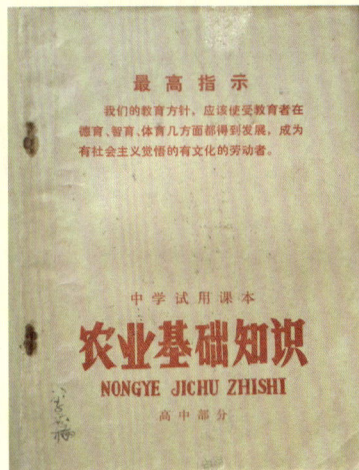

"文化大革命"时期的学生用的课本

五、正本清源，拨乱反正
（1976—1994）

恢复高考后的宣传画

恢复高考，应届学生与往届高龄考生同室考试

1976 年粉碎了"四人帮"，"文化大革命"结束，全县开始正本清源、拨乱反正，武冈一中的教育教学逐渐恢复了正常，教育改革也在探索之中。"文化大革命"运动对武冈一中的教学影响较大，但与其他学校相比，相对少一些，又加上武冈一中有优良校风的传统，教师们顾大局，识大体，安定团结，学校的教学工作与其他学校相比，恢复较快。

（一）恢复高考制度

1977 年，高考制度恢复，学校三个班共考取大中专院校 10 人。1978 年，学校两个应届班和一个复读班，共考取大中专 25 人，其中大专 8 人，初升中专 3 人，复读班 14 人。1979 年，学校四个班的学生参加高考，被大中专院校录取了 59 人。1980 年，学校三个班的学生参加高考，大中专考取 34 人，其中大专 22 人，中专 12 人。1981 年，学校四个班，大中院校考取 51 人，其中大专 26 人，中专 25 人。1982 年，学校四个班，大中专考取 53 人，其中大专 28 人，中专 25 人。1983 年，学校四个班，大中专考取 83 人，其中本科 25 人、大专 29 人、中专 19 人、艺术专业 4 人、英语专业 3 人，体育专业 3 人。1984 年，学校四个班，大中专考取 84 人，其中大专 61 人，中专 23 人。1985 年应届毕业生周伟球考取清华大学，填补了自恢复高考制度以来武冈一中无人考入清华大学的空白。1989 年应届毕业生周光辉考取北京大学，填补了自恢复高考以来武冈一中无人考入北京大学的空白。1993 年，学校 314 人参加高考考取 92 人，其中匡碧英被保送至国防科大、曾小群被保送至八一体工大队。学校共考上重点大学 17 人，本科 25 人，高考升学率为 29.3%。此后，各届高考学生升学率逐年迅速增加。

（二）落实知识分子政策

　　1978 年，党的十一届三中全会重新确立了马克思主义的思想路线、政治路线和组织路线。武冈一中在党中央的精神指导下，拨乱反正，认真落实党的知识分子政策。从 1979 年至 1984 年，学校依据"实事求是、有错必纠"的原则，深入细致调查研究，认真甄别核查，恢复了 3 名同志的学籍，安排 10 名受到错误处理的教师回校任教，发展 21 名骨干教师入党，协助解决 14 位教师家属的农村户口转移问题，任命 7 名业务骨干担任教研组长，选送 9 名青年教师赴省教育学院和邵阳地区教师进修学校学习。

　　党的知识分子政策的落实，极大地调动了教师们的积极性，一大批优秀教师脱颖而出，成为武冈县各学科中的领头雁。众多的优秀教职工受到上级的表彰，教师的政治地位、经济待遇得以逐步提高。1978 年，林伯安、刘应钟、刘文明、杨祚益 、唐维堂 5 位教工当选为武冈县第七届人大代表；1984 年，李望筠、禹耀彩当选为武冈县第九届人大代表；1981 年和 1984 年，唐义芳当选为武冈县第一届、第二届政协委员；1983 年，禹耀彩被评为邵阳城区先进教育工作者；1985 年，萧孝富被评为邵阳地区先进教育工作者；1989 年，姜子华被评为全国优秀教师。

（三）思想教育工作

　　1979 年，学校按照教育部召开的中小学思想政治工作座谈会和全国学校思想政治工作的会议精神，从四个方面对学生加强思想政治教育：一是贯彻中共中央十一届六中全会提出的"坚持德智体全面发展、又红又专、知识分子与工人农民相结合，脑力劳动与体力劳动相结合"的方针，对学生进行符合四项基本原则的教育；二是加强马列主义、毛泽东思想理论课的教学，结合学生思想实际，提高他们的思想觉悟水平，以及辨别是非的能力；三是加强集体主义和共产主义道德教育，要求学生从遵守《学生守则》做起，表扬"学雷锋、树新风"的先进集体和"创三好"的学生；四是根据《中学五十条》的有关规定，加强学校劳动教育。

　　1983 年，学校开展"五讲四美三热爱"活动，即讲文明、

武冈一中云台岭上的老操场

武冈一中云台岭上的老校舍

武冈一中学生下乡开展劳动实践活动

图为武冈一中初 102 班部分男学生

1978 年学校被评定为武冈县重点中学

武冈一中云台岭上的教学楼

讲礼貌、讲卫生、讲道德、讲秩序；心灵美、语言美、行为美、环境美；热爱共产党、热爱祖国、热爱社会主义，同时号召学生向朱伯儒、张海迪学习，强调要把学校建设成为精神文明的阵地。同年学校被中华人民共和国教育部评为思想政治组织工作一等奖、思想政治教育先进单位、团省委思想政治教育先进单位，并获得了市县级多种奖励。

（四）教学步入正轨

1978 年上学期，武冈县委派刘文明任学校党支部书记，组成了新的领导班子。下学期，学校被评定为武冈县重点中学。

1980 年，教育部颁发的《关于分期分批办好重点中学的决定》提出，要把认真进行教学改革作为办好重点中学的一项重要工作来抓，要求"重点中学要改革课程设置，增设职业技术教育课，设立选修课；要努力提高课堂教学质量，加强基础知识的教学和基本技能的训练，注意培养能力；要积极开展各种课外活动，开阔学生的视野，发展他们的爱好和特长。"

武冈一中很快开始了试点。

这一年，学校根据《全日制中学暂行工作条例（试行草案）》，深化内部体制改革，启动激励机制，制订了实施细则，规定校长、教导主任、总务主任以及各人员的职责，实行岗位责任制。当年，学校高 32 班被评为邵阳地区先进集体，武冈县人大代表杨祚益教师代表武冈一中优秀集体，出席了邵阳地区教育先进代表大会。

1982 年下半年至 1983 年上半年，学校工会利用业余时间，组织了为期一年的教职工运动会，全校 103 名教职工全部参赛。

1984 年，高二年级学生游贵华参加全国数学竞赛，在全市获三等奖；1986 年，高 63 班学生李立新参加全省运动会，获中学组男子 800 米第一名；1989 年，姜子华荣获国家人事部、教育部"全国优秀教师"称号；1991 年，戴时培荣获湖南省人民政府"优秀教育工作者"称号；1993 年，邓隆亮荣获湖南省人民政府"优秀教师"称号。从 1984 年至 1994 年，学校、教师、学生多次获得国家、省、市、县各级荣誉。

（五）校园基础建设

从 1980 年至 1994 年武冈撤县设市，学校先后筹资 3000 多万元，改善办学条件。校园面积从 1980 年的 98 亩增至

2002 年的 200 亩，建筑面积达到 42500 平方米，新建了科教楼、多功能大礼堂、艺术楼、图书馆、办公楼、教工宿舍、田径馆综合楼、400 米标准田径场，新建了多媒体教学系统、计算机教学系统、语音教学系统、教学双向控制系统、电子备课室、校长办公系统、校园广播系统等现代化教育技术设施和设备。图书馆藏书 9 万余册。

1983 年学校恢复三三学制，即初中、高中各三年。

1983 年学校开展勤工俭学，开办了小型印刷厂，厂长刘喜义，副厂长禹耀彩，工人 9 名。从投产到 1984 年 2 月，产值 13000 余元。1995 年由教师方兴和接任厂长至 2000 年，年产值 60 余万元。1997 年印刷厂被武冈市工商行政管理局评为"重合同守信用"单位。

武冈一中的云台亭

武冈一中的樟园

武冈一中校园一角

改造后的武冈一中的操场

六、特色鲜明，卓越崛起

（1994—2004）

2001 年被评定为武冈市示范性学校

2002 年被评定为邵阳市重点中学

2003 年，学校晋升为湖南省重点中学

武冈市第一中学校门口

1994 年至 2004 年，是武冈一中发展史上最具里程碑意义的十年，也是学校的第三个大发展阶段。继 2001 年被评为武冈市示范性学校、2002 年被评为邵阳市重点中学后，2003年，学校晋升为湖南省重点中学，2004 年 9 月被评为湖南省示范性普通高级中学。

1994 年 8 月，时任校长戴时培因工作需要，调往武冈市教育局任主管业务的副局长，副校长唐启胜接任校长，周宜范任支部书记。随后几年，学校实现了党政一班人的誓言：一年一个样，三年大变样，五年实现根本改观，以合格加特色向省市重点中学冲刺。2000 年 9 月，校长唐启胜总结武冈一中近百年来的发展历史，提炼出了武冈一中人的"三种精神"，即"艰苦奋斗的创业精神，团结协作的奉献精神，求实创新的开拓精神"。2001 年 9 月，校长的接力棒传递到唐军手中。唐军校长根据学校办学历史，结合学校现实发展情况，2002 年提出了"培养真正的人"的办学理念，确定了"明理、砺志、笃学、践行"的校训，审定了校徽图案和校旗式样。唐军校长依据"民主、科学、依法"的治校原则，明确"创三湘名校、育四有新人"的办学目标，确立并坚持"以德立人、以人为本、民主治校、科学管理、主动发展、特色兴校"的指导思想，自我加压，负重前进，实施了以更新教育观念、培养真正的人为目的的"换脑工程"、以培养高素质师资队伍为目的的"名师工程"，以推进素质教育、培养四有新人为目的的"育人工程"、以改善办学条件为目的的"校改工程"，办学效益迅速提升，社会声誉与日俱增。

2002 年秋，学校首次扩大招生规模，教学班级由 42 个扩大至 54 个，其中初中班级 21 个，高中普通文化班级 30 个、艺术班 3 个，学生共 3368 人，教师 166 人。2003 年，学校顺利通过评估，正式晋升为湖南省重点中学，实现了几代人的夙愿。

（一）规范办学

学校坚持全面贯彻党的教育方针，实施素质教育，纠正应试教育行为，根据"以德立人、以人为本、民主治校、科学管理、主动发展"的办学思想，实行规范化管理，开放式教育。学校要求学生学会做人、学会求知、学会健体、学会审美、学会劳动、学会生活，以校园为主阵地，以养成教育为突破口，"五育"并举，全面发展，学生素质与能力得到了全面提高。教师转变教育理念，将"民主"与"科学"引入课堂，优化教学小课堂，延伸课外大课堂。为革除应试教育下的种种弊端，从 1994 年下学期起，停办高中复课班。秉承和发扬武冈一中人的"艰苦奋斗的创业精神、团结协作的奉献精神、求实创新的开拓精神"，逐步形成了"团结、进取、求实、创新"的校风，"敬业爱生、教书育人、能导善诱、言传身教"的教风，"尊师守纪、勤学多思、寻疑问难、立场成才"的学风。

（二）校改工程

1998 年建成科教楼；1999 年两栋教工集资房建成，40 位教工喜迁新居；2000 年多功能大礼堂建成并投入使用。2001 年以后，学校多方筹措资金 3000 余万元，征地近 100 亩，增添设施，更新设备。2001 年，艺术楼改造工程竣工，6 个标准篮球场、5 个羽毛球场建成交付使用；2002 年，图书馆办公综合大楼竣工并投入使用；2003 年春季，因与城建规划相冲突而重建的 400 米田径场第二期工程完工投入使用，这年秋天，能容纳四个班同时上课的田径馆教学综合大楼交付使用；2004 年春，投入 550 余万元征地 20 亩，迁坟 70 余冢，移迁民房 5 户的两栋学生公寓建成交付使用；2004 年秋，投资 600 余万元、建筑面积 9000 多平方米的后勤综合大楼建成投入使用。

为创建现代化的教育教学环境，学校多方筹措资金，先后投入 1000 多万元，加强现代教育技术设施设备建设。2001 年，"四机一幕"进了教室，电教、校园网络、现代技术"三个中心"初具规模；2003 年，"八个系统"（闭路电视双向

武冈市第一中学校园一角

扩建中的武冈市第一中学体育场

武冈市第一中学桂园

武冈市第一中学校舍一角

武冈一中学生举行成人礼

武冈市第一中学食堂

深圳市武冈商会助学捐资仪式

学生晨读

控制系统、卫星地面接收系统、电教软件制作系统、校园广播系统、综合布线系统、校长办公系统、天文观察控制系统、网络安全防范系统）陆续建成；2004年，"十室"（联网计算机室、网络多媒体室、语音室、电子备课室、音像资料室、控制室、演播室、音乐欣赏室、舞蹈电教室、体育科研电教室，共计24间电教室）相继使用，宽带网连接、学校网站对外发布。

学校图书馆藏书13万多册，其中工具书350多种，报纸期刊300多种，生均图书31册。拥有共200座的学生阅览室2间，共80座的教师阅览室1间。

学校"高楼与大树对峙，亭阁与鱼池相映，花圃与绿篱相间，鸟语与书场齐鸣"。科教楼、大礼堂、艺术楼、图书馆、办公楼、综合楼、教工宿舍、学生公寓，鳞次栉比；花坛环绕主体雕塑，绿荫拥抱芳草鲜花；阅报栏、展示窗、庭院小品、廊道壁挂，琳琅满目；语音室、天文台、计算机室、多媒体室、校园局域网系统、双向闭路电视系统，展现出现代化的教育平台。

（三）学校管理

从1994年起，学校深化内部体制改革，启动激励机制。1995年，提拔刘力平、马昌政担任学校中层干部。1996年，学校编印《教育教学管理资料汇编》，包含52项岗位职责、60项制度、条例和规定，成为学校依法行政的章程。1998年学校调整领导班子，将有组织和管理能力的林亲刚、黄荣新、张居华提拔到中层领导岗位。2001年，锐意改革、品格高尚、管理科学、作风民主的唐军升为学校校长。随后，学校实行校长负责制、教师聘任制、绩效工资制，依据《武冈一中教职工岗位职责》《武冈一中教职工考核方案》《武冈一中绩效工资试行方案》等规程进行严格考核，并实施优质激励机制，向一线关键人才和骨干教师倾斜，充分调动广大职工力争上游的积极性，从根本上改变教师的观念问题。2003年，学校设置教科室。2004年，学校在武冈市率先实行中层干部竞聘上岗制，林亲刚、邓星业、顾才喜三位有管理才能的中层干部通过竞聘的方式分别走上办公室主任、政教处主任和教科室主任的岗位，李建涛、于爱国两位青年骨干教师通过竞聘，走上了中层领导岗位。2004年下学期，学校对工人也实行岗位竞聘制，通过竞聘方式产生的学校保管员、器材保管员、公寓管理员、责任心更强，主动性和积极性更高。

此外，学校积极转变办学体制，实行普通高中、高中艺术班、国有民营初中三种模式并存的体制。1997年学校提出"一体两翼"的办学模式，即国有普通高中学校为体，国有民营的云台中学和普高艺术班为两翼。在分管体育艺术的副校长周乐庆和时任教学副校长的唐军等同志的努力下，学校与吉首大学联合开办了武冈一中艺术中专班。该班是邵阳市普通中学的首个艺术班，招收武冈市及城步、绥宁、洞口、新宁等地初中音乐舞蹈特长生，授声乐、舞蹈和高考文科文化课程，学制三年，发吉首大学中专文凭。1998年，艺术班扩招美术学生。1999年起，经邵阳市教育局普教科批准，艺术中专班改为普高艺术班，发普高毕业文凭。2003年，普高艺术班扩大为声乐舞蹈班美术班共两个班；2004年，又扩招为四个班。国有民营初中则采取一个学校、两块牌子的办法，一直到2001年7月，经邵阳市教育局批准同意，国有民营的云台中学才正式创办，由全国优秀教师、武冈一中退休的副校长姜子华兼任校长。此后，对外宣传、初中招生、初中部教师的职称评定等都使用云台中学的名称和印章。2003年在"深洽会"上，武冈市人民政府与香港展辉企业有限公司董事长段世辉签订《联合办学合同书》，将云台中学的冠名权和招生权转让，并决定"武冈一中不得以任何形式、任何名义招收初中生"。2004年秋，武冈一中停招初一新生。这样，这所自1937年就开始招收初中生的古老学校，因政府"招商引资"，第一次停招初一新生。

（四）名师工程

2004年学校有教职工229人，其中专任教师183人，全国优秀教师1人，省优秀教师5人，省骨干教师培养对象6人，邵阳市优秀教师及中青年专家11人，特级教师2人，高级教师41人，中级教师106人，中级以上教师占专任教师的80.3%。为提高教师的政治素质和业务素质，学校采取"亮牌子、结对子、搭台子、架梯子、压担子、指路子"等方法建立教师档案，制订青年教师进修与培养计划——"一、三、五"规划，即：要求青年教师在校任教一年，学生基本满意；任教三年挑毕业班大梁；任教五年成为学科教学骨干。鼓励他们在职或脱产进修，组织老、中、青教师建立师徒关系，让老教师给青年教师讲知识、传经验、带作风。积极启用中青年骨干教

学校图书馆藏书

武冈一中的致远楼

武冈一中希贤楼第2栋

学校艺术生习作

武冈一中（云台岭）图书馆

学校图书馆开架图书

物理实验室

课余时间的教室

师担任教研组长、年级组长、备课组长和班主任，完成毕业班教学任务。

全国优秀教师、武冈一中校长唐军，时为邵阳市高中教育专业管理委员会常务理事、湖南省教育学会中小心理教育专业委员会会员、全国教育学会美育教育专业委员会会员、武冈市第二届人民代表大会代表。在教育上，他注重从实际中摸索总结经验，创造性地总结出了"勤、细、导、爱、严、奖"的"六字教育法"；提出了学生心理教育方面的"1233"模式，即"一个机构保障（优化学生心理，促进主动发展的心理教育实验小组）、两条主要途径（心理教育、心理咨询）、三种基本方式（心理辅导、教学渗透、个别咨询）、三个方面支持（学校、社会、家庭）"。该模式在教育实践中取得了非常理想的效果，考入清华大学的李仁芳、考入湖南大学的唐婧闻等160多名学生都接受过他的心理辅导。在教学中，他是教改教研的先锋和领头雁，在省级以上刊物发表有影响力的论文6篇，获省级一等奖的论文2篇，其中《中学生心理素质教育与全面主动发展》荣获教育部办公厅二等奖，《关于中学校园文化建设与管理的几点思考》和《引导学生自我完善的尝试》被广为转载，独立进行的教改课题《优化学生心理，促进主动发展》获邵阳市基础教育研究实验课题成果二等奖，主持的《"以情启美"教学模式研究》课题获省教改成果三等奖，作为主要研究人员参与的《中学生心理素质教育与全面主动发展》课题获全国师范院校基础教育改革实验研究优秀成果二等奖，参与的《培养中学生创新学习能力实验研究》《中学化学主体目标教学与实验同步的探索》分获邵阳市一、二等奖。

特级教师唐启胜，武冈市第一届人大代表，湖南省优秀教育工作者，一直从事高中数学教学，积极参加教改教研。其中《启动学生思维方法和途径》《数学教学中学生创新意识和创新能力培养》获省教改成果二等奖，《数学优化思维教学》获邵阳市二等奖；在省级以上刊物发表《过圆锥、圆台母线的截面》《发掘教材，借题发挥》《方程思想的运用》等教育教学论文7篇。

特级教师于秋林，邵阳市中语会会员。长期担任初高中语文教师、年级组长、校报校刊主编等职务。教学之余，勤于笔耕，在《语文报》《德育报》《语数外学习》等全国有影响力的报刊中发表教育教学论文20余篇；在《湖南日报》《湖南教育报》《邵阳日报》等报刊上发表新闻稿 70 余篇；主办的云台文学社被评为邵阳市特级文学社、国家优秀文学社、社刊《云台旭日》获国家级一等奖，其本人被评为国家级文学社刊优秀指导教师。

（五）特色兴校

（1）德育工作卓有成效。根据思想品德形成的规律和学生的心理特征，学校在宏观上提出"全程、全员、全方位育人"的德育管理模式，确定"一条主线（"五爱"教育）、一个基础（养成教育）、一个突破口（心理教育）、两条基本途径（学科教学、活动实践）、三方沟通协作（学校、家庭、社会）、四支德育队伍（以校长负责、党支部为核心的党政工团队伍，年级、班级教师群体工作队伍，以英模、离退教工为骨干的校外辅导队伍，以家长委员会为主体的家长队伍）"为特征的德育工作新思路。在校内德育网络建设上形成了"抓环境，促规范；抓制度，促落实；抓配合，促协调"的"三抓三促"教育模式，以"自护、自律、自重、自立、自强"为中心的自我管理目标。德育首要地位的落实，德育活动的创新开展，使学生思想品德评价合格率达 100%，优良率达 90%。1998 至 2003 年，师生共为"希望工程"、患病职工与困难学生等捐款 32073.8 元，为学校、对口支教的贫困山区秦桥中学捐书 15643 册。2001 年学校德育工作方面取得的成功经验在邵阳市范围内推介，得到了各级领导和兄弟县、市同仁的高度评价。

（2）艺术教育声名远播。1997 年，学校提出"艺术教育为线，学科教育为珠"的教学思路，把艺术教育摆在"艺教兴校"的高度：在加强对普通班艺术特长生培养的同时，率先在邵阳市普通中学中开办高中艺术班。为切实搞好艺术教育，一是成立了艺术教育领导小组，组建了一支素质优良、结构合理的专业教师队伍（包括 16 名在全市范围内择优聘任的具有大专以上学历的艺术专业教师和一批有经验、有干劲、有实绩的文化课教师）；二是定期聘请吉首大学、邵阳学院等高校的艺术教授、专家来校讲学和指导；三是开源节流，逐步完备了邵阳市普通中学一流的艺教设施；四是健全制度，强化管理。不仅把特长生的比例和艺术生取得的成绩作为班级管理综合考核的重要内容，而且为艺术特长生建立了个人档案，实行专人指导、跟踪管理、分类表彰。1997 年以来，校文艺宣传队几

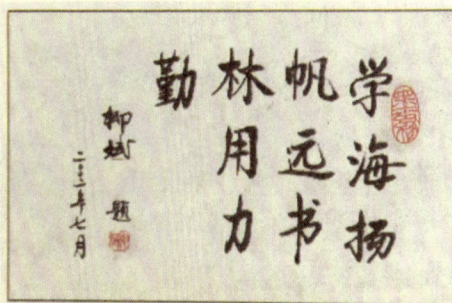

学校收藏的书法作品

学校实验室

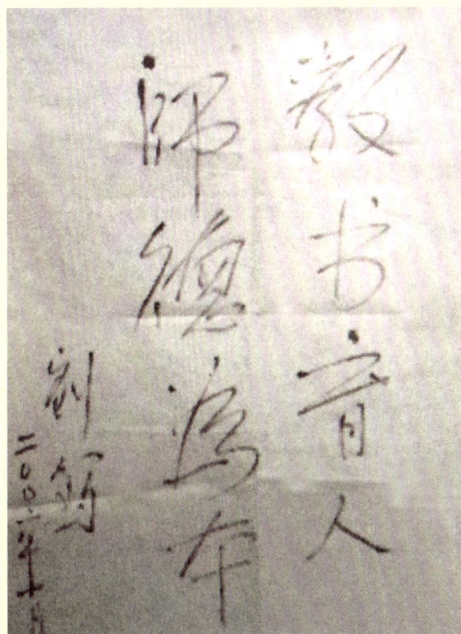

2002 年中国工程院院士、湖南师大博士生导师刘筠为武冈一中题词

武冈一中教工宿舍

武冈一中大礼堂

武冈一中化学实验室

武冈一中劳技操作室

年间自编自演文艺节目150多个，节假日演出近60场次。参加武冈市、邵阳市、湖南省级文艺会演或比赛，共获得30多项奖励；参加第三届、第四届湖南省中小学艺术节文艺调演，分获歌咏、舞蹈节目一等奖；前五届高中艺术班参加高考，升学率均达92％以上；1997年、2001年，学校两次获得"湖南省艺术教育先进学校"荣誉称号；《中小学音乐报》《湘声报》《企业家天地》《邵阳日报》等多家新闻媒体分别报道了学校"艺术育人、发展个性、培养特长、全面发展"的办学特色；在2001年邵阳市高中教育现场会和2002年邵阳市高中教育管理专业委员会成立大会上，学校均做了艺术教育的经验介绍。

（3）教研教改硕果累累。为建成一支"高人格、高品位、高技能"的教师队伍，学校采取了"传、促、研、探"的办法，制定了"一三五"规划，实施名师工程，开展"科研兴教"活动，取得了突出成绩。1995年至2004年，一中教师在省级以上的研讨会及报刊交流、发表论文230多篇，出版专著16部；19人次获湖南省、邵阳市教学比武一、二等奖；八项实验课题在国家、省、市基础教育教研教改成果评比中获奖。成果最为突出的是2002年，四项教改课题分获湖南省第六届基础教育教研教改成果二、三等奖，邵阳市第五届基础教育教研教改成果一、二等奖，获奖率达100％。有18人在省级学会担任理事、会员，成为有一定建树的学科带头人，有56人受到国家、省、市级表彰。2002年学校编纂《云台烛光》，收录了教师论文132篇。

学校以教学为中心，开展"科研兴教"活动，细化教学制度管理，取得了优质成效。2000年至2003年的高中毕业会考，学生的成绩均进入邵阳市重点中学前列，学生毕业会考一次性合格率分别为97.8％、95.4％、97％、96.8％，优秀率分别为51.7％、52.4％、52％、56.9％；1999年至2004年高考本科上线率分别达31.4％、39％、48.17％、77.99％、69.7％、67.5％。特别是1996年高97班陈云婕考入北大、1997年高104班李仁芳考入清华、1998年高109班赵伟兵以邵阳市理科状元的成绩被清华大学录取。

（4）特长活动有声有色。学校实施面向全体学生、促进全面发展、好中差全上、课内外全抓的"四全"教育，弘扬个性，发展特长。为此，学校相继成立了学科竞赛队、科技制作队、体育代表队、文艺宣传队、云台文学社、家电维修队等 11 个全校性活动小组。学校以激活学科兴趣为突破口，在继续推行"春笋计划"的过程中，大胆实施"导师制"，积极开展研究性学习。学科竞赛队参加国家、省、市级竞赛，有 65 人次获奖，其中：1998 年林银香、张建华同学获全国中学生外语口语比赛省二等奖；1999 年蒋明月同学获化学奥赛省二等奖；2000 年陶龙伟、顾彪、邓志伟同学获中学生高中奥赛省一等奖，陶龙伟、李任富同学分获第十七届中学生物理赛省一、二等奖；2001 年罗华同学在湖南省高中数学联赛中获三等奖；化学活动小组刘鹏同学在全国化学奥林匹克竞赛中获湖南赛区二等奖；2002 年，化学活动小组的周宇、陈胜同学分获化学奥赛省二等奖和三等奖。科技制作队先后获奖；1999 年陈君华同学获省中学生防灾减灾论文省一等奖；2000 年翁剑同学的《固体垃圾的处理流程》获湖南省第十六届青少年科技创新大赛一等奖，并赴国家级展会；2001 年，生物活动小组的《湖南云山自然保护区蝗虫调查及防治对策》获湖南省第六届青少年生物和环境科学实践活动二等奖。体育代表队多次出征武冈市、邵阳市、湖南省级大赛，共有 24 人次获得省、市级奖励，特别是 1998 年，周国超同学获省中学生田径运动会五项全能第一名，刘荣光同学获 4×400m 接力赛第二名。云台文学社被评为邵阳市特级文学社团，1999 年，社员林烽获庆祝中华人民共和国成立 50 周年征文省二等奖；2000 年，社员欧子骥参加邵阳市中学生"六个学会"演讲赛获得一等奖。《云台报》（现已更名为《云台旭日》）既是校报，又是云台文学社的社刊，创刊以来推出了大批学生习作，其中不少被上级报刊转载。

雪景中的武冈一中樟园

一中党总支开展主题党日活动

一中党总支开展主题党日活动

一中学生看展览，学党史

一中学生志愿者走进敬老院开展服务活动

七、佳绩迭出，走向辉煌
（2004—2022）

　　2004 年至 2022 年，是武冈一中佳绩迭出，走向辉煌的时期。学校坚持"培养真正的人"的办学理念和民主科学的治校原则，恪守"明理、砺志、笃学、践行"的校训，秉承"团结进取、奋发向上、民主科学、锐意创新"的校风，践行"艰苦奋斗的创业精神、团结协作的奉献精神、求实创新的开拓精神"，积极推进新课程改革，不断优化课堂教学，全面提高教育教学质量。学校教育教学质量一直名列武冈市、邵阳市省示范性高中学校前列。2005 年以来武冈一中高考本科升学率一直保持在 70% 以上，2006 年段辉同学以邵阳市理科第二名的成绩考入清华大学，2007 年肖赛同学以理科武冈市第一、邵阳市第一、湖南省第二十名的优异成绩考入清华大学。学校办学成果辉煌，先后获得全国支持语文第二课堂先进单位、湖南省中学社会实践教育先进单位、湖南省优秀事业单位法人、湖南省人防教育先进单位、湖南省税法宣传教育先进单位、湖南省艺术教育先进单位、湖南省现代教育技术实验学校、湖南省体育传统项目学校、全国高等学校招生考试湖南省优秀考点、湖南省高等教育自学考试优秀考点、湖南省青少年法制教育先进单位、湖南省雷锋式学校、湖南省文明卫生单位、邵阳市双文明单位等 160 余项国家、省、市级荣誉称号。

（一）党建工作

　　（1）完善党建机制。2011 年，学校开展学习实践科学发展观活动，狠抓师德师风建设；推进创先争优活动，规范操作，形成校本特色；强化党建工作，促进廉政建设。2018 年，学校进一步完善工作机制，成立党建工作办公室，调整文科支部、退休教工支部委员会成员，修订并完善学校党建及意识形态工作制度 34 条。

（2）组织生活。十多年来，学校落实"三会一课"制度，召开党员大会 108 次，召开党建工作专题研究会 180 次，各支部召开支部委员会和支部党员大会共 216 次，上党课 90 次，赴结对扶贫村邓家铺新建村上党课 36 次，规范开展主题党日活动。坚持每月一次主题党日活动，扎实开展民主生活会、组织生活会和民主评议活动。学习强国与"红星云"学习活动扎实到位，党员 100% 参与学习。

（3）扎实开展"'不忘初心、牢记使命'主题教育"活动。牢牢把握"守初心、担使命，找差距、抓落实"的总要求，围绕"理论学习有收获、思想政治受洗礼、干事创业敢担当、清正廉洁作表率"的具体目标，始终立足学校实际，突出习近平新时代中国特色社会主义思想学习主线，坚持学习教育、调查研究、检视问题、整改落实、有机融合、统筹推进，如期如质完成主题教育。

（4）规范党费核算和收缴。严格核实党费缴纳基数、比例与金额，及时收缴上交党费，并专账管理，定期公示。

（5）扎实推进党风廉政建设。举办师德师风专题讲座，签署了《廉洁从教责任状》，严格执行《武冈一中教职员工网络行为十条规定》。全体行政人员认真学习了新的《中国共产党纪律处分条例》，并签署了《领导干部落实网络意识形态工作责任书》。

（二）德育工作

2010 年，落实《学校文明班级评估细则》，促进学生日常行为规范教育与班风、学风、校风建设；开展形式多样的爱国主义教育，倡导社会主义荣辱观和弘扬社会新风尚；举办各类思想道德讲座、辩论、竞赛和主题班会等活动，提升德育工作的实效性；通过开展课题研究、现场咨询、观摩研讨、安全分析等团体活动，全方位推进心理健康教育。

2011 年，严格选拔班主任队伍，坚持末位淘汰制和一票否决制；创新班主任培训，校本培训、远程培训和外出学习相结合；落实新生军训和新生入校教育，强化养成教育和开展综合实践活动；创新开展禁毒、反邪教专题教育，组织千人签名、研学活动、组织演讲、征文比赛，推进学校升旗活动常态化。完善学生请假制度，坚持宿舍午夜值班制度，加强家校联系、

升旗仪式

国旗下讲话

成人仪式

一中师生志愿者开展植树活动

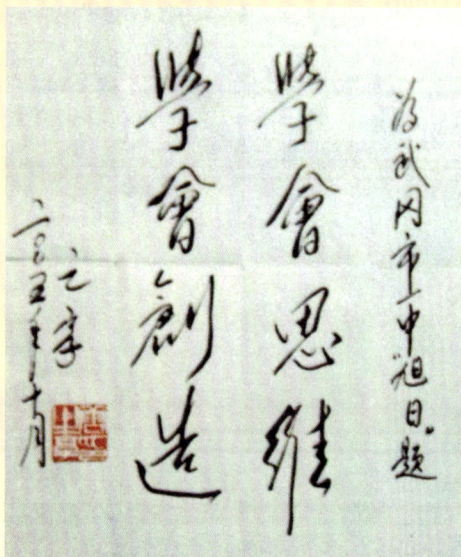

2005 年湖南省人大常委会原副主任唐之享为校刊《旭日》题词

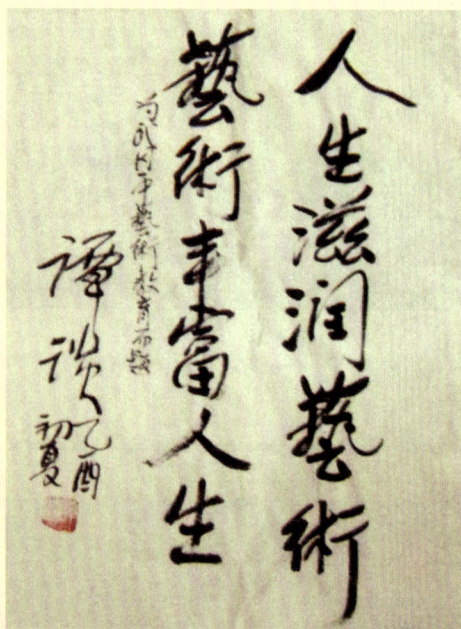

2005 年原中国作协副主席湖南省文联主席谭谈为艺术教育题词

完善通报制度，形成教育合力。

2012 年，德育工作的重点一是强化"三落实"和"三评价"，构建常规德育管理模式。"三落实"是加强责任落实，强化全员、全程育人工作；加强制度落实，规范学生日常行为习惯；加强检查落实，提高管理效率。"三评价"是抓操行评比，促进学生自我规范行为；抓文明评比活动，促进学生自我成长；抓先进评比，促进榜样引领，典型辐射。二是以校园文化艺术节为契机，全方位开展主题教育活动，做到月月有主题，班班有特色。三是强化常规培训、远程培训和实践培训活动，并构建全员德育网络，构建以班主任为德育主导线，学科教师为学习指导线，值日领导为监督指导线，学生自我管理和家长社会配合为辅助线的德育工作网络。

2013 年，开展升国旗、文明礼仪志愿服务、主题班会、卫生评比等活动，强化养成教育，让学生认识"自我"，重视"自我"，约束"自我"，塑造"自我"。自主管理队伍建设，着力抓好干部和志愿者培训，规范并强化学生自主管理。

2014 年，落实班主任一日（起床、早操、早自习、早读、课间操、午休、自习课、晚自习、晚就寝）九下堂工作常规，坚持每周一次的班主任培训，邀请洪战辉、法制副校长、知名校友作了 4 场报告，选派 60 名班主任外出培训学习；坚持每天一小扫，每周一大扫，每月一次志愿者活动，培养卫生习惯，突出洁净环境主题教育，打造清洁美丽校园；坚持礼仪部日常值班活动，维持就餐纪律；开展"美丽中国，我的中国梦"主题教育活动、"垃圾不落地，武冈更美丽"洁净主题活动、争做"文明小市民、小小形象大使"创建活动、学雷锋活动月、校园文化艺术节等大型主题活动，组织了洪战辉励志报告会、法制报告会；年级部举行了新生入校教育，军训，举办了"文明行为从我做起""四远离三弯腰""爱家爱校爱国"等主题演讲赛、征文活动和文体活动。

2015 年，进一步贯彻落实教育部《完善中华优秀传统文化教育指导纲要》精神，在学生中培养社会主义核心价值观，增强他们的价值判断力和道德责任感，培养求真、向善、尚美的社会主义建设者和接班人，确定 2015 年为"少年向上，真善美伴我行"主题年，开展了读书活动、主题班会活动、专家及道德楷模报告会、宪法日宣传教育活动、社会实践活动、征文活动、演讲比赛和校园文化艺术节等八项系列活动。组织三月文明礼貌月活动、五四青年节展示活动、国庆节庆祝活动、元旦迎新年庆祝活动及端午、中秋文化活动等系列活动。严厉整治学生打架斗殴、通宵上网、偷盗、赌博和早恋行为，着力营造风清气正的安全校园、和谐校园、书香校园。

2016年，继续围绕"真善美伴我行"德育主题，紧扣"立师德、铸师魂""抓养成、促规范"两大重点，开展读书、演讲、班会、升旗、板报、三大节（体育节、艺术节、社团节）一体验（社会实践）、法制教育、疏散演练等活动。

2017年暑期，在湖南师范大学参加为期一周的班主任全员培训，召开5次班主任工作研讨会，举行了德育论文评比，严格执行班主任值班值勤制度、例会制度和工作汇报制度。加强硬件和软件建设，安装电子门禁系统，校门口车辆进出管理实现自动化，统一安排时间和地点，规范快递包裹的发放。抓实健康教育，刊出4期卫生知识宣传栏，举办9次卫生健康知识讲座，组织艾滋病防治宣传、肺结核筛查和在读年级的健康体检，常规开设健康教育课，建立全员健康档案等。

2018年，建立班主任微信群和QQ群，及时通报各项工作情况。围绕"红旗飘飘，引我成长"年度德育主题，开展爱祖国、爱学校、爱家乡和争做"五好小公民"活动，5人荣获"红旗飘飘，引我成长"征文比赛国家一等奖、1人荣获邵阳市一等奖。开展"最美守法少年"和文明标兵评比活动，5名同学获湖南省"最美守法少年"称号。组织新生军训、社区服务、社会实践、国学经典诵读、励志演讲、十八岁成人仪式、青年志愿者注册和志愿服务等活动，全面提升学生素养，营造积极向上的校园文化氛围。

2019年，组织了全员网上培训，召开了5次工作研讨会，举行了德育论文评比，提高了班主任的工作水平。利用微信群和QQ群，加强工作的动态化管理。设置"珍惜生命，红色警告""交通安全""6.26禁毒""应急知识进学校"等安全知识专题宣传栏；开展"三爱"教育、争做"五好小公民"活动、"小小形象大使""文明小市民"的评选与颁奖活动等等。

（三）教学工作

2009年，2项教改课题获省级成果奖，4项教改课题获邵阳市级成果奖，4项教改课题获国家、省立项，教师发表教育教学论文84篇。高考一本上线78人，二本以上上线267人，

2015年6月24日，湖南师范大学与武冈市人民政府合作办学会议

2015年6月24日，湖南师大附属武冈实验中学挂牌

2017年12月19日，湖南师大附属武冈实验中学新校区工程开工典礼

2020年5月21日，湖南师大附属武冈实验中学竣工交接

湖南师大附属武冈实验中学新校区鸟瞰图

湖南师大附属武冈实验中学新校区图书馆

湖南师大附属武冈实验中学新校区体育场

创学校历史新高，得到邵阳市教育局的表彰。

2010年，学校在常规教学上以质量为中心，落实课堂教学专人日检查通报制，推广和运用现代教育技术，认真搞好月评教学工作，考核结果与教师的绩效和选聘挂钩，促进教育教学质量的提高。学校在生源基础极差（入校时市前200名占19人，前600名占85人）的不利情况下取得了高考一本二本上线152人的好成绩，超额完成了教育局下达的高考任务，被评为武冈市教育教学质量先进单位。高二学考，学校九科及格率居邵阳市15所省级示范性学校中的第三名，多科人均分、优秀率居邵阳市一、二名。年内学生参加各项竞赛，有302人次获得各级各类表彰，有206人次获得学科、技能竞赛奖。其中获理化生奥赛国家级奖2人次，省级奖10人次，邵阳市级奖62人次。学校男子篮球队获邵阳市中学生篮球第6名；艺术生参加邵阳市"三独"比赛，12人参赛11人获奖，其中1002班陈钰获初中组独舞一等奖，281班李雨笛获高中组独舞一等奖，并代表邵阳市赴省参赛获二等奖。

2011年，学校在常规教学上，重点抓好"备、教、批、辅、考"五环节，日查月结，营造优良教风；实施分层教学、因材施教，加强教学针对性，提高教学实效；着力抓好学考和高考。

2014年，学校一是加强宏观引领，规范办学行为。完善了《武冈一中高中新课程改革初稿方案》《武冈一中新课程实施手册》《武冈一中教辅资料选用管理规定》《武冈一中非文字课管理规定》，严格按新课程标准开课设节、考核评价；二是狠抓教学常规管理。采取"专人检查、定期抽查、领导督查"的方式加强早晚辅导、课堂出勤管理，教务处、年级部联动检查教案、作业批改情况，严格请假审批管理，每月通报，与年终考核、评优评先、绩效工资直接挂钩，并实行教学质量评价一票否决制，保证了常规教学的真正落实；三是加强教师培训，促进教师专业成长。采取"引进来，走出去"的办法，加强教师培训工作，邀请了深圳、山东、长郡、雅礼、长沙市一中和邵阳市教科院专家来校讲学，派出教师200余人次赴长郡中学、长沙市一中、师大附中、邵阳市一中、邵东一中、怀化一中、临武一中、新宁一中等校听课学习。承办了武冈市高考复习研讨会和武冈市学考复习研讨会各一次，组织高二、高三全体教师赴武冈二中、展辉实验学校参加了高考、学考专题研讨活动。组织了毕业班教师教学比武、青年教师基本功比武活动和高三教师录课晒课活动；四是狠抓毕业班工作，再创高考辉煌。成立高考领导小组，加强领导和督查；完善校务成员蹲班、蹲学科机制，提高了管理效率；坚持每月"三会一考"（行政会、教师会、学生会、月考）制度，落实综合科半月考强化训练，提高了复习效率。2014 年高考考取一本 90 人，二本 232 人，一本目标完成率为 151.7%，居武冈市第二名，二本目标完成率达 162.6%，居武冈市第一名。学生雷嘉豪考取 647 分，夺得邵阳市文科实考分第一名。

　　2015 年，学校狠抓教学常规管理，落实"五四三二一"："五"是五有，即有计划、有进度安排、有集体备课记录、有考核登记表、有总结反思和教学后记；"四"即四抓，抓大纲、抓课本、抓基础、抓落实，"三"即三检查，检查教案、检查作业批改、检查听课记录；"二"即是二结合，教学检查实现自查与互查，抽查与普查的结合。"一"是学期末召开一次教学工作会，总结成绩，查找问题，在总结中提高能力，在学习中增强本领。突出课堂主阵地，着力落实"四定一改"，"四定"即定期开展课堂教学督查和检查、定期开展名优教师示范课活动、定期进行课堂教学反思总结、定期开展课堂教学比武。"一改"即下大力气引导教师改革教学方法，创新教学手段，大力推广现代化教学。强化"以生为本，导学、探究、交流、反思"的新课程理念，坚持"导、学、讲、测"的课堂教学模式，精讲多练，以学定教，提高课堂效率。

　　2016 年，学校积极推进课程改革和高效课堂建设，全面提高教育教学质量。一是严格落实教学环节，狠抓常规教学。严格课堂考勤，加大对上课和辅导异常情况的考核处罚力度。严格督查备、教、批、辅、考五环节，着重抓好对备课和上课环节的监控。推行教学分管领导、值日领导推门听课制，对异常情况落实诫勉谈话制度。二是切实加强集体备课。每月组织一次备课组教研活动，做到定时间、定内容、定主讲人、有活动记录。备课做到教学内容、重难点、作业、考试四统一，严格落实个人备课、集体研讨、形成共案、补充修改形成个案，课堂实施、课后反思的备课流程；教学过程注重"一体化设计、个性化特色、多样化实施"。三是推进课程改革，打造高效课堂。转变教育观念，以生为本，尊重、信任学生，不断调动学生自主学习积极性，充分发挥学生的主体作用，改变一支粉笔一张嘴以讲解为主的传统教学模式，充分整合信息化资源，引

湖南师大附属武冈实验中学南门

湖南师大附属武冈实验中学东门

湖南师大附属武冈实验中学教学楼一角

湖南师大附属武冈实验中学润德楼

湖南师大附属武冈实验中学校园

湖南师大附属武冈实验中学艺术楼

湖南师大附属武冈实验中学学生宿舍

导学生全员参与、主动学习、独立思考。四是加强备考指导，提升教学质量。认真研究高考、学考考试大纲，及时了解考试改革和变化，研究学情和教材，做到科学高效备考。高三教学做到一轮重基础夯实，二轮重能力提升，三轮重冲刺，注重课堂反馈和质量监控。坚持学生评教工作，不断提高教学的针对性和有效性。五是规范教学资料的管理和使用，下大力气减负减压。严控资料征订关，严禁教师私自订购报纸、教辅书籍，改善教学环境。

2017年，学校一是在落实教学常规方面，采取"专人巡查、领导督查、月度检查"的办法加强上课、备课、教案和作业批改等教学常规环节的检查，提高了教学常规管理效率。二是做好普图专项工作。做好图书的采集、分编、上架和借阅工作，实现微机管理；做好破旧图书与重要资料的修补、装裱工作和各类图书的清点、记录、统计工作；规范设置图书书标、卡片、登录号、索书号及台账，做到书账相符；做好保洁、防火、防盗、防尘、防晒、防虫、防潮等工作；常态化更新新书推介，引领学生阅读。三是认真组织教学评价工作，规范组考，定期组织教学调查，综合考试成绩和学生的教学评价对教师进行考核，努力营造能者上、庸者下的教学工作环境。四是抓好艺体教育，凸显办学特色。加强体艺教学管理，组织艺术班专业生专业成果展示、"三独"比赛初赛和运动会，组队参加省市"三独"比赛和体育竞赛；常态化开展眼保健操比赛、广播体操比赛、英语书法赛、硬笔书法赛、美术展览、跑操比赛、手抄报比赛等校内竞赛活动；加强专业教师队伍建设，组织全体艺术教师赴长沙市十一中学习交流；加强校园文化建设，精心举办好第21届校园文化艺术节，组织征文比赛、主持人大赛、书画赛、文艺汇演等系列活动。

2018年，学校一是加强教师培训，助力教师成长。学校组织为期5天的全员暑期培训、高三毕业班教师集中外出培训、赴浙大与华东师大管理骨干培训、赴湖南师大附中青年教师培训等集中外出培训。学校全年共有620人次接受培训学习，很大程度上促进了教师观念更新，教学技能和教学水平提升。1人荣获湖南省青少年宫系统第一届教师技能比赛声乐类特等奖，4人获邵阳市学科教学比武一等奖，5人获邵阳市实验教学说课比赛二等奖，17人获高考复习研讨课一等奖。11名教师在高考研讨会做经验发言，9名教师在学考研讨会上做经验发言。二是抓好常规教学。坚持一月一次教案和作业批阅情况检查，注重教学各环节落实，定期开展学生评教活动。组织学科竞赛，提升教学水平。语文组开展作文竞赛，传承国学经典和《旭日》征文活动；数学、物理、化学和生物学科组织校级学科竞赛和奥赛初赛；英语组组织常规的听力训练和口语等级考试。三是着力抓好高考、学考。严格落实市教科局《高考工作方案》，组织 2018 届高三教师赴沅陵一中学习取经，博采众长。加强高考复习的调研与督查，加强课堂与考试的宏观监控。落实高二学考蹲班督查制，安排行政人员蹲点各班。四是丰富文体活动，提升综合素养。开展戏曲进校园活动、书法及绘画比赛、手工制作大赛、寻找错别字大赛、主持人选拔赛、朗诵比赛、艺术班舞蹈与声乐生专业汇报表演、体育类比赛、田径运动会、第 22 届校园文化艺术节等活动。年内组织学生参加省、市多项文体竞赛，参赛学生均名列前茅。

2019 年，学校一是坚持每月教案和作业批阅情况检查，严格早晚辅导签到签离管理，持续加强教学常规管理。着力加强考试的诚信教育和考风管理，定期开展学生评教活动。二是着力抓好高考、学考和中考。严格落实《高考工作方案》，强化蹲学科、蹲班督查制，定期组织高考、学考复习的调研与督查；着力加强课堂教学研究和考试研究，全面提升教学质量。2019 年高考一本上线 169 人，二本上线 226 人，以武冈市 2016 年初升高优生前 400 名仅占 47 人（占比 11.7%），前 1000 名仅占 145 人（占比 14.5%）的生源基础，取得了占武冈市 2019 年高考一本二本上线总人数的 24% 的好成绩，持续书写着"低进高出，高进优出"的传奇。高考、学考和中考质量评价荣获武冈市第一名，被评为武冈市 2018 至 2019 学年度中小学教育教学质量评价综合先进单位。三是丰富文体活动，提升综合素养。学校参加湖南师范大学附属学校的同课异构课堂展示活动，接待了湖南师范大学基础教育研究中心专家团的教育教学调研和益阳市一中的来校交流活动；举行了推普周活动、硬笔书法赛、英语书法赛、美术作品比赛、手抄报比赛、师生秋季田径运动会、黑板报评比、文学社采风活动、童谣征集比赛、第 23 届校园文化艺术节等系列校本活动；承办了武冈市第 23 届中小学生田径运动会、武冈市 2019 年初中体育学业水平考试和武冈市足球运动会。参加了邵阳市、武冈市多项竞赛活动，集体荣获了邵阳市第 27 届中小学田径运动

2022 年 1 月 22 日，湖南师范大学校长刘起军教授率班子成员来校指导工作

师大专家团来校指导教育工作

师大专家团来一中指导教育工作

师大专家团来校指导教育工作

2019 年 11 月 9 日，武汉大学副校长周叶中教授来校讲学

2020 年 6 月 10 日，时任湖南省委常委、省人民政府副省长吴桂英在时任中共武冈市委副书记、市人民政府市长唐克俭陪同下视察学校

2020 年 9 月 3 日，时任中共邵阳市委常委、宣传部长周迎春在时任武冈市委常委、宣传部长罗健陪同下视察学校

2020 年 9 月 16 日，湖南省生态环境厅厅长邓立佳在时任中共邵阳市委常委、武冈市委书记侯文，市委副书记曹红旗陪同下视察学校

会体育道德风尚奖，邵阳市第 27 届中小学田径运动会高中组团体第一名、初中组团体第一名，邵阳市"我爱足球"中学生校园足球赛高中男子组二等奖、高中女子组二等奖，武冈市中小学生校园足球比赛初中男子组二等奖、初中女子组二等奖，武冈市中小学生乒乓球比赛高中男子组团体二等奖，武冈市纪念五四运动 100 周年合唱比赛特等奖，武冈市第四届建制班合唱比赛优秀组织奖；学生个人获得 2019 年"康比特"杯全国体育传统学校田径冠军赛银牌 1 枚、铜牌 1 枚、第五至第七名各 1 项，湖南省 2019 年青少年田径锦标赛第四至第八名共 9 项，湖南省高中生"三独"比赛一等奖 1 项、三等奖 1 项，邵阳市第 27 届中小学生田径运动会金牌 12 项、银牌 3 项、铜牌 7 项，邵阳市三独比赛一等奖 3 项、二等奖 4 项、三等奖 5 项。

（四）教研教改

2010 年，学校一是重视校本教研，加强校际交流。年内选派部分青年教师参加省级骨干教师培训，组织高三教师和班主任分别到长沙市一中、株洲市二中、隆回县二中学习考察，邀请深圳再东文化传媒有限公司感恩教育首席演说家罗敏兰讲师和吴刚老师来校讲学，通过听课、评课、聆听专家讲座，撰写教育教学论文等多种形式，加强教师队伍建设，促进教师专业成长。二是师徒结对，着力建设"青蓝工程"。建立完善以老带新、以新促老、新老共进的老师成长机制，积极建设同伴互助、实践反思的校园教研文化，落实"找路子、结对子、压担子、搭梯子"等措施，创造条件、搭建平台，促进青年教师成长。年内有 6 人获省级校长、班主任培训证书，7 人参加省级骨干教师培训，6 人分别荣获武冈市"教育教学突出贡献者"一、二、三等奖，3 人被评为市优秀教师，3 人被评为市教育教学管理先进个人，6 人被评为优秀德育工作者，30 人被评为市高中毕业班教学质量先进个人。

2011 年，学校海选教研组长和备课组长，注重专业引领，加强学科建设；加大经费投入，加强师资培训；完善学考考查科目的实施考评工作。

2012 年，学校一是加强备课组建设，规范集体备课活动，拓宽教研活动形式，全面探讨新授课模式，尝试教学反思，加强教学总结活动。加强课题研究，加强命题研究，引领教师专业发展，努力丰富专业内涵。二是年内组织了两次武冈市级教学研讨活动，承办了六项学科教学比武活动，以毕业班教学研究为主阵地，着眼高考和学考，研究高效课堂内涵，构建高效课堂模式，突出高效课堂反思。

2013年，学校加强备课组建设，规范集体备课，要求教师进行三次备课，凝聚集体智慧，凸显个人风格。规范学分管理，引导并促进教师加强专业培训。立足课堂教学，加强课改微观实验课题研究，不断提高课堂教学效率。2013年有3项省级课题，3项邵阳市市级课题和8项武冈市市级课题在实验研究中。

2014年，学校一是完善教学资源库建设。学校网站全面升级，购置了"中国现代教育网""学科网""金太阳网"等资源，并链接其他资源，方便了教师学习、共享资源。组织了各年级备课组建立电子试题库，并制作课课练、单元练习和套题，编制学案。二是加强校本研训，组织了近500人次参加远程培训、计算机培训。开展了"有效课堂教学观摩"活动，举行了全员教学比武，推选了22人次参加武冈市、邵阳市及湖南省的赛课活动，获得省一等奖1人次，邵阳市级奖7人次，武冈市级奖22人次。三是规范推进课题实验研究。实行课题组长负责制，完善过程管理和成果申报。年内有5项课题结题，全部获得了武冈市教育教学成果奖，有两项课题送邵参评；有立项在研课题18个，其中省级4个，邵阳市级3个，武冈市级8个，校级3个。四是学科竞赛培训制度化，竞赛成绩喜人。校级学科竞赛按年级举行，一学期一次；学科奥赛以备课组为培训主体，科技创新大赛有专业指导团队。数、理、化、生、学科奥赛有2人获国家级奖励，2人获省级奖励，50人获邵阳市级奖励，青少年科技创新大赛有106人次获武冈市级以上奖励，学校荣获优秀组织奖。

2015年，学校以"重学习"为切入点，以"立师德"为制高点，以"扬个性"为发展点，切实抓教师队伍建设，促进教师专业化成长。培养教师分三个层次：新教师"入格"培养，青年教师"升格"培养，骨干教师"风格"培养；走三条路：磨炼基本功，锤炼教学技能，升华教育思想；提供三种机会：学习机会、实践机会、展示机会。一是强化校本研训，做到每月集中学习，定期外出学习，8月青年教师集中考试。年内共派出近600人次参加远程或现场学习培训，6月邀请湖南师大

2020年9月23日，民政部儿童福利司司长郭玉强视察学校，中共邵阳市委常委、武冈市委书记侯文陪同

2020年10月22日，湖南省人大常委会副主任、省总工会主席周农视察学校，中共邵阳市委常委、武冈市委书记侯文陪同

2020年11月4日，中国人民解放军陆军副司令员周松和中将视察学校，中共邵阳市委常委、武冈市委书记侯文陪同

2021年3月2日，湖南省总工会党组副书记、副主席王邵刚校友在时任武冈市委常委、宣传部部长罗健和武冈市委常委、组织部部长陈学先等陪同下回校看望恩师并指导工作

2021年3月18日，时任邵阳市委书记、市人大常委会主任龚文密视察学校，中共邵阳市委常委、武冈市委书记侯文陪同

2021年4月3日，时任中共株洲市委书记、市人大常委会主任毛腾飞在时任邵阳市中级人民法院副院长毛学雄陪同下视察学校

2021年4月7日，一级战斗英雄史光柱来校讲课

2021年4月16日，中共邵阳市委副书记汤立斌视察学校，中共邵阳市委常委、武冈市委书记侯文陪同

和师大附中等专家来校组织了两次为期两天的全员专业培训。二是发挥名优教师的作用，进一步完善师徒结对制度，签订师徒教学协议，名师引路，促进青年教师的专业成长。三是开展全员教学比武，人人参与，全员参加，先海选，再复赛，最后决赛。在年内组织的一次教学比武中，有2人次获省教学比武一、二等奖，有3人次获邵阳市教学比武奖，有16人次获武冈教学比武奖。四是以课题研究为载体，开展课题研究式教研。学校以"教师魅力形成的方法与途径研究"课题立项为湖南省"十二五"规范课题为契机，在各备课组展开课题研究式教研，促进加强教师魅力修炼。年内有四项课题在省市县立项，有六项课题结题参与成果评奖，其中获省三等奖一项，邵阳市级奖五项。

2016年，学校一是抓实教师专业成长。完善"导师制"，抓实师徒结对传帮带工作，年内有56名教师结成师徒。提倡"走出去，请进来"，组织参加各类各层次校内外培训活动，促进青年教师的成长。8月中旬投入资金18万元，组织98名管理人员、班主任和专任教师赴湖南师大参加为期一周的教育教学管理专业培训；10月邀请师大附中、雅礼中学专家来校做了两场专题讲座；10月承办武冈市高中英语、地理、美术和初中美术教学决赛活动；10月组织送优质课下乡，发挥了对托管校头堂九年制学校的示范引领作用。全年派出210人次赴省内外13所示范性高中进行学习交流。二是做好竞赛辅导。年级部统筹竞赛辅导和学科培优工作，备课组落实资料的整合和传承，指导教师负责竞赛辅导。非毕业年级每科每学期举行一次校内学科知识竞赛，组织学生参加各级各类竞赛活动。三是规范课题研究工作。加强对立项课题的管理，确保按计划实施，课题实验人员每学期要撰写教学笔记和教学论文，总结和提升教学经验。任课教师每学年要撰写论文，设计教案，参加县级以上的评比。四是加强读书研训。以终身学习和建立学习型校园为核心，长期举办读书活动，以读书活动带动研训工作，推动教师专业发展，积淀校园文化，打造书香校园。

2017年，一是"请进来、走出去"，加强学习交流。组织高三教师及处室主任赴益阳市一中考察学习；举办武冈市高考专题复习研讨会，加强高考的备考与研究；参加武冈市学考研讨会，推进学考备考工作；组织为期5天的学校暑期全员校本研修专题集中培训和湖南师范大学附属学校青年教师暑期专项研修。二是积极参加各类教学比赛活动。组织了备课组参加湖南省中小学教师信息技术与学科融合在线集体备课大赛，获得最佳组织奖；组织语文教师参加武冈市语文教师综合素养竞赛。三是规范做好教师学分登记和网络培训工作。

2019 年，学校一是引领促进教师专业发展。教师培训坚持重学习、立师德、扬个性，着力加强新教师"入格"培养，青年教师"升格"培养，骨干教师"风格"培养之"三格"培养。实施青蓝工程，38 位教师结成师徒，资深教师的传、帮、带落到了实处。加强教师成长培训，选派了 21 名领导和骨干教师赴浙江大学、华东师范大学、山东大学参加高端培训，选派了 36 名领导和骨干教师参加湖南师范大学附属学校的集中培训，选派了 300 余人次教师外出学习交流。深度落实名校合作办学，充分共享湖南师范大学、湖南师范大学附属中学的优质资源。二是组织校本研训。4 月高二、高三教师全员参加了学考、高考研讨会；8 月全体教工参加了暑期校本研修第一阶段集中培训；9 月份全体任课教师开展了校本研修分学科研训活动；9 月成功承办了邵阳市物理教学大赛，我校荣获一等奖 1 项、二等奖 1 项；12 月组织了全员数学教学比武，决赛评选了一等奖 4 人次，二等奖 5 人次，三等奖 6 人次。

（五）办学成果

2011 年，学校的学考一次性合格率达 97.8%，受到邵阳市教育局的表彰；高考一本上线 119 人，二本以上上线 316 人。肖永锋考入解放军飞行学院。

2012 年高考一本上线 197 人，二本以上上线 378 人，创学校高考上线人数历史新高。理科前 10 名摘取第二名、第四名和两个并列第七名，林杰同学继 2011 年肖永锋同学之后考取飞行员。2012 年学考，学校九科全科合格率达 97.39%，人均分居邵阳市第四名，荣获邵阳市中小学教学质量评价优胜单位称号，是武冈市同类学校参加评比以来的最好成绩。

2013 年，学校高考考取一本 51 人，二本 156 人，高考目标完成率达 147.9%，居武冈市第一名。唐中富同学获得武冈市理科实考分第一名。罗益群教师主持的省规划办课题结题参评获湖南省第三届教科研优秀成果三等奖。

2015 年，学校进一步推进了办学条件改善年、管理规范精细年、教师专业成长年、德育体系完善年、教学质量提升年

2021 年 8 月 18 日，中共邵阳市委书记严华视察学校，中共武冈市委书记唐克俭陪同

2021 年 9 月 2 日，湖南省政协副主席李民在武冈市政协主席王小波陪同下视察学校

2021 年 9 月 14 日，时任中共武冈市委副书记、市长龚畅与湖南师范大学党委委员、副校长唐贤清续签办学协议

2022 年 2 月 28 日，中共武冈市委书记唐克俭来校为师生上党课

学校班子成员合影，左起：伍春晖、李建涛、刘兴龙、张居华、徐军

学校领导与高2001届校友代表合影

学校冬季田径运动会开幕式

学校冬季田径运动会开幕式

五个主题年建设，以"优环境、强特色、精内涵、提品位"为办学策略，以教育教学为中心，教育科研为先导，以科学精细管理和教师专业成长为保障，坚持立德树人，深入推进课堂教学改革，全面提升教学质量。是年高考，学校一本上线104人，二本上线217人，一本二本合计上线321人，创学校高考上线人数新纪录，一本二本目标完成率居武冈市第一名。学考学校以98.6%的九科一次性合格率荣获邵阳市省示范性高中第三名。

2017年，学校高考考取一本115人，一本完成率169%，二本226人，二本完成率197%，一本二本共341人，完成率达到186%，三项指标均居武冈市第一名。参加学考，学校一次性合格率达92.41%，居武冈市第一名。二是教科研工作成绩斐然。教师在省级以上刊物公开发表教育教学论文32篇；参加湖南省中小学教师信息技术与学科融合在线集体备课大赛获一等奖1项、二等奖7项；张璐老师参加湖南省中学历史教学竞赛获二等奖。三是学科竞赛捷报频传。组织学生参加奥赛、"三独"比赛、体育竞赛、科技创新大赛等各类比赛共获国家级奖2人次，湖南省级奖10人次，邵阳市级奖74人次，武冈市级奖52人次；学校参加各类团体竞赛，荣获"我爱足球"邵阳市中小学生校园足球比赛高中男子组二等奖、邵阳市第二届中学生建制班合唱比赛高中组一等奖、武冈市中小学生首届"体彩杯"校园足球比赛高中男子组第一名、武冈市中小学生首届"体彩杯"篮球比赛普高男子组第一名、武冈市中小学生首届"体彩杯"校园足球比赛高中女子组第二名；武冈市第二届中学生建制班合唱比赛高中组一等奖、武冈市第二届中学生建制班合唱比赛初中组一等奖、武冈市第二届中学生建制班合唱比赛优秀组织奖、武冈市首届中小学经典诗文诵读大赛中学组一等奖等奖励。该年，学校被评为湖南省文明单位和全国青少年校园足球特色学校。

2018年高考，一本上线168人，二本上线207人；2018年学考，一次性合格率达94.91%，较上一年度提高2.5%；参加教学比武，荣获省级金奖1人、邵阳市一等奖4人、邵阳市二等奖4人、武冈市一等奖17人；组织学生个人参加学科奥赛，获国家级奖项4人、省级奖项8人、邵阳市级奖项40人；参加科技创新大赛，获省级奖项2人、武冈市级奖项12人；参加"三独"比赛，获省级奖项8人、邵阳市级奖项

64 人、武冈市级奖项 5 人；参加体育竞赛，获省级奖项 2 人、邵阳市级奖项 35 人；参加书画竞赛，获邵阳市级奖项 3 人、武冈市级奖项 5 人。

2019 年高考，学校考取一本 169 人，二本 226 人，一本二本共 395 人，一本二本完成率达 286.3%，完成率和提高率均居武冈市第一名。邓超同学考取清华大学。2019 年学考，我校九科一次性合格率达 98.91%。本年度获得的荣获称号有：湖南省文明标兵校园、邵阳市中小学德育工作先进集体、邵阳市 2018 年度学生资助工作档案管理先进单位、邵阳市五四红旗团委、武冈市示范"五化"党支部、武冈市抓党建促脱贫攻坚先进基层党组织、武冈市 2018 至 2019 学年度中小学教育教学质量评价综合先进单位、武冈市妇女工作先进单位。本年度参加竞赛获得的奖项有：邵阳市第 27 届中小学田径运动会体育道德风尚奖，邵阳市第 27 届中小学田径运动会高中组团体第一名、初中组团体第一名，邵阳市"我爱足球"中学生校园足球赛高中男子组二等奖、高中女子组二等奖，武冈市中小学生校园足球比赛初中男子组二等奖、初中女子组二等奖，武冈市中小学生乒乓球比赛高中男子组团体二等奖，武冈市纪念五四运动 100 周年合唱比赛特等奖，武冈市第四届建制班合唱赛优秀组织奖。

（六）艺教特色

早在 1997 年 9 月，学校就率先在邵阳市普通中学中开办高中艺术班，获得了良好的办学效益，艺术班学生成为校园文化艺术节的主力军。校文艺宣传队多次参加武冈市、邵阳市、湖南省文艺会演或比赛，共获得湖南省中小学艺术节文艺表演歌咏赛一等奖，舞蹈节目一等奖等 30 多项奖励；截至 2007 年，在已毕业的七届高中艺术班中，458 人参加高考，432 人升入高等院校艺术系，升学率高达 94.32%。学校两次获得"湖南省艺术教育先进学校"荣誉称号，《中小学音乐报》、湖南电台和《邵阳日报》等多家媒体分别报道了学校"艺术育人、发展个性、培养特长、全面发展"的办学特色。

2012 年，学校继续深化、完善艺术班教学研究，创新特色管理。改革体育生训练模式，实现责权高度统一，提高专业质量。注意课题实验研究的传承和创新，保持邵阳市齐发实验研究先进地位，举办年度校园文化艺术节，丰富校园文化内容，

学校冬季田径运动会开幕式

学校冬季田径运动会开幕式

学校冬季田径运动会

学校冬季田径运动会

学校冬季田径运动会

学校啦啦操代表队队员

2015年第19届校园文化艺术节

2015年第19届校园文化艺术节

促进校园文化建设。

2014年，学校举行了春、冬季师生运动会，组织了绘画、书法、摄影作品展览，参加了邵阳市田径运动会、邵阳市中小学生"三独"比赛，近30人次获奖。艺术教育再上台阶，有52人被省内外二本以上艺术院校录取。

学校从1997年开始，每年都要举行校园文化艺术节，到2022年，已经是第26届。

（七）文明创建

2015年，学校一是通过主题班会、手抄报、黑板报、文化墙等活动形式，让墙壁说话，加强了班级文化建设。二是举办了运动会、校园文化艺术节等大型主题活动，搭建师生才艺展示平台，引领学生加强特长培养，提升自身素养，促进了校园文化的建设与积淀，丰富和提升了学校文化内涵。三是开展教工文体活动，组织了与富田中学、湾头桥中学等兄弟学校的校际篮球联谊赛，组队参加了教育系统教工羽毛球赛，举行了教工运动会，实施了教工温暖工程，做到生日献花、白喜吊唁、生病探望、困难扶助；团委会常态组织了学生志愿服务活动；妇委会组织了女教工安康体检、"三·八"节表彰、创建文明家庭等活动。加强了与市、县主流媒体的合作，推进宣传工作；重视了云空间的建设，对校园网站进行了升级改造，新建了宣传橱窗，电子屏宣传常态化；文学社出刊两期，全面加强了宣传报道的正能量。组织了多届高、初中校友会，成立了八五届高中校友助学基金会，加大了校外宣传力度。

2019年，学校设置永久性宣传标语，加强社会主义核心价值观教育，丰富校园文化。组织了重阳节敬老院慰问、世界粮食日志愿宣传、云山威溪水库净化活动、关爱残疾学生活动、环境保护志愿活动、交通秩序维护活动等系列志愿者活动，有力弘扬志愿精神。全面加强网站、微信号、广播站、文学社及学生社团的管理与建设，促进了校园文化的传播与积淀。组织学雷锋系列活动，祭奠瞻仰革命烈士，组织18岁成人礼宣誓活动。常态化开展黑板报评选，每月组织班级主题班会，不断丰富德育活动，促进文明创建。

（八）扶贫助学

2014年，学校充分利用国家助学金、中央彩票基金、省芙蓉学子、省湘窖学子、武冈同乡会、武冈教育基金会及社会爱心人士捐赠的资金，广泛开展扶贫助学工作，发放资金近200万元，惠及1300余名学生。

2015年扶贫助学工作持续得到长足的发展，国家助学金、中央专项彩票公益金滋蕙计划、省市教育基金会及其他各类社会爱心团体的资助持续增长，高85届、初82届学生30周年聚会成立校友助学基金会、募捐资金超过百万元。学校本着"专款专用""公平、公开、公正"的原则，严格按照"会议传达—本人申请—推荐—年级部考察—扶贫助学小组审核—公示反馈—上报审批—款到及时发放"的程序，确保各项经费惠及各年级，符合"遵纪守法、诚实守信、勤奋好学、家境贫寒、生活俭朴"的条件的学生，并使之成为经济困难学生成长的助推器。年内共计发放助学资金300余万元，受助学生比例达到37%。

2018年，学校落实市委部署，积极推进邓家铺镇新建村包村精准扶贫工作。通过驻村扶贫、党员结对帮扶、党员志愿者生态帮扶、民情恳谈等形式结对帮扶该村48户贫困对象，其中44户已脱贫。年内落实教育专项扶贫、国家助学、精准扶贫、滋蕙计划、校友资助等10项扶贫帮困助学项目，共计3000余人次获得近600万元扶贫助困资金。党员志愿者深入邓元泰敬老院积极开展送温暖活动。

（九）法治建设

2010年，一是依法健全内部管理体制，规范权力运作。学校部门协调有序、职责分明；狠抓常规，优化管理；考评公开公正公平，实现责权利统一。二是扩大基层民主，大力推行校务公开。坚持民主管理，完善教代会制度，健全重大事项党政集体研究和教代会审议决策机制。规范校务公开制度，坚持学期校务公开，民主理财。三是健全内部审诉机制，切实维护师生合法权益。学校建立教师申诉制度，创新信访工作机制，保障教工权益，促进校园和谐，做到"五必访、五必谈"。完善学籍管理制度，强化保学控流，确保巩固率99%以上；尊重学生人格，严禁体罚学生或变相体罚学生，严禁歧视后进生，保障学生受教育权；贯彻"教育为主、惩治为辅"育人原则，建立学生申诉制度，着力转化后进生；坚持一费制，杜绝补课和乱收费，设立专项基金奖教学奖，扶贫助困。

2016年第20届校园文化艺术节

2016年第20届校园文化艺术节

2017年第21届校园文化艺术节

2018年第22届校园文化艺术节

2018年第22届校园文化艺术节

2019年第23届校园文化艺术节

2019年第23届校园文化艺术节

2020年第24届校园文化艺术节

2012年，学校坚持重大事项校长办公会研究、校务会通报、教代会审议通过制度，坚持法律顾问审核制度，确保决策民主公开、校务公开。坚持党、政、工联合决策，完善科学决策机制、教代会制度，定期公开常务和校务，强化民主监督和管理。健全申诉机制，切实维护师生合法权益，以人为本、务实为民，做到矛盾不出围墙。完善学籍管理制度，加大巩固考评力度，引入学生评教、家长评教机制，完善学生资助体系，想方设法保障学生合法权益。

（十）校园建设

2012年学校共投入资金500万元改善办学条件：新建水冲式厕所一座，为两栋青砖楼和艺术楼"戴帽穿衣"，改造电路，新配置通用技术室2间，新添置学生电脑室2间，改造学生公寓供水管道，建成公寓热水供应系统，全面维修食堂，实现了学生食堂煤改气工程，进行校园长远建设规划，筹建学校北大门。

2013年投入400余万元改善办学条件：新修两层水冲式厕所1座，安装了4栋公寓热水供应系统，改造了教工之家玻璃棚面，完成后勤大楼、综合教学楼和教工一舍的楼面防水工程，启动校门口师生停车场建设工程。

2020年8月，学校整体搬迁至新校址。校新区占地260多亩，校舍面积12万多平方米，拥有可容纳150个班级的6栋教学楼，可容纳4320人住宿的6栋学生公寓，可承办大型体育运动会的体育馆和田径场，可藏上百万册图书的图书馆及两栋雄伟壮观、先进现代的科教大楼。各功能区布局合理、校园环境优美。

（十一）合作办学

武冈市委市政府实施优先发展教育战略，引进湖南师大优质资源，创办湖南师范大学附属武冈实验中学，2015年6月24日在学校举行签字挂牌仪式。合作办学的深入开展给学校带来了发展契机：一是更新冠名扩大影响，学校所有教育教学活动、学校网站、督导评估云空间及校园各类媒体更新冠名，扩大了合作办学的影响力；二是加强教师培训，包括教师全员培训、备课组长交流研讨，中层干部挂职学习。共组织了四轮培训：6月中旬，邀请师大教授和师大附中专家来校举行专题讲座、上示范课，进行全员培训，领略先进的办学理念和前沿的教学理念；9月上旬选派2名中层干部赴师大附中进行为期一个学期的挂职学习；10月上旬，邀请师大附中专家来校开展双边教学研讨活动；12月初，组织高三年级管理人员和备课组长赴师大附中学习观摩，开展高考研讨活动。三是分享先进管理经验，湖南师大选派师大附中原副校长何宪才来校担任学监，直接指导和参与学校的管理，先后作四次专题讲座，介绍师大附中的教育教学管理经验，推动学校常规管理向精细化管理的转变。四是参与师大附中集团活动，11月上旬，学校派出4人赴桂东一中参加师大八所附中的德育研讨暨高三教学研讨会。五是改善办学条件，抓住合作办学和督导评估的机遇，先后投入500余万元改善办学条件，促进学校的美化亮化，真正推动学校旧貌换新颜。六是全面推进精细化管理。学习借鉴师大附中的管理模式，打造书香校园，培养科研型教师，注重内涵发展，全面启动内部改革，促进应试教育向素质教育转变，落实精细化管理，不断提高管理效益，全面提升办学质量。

　　2021年9月，市人民政府与湖南师大再签合作办学协议，助推学校继续提升办学品质、扩大办学影响力。

（十二）后勤管理

　　2010年，学校提高后勤服务质量，为教育教学服务。增设勤工俭学管理处，管好场店，服务学生；签订财产管理责任书，规范财产管理；严格执行财务会审制度，规范财务管理，实现民主理财；及时维修和配备各种教学设施设备，保证教学工作正常进行；改善外部环境，开源节流，落实教工福利待遇，激发工作活力。

　　2014年，学校一是严格把好资格准入制度。后勤临时工作人员须持证（健康证、资格证和岗位培训证）上岗，各类大宗物品实行定点采购，验查三证（营业执照、工商登记、身份信息），食堂食品需要检疫手续；二是强化管理，开源节流。严格执行财务预决算制度，高效使用有限经费；严守财务管理制度，严把采购关、报销关；严格加强财物管理，建立实物台账和电子台账，完善以旧换新、集中报损和超值赔偿制度。三是努力改善办学条件。修建好校门口师生停车场，解决了校内停车难题；安装了校园监控系统，布置了校园天网，加强了安保工作；升级改造了教室多媒体系统，更换了青砖楼板，切实服务于教学工作；进行了整体规划设计，开启校园整体美化

2020年第24届校园文化艺术节

2020年第24届校园文化艺术节

2021年第25届校园文化艺术节

2021年第25届校园文化艺术节

编纂工作人员进入各单位部门进行校史的搜集

校史编纂工作人员在市史志办和档案馆搜集资料

校史编纂工作人员收集的部分资料

工作。

2015年，学校组织两次后勤从业人员集中培训活动，促进从业人员转变服务观念，提高服务技能，提升服务水平。一是严格执行收支两条线，严格执行采购申报审批制，经费报销会审制和财物报损制，严控采购关、报销关和领物关。二是加强日常维修，确保设施设备的正常使用。三是着力抓好教工食堂和学生食堂，基本实现了师生吃得放心、吃得满意的目标。加大经费投入，改善办学条件。全年投入基建经费近500万元，校园主干道铺设了优质砂石，改造了"桂园"，新建了三个篮球场，改建了一个自动升降篮球场，添置了不锈钢架电子显示屏一组，改造了校园人行道，制作了16个不锈钢宣传橱窗，设置了近200个车位，升级改造了84间多媒体教室。

2018年学校加大投入，不断改善办学条件。一是厉行节约、勤俭办学、加强财务管理。严格执行采购申报审批制度、财务会审报账制度，管好用好学校资金。二是努力办好师生食堂。坚持大宗物品集中定点采购，严格执行食品卫生准入制度，坚持食品安全长效机制。三是着力改善办学条件。安装了集触控互动、多媒体教学和粉笔书写功能于一体的智慧黑板；建成400米标准塑胶田径场；迎立孔子雕像，为营造书香校园增添新景，引导学生礼敬先贤，见贤思齐，积极向上。

2019年，一是改善环境，美化校园。及时修剪花草树木，定期落实防病防虫处理，加强白蚁防治，抓好绿化美化工作。加强日常检修，做到水电维修不过夜，门窗桌凳维修不逾周。完成了直饮水改造工程，让师生都喝上了直饮水。二是加强食堂管理，让师生吃得放心舒心。严把采购关、验收关、台账记录关、入库出库关、切洗烹饪关、消毒留样关，强化食品安全。强化日常管理，落实员工值班责任制，坚持服务质量生产安全周检查制度，确保服务质量与食品安全。坚持校务成员陪餐制度，加强常态督查管理。

附录：学校所获荣誉

荣誉名称	级　别	年　份
国家级		
教育部思想政治教育先进单位	国家级	1983
第二届全国中小学日常行为规范竞赛组织工作一等奖	国家级	1996
全国支持语文第二课堂先进单位	国家级	2001
全国模范职工之家	国家级	2001
全国现代教育媒体辅助中学物理实验教学实验学校	国家级	2002
中国西部教育顾问单位	国家级	2008
省部级		
团省委思想政治教育先进单位	省部级	1983
湖南省中小学生纪念抗战胜利 50 周年歌咏比赛 一等奖	省部级	1995
湖南省园林式单位	省部级	1997
湖南省艺术教育先进单位	省部级	1997
团省委思想政治教育先进单位	省部级	1983
湖南省中学社会实践教育先进单位	省部级	1998
湖南省高教自考先进单位	省部级	1999
湖南省优秀事业单位法人	省部级	2000
湖南省艺术教育先进单位	省部级	2001
湖南省人防教育先进单位	省部级	2001
湖南省中学生个人所得税法宣传教育活动先进单位	省部级	2001
湖南省高考优秀考点	省部级	2001
湖南省青少年法制宣传教育工作先进单位	省部级	2002
湖南省雷锋式学校	省部级	2003
湖南省重点中学	省级部	2003

湖南省现代教育技术实验学校	省部级	2004
湖南省文明卫生单位	省部级	2004
湖南省体育传统项目学校（田径）	省部级	2004
湖南省首届中小学优秀文学社团	省部级	2004
湖南省 2006 届文明单位	省部级	2006
全省"十五"期间中小学教育技术装备工作 先进单位	省部级	2006
湖南省教育科学"十一五"规划课题《环境教育综合实践活动的立体实施模式研究》 研究基地	省部级	2006
湖南省校园文学社团优胜单位	省部级	2007
湖南省中学生物学科优秀教研组（生物组）	省部级	2008
湖南省校园文学艺术联合会常务理事单位	省部级	2011
第十八届全国青少年"少年向上、真善美伴我行"主题教育活动示范学校	省部级	2015
湖南少年文学院创作基地	省部级	2015
湘潭大学优秀生源地基地	省部级	2015
湖南师范大学教育实践基地	省部级	2016
湖南省文明卫生单位	省部级	2016
湖南教育电视台艺术教育基地	省部级	2017
湖南省第三届中学生建制班合唱比赛一等奖	省部级	2018
湖南省文明标兵校园	省部级	2018
湖南省教育督导与评价协会第二届理事会 理事单位	省部级	2019
清华大学优秀生源基地	省部级	2021
湖南师范大学优秀生源基地	省部级	2021
中南大学优秀生源基地	省部级	2021
地市级		
邵阳市文教系统先进单位	地市级	1979
邵阳市普法先进单位	地市级	1989

邵阳市勤工俭学先进单位	地市级	1991
邵阳市花园式单位	地市级	1993
邵阳市初中毕业会考先进单位	地市级	1993
邵阳市花园式单位	地市级	1993
邵阳市"二五"普法先进单位	地市级	1995
邵阳市文教系统先进单位	地市级	1997
邵阳市安全文明小区先进单位	地市级	1997
邵阳市"三防"教育先进单位	地市级	1998
邵阳市先进基层团组织	地市级	1999
邵阳市人防教育先进单位	地市级	2000
邵阳市优秀教研组（语文组）	地市级	2000
邵阳市特级文学社（云台文学社）	地市级	2000
邵阳市综合治理安全文明校园	地市级	2001
邵阳市"五四红旗"团委	地市级	2001
武冈市邵阳市高等教育自学考试优秀考点	地市级	2002
邵阳市文明卫生单位	地市级	2002
邵阳市普通高校招生考试优秀考点	地市级	2002
邵阳市五四红旗团委	地市级	2002
邵阳市安全文明校园	地市级	2002
邵阳市模范职工之家	地市级	2002
邵阳市文明单位	地市级	2003
邵阳市内部审计优胜单位	地市级	2005
邵阳市先进基层党组织	地市级	2006
邵阳市校务公开工作先进单位	地市级	2007

邵阳市社会治安综合治理安全文明校园	地市级	2007
邵阳市先进基层工会	地市级	2008
邵阳市"反邪教活动单位"创建工作 先进单位	地市级	2008
邵阳市社会治安综合治理安全文明校园	地市级	2009
邵阳市科技教育基地	地市级	2009
邵阳市中小学教学质量评价优胜单位	地市级	2012
邵阳市 2013 年度文明标兵单位	地市级	2013
邵阳市中小学生校园足球比赛高中男子组 三等奖	地市级	2016
邵阳市社会管理综合治理平安创建先进单位	地市级	2016
湖南工程学院优质生源地基地	地市级	2017
湖南农业大学优秀生源基地	地市级	2017
邵阳市第二届中学生建制班合唱比赛高中组一等奖	地市级	2017
邵阳市"我爱足球"中学生校园足球比赛高中男子组二等奖	地市级	2018
邵阳市"我爱足球"中学生校园足球比赛高中女子组二等奖	地市级	2018
邵阳市第二十六届中小学生田径运动会初中组团体第一名	地市级	2018
邵阳市第三届中学生建制班合唱比赛 一等奖	地市级	2018
邵阳市中小学、幼儿园啦啦操比赛高中团体二等奖	地市级	2018
邵阳市学生资助档案管理先进单位	地市级	2018
邵阳市中小学德育工作先进集体	地市级	2018
湖南科技大学优质生源基地	地市级	2018
邵阳市企事业治安保卫重点单位	地市级	2018
邵阳市书香学校	地市级	2019
邵阳市"我爱足球"中学生校园足球比赛高中男子组二等奖	地市级	2019
邵阳市"我爱足球"中学生校园足球比赛高中女子组二等奖	地市级	2019
邵阳市第二十七届中小学田径运动高中组团体第一名	地市级	2019

邵阳市第二十七届中小学田径运动初中组团体第一名	地市级	2019
河北工业大学优秀生源基地	地市级	2019
邵阳市中小学啦啦操比赛高中示范花球一等奖	地市级	2021
邵阳市中小学啦啦操比赛高中团体一等奖	地市级	2021
湖南经视法制周报法治教育学校	地市级	2021
邵阳市中小学校啦啦操比赛高中自选爵士一等奖	地市级	2021
邵阳市中小学校啦啦操比赛高中规定花球一等奖	地市级	2021
湖南师范大学附属学校教育质量提升专题培训优秀组织单位	地市级	2021
邵阳市防震减灾科普教育示范学校	地市级	2021
邵阳市第二十九届中小学生田径运动会高中组团体第二名	地市级	2021
邵阳市第二十九届中小学生田径运动会初中组团体第二名	地市级	2021
邵阳市"我爱足球"中小学生校园足球比赛高中男子组第四名	地市级	2021
邵阳市五四红旗团委	地市级	2022
县市级		
武冈县先进党支部	县市级	1979、1983、1985
工会工作先进集体	县市级	1984
武冈市初中毕业会考先进单位	县市级	1995
武冈市高中毕业会考先进单位	县市级	1995
武冈市科技人员管理工作先进单位	县市级	1995
武冈市勤工俭学先进单位	县市级	1995
武冈市教育工作先进单位	县市级	1995
武冈市综合治理先进单位	县市级	1995
武冈市先进基层团组织	县市级	1995
武冈市初中毕业会考先进单位	县市级	1996
武冈市高中毕业会考先进单位	县市级	1996

武冈市先进基层团组织	县市级	1996
武冈市教育工作先进单位	县市级	1997
武冈市教学质量综合评价先进单位	县市级	1997
武冈市计划生育先进单位	县市级	1997
武冈市勤工俭学先进单位	县市级	1998
武冈市教育工作（教育质量评价）先进单位	县市级	1998
武冈市党报党刊发行先进单位	县市级	1998
武冈市高、初中毕业班工作先进单位	县市级	1998
武冈市安全保卫工作先进单位	县市级	1998
武冈市毕业班教学质量综合评价先进单位	县市级	1998
武冈市先进基层团组织	县市级	1998
武冈市教改教研先进单位	县市级	1999
武冈市综合治理先进单位	县市级	1999
武冈市教育工作（教育质量评价）先进单位	县市级	1999
武冈市"两基"年检先进单位	县市级	1999
武冈市高中教育质量先进单位	县市级	1999
武冈市初中教育质量先进单位	县市级	1999
武冈市教育工作先进单位	县市级	1999
武冈市党报党刊发行先进单位	县市级	1999
武冈市先进基层党支部	县市级	1999
武冈市教师继续教育培训先进单位	县市级	2000
武冈市青少年科技活动先进单位	县市级	2000
武冈市计划生育工作先进单位	县市级	2000
武冈市直中学教育质量综合评价先进单位	县市级	2000
武冈市普图先进单位	县市级	2000

武冈市教师继续教育先进单位	县市级	2000
武冈市教育工作先进单位	县市级	2000
武冈市第六届中小学田径运动会高中组团体总分 第二名	县市级	2000
武冈市"三五"普法先进单位	县市级	2001
武冈市个人所得税法进校园活动优秀组织奖	县市级	2001
武冈市教研教改工作先进单位	县市级	2001
武冈市青少年科技活动先进单位	县市级	2001
武冈市高中教育质量先进单位	县市级	2001
武冈市学雷锋活动先进单位	县市级	2001
武冈市示范性学校	县市级	2001
武冈市教育工作（教育质量评价）先进单位	县市级	2001
武冈市教学质量评价先进单位	县市级	2001
武冈市计划生育先进单位	县市级	2001
武冈市实验教学工作先进单位	县市级	2002
武冈市中小学毕业会考组考单科优秀考点（高二考点）	县市级	2002
武冈市中小学毕业会考组考单科优秀考点（初二考点）	县市级	2002
武冈市教育工作目标管理综合评价 一等奖	县市级	2002
武冈市社会治安综合治理治安模范单位	县市级	2002
武冈市学校普法依法治理工作先进单位	县市级	2002
武冈市首届青年文明号颁奖晚会最佳艺术表现奖	县市级	2003
武冈市首届青年文明号颁奖晚会优秀节目组织奖	县市级	2003
武冈市社会治安综合治理先进单位	县市级	2003
武冈市文明建设目标管理先进单位	县市级	2003
武冈市计划生育先进单位	县市级	2004
武冈市教育教学质量综合评价先进单位	县市级	2004

奖项	级别	年份
武冈市综合治理先进单位	县市级	2004
武冈市爱卫工作先进单位	县市级	2004
武冈市社会治安综合治理先进单位	县市级	2005
武冈市政府采购工作先进单位	县市级	2005
武冈市妇联系统 先进集体	县市级	2005
武冈市消防工作先进单位	县市级	2005
武冈市共青团工作红旗单位	县市级	2008
武冈市二〇〇九年度学校德育工作先进单位	县市级	2009
武冈市教职工"祖国万岁"暨师德师风建设歌咏比赛一等奖	县市级	2009
武冈市2008—2009学年度中小学教育教学质量综合评价先进单位	县市级	2009
武冈市2008—2009学年度中小学教育教学质量单项评价先进单位	县市级	2009
武冈市教育系统关心下一代工作先进集体	县市级	2009
武冈市中小学师德师风建设暨素质教育成果汇报演出二等奖	县市级	2009
武冈市爱卫工作先进单位	县市级	2009
武冈市共青团工作红旗单位	县市级	2009
武冈市2009—2010学年度中小学教育教学质量单项评价（高中组）先进单位	县市级	2010
武冈市2009—2010学年度中小学教育教学质量综合评价先进单位	县市级	2010
武冈市2010年德育工作先进单位	县市级	2010
武冈市2011年青少年科技创新大赛优秀组织单位	县市级	2011
武冈市2012年青少年科技创新大赛优秀组织单位	县市级	2012
武冈市"文明美德之校"	县市级	2012
武冈市第十六届中小学生田径运动会高甲组第二名	县市级	2012
武冈市第十六届中小学生田径运动会高乙组第一名	县市级	2012
武冈中小学生书法绘画比赛优秀组织奖	县市级	2012

武冈市 2012—2013 学年度教育教学质量评价综合先进单位	县市级	2013
武冈市档案工作先进单位	县市级	2013
武冈市共青团工作红旗单位	县市级	2013
武冈共青团工作 红旗单位	县市级	2014
武冈市中小学生"廉政文化进校园"演讲大赛 城区中学组优胜奖	县市级	2015
武冈市 2014—2015 学年度教育教学质量评价 综合先进单位	县市级	2015
武冈市首届中学（中职）生现场书法绘画比赛高中（中职）组优秀组织单位	县市级	2016
武冈市青少年国学教育基地	县市级	2016
2015—2016 学年度中小学教育教学质量（高中组）单项先进单位	县市级	2016
武冈市目标管理考核 二等奖	县市级	2017
武冈市中学生首届"体彩杯"篮球比赛（普高男子组）第一名	县市级	2017
武冈市庆祝中国共产党成立 97 周年"不忘初心、牢记使命，永远跟党走"合唱比赛一等奖	县市级	2018
武冈市中小学图书馆（室）建设与应用工作先进单位	县市级	2018
武冈市 2017—2018 学年度中小学教育教学质量评价（高中组）单项先进单位	县市级	2018
武冈市第二十二届中小学生田径运动会 高甲组 第二名	县市级	2018
武冈市中学生篮球比赛（高中男子组）第一名	县市级	2018
武冈市中学生篮球比赛（高中女子组）第二名	县市级	2018
武冈市抓党建促脱贫攻坚先进基层党组织	县市级	2019
武冈市示范"五化"党支部	县市级	2019
武冈市妇女工作先进单位	县市级	2019
邵阳市德育工作优秀学校	地市级	2020
武冈市 2019—2020 学年度中小学教育教学质量评价综合先进单位	县市级	2020
武冈市先进基层党组织	县市级	2020

武冈市综合治理优秀单位	县市级	2020
武冈市中小学教育教学质量评价综合先进单位	县市级	2020
武冈市慈善助学先进单位	县市级	2020
武冈市妇联系统先进单位	县市级	2020
武冈市工会工作先进单位	县市级	2020
武冈市新时代文明实践优秀志愿服务项目	县市级	2021
武冈市优秀新时代文明实践站	县市级	2021
武冈市第二十五届中小学生田径运动会初中甲组一等奖	县市级	2021
武冈市第二十五届中小学生田径运动会高中组一等奖	县市级	2021
武冈市教育系统先进基层党组织	县市级	2021
武冈市2020-2021年度中小学教育教学质量评价（公办初中组）单项先进单位	县市级	2021
武冈市教育系统脱贫攻坚先进单位	县市级	2021
武冈市慈善助学先进单位	县市级	2021
武冈市党报党刊发行工作先进单位	县市级	2021
武冈市妇女工作先进单位	县市级	2021

第五部分

百年沧桑 百年芬芳

（纪录片解说词）

百年校史大型纪录片解说词

武冈市一中百年校庆上下集大型纪录片

百年沧桑　百年芬芳

总编导：曹　潺

情景再现出镜部分学生演员：

吴本杰	肖俊佑	夏春霖	刘成佳	黄佳斌	钟　新	沈昱睿	匡远恒	段　葵	龚炜卉
赵　星	陈薪宇	肖子慧	戴钰莹	肖　晴	周敏轩	成美儒	刘旭霞	邓　哲	唐佳窈

武冈市第一中学百年校史全纪录

（字幕兼影像）

公元前179年起，西汉文景年间，置武冈县，隶属长沙郡。距今2400年。

公元1423年10月，朱元璋第十八子岷王朱楩从云南改封武冈州城，建王邸，世袭14代，历时217年。

公元1671年4月，南明王朱由榔建立永历王朝后迁武冈，以岷王府为王宫，改武冈州为奉天府，建立南明王朝。

公元1875年，同治殁，光绪立。

这一年，远处蛮獠之地的武冈州，"希贤精舍"开建。精舍成为武冈一中的源头，第一个校园，绵延百年，书香飘逸。

一、缘起　公元1922年

（武冈市第一任校长刘国干至今刘兴龙等历任校长资料依次滚动而出，含图片及任期年月）

也许，对于王城的子民而言，这是个稀疏平常的日子，阳光慵懒地打在都梁路上，宣风楼左耳的小山丘旁，连排的木板房紧赶工期。

都梁路南起熏和门，北接宣风楼，城堞哑然，土炮口凸出墙面，墙上麦冬草与荆棘灌木葳蕤。

檐角风铃，吹来资水刮过来的肃穆，也成就了绵延百年、最强势的一支耀眼的文脉，犹如奔流入海的资江。

武冈知州张宪和有"湘中五子"之称的豪绅邓辅纶站在城池之上，迎着旭日，谈笑风生。正因为这平常之举，四十年之后，一所公立的女子小学校

挂牌于此，至今百年，百年沧桑，百年芬芳。

这是宣风楼之东，古城的地理坐标，与城池相偎的是一片荒丘，几个月后，荒丘之畔，四连排的木板房与透出灰铜色的青瓦交相辉映，还有枫树与柳林的板香，刨花以及桐油的陈香，弥漫开来。

不久，门楣之上，"希贤精舍"的牌匾挂了上去，酱紫的匾额熠熠生辉，昭示着民族的"曰耕曰读"的精神内核。

新的连排木屋，便浓集了扑鼻的书香，小城的文雅骚客，谈古论今，针砭时弊，便多了一处聚集之地。一缕阳光，打在成排的经诗子集之上，墨香浓郁。

登高远望，宣风楼、熏和门相向而立，宣风楼左擎鳌山书院，右牵希贤精舍，都梁路贯穿南北，梧桐树站立两边。文庙书童们的诵读声，使这座昔日的王城，增加了许多庄重，这种书卷气是小城文脉承继之魂，世代相传。

所有的一切，标配了这座近三百年的王城，这才是王城应有的样子，文治武功。

1919 年五四运动，李大钊在《新青年》上发表了《我的马克思主义观》，与此同时，反封建的"女权主义"运动如火如荼，燃遍全国。湘西南中心城市武冈，似乎从来就没有"闭关锁城"，武冈青年跃跃欲试，成立学生联合会，是年 6 月

10 日，县城学生 400 余人向北宣誓，"吾人其中华民族之独立，挽救危亡，生死以之，义无反顾"。声援山东，抵制日货，楚人忧天下，古城人从来不是旁观者。

历次运动，武冈的莘莘学子从没缺席。女权运动，从燕京起，一路南下。"五四"新文化运动提倡的民主、科学、自由、平等、独立精神借着五四运动的浪潮如破堤的洪水滚滚而下，冲开了一片妇女解放的天空，振聋发聩，气吞云霄。

1922 年，武冈有了第一所公立的女子小学校，诞生在宣风楼畔的希贤精舍，如资水流淌，"吹过你吹过的风，淋过你淋过的雨"。历经百年，终成区域名校。在武冈，在湘西南，自她诞生之日起，就植入了"公立"的基因，一个世纪的风云变迁，深深烙入到她的基因当中，这就是武冈市第一中学的起源，至今，百年名校，只此一家，无出其右。

（插入嘉宾采访，讲解希贤精舍缘起、湘中五子邓辅纶与刘国干的话题，出镜嘉宾为唐军局长）

这时，应该提到一个"学霸"级的开明绅士，刘国干。毕业于长沙省城顶级师范院校，时称湖南优级师范学堂，读的是博物科系（实际是动植物与心理学的总称）。刘国干做过湖南第二联合学校校长，同时也是武冈劝学所的所长。这样一

个学霸大咖，恭请其荣立武冈公立女子小学校的校长。可想，1922年建立的这所公办学校，对于其时的本土教育，意义非凡。我们仍然可以想象创办者的踌躇满志。

从此，小城开启了女子开蒙就读的节奏，2000多年了，这是首倡，小城思想的解放，自妇女解放始，这是古城思想解放的滥觞。

静女乐于静，动合古人则。妙年工诗书，弱岁勤组织。

女子学校成立之初，只招7至14岁的女孩，"女子无才便是德"的时代开始终结。学校开"修身、国文、算学、本国历史、地理、手工、图画、唱歌、体操、农业、商业、家事、读经"等课程，天文地理，无所不包。女生们一边学习，一边参加女权运动，动员广大妇女放足，剪辫，对尚在裹足的女人，劝其立刻放足，不得再有"粽子脚"。

教育的兴衰，与当时时局息息相关，与历史的演变同进退。武冈公立女子学校的演变发展，与近百年来民族的历史同频共振。1922年，中共"二大"召开，通过了向警予起草的《关于妇女运动的决议》，这是中国第一个妇女运动的决议，显示着中国妇女运动往纵深发展。武冈本土教育紧扣时代命门，与民族同命运共呼吸。

二、时代强音 妇女解放

1927年长沙"马日事变"，反动军阀大肆逮捕进步学生，清党清乡，大肆抢劫，并在武冈成立"铲共义勇队"，致使全县中小学校停课，一停便两年。直至1929年，县立女子小学校，更名为武冈县立初级职业学校，并增设缝纫、织布、织袜、刺绣等职业四科，首次开设英语课程。

"十年一觉扬州梦。"这十年，中国历史处于激烈动荡中，但古城的教育之河，一直延续不断。从希贤精舍的大门，进去的是稚嫩的女孩，出来的是自信的女生，一女变三代，知书明理的女子，能改变一个家庭三代的命运。

傍依宣风楼，看当今繁华世界，时不时地有稚嫩女生诵读的声音在耳畔响起，这是历史心跳的声音。小小的"希贤精舍"，囤囤不了时代的最强音，但承载了古城的未来。

妇女运动，起端应该是男女平等，其中教育平等是核心。妇女要解放，要挣脱封建思想的禁锢，首先要有接受教育的权利。

武冈公立女子学校，在古城一直担负着倡导男女平等的使命，而这所学校，直属省教育厅的指导与管理。

悄悄而流的穿城河上，浮满了女童们诵读经史子集与妇女解放课文的声浪，开新风尚之先。当我们踯躅宣风楼，耳畔仍然响起女孩们诵读的声音：少年智则国智，少年富则国富，少年强则国强，少年自由则国自由。这是民族富强之本。

在武冈市档案局堆积如山的卷宗里，我们仍然充满好奇，搜寻着武冈市一中百年历史的过往，我们亟待厘清这百年来所发生的点滴，资料乏善可陈，可谓渺若晨星。在一张委任状上，我们知道了一个名叫王渭源的校长，委任状由当时省城教育厅厅长曹典球签发，委任王渭源担任女子职业学校的校长。这是民国二十一年酷暑的一次任命，也是被寄予厚望的一次委任。在许多资料里，我们发现，教育厅厅长曹典球也非等闲之辈，与杨昌济、毛泽东关系非同一般，是大名鼎鼎的开明绅士，教育大家。

除了一个叫王渭源的名字，我们无法了解这个曾经武冈市一中校长的任何经历，或胖或瘦，或高或矮，或长袍马褂，或玳瑁眼镜。我们只能想象，在这座唯一由省直管的学校，能当校长，当然是非常荣耀的，负有强烈的使命感的。在秋后的宣风楼青石阶上，一个略胖的身子，正兴奋地走向希贤精舍，这里有他的属下，以及可爱的女生们。

古城地处僻壤，但时代之风，古城墙从没有阻挡住，也无意阻挡。在希贤精舍的朗朗上口的齐诵声里，知识之流"润物细无声"。

时代的一粒粉尘，落到原本宁静的古城，也犹如一座山。之前的县立女子学校，接受"训教合一"的教学理念，运用"工作训练""读物指导""人格感化""艺术陶冶"等方式，进行着有序的教学。

"七七事变"的苑平城枪声，波及着全中国，余波自然光顾湘西南这座古城，女子学校自然也不能置身事外。参与抗日，支援前线，也成了学生学习的一部分。

国军南撤，裹挟着大量难民，随着黄埔军校第二分校进驻古城，日军的炮火也骚扰着小城的人们。女子学校的学生，巾帼不让须眉，也参与到安顿难民、接济同胞的工作中来。在都梁路的大街上，女生们支持抗日的身影，无处不在，赢得了广泛赞誉。

全国抗日进入到1943年，从相持进入到反攻阶段，武冈县立女子中学更名为武冈县立初级中学，再次延请王渭源担任校长，由省教育厅厅长王凤喈签发委任状。

学校开始男女生统招，从此，这所由女子学校演化而来的县立中学，成为一座真正意义上的初级中学。

1944年秋，日寇残余流窜武陵山下，进犯武冈，初级中学学子协助抗联开始疏散，许多学生，走向前线，参与抗日，直至1945年，日军投降。

学校的课桌经历动荡的时局，永远无法平稳安放。风雨里飘摇的县立初级中学，在日本投降后，发展逐渐步入正轨。由于县立初级中学，是全县唯一一所公办学校，学费低廉，比别的学校少收两担谷，农家子弟蜂拥而至。解放前夕，进步学生期盼解放大军的到来，师生们在课堂内外揭露国民党反动派的罪行，激发了市民的革命热情。

（插入嘉宾采访 讲解解放前夕武冈一中情况，出镜嘉宾为岳麓书院嘉宾肖永明）

在老校友老教师段荣倜的一篇回忆录里，记录了武冈市一中解放前夕的学校生活，无论是学校规模，还是教学质量，武冈市一中（武冈县立中学），都独占鳌头。其时，国民党中将郭文灿的公子，国民党中将尹立言的千金，都就读于此。不管是达官显贵，还是贫民子弟，都以就读该校为荣。

三、使命担当　承继教育

1949年10月10日清晨，152师从一处薄弱处轰开了城墙一处口子，大军占领了武冈。百年

屈辱，随着武冈的全面解放，终于雪耻。人民真正成为这个国家的主人，小城的教育迎来了春天。

国家稳，教育兴。自解放大军浩浩荡荡进驻武冈古城，18天后便全面接管教育，也接管了这所县立中学。其时，规模大且人数多的学校非县立初级中学莫属。在校园内外，便有了"解放区的天是明朗的天"的歌声。凡是到了适学年龄的少年，都被鼓励前往学校就读，新中国呈现出一派欣欣向荣的景象。

1950，武冈县委派随军进城的党员干部谢翼担纲县立中学的校长，加强党对学校的领导，对学生进行"爱祖国、爱人民、爱劳动、爱科学、爱护公共财物"等"五爱"的国民公德教育。建立升国旗的制度，围绕土地改革、镇压反革命、抗美援朝三大运动，进行反封建与爱国主义教育。

1952年，是新中国扫盲初年，我国存在80%的文盲，实现国家富强，教育必须先行。为扩容教育资源，学校整体搬迁至城东郊区的塘富冲许家大屋。学校在许家大屋一待就是五年，其间，学校试行中小学规范草案，学校组织教师学习《普希金教育讲演集》、凯洛夫的《教育学》，学校采取开放视野、立足本土、放眼世界的教育理念。

我们曾多次走进云台岭武冈一中的校区，尽管学校多次扩充与修葺，近七十年，仍然可以从这段容纳了武冈一中风华正茂历史的老校区中看出1953年建筑的依稀影子。要知道，自53年起，国家开启了第一个"五年计划"，经济要发展，扩办教育成为不二选择。政府在财力不足的时候，下决心新建武冈一中新校舍。

许家大院处于古城的东郊，与旧时的宣风楼城中心距离不短，为了更好地办好武冈一中，方便学生就读，县委报请省教育厅同意，决心在云台岭丘陵之上重建一所新校园。

1953年，武冈县立初级中学，更名为武冈一中，首位校长由易世廉担任。教育以国家兴盛为根本，明确教育为社会主义革命与建设服务，培养人才。同时，开展向刘胡兰、邱少云、黄继光、罗盛教和苏联的马特洛索夫、丹娘、卓娅、舒拉等英雄人物学习。

抗美援朝刚结束不久，国家要发展，投资教育成为迫切需求，尽管经济压力巨大，但教育必须先行。

1954年，百废待兴，酝酿一年的云台岭武冈一中新校区开始建设。人民政府预算拨款104840万元（旧币），在20000平方米的坡地上修建校园，到年底，完成基建教室一栋，礼堂兼食堂一栋，厨房一栋，工程项目开支36840万元（旧币）。1955年，工程加速，学校再建教室与寝室共9间，成为当地首屈一指的新学校，可容纳学生1200余人。

（插入嘉宾采访 校友讲述一中学习生活的情况，出镜嘉宾为翟玉华大律师）

资水一弯，弯出了柔情与韧性。云台岭，地处丘陵的褶皱之上，就像一处孤独的高地，俯视缓缓而流的资水。这是一条浮金耀银的母亲河。河岸，芦苇丛生，莘莘学子在树旁、岩石旁、阳光下，持书诵读。云台岭储存了武冈一中太多的记忆，古朴的香樟树，香溢校园的桂花树，还有伞盖的梧桐树，被树林环绕的青砖教室，共四栋，楼上楼下，西边的两栋，一字排开，这是教学楼，东边的两栋，南北纵向排列，为学生宿舍。一旁，有一间大礼堂，浅黄色，随着树木的生长，校园葱郁起来，生成了教书育人的书香优雅，云台岭这片校区，对于古城而言，颇具规模。

四、云台岭岁月

1955 年，武冈一中正式入驻云台岭新校舍，至今 66 年，66 年的风华正茂，66 年的教书育人，66 年的风风雨雨，见证了共和国从一穷二白到民族强盛的全过程。

当我们再回头，梳理这段历史，酸甜苦辣尽现。

1955 年，一中迁往新校区，相比较古城老建筑，一中新校园在当时也是高大上的，这寄托了全县人民对发展基础教育的期望。

这一年，人民公社运动如火如荼。武冈一中也积极承担了社会责任。从 1952 年的全国扫盲运动，到 1958 年进入高潮，一中老师与学生出师资、出场地，"掀起规模壮阔的扫盲大跃进"，"用革命精神扫除文盲"，甚至下到乡村，进行扫盲教学工作。

1963 年 1 月 23 日，教育部《关于有重点地办好一批全日制中小学校的通知》，一中认真执行，当年，有 38 人考上大学。第二年，学校考入北大 1 人，清华 1 人，高考升学率达到 66%。1965 年，2 人考入北大，2 人考入清华，升学率达 78%，教学质量上了两个台阶，超过武冈所有学校，奠定了武冈一中在本地教育的龙头地位。

时代风云，裹挟着武冈一中，"文革"十年，学校也不能置身事外。69 年，学校被划入新东公社承办，学制缩短为 4 年。这种混乱的局面，直至"四人帮"倒台，伤痕累累的"武冈一中"才从跌倒中爬起来，踉跄地重新出发。

拨乱反正，正本清源。有着优良校风的武冈一中教师们顾大局，识大体，安定团结，潜心教改，学校迅速步入正途。

时光流转至 1977 年 10 月，中断十余年的高考制度恢复，一中当仁不让成为主考场。人们纷纷拥入云台岭武冈一中的考场，上至三四十，下至十六七，同堂竞考，一中成为历史的参与者与见证者。知识是生产力，也是国家经济的推动力。

1978 年 3 月 18 日，中共中央召开的全国科学大会在北京隆重举行。复出不久的邓小平在会上做了重要讲话。阐明马克思主义关于科学技术在社会发展中的地位、作用的理论，明确指出"科学技术是生产力"，重申知识分子是工人阶级的一部分，是"为社会主义服务的脑力劳动者是劳动人民的一部分"，强调"必须打破常规去发现、造就和培养杰出的人才"，把"尽快培养出一批具有世界第一流水平的科学技术专家，作为我们科学、教育战线的重要任务"。武冈一中重视人才的培养，回归了基础教育的本质。

（插入市教育局领导从全局谈武冈本土教育）

资水环绕的云台岭，无论白天，还是夜晚，都汇聚莘莘学子，朝气勃发。

1985 年应届毕业生周伟球迈入了清华大学的校园。

1989 年应届毕业生周光辉考入北京大学。

1993 年，学校 314 人参加高考考取 92 人，其中匡碧英被保送至国防科大、曾小群保送至八一体工大队。学校共考上重点大学 17 人，本科 25 人，高考升学率为 29.3%。以后，各届高考学

生升学率逐年迅速增加。这是一中教学丰硕成果的佐证。

历年来，武冈一中的教学水平，可圈可点。

五、扬帆起航 驶往未来

1994年至2004年，是学校的第三个大发展阶段。继2001年被评定为武冈市示范性学校、邵阳市重点中学后，2003年，学校晋升为湖南省重点中学，2004年9月更为湖南省示范性普通高级中学。

学校"高楼与大树对峙，亭阁与鱼池相映，花圃与绿篱相间，鸟语与书场齐鸣"。科教楼、大礼堂、艺术楼、图书馆、办公楼、综合楼、教工宿舍、学生公寓，鳞次栉比；花坛环绕主体雕塑，绿荫拥抱芳草鲜花；阅报栏、展示窗、庭院小品、廊道壁挂，琳琅满目；语音室、天文台、计算机室、多媒体室、校园局域网系统、双向闭路电视系统，打造了一个现代化的教育平台。

教学质量的提升，在云台岭上，是学校能量的喷发。

1995—2004年，一中教师在省级以上的研讨会及报刊交流、发表论文230多篇，出版专著16部；19人次获湖南省、邵阳市教学比武一、二等奖；8项实验课题在国家、省、邵阳市基础教育教研教改成果评比中获奖。

2000年至2003年，高中毕业会考，高考成绩合格率接近98%，1996年陈云婕考入北大、1997年李仁芳考入清华、1998年赵伟兵以邵阳市理科状元的成绩被清华大学录取。云台岭，这所重点名校，书香芬芳，历久弥香。

这一长串学霸级的名字，像颗颗珍珠，是可以串入校史的，林银香、张建华、陶龙伟、顾彪、邓志伟、陶龙伟、李任富、罗华、刘鹏、周宇、陈胜、陈君华、翁剑、周国超、刘荣光、林烽、欧子骥等，他们在国家级、省级竞赛中，取得傲人战绩。

学校办学成果辉煌，先后获得全国支持语文第二课堂先进单位、湖南省中学社会实践教育先进单位、湖南省优秀事业单位法人、湖南省人防教育先进单位、湖南省税法宣传教育先进单位、湖南省艺术教育先进单位、湖南省现代教育技术实验学校、湖南省体育传统项目学校、全国高等学校招生考试湖南省优秀考点、湖南省高等教育自学考试优秀考点、湖南省青少年法制教育先进单位、湖南省雷锋式学校、湖南省文明卫生单位、邵阳市双文明单位等160余项国家、省、市级荣誉称号。

2006年段辉同学考入清华大学，2007年肖赛同学以理科武冈市第一、邵阳市第一、湖南省

第二十名的优异成绩迈入清华大学的校门。2011年肖永锋考入解放军飞行学院。

2018年高考，一本上线168人，二本上线207人。

2019年高考，学校考取一本169人，二本226人，一本二本共395人，居武冈市第一名。邓超同学考取清华大学。

2021年，李治林考取清华大学。

后来视今犹视昔，过眼百年如风灯。对于人的一生而言，一百年太久，但对于一所区域名校，恰如少年风华，恰如八九点钟的太阳。

从宣风楼檐角的风铃，到塘富冲的许家大院的过渡，从云台岭六十六载的朝露风月，又重归塘富冲这片肥沃的热土，武冈市一中的百年华诞，披星戴月，染尽沧桑，难道不也见证了民族崛起的一百年么？

武冈市委市政府实施优先发展教育战略，引进湖南师大强大优质教学资源、优秀教学理念，创办湖南师范大学附属武冈实验中学，2015年6月24日在学校举行签字挂牌仪式。

（插入刘兴龙校长对一中未来展望的讲述）

武冈高速公路规划了东西两个出口，占地300亩的塘富冲新校区，毗邻东出口，这是拥抱世界走向未来的节奏。走进高大的具有传统风格的校门，五星红旗迎风招展。再往里，是行政楼、体育馆、教学楼、科技楼、图书馆等。名人雕塑、文化走廊，精心设计，营造了严肃而又活泼的教学氛围，学校布局堪比一所综合性大学。

2021，中国共产党的百年华诞！

2022，武冈市一中的百年华诞！

武冈一中百年沧桑史，见证了中华民族从积贫积弱到民族崛起一百年的奋斗史。既是一个世纪的结束，也喻示一个新世纪的重新出发，未来可期！

百年校庆人物谱

第六部分

编者按："百年校庆人物谱"三个部分：百年校庆国之栋梁，百年校庆校长、教师篇，百年校庆校友代表。校友代表按年龄大小顺序排列。

国之栋梁

周敦颐

　　周敦颐（1017—1073），又名周元皓，原名周敦实，字茂叔，谥号元公，北宋道州营道楼田堡（今湖南省道县）人，世称濂溪先生。

　　周敦颐是北宋著名的文学家、哲学家，儒家理学思想的开山鼻祖，与邵雍、张载、程颢、程颐并称为"北宋五子"，著有《周元公集》《爱莲说》《太极图说》《通书》（后人整编进《周元公集》）。所提出的无极、太极、阴阳、五行、动静、主静、至诚、无欲、顺化等理学基本概念，为后世的理学家反复讨论和发挥，构成理学范畴体系中的重要内容。

　　兴教办学是周敦颐一生的主要成就之一，北宋理学家"二程"（程颢、程颐）都曾拜其为师。1067年，五十岁的周敦颐任永州通判，摄邵州（今邵阳）事，在邵州兼任讲学一年，除在武冈创办鳌山书院外，还在新化、蓝山、新宁、城步、绥宁创办了书院。

国之栋梁

邓辅纶

　　邓辅纶（1828—1893），字葆之，清武冈州南乡大甸湾（今大甸乡大甸村）人。就读于长沙城南书院时，与王闿运、邓绎、李篁仙、龙汝霖结成"兰陵词社"，时人誉为"湘中五子"。左宗棠独叹邓为异材。1851 年（清咸丰元年）入京会试，列恩科副榜。居京期间，常与湘籍仕宦文人交游，以诗酒会友，倡导并开创了"湖湘诗派"。

　　邓辅纶无意仕途，专心于人才培养，先后执教于观澜、峡江、新宁、东洲、鹤山、武冈希贤精舍、南京金陵书院。清同治、光绪间，知州张宪和发起创办希贤精舍，邓辅纶任首任山长。他教书数十年，桃李遍天下，著有《白香亭诗集》《白香亭文集》等书，是近代"湖湘派"大家，被录入《中国人名大辞典》《中国人物大辞典》《中国历代人名辞典》等书，诗篇收入《中国文学史》《中国近代文学大系》《清稗类钞选》等书。

蔡 锷

蔡锷（1882—1916），字松坡，出生于湖南省武冈州龙管乡杨湾团大坝上（今邵阳市洞口县水东镇杨湾村大坝上组）一个贫农家庭，是中国近代伟大的爱国主义政治家、军事家、民主革命家，被誉为"军神""中国第一军人"。

1893 年，11 岁考中秀才，入武冈鳌山书院（武冈一中前身），同学有尹穆如等。13 岁（1895 年）应岁试，成绩名列一等，宝庆名士樊椎见其有异才，免学费收入白云庵私塾馆，这是蔡锷第一次离开家乡武冈州外出求学。

1897 年，蔡锷由山门步行约 700 里到长沙，以全省第二名成绩入湖南时务学堂（湖南大学前身），每堂月考皆居前列，师从梁启超、熊希龄、谭嗣同、唐才常等。每每作文动辄数千言，梁启超叹为平生未尝见。

1899 年，蔡锷留学日本，入东京高等大同学校。1900 年 7 月，回国参加唐才常自立军起义，后返日学习。1901 年，入日本东亚商业学校，后入日本成城陆军学校。

1904 年 11 月，蔡锷学成归国。

1911 年春，蔡锷同雷飚等部下数人经沪粤抵云南昆明，任云南新军 37 协协统兼云南陆军讲武堂教官。10 月 30 日，率云南新军发动辛亥革命昆明起义，成立云南军政府，被推选为都督。蔡锷统领三年，云南军政治理为全国最佳。

1915 年 8 月，袁世凯公开复辟帝制，蔡锷于当年 12 月 19 日到达昆明，通电全国，护国讨袁起义。蔡锷任护国军总司令兼第一军总司令，带病亲率第一军中路军顾品珍、朱德等将士入川南泸州，在三个月无援无饷的情况下浴血奋战，以三千人马破北洋新军五万精锐之师，指挥只有一万多人的前线滇黔护国军破川、湘、桂三省 20 多万强敌。"铁血将军"蔡锷威震全国，各省纷纷响应号召，一举推翻了洪宪帝制，再造共和。

1916 年 11 月 8 日，蔡锷因喉疾病逝于日本东京，1917 年 4 月 12 日，归葬长沙岳麓山，为民国"国葬"第一人，被民国政府追授为陆军上将。

蔡锷是我国少有"立德、立功、立言"之完人。

栋梁篇

吕振羽

　　吕振羽（1900—1980），名典爱，字行仁，学名振羽，1900 年 1 月 30 日出生于湖南武冈金称市（今属邵阳县）。中国现代著名的马克思主义史学家，是与郭沫若、翦伯赞、范文澜、侯外庐齐名的马克思主义史学"五大家"之一。

　　1916 年至 1920 年，吕振羽在武冈县立中学（武冈一中前身）学习；1926 年从湖南大学电机工程专业毕业后，参加北伐战争；大革命失败后，赴日本求学；1929 年底，参与创办《新东方》杂志，并先后在中国大学和朝阳大学任教，参加"中国社会史论战"；"九一八"事变后，积极参加抗日救亡运动，曾任中共北平市委领导下的"自由职业者大同盟"书记；1938 年至 1939 年，在湖南武冈塘田市（今属邵阳县）参与创办有"南方抗大"之誉的"塘田战时讲学院"，并任副院长；1942 年，任刘少奇政治和学习秘书，并在中央马列主义研究院任职；"皖南事变"后，在新四军军部任职，并在中共华中局党校任教；新中国成立后，历任大连大学校长兼党委书记、东北人民大学（吉林大学）校长兼党委书记、中科院哲学社会科学部委员、第一届全国人大代表、第三届全国政协委员、中央党校教授及历史教研室顾问、中央军委顾问、中国社会科学院顾问等。1980 年 7 月 17 日在北京逝世。

国之栋梁

邓中宇烈士

　　邓中宇，名宗禹，字仁皆。1893 年生于湖南武冈。1916 年县立中学毕业后，考入湖南省立第一师范学校。在校期间，常随毛泽东、夏曦等从事革命活动。

　　1919 年 6 月，与欧阳东等组织武冈旅省学友会，参与创办《武冈旬刊》，继欧阳东任主编。是年，又与欧阳东等筹建思思工学社。1920 年，加入中国社会主义青年团。11 月，邓与欧阳东、李秋涛等创办长沙文化书社武冈分社。1921 年冬，第一师范毕业，回县创办思思工厂和思思学校，任工厂经理兼学校教员。1923 年春，思思学校中建立中国社会主义青年团支部，邓是主要负责人之一。1925 年春，邓加入中国共产党，任中共武冈县特别支部宣传委员。是年"五卅"惨案发生后，邓与欧阳东、李秋涛等参加县城组织盛况空前的大会，并以精彩的演说深得各界人士的赞誉。同年秋，邓在思思工厂首建武冈县织染工会，并任会长。1926 年秋，邓奉令以个人身份加入国民党，任国民党武冈县党部监察委员兼安乐区农民协会执行委员长，领导农民与当地土豪劣绅作斗争。

　　"马日事变"后，经党组织安排在湖南省民政厅任科员。1928 年 3 月，在长沙与欧阳东、李秋涛等一起秘密聚会时，不幸被捕，4 月 6 日，被杀害于浏阳门外识字岭。

国之栋梁

欧阳东烈士

　　欧阳东，名栋，字文玉，1897 年生于湖南武冈。1912 年县立小学毕业后考入武冈县立中学；1914 年，考取湖南省立第一师范学校，与毛泽东同年级就读；1917 年，毛泽东任一师学友会教研部部长，欧阳东任该部干事兼书记，在工人夜校授课。

　　1918 年毕业后，到湖南一师附小任教；1919 年 6 月，参与组织武冈旅省学友会，主编会刊《武冈旬刊》；同年与邓中宇等几名回乡知识青年将武冈学友会更名为思思学社（后改名思思工学社），寓意为学习马克思、恩格斯（思）学说的团体，后加入社会主义青年团。

　　1923 年春，参与创办武冈思思学校，任校长；1924 年春，兼任思思学校社会主义青年团支部书记；1925 年夏，与邓中宇同时加入中国共产党，并分别担任中共武冈特别支部组织委员和宣传委员。后又与邓中宇一同以个人名义加入中国国民党，并于1926 年 6 月，分别任国民党武冈县党部后补执行委员和监察委员，和邓中宇一道发动思思学校师生积极参加农民运动。

国之栋梁

李秋涛烈士

李秋涛，字君达，1898 年生于湖南武冈，1916 年以优异成绩考入武冈县立中学。

1919 年，武冈县立中学学生联合自治会成立，吕振羽任会长，李任副会长。1920 年 11 月，与欧阳东、邓中宇等创办长沙文化书社武冈分社，任经理。书社秘密销售《共产党 ABC》《新青年》等进步书刊。积极参加思思工学社的活动，并任思思学校教员。

1924 年，中国社会主义青年团武冈思思支部成立，为负责人之一，同年与尧文玉结为伉俪。1925 年春，加入中国共产党，任中共武冈特别支部书记。同年，以个人身份加入中国国民党。1926 年 6 月，国民党县党部公开成立，任县党部执行委员；8 月，在中国国民党湖南省第二次代表大会上当选为省商民委员。

1927 年，上海"四·一二"政变后，在武冈主持召开万人大会，声讨国民党右派叛变革命的罪行，并举行声势浩大的游行；"马日事变"后，受命辗转于汉口、长沙间从事革命活动；10 月，由长沙返回邵阳，在邵阳参加中共湘西南特委筹备工作；11 月，奉特委令，在武冈、新宁、城步等县组织"年关暴动"；1928 年 2 月，被敌发觉，暴动队伍遭敌伏击而失败。

1928 年 3 月，在长沙与邓中宇、欧阳东等一起秘密聚会，欧、邓不幸被捕，李等脱险。后应新宁县县长刘光宾（中共党员）之邀，李前往新宁县府任职；9 月，其居处被敌人发现、包围，夫妇俩持械拒捕，双双饮弹，壮烈牺牲。

国之栋梁

尧文玉烈士

尧文玉（？—1928），李秋涛之妻，又名国藩，湖南武冈市人，毕业于武冈县立女校，1924年与李秋涛结婚后，随夫积极从事革命活动。1926年8月，与苏芝兰、谢希韫等筹备武冈县首次女界联合会；10月，县女界联合会成立，当选为委员。1927年，在思思学校任教，并加入中国共产党；1928年9月，与丈夫李秋涛同时同地遇难。

邓成云烈士

邓成云，字季龙，1906年生于湖南武冈，县立中学毕业。

1922年考入湖南省立一师，其间先后加入武冈旅省学友会和思思工学社，曾任《武冈旬刊》主编。1925年夏，加入中国共产党。1926年夏，以个人身份加入国民党；8月，未毕业即回县担任国民党武冈县党部执行委员，主编《武冈钟》报，兼任思思学校和县立女校教员，同时从事工会活动；11月，被选为武冈县总工会委员、秘书。1927年4月，赴国民党湖南省党校学习；5月，"马日事变"发生，转移至湖北，在国民革命军第十六军任职；11月，被派往武冈、新宁等地组织"年关暴动"，并接任中共武冈特支书记，武冈特支改为武冈特别区委后，任区委书记兼城区支部书记。

1928年春，湘西南特委派人来武冈传达上级会议精神，会议决定成立中共武冈县委员会，并指示城区已暴露的党员转移农村；2月5日避居南乡纸槽里（今大甸乡），设馆教书为掩护；3月，湘西南特委遭破坏，邓被通缉，后被捕。他在狱中正气凛然，入狱第三天，邓将《绝命书》和《怒斥敌人书》交给前来探监的父亲，并高诵文天祥的《正气歌》与父诀别。4月10日，在县城旱西门外易家坪刑场英勇就义。

校长、教师篇

刘国干　　刘国干，男，出生年月不详，武冈县新东乡月半塘人，清宣统三年（1911）毕业于湖南优级师范博物科（动植物与心理学的总称），曾任湖南省第二联合中学校长、武冈县劝学所所长、武冈县立女子小学校长（武冈一中前身第一任校长）。

傅彩萍　　傅彩萍，武冈县立女子小学校长，即武冈一中前身第二任校长，任期不详。

苏铎仙　　苏铎仙，武冈县立女子小学校长，即武冈一中前身第三任校长，任期不详。

邓绍汉　　邓绍汉，武冈人，武冈县立女子初级职业学校校长，即武冈一中前身第四任校长，任期1929—1932年。

校长、教师篇

王渭源　　　　王渭源，字昧元，洞口人，湖南大学毕业。武冈县立女子初级职业学校校长，即武冈一中前身第五任校长，任期1932—1936年。学校更名为武冈县立初级中学后，王渭源于1943—1945年再次担任校长。

曾卧林　　　　曾卧林，武冈县立女子初级职业学校校长，即武冈一中前身第六任校长，任期1936—1937年。

萧　浚　　　　萧浚，武冈县立初级中学校长，即武冈一中前身第七任校长，任期1937—1943年。

萧中阶　　　　萧中阶，武冈县立初级中学校长，即武冈一中前身第八任校长，任期1945—1947年。

王　焜　　　王焜，洞口人，武冈县立初级中学校长，即武冈一中前身第九任校长，仼期 1947　1949 年。

萧国汉　　　萧国汉，号贞宏，洞口石下江横板桥罗子园人。武冈县立初级中学校长，即武冈一中前身第十任校长，任期 1949—1949 年 10 月。

谢　翼　　　谢翼，隆回人，1949 年 10 月武冈解放随部队进入武冈。武冈县立初级中学校长，即武冈一中前身第十一任校长，任期 1949 年 10 月—1951 年 10 月。

石易安　　　石易安，武冈县立初级中学校长，即武冈一中前身第十二任校长，任期 1951 年 10 月—1953 年 9 月。

易世廉

易世廉，武冈县第一初级中学校长，即武冈一中前身第十三任校长，任期 1953 年 9 月—1954 年 7 月。

李皋如

李皋如，武冈县第一中学第十四任校长，任期 1961 年 8 月—1962 年 10 月。

刘应中

刘应中，绥宁人，生于 1937 年 10 月，某大学毕业。武冈县第一中学第十五任校长，任期 1966 年 2 月—1969 年 1 月。学校更名为武冈县第一中学革命委员会时，刘应中于 1974 年 5 月—1978 年 5 月担任革命委员会主任，即校长。

舒增银

舒增银，武冈新东人，生于 1941 年 4 月。武冈县第一中学革命委员会主任，即学校第十六任校长职务，任期 1969 年 1 月—1973 年 3 月。1966 年元月任武冈三中总务主任。1978 年 7 月任武冈二中副校长，免去武冈一中党支部副书记、革委会副主任等职务。

蒋明尘

蒋明尘，武冈县第一中学革命委员会主任，即学校第十七任校长职务，任期1973年3月—1974年5月。

唐义芳

唐义芳，男，汉族，1941年12月生，邵阳市人，中共党员。1964年毕业于湖南师范学院物理系，技工系高级讲师。曾任武冈县首届政协委员、教育界组长。

1977年调入武冈一中工作，担任高三物理教师。1980年至1984年，担任学校教导处副主任、教导主任、副校长，1984年4月至1985年12月担任校长，为学校第十八任校长。1986年1月调入邵阳市第一技工学校。

在武冈一中任职期间，刚刚恢复高考制度，学校百废待兴，教育教学资料奇缺，担任学校领导之后，唐义芳同志与时俱进，集思广益，重新制订并完善学校各项管理工作制度，精选、编印各种复习资料，为学校的迅速崛起做出了突出贡献，赢得了广大师生、家长及社会的赞许。

周宜范

周宜范，男，汉族，武冈市司马冲镇东塘村人，1939 年 1 月出生，1965 年 9 月参加工作，1982 年 11 月加入中国共产党，湖南师范学院历史系毕业，中学高级教师。武冈县第一中学第十九任校长，任期 1986 年 8 月—1987 年 7 月。

1965—1978 年，怀化市辰溪县一中任教；1978—1978 年，武冈县龙溪公社岐塘学校任教；1978—1980 年，武冈县四中任教；1980—1982 年，武冈县四中教导主任；1982—1984 年，武冈县四中副校长；1984—1985 年，武冈县劳动人事局副局长；1985—1986 年，武冈县一中副书记兼副校长（主持学校全面工作）；1986—1987 年，武冈县一中书记兼校长；1987—1998 年，武冈一中党支部书记。

戴时培

戴时培，男，汉族，武冈邓家铺人，1944 年 1 月出生，1970 年 7 月毕业于华中工学院，历任武冈一中副校长、校长，武冈市教委副主任，1991 年被评为湖南省优秀教育工作者，2002 年 2 月病逝。武冈县第一中学第二十任校长，任期 1987 年 7 月—1994 年 4 月，武冈县撤县设市后，戴时培继续担任校长职务，至 1994 年 8 月结束任职。

1953—1956 年，就读于武冈县双桥乡高枧小学；1956—1958 年，就读于武冈县双桥乡完小；1958—1965 年，就读于武冈县第一中学；1965—1970 年，就读于华中工学院（现华中科技大学）；1980—1994 年，在武冈一中任教师、副校长、校长；1994—2002 年，在武冈市教委任副主任。

校长、教师篇

唐启胜

唐启胜，男，1948年生，汉族，武冈市晏田乡人，中共党员，中学数学特级教师，湖南省优秀教师，湖南省优秀教育工作者。1994年8月至2001年8月担任学校校长，即武冈市第一中学第二十一任校长，任期1995年5月—2001年9月。1998年至2003年担任学校党支部书记。

担任校长期间，在各级政府的支持下，加快学校基础设施建设，修成三中至一中的水泥路，重建校门、礼堂，扩建田径场，新建实验楼、学生宿舍；推进办学软件建设，从一代代一中人筚路蓝缕的办学经历中提炼出一中人的"三种精神"（即艰苦奋斗的创业精神、团结协作的奉献精神、求实创新的开拓精神），加强教师队伍建设，大胆培养年轻教师，全面提升办学质量，为学校成功创建湖南省重点中学做好了前期准备。

唐 军

唐军，男，汉族，湖南省武冈市晏田乡人，中共党员，高中化学高级教师，湖南省特级教师，全国优秀教师，湖南省教育学会中小学心理教育专业委员会会员，中国教育学会美育教育专业委员会会员。1990年8月至2007年2月在武冈一中从事高中化学教学，历任武冈一中校团委书记、政教处主任、副校长、校长等职务，后担任武冈市教育局、人事局、纪委（监察委）副职和发改局、教育局主要领导职务，现为武冈市教育局三级调研员。2001年9月至2007年2月任武冈一中校长，即武冈一中第二十二任校长。

任校长期间，提出"培养真正的人"的办学理念，确定"明理、砺志、笃学、践行"为校训，确定校徽、校旗，大力改善办学条件，狠抓学校管理，提升办学质量，突出特色办学，带领全体教职员工于2003年将学校成功创建为湖南省重点中学，开启了学校新的一页。

其独立进行的《优化学生心理 促进主动发展》教改课题获教育部二等奖，论文《关于中学校园文化环境建设与管理的几点思考》被广泛转载。

校长、教师篇

刘力平

　　刘力平，汉族，1963年生，大学本科，武冈湾头桥镇人，中共党员，中学历史高级教师、湖南省特级教师、湖南省优秀教师、湖南省高中历史学科骨干教师、湖南省高中课程改革指导委员会专家、湖南省特级教师评审委员会委员、湖湘文化研究会理事、邵阳市特级教师专业委员会副理事长、武冈市第三届第四届人大代表、武冈市"跨世纪学术、技术带头人"、武冈市教育专家服务组成员。

　　自1981年参加教育工作至今，一直在武冈一中任教、任职。1995年至2003年，担任学校政教处副主任、主任之职，2003年被任命为教学副校长，2007年2月出任武冈一中第23任校长至2021年2月，被中国教育学会评为"全国优秀校长"。在担任校长的15年办学实践中，用平常心做真教育，积极探索学校内涵式发展、教师专业成长、学生多元成才的路径和方法。2020年8月，确保武冈一中从云台岭校区顺利搬迁至塘富冲新校区，学校发展从此迈入了快车道、跃上了新台阶。

刘兴龙

　　刘兴龙，男，现任武冈市第一中学校长，本科毕业于湘潭师范学院汉语言文学教育专业，2001年6月获得湖南师范大学文学院现当代文学研究生学历。2001年12月加入中国共产党，多次荣获优秀共产党员、优秀教师、教育教学先进个人、武冈市教育教学突出贡献者、优秀党务工作者、邵阳市德育教育先进个人等荣誉，先后荣立株洲市教委三等功、邵阳市人民政府二等功，一直深耕基础教育。2011年9月任武冈二中副校长，2021年2月年起任武冈一中党总支书记兼校长。

肖孝富

肖孝富，男，1928年生于湖南省武冈县。1948—1952年在武冈县资青中学、洞庭中学任教，1953—1957年在邵阳干部文化学校任教，1955年加入中国共产党。1958—1961年在邵东某农场劳动。1962年11月调入武冈一中任教。1979—1984年任武冈一中副校长（主持工作）。曾任武冈县政协委员，第五届邵阳市政协委员。1988年退休。

刘文明

刘文明，男，1930年生，中共党员，武冈湾头桥镇人，中学高级教师。1952年参加教育工作，长期担任武冈一中、武冈二中两所学校的主要领导，并筹建、创办武冈县"五七"大学（农民中专）。在武冈一中工作的31年中，两度担任副校长、党支部书记共16年。其中：1958年—1961年任党支部书记、兼副校长，负责全校性工作；1961年—1962年任党支部书记兼副校长；1962年—1966年任副校长，主持工作2年；1978年—1984年任党支部书记，负责全校性工作；1984年—1985年任党支部书记。

在38年的教育教学生涯中，他从严治教，从严治校，思想工作细致，业务能力超强，管理效果明显，为武冈一中、为党的教育事业做出了杰出的贡献。他不图名，不图利，正因为如此，尽管刘文明同志没有受到过省、市级表彰，但他至今在武冈乃至邵阳市教育界和广大师生心目中享有崇高的声望。

校长、教师篇

周民颂

周民颂，男，1931年生，汉族，籍贯武冈县，中共党员，1949年10月参加工作，1950年参加教育工作，先后在中国人民解放军39军军医大学学习，在和爱乡（今稠树塘镇）任文书、乡校校长，在田中完小、法新乡完小、农业中学、城西乡校、晏田中心小学、大胜附中、杨柳区中任教、担任教导主任、校长，在武冈县教研室教研员，1961年入党，1969年至1974年初在武冈二中任语文教研组组长、校革委委员，1974年至1984年先后任武冈一中党支部委员、副校长、副书记、常务副校长，1984年至1991年任武冈县教研室党支部书记、主任，中教语文高级职称，中共武冈县第六次代表大会代表，1991年退休，2020年农历四月二十三日逝世，享年89岁。

周民颂同志是新中国成立以来最早的一批人民教师，见证了武冈教育事业发展的全过程，忠诚于党的教育事业，忠实践行党的教育方针，为武冈教育事业做出了突出贡献。特别是在武冈一中担任副校长的十年，是他任职任教时间最长、从教生涯最辉煌的时期，为一中的发展壮大留下了浓墨重彩的一笔。

鲁之洛

鲁之洛，男，1935年出生，汉族，原名刘伦至。湖南武冈人。中共党员。1949年毕业于湖南武冈洞庭中学初中部。历任解放军独立十七团、十六团、邵阳军分区及邵东兵役局文工团团员、文书、参谋、助理员，武冈第一中学语文教师，《武冈报》记者，邵阳文化馆干部，邵阳市文联副主席、主席、党组书记，《新花》杂志主编。邵阳市政协委员、常委，湖南省文联委员、省作家协会理事。1954年开始发表作品。1980年加入中国作家协会。

著有长篇小说《路》《龚大汉和他的漂亮老婆》《你别想安宁》《南宋痛史》，儿童文学集《松伢子历险记》（有朝文版）《锁宝寨奇闻》《荷花塘》，散文集《览奇集》《鸡冠子上漫游记》《绿色的梦》《海边听风》，长篇纪实文学《张浩传奇》（合作）等。其中《松伢子历险记》获1981年湖南文学艺术创作奖，《锁宝寨奇闻》获1981年—1982年湘版少儿读物优秀作品二等奖，《鸡冠子上漫游记》获湖南省首届儿童文学大奖、全国首届地理科普读物优秀奖。

校长、教师篇

姜子华

　　姜子华，男，1938年生，1962年于湖南师范学院中文系毕业后参加工作，1981年加入中国共产党，1987年评为高级教师，1993年入选《中学骨干教师辞典》（语文卷）。从教以来，在武冈一中工作一年被调出，先后在武冈师范等四所学校执教十五年。1978年二进武冈一中后，当班主任同时任语文教研组长七年，从1985年至1997年参加学校管理工作，先后任教导处副主任、主任、副校长兼党支部组织委员。在一中的二十年中一直任教高中毕业班语文课，教学效果显著，在历届省毕业会考和全国高考中，所教班学生平均成绩在县里名列前茅，数年还超过地市一些省属重点学校的班平均成绩。先后共受局级、县市级、地市级表彰二十次，1989年9月被评为湖南省优秀教师，授予省教育系统劳动模范称号，享受地市级劳模待遇，同年还被评为全国优秀教师，荣获"全国优秀教师"奖章。

邓隆亮

　　邓隆亮，男，1952年出生，湖南省武冈市人，本科学历，中共党员，中学英语高级教师，湖南省优秀教师，邵阳市学术技术学科带头人，邵阳市英语教育学会理事，邵阳市高级职称评委。

　　1974年9月至1977年6月在湖南师大外语系英语专业学习，1977年7月至1978年8月在武冈米山中学任教英语，1978年9月至1981年8月在武冈五中任教英语，1981年9月至2013年在武冈一中工作，先后担任教研组长，教务主任，教学副校长，党支部副书记。曾多次荣获记二等功、三等功嘉奖，优秀共产党员，教学质量评估先进个人等荣誉称号。教改课题荣获省二等奖。撰写的《浅析"穿、戴"表达法》《"代替"表达种种》《如何做好完形填空题》等八十余篇论文分别发表在《英语画刊》《学英语》《中学生英语》《英语周报》，《中学英语园地》等十余家省级以上报纸杂志上，且被《中学英语园地》杂志评为优秀作者。分管的教学工作，得到上级领导的肯定，曾获教学质量评价第一名或先进单位。艺术教育抓出成效，所在单位获湖南省艺术教育先进单位。

校长、教师篇

周德义

　　周德义，男，1955年生，湖南武冈人。哲学家，中国哲学"一分为三"学派代表人物。曾任武冈一中生物教师，武冈农民中专学校校长，武冈二中校长，湖南广播电视大学副书记、副校长，湖南省人民政府副主任督学，中共湖南省委教育纪工委书记，省纪委派驻省教育厅纪检组长，省属高校巡视组组长。现任湖南省教师教育学会会长，湖南省教科院博士后指导教授，岳麓书院客座教授等。

　　周德义自20世纪90年代起潜心哲学辩证法和国学研究。主要哲学专著有：《我在何方："一分为三论"》2002年12月由湖南人民出版社出版，次年重印。2014年4月由中国社会科学出版社再版，9月第二次印刷。《心觉》2019年11月由商务印书馆出版，《心仪》《心知》2022年由学苑出版社出版。并主编《师德修养论》等十几部教材，发表论文百余篇。

　　通过对"一分为三"理论的研究，特别是从"一分为三"的定义、理论形态、本体性、实体性研究，正确运用"一分为三"规律等方面全面系统地阐述了"一分为三"的哲学思想，初步地构建了一个具有理论创新的哲学体系。其理论研究成果得到了理论界、教育界和社会的广泛认同和赞誉。

姜海平

　　姜海平，男，1958年生，汉族，武冈市龙田乡人，大学本科毕业，中学高级教师，省级骨干教师。

　　1976年参加教育工作，1977年恢复高考后考入邵阳师专，1980年11月毕业分配到武冈七中，1984年9月考入湖南教育学院脱产学习两年，1986年8月调入武冈一中，1997年8月调入长沙市长郡中学，2018年6月退休。

　　在近40年的教育生涯中，一直任教高中数学，前后教过18届高中毕业班，担任高中数学教研组长11年、备课组长20年。1994年在武冈一中所教高三理科数学平均成绩邵阳市第一名，在长郡中学任教高三数学，不管是文科还是理科，平均成绩均为长沙市第一名。1995年在武冈一中所教学生中有1人考上北京大学，在长郡中学所教学生中先后有10余人考上清华大学或北京大学。参编教辅资料10余本，在《数学通报》、《数学通讯》等数学专业刊物上发表论文30余篇，其中有1篇被中国人民大学报刊复印中心全文转载，多篇被中国人民大学报刊复印中心转载目录。由于教育教学成绩突出，先后被评为武冈县优秀教师、邵阳市优秀教师、湖南省优秀教师。

黄荣新

黄荣新，男，1961年生，湖南省武冈市人，本科学历，中共党员，湖南省第一批中学正高级教师，湖南省特级教师，湖南省优秀教师，湖南省骨干教师，邵阳市学科带头人，邵阳市特级教师专业委员会常务理事、研究中心副主任，邵阳市教育学会会员，高级职称评委。

1980年7月至1983年6月在邵阳师专物理专业学习，1986年7月至1989年7月在湖南师大学习（函授）。1983年7月至1993年7月在武冈七中工作，任教高中物理，先后担任教导主任，副校长。1993年6月至2021年2月在湖南师大武冈附中（武冈一中）工作，任教高中物理，先后担任年级组长、教务主任、教学教科副校长。

曾荣立二等功一次，三等功两次，嘉奖十多次，两次被评为"武冈市有突出贡献教师"，多次被评为武冈市教学质量先进个人和教育教学管理先进个人。所教学生考试成绩多次获邵阳市第一名。指导学生参加物理奥赛有20多名同学获国家省级奖，主持和参与《启动学生思维的方法途径》《培养中学生创新学习能力》等4项教改课题分别获省市级成果奖。撰写《用"散敛法"求解高考可能题》《波速多解问题初探》等10余篇论文。分管的毕业班教学质量评价多次获武冈市第一名。学校被评为邵阳市教学质量先进单位，湖南省艺术教育先进单位，学校晋升为湖南省示范中学。

周乐庆

周乐庆，男，1962年生，汉族，新邵县人。1990年7月加入中国共产党，大学本科学历，中学政治高级教师，武冈市第四届、第五届政协委员，武冈市第五届党代会代表，武冈市一中艺术特色教育的开创者之一。

1980年在武冈市一中参加教育教学工作，先后担任学校团委书记、政教主任、办公室主任、政教副校长（1995.7—2007.2）、党总支书记（2007.2—2021.2）。担任班主任多年，且每学期均被评为优秀班主任。长期从事毕业班政治教学工作，1987年荣获邵阳市青年教师教学比武一等奖，多次荣获武冈市教育教学质量先进个人称号。1998年被评为湖南省优秀教育工作者，2007年被评为湖南省文明单位先进个人，两次荣立二等功，2019年被评为武冈市优秀党务工作者。

校长、教师篇

林亲刚

　　林亲刚，男，1964年生，中共党员，大学本科学历，中学历史正高级教师（2017）、湖南省特级教师（2008）、湖南省优秀教师（2007）、邵阳市首届学科带头人（高中历史）、邵阳市骨干教师（高中历史）、武冈市优秀共产党员、武冈市有突出贡献的教育工作者、武冈市优秀德育工作者。

　　1979—1983年就读于武冈一中初81班、高52班。1992年从武冈九中调入武冈一中任教至今，曾任武冈九中团委书记、教务处副主任（主持工作）、办公室主任，武冈一中团委副书记（主持工作）、政教处副主任、办公室副主任、办公室主任、工会主席。

　　16次被评为武冈高中毕业会考、高考和教育教学质量评价先进个人、优秀教师；3次参加武冈市、邵阳市高中历史教学比武均获一等奖；主持的课题《培养中学生创新学习能力实验研究》《提高历史教学批判性思维能力的策略研究》分获邵阳市一等奖，作为主要研究成员参与的《"以情启美"教学模式研究》《提高课堂教学实效的师生互动策略研究》课题分获湖南省三等奖；撰写《求同存异法在班级管理工作中的运用》《明清职业教育的缓慢发展及现代启示》《谭人凤对近代民主革命的贡献》《浅析苏共二十大对国际共产主义运动的影响》等10余篇教育教学论文，《综合比较，联系政治经济史复习文化史》等90余篇教学总结，《脚踏实地谱写出华彩诗篇》等70余篇通讯报道。

许育群

　　许育群，男，1964年生，汉族，大学本科学历，中共党员，中学高级教师，湖南省首批省级骨干教师，湖南省中学数学学会会员，湖南省高级教师评委，湖南省特级教师。

　　1984年7月从邵阳师专毕业分配在农村任教9年，任职大田中学与武冈职业中专，1993年9月调入武冈一中，多年任教高三毕业班并担任班主任，2007年9月开始一直在年级部与教科室兼职。

　　所教学生多人考上清华、北大、复旦等一流大学，多人获数学奥赛省市奖项；主抓的机器人比赛获省一等奖和国家一等奖；在《数理化天地》《中学生数学》《数理化学习》《语数外学习》等10多种刊物发表论文30多篇，并有1篇被中国人民大学报刊复印资料中心转载，近20多篇论文或省市奖；7个科研课题获省市奖，其中《中学数学教学学生创新意识、创新能力的培养与研究》获湖南省人民政府二等奖；获武冈市人民政府嘉奖多次，荣立三等功3次。

段才正

段才正，1934年2月5日生于武冈市荆竹镇。1950年插班进入武冈县立初级中学（武冈一中1943—1953年的校名）就读，1951年7月读初中三年级时，积极响应抗美援朝参军参干的号召投笔从戎，进入沈阳军区炮校学习。经3个月短期培训，作为年纪较小的学员转入沈阳第五炮兵学校继续学习，学制两年。一年后，调入师资培训班学习。经4个月的培训结业，分配到训练部兵器系统任汽车教员至1958年10月。任教期间，参加全军各炮校汽车教员集训4个月和东北军区（后改名沈阳军区）油料分析训练班为期8个月的学习。1958年11月考入哈尔滨军事工程学院学习，一年预科后，分配到工程系。1965年8月毕业后，留校任教研室协理员和该室党支部书记。1978年下半年，学校改名为中国人民解放军国防科技大学，先后任系办公室主任、系副主任等职。1986年调校务部，先后任副部长、部长，校党委委员、校纪委书记、校党委常委。1993年被授予少将军衔。

欧光安

欧光安，男，1943年生，稠树镇人，现居长沙。1957年入武冈一中43班，1963年毕业于武冈一中高三班。同年应征入伍，历任战士、团政治处秘书、宣传干事，后调入解放军总后勤部《后勤通讯》社，任编辑、记者。

转业后在湖南人民广播电台从事新闻工作，担任科教组组长，创办《科技知识》节目，收听率曾居全台之首。有科普作品在省和全国得奖17项，有科普著作在湖南科技出版社出版，并多次重印。后调湖南省广播电视厅办公室任副主任、主任，参加广播电影电视部组织的《中国广播电影电视管理学》编著。经多方协调，促成武冈云山电视转播台建立。

退休后，潜心篆刻艺术。该爱好始于一中初43班课外活动。由于有中学时代书法篆刻基础，进步很快，作品常见诸报刊。专著有《岳阳楼记印集》（西泠印社出版发行）、《正气歌印集》，多次参加全国性书画印评展活动并获奖。现为中国田黄石印社副社长。

校友代表

徐 兴

徐兴,男,1944年生。1956年考入武冈一中,编在39班,先后担任班上学习委员、团支部宣传委员、学校学生会学习部长。1959年毕业,填报考志愿,因家庭经济困难,报了4个技校和母校一中(当年获批开办高中部),后应邵阳二中要求、学校领导推荐,录取到邵阳市二中。在二中期间,学业成绩始终名列班级前茅,担任班上团支部书记。1961年7月,响应国家征召,放弃升学机会投笔从戎。在40年的戎马生涯中,先后历任战士、班长、排长、连队指导员、师政治部干事、军政治部干事、副处长、处长,政治学院学员,师政治部主任、政治委员,集团军政治部主任、副政治委员。1964年授少尉军衔,1988年恢复军衔制授大校衔,1994年授少将衔。服役期间,先后执行过国防施工、农副业生产、战备训练、边境防御作战、抢险救援等重大任务。因完成任务出色,各方面表现突出,在各个岗位上,先后获各种奖励30余次,所在部队涌现一大批中央军委命名或总部、大军区宣传表彰的先进单位和英模、功臣,并为军队和地方培养输送了一大批优秀人才,有的发展成为高级将领。

于启慧

于启慧,男,1944年9月生于秦桥潮水村,1963年毕业于武冈一中高三班,考入中南矿冶学院地质测量与找矿专业学习。

1968年底毕业分配到中南冶勘公司(现中南地勘局)609队,自此奋斗在鄂东地质找矿、岩土工程一线。参加武钢几个大型铁矿找矿勘探工作,在铁、铜等金属矿产及非金属矿产资源研究及人才培养等方面做了大量工作,编撰《湖北省大冶市陈家湾异常区普查评价报告》《湖北大冶铜录山矿竖井工程地质勘察报告》(获冶金部优秀工勘二等奖)《对称构造在金山店矿田中的控矿构造》《磁性矿区钻孔测斜方法的探讨》等上百份地质报告;探索"对称构造控矿理论"并根据该理论在鄂东找到一处中型铁矿。609队与其他队后来合组为全国冶金地质系统最大地质队——601队,该队被评为"国家功勋地质队"。退休前任601队总工程师。

2000年底退休,笔耕不辍,撰有《鄂东南非金属矿产资源研究》《地热地质研究》等。最近又提出在鄂东寻找玉石矿新思路,得到地方政府支持,该项目即将启动。

校友代表

汪兴谦

汪兴谦，1944 年生，1956 年到 1959 年就读武冈一中初中 39 班。1962 年到 1968 年，就读于清华大学。1968 年到 1970 年在二机部工作；1970 年到 1978 年，在湖南计算机厂工作；1978 年到 1980 年，在湖南计算机高等专科学校（已并入湖南大学）工作；1981 年进入国防科技大学工作直到退休。其间，担任过督导、系主任、执行院长。

毛善刚

毛善刚，出生于 1945 年 4 月 5 日，武冈大甸乡人，中共党员。1962—1965 年就读于武冈一中高十班。1970 年北京政法学院（现中国政法大学）大学本科毕业，毕业后先在中国人民解放军零六四六部队、湖南汉寿西湖农场劳动锻炼。1972 年 1 月分配到湖南省革命委员会人民保卫组审批组工作，1973 年法院恢复后，安排到湖南省高级人民法院工作。在法院工作期间，先后担任书记员、助理审判员、审判员、审判委员会委员、经济审判庭庭长、副院长、党组副书记、一级高级法官。1988 年 10 月至 1992 年 10 月期间调怀化地区中级人民法院担任院长。曾为中国法学会、湖南省法学会会员，湖南省法官协会副会长，湖南省政协第九届委员会委员。2006 年 10 月退休。退休后，受省院党组委托，担任《湖南省志·审判志》主编，负责法院志书编写工作，该志书经湖南省地方志编纂委员会审定发行，并被评为优秀志书。

校友代表

杨文上

杨文上，男，汉族。1945 年 9 月生，武冈市荆竹镇同兴村人。1973 年入党，1970 年参加工作。编审。1961 年考入武冈一中，高八班。1964 年考入北京大学中文系，1970 年 3 月毕业，分配到北京新华印刷厂，当过工人、宣传干事、党委秘书。1983 年 3 月调入《思想政治工作研究》杂志社。历任编辑、编辑部主任、副总编辑，1988 年 4 月担任总编辑，一直到 2007 年退休。《思想政治工作研究》杂志于 1983 年创刊，邓小平题写刊名，是中央宣传部主管，面向全国的思政工作刊物。

周宜开

周宜开，男，1946 年 12 月出生，湖南武冈市邓家铺人，现任华中科技大学特聘教授、博士生导师，湖北省政协副主席。1961 年至 1964 年就读于武冈一中（高九班），1964 年至 1969 年就读于武汉大学化学系分析化学专业。1978 年至 1981 年就读于武汉大学病毒系，同年分配到原同济医科大学工作，1984 年至 1986 年赴荷兰 Delft 大学学习并获硕士学位，1991 年先后破格晋升为副教授、教授，1992 年被评为湖北省有突出贡献的中青年专家，1993 年被国务院学位委员会批准为博士生导师，成为当时同济医科大学最年轻的博士生导师。1994 年至 1995 年以高级访问学者身份赴荷兰 Twente 大学作访问研究，在超薄膜和膜生物研究方面的研究获得重大突破，受到了我国驻荷兰大使馆的表彰。1995 年谢绝荷兰方面的高薪聘请，回到祖国。1998 年当选为湖北省人大代表，省人大常委会委员。1998 年至 1999 年再次以高级访问学者身份赴瑞典 Lund 大学作访问研究，在生物芯片和微型生物传感器研究方面获重要研究成果，2000 年回国，同年增补为全国政协委员，2001 年被聘为华中科技大学特聘教授，同年湖北省政协第十一次会议上当选为省政协副主席。先后获部省级重大科研成果奖 3 项，获准中国专利 2 项，先后在国际、国内刊物发表论文 80 多篇，现任国务院学位委员会科评审委员、全国生物医学工程学会生物传感技术学副主任委员、中华预防医学会武汉分会会长、湖北省预防医学会副会长。《公共卫生与预防医学》杂志，《同济医学院学报》（中、英文版）、《环境与职业医学》杂志等全国性学术刊物的副主编、常务编委等职。

校友代表

刘松柏

　　刘松柏，男，1947年3月生于武冈，1963年武冈一中初55班毕业后考入军校。

　　1965年7月分在援越抗美前线764野战医院，65年底荣获军区三等功。1966年2月从四清医疗队回院后入党又荣获军区三等功，4月在救治19名英雄伤员中评为广州军区五好护士先进个人。1967年4月在19大队卫生队抢救重伤员荣立三等战功，8月在云南文山出席"5支队首届学习毛主席著作积极分子代表大会"。1969年底在全院奉命移防鄂西途中跳入丹江水库救起落水女战友荣获医院三等功。1965年底在建设草棚医院中成为"营建工地五虎将"，1970年底在野营拉练中表现出色受嘉奖，1972年在研制"野战医疗箱"中获全军推广。1975年8月在湖北谷城抗洪抢险中成为唯一获得原武汉军区军医学校嘉奖的人。

　　1979年2月随767野战医院参加对越作战时任一所药房主任兼医疗保障组组长。1981年获总政"全军首届精神文明先进个人"证章。1985年5月晋升副团，1990年10月转业至襄樊铁路医院，2007年6月退休。先后发表交流论文百多篇。2018年10月带领战友、烈属赴越扫墓，为胡志明主席敬献花圈。2019年接受88岁的抗美援朝老兵林源森采访，采访稿入选《共和国不会忘记》。

李安平

　　李安平，女，汉族，1948年4月生于辽宁省沈阳市，1963年9月初中毕业考入武冈一中高十一班。高中毕业后恰逢"文化大革命"，随全家下放农村当知青。1977年入武冈七中代课，1978年参加高考初选录取，因父亲未落实政策未被录取。1978年父亲落实政策全家回城，进入武冈十中任教，因教学成绩突出，成为中学高级教师。1987年当选为县人大常委会委员。1990年任武冈县人大常委会副主任（兼），被评为省级优秀教育工作者，1992年被评为省级巾帼建功标兵，1993年、1997年连续两届当选为武冈市政协副主席，2002年再次当选武冈市人大常委会副主任，现为正处级退休干部。

校友代表

黄三畅

　　黄三畅，男，1948 年生。1963 年下学期至 1966 年上学期在武冈一中高十二班读书。1978 年考入邵阳师专中文科，1981 年毕业后在武冈二中任教语文。中学语文高级教师，湖南省作协会员。教学之余坚持文学创作，在《青年文学》《芙蓉》《湖南文学》《清明》《安徽文学》《山西文学》《青年作家》《萌芽》《滇池》《红豆》《南方文学》《章回小说》《羊城晚报》等报刊发表小说、散文、杂文 300 余万字。出版长篇小说《弦歌》等两部、中短篇小说集《禁忌》等两部、散文集《行吟古城古州》等三部，读《红楼梦》并写下札记《云深不知处》一部。多篇作品入选多种集子。曾获《羊城晚报》花地创作奖，小说《圣手》被选入《羊城晚报》50 周年花地作品选。

刘新华

　　刘新华，男，1952 年生，武冈一中初 57 班学生，1968 年 12 月初中毕业后上山下乡在秦桥公社当知青。在农村 10 年间，谢绝清华招生和数次招干，多次出席省先代会并获奖，先后当选大队党支部书记、公社党委副书记、县贫协副主席、团地委常委、团省委委员、省贫协委员、湖南省第四届党代会代表。回城后，历任武冈县（市）文化局长、广电局局长、宣传部副部长。退休后任武冈市作协主席，湖南省作协、剧协会员。

　　工作期间，在省级以上报刊、电台、电视台发表新闻稿件 300 余篇，其中《人民日报》《光明日报》版面头条、《经济日报》《农民日报》《湖南日报》头版头条 8 篇，创作小说、散文、戏曲作品 150 余件，其中短篇小说《一截红麻绳》、中篇小说《仕途》、散文《春夜》、剧本《半篓泥鳅》分获《小说选刊》、中国小说学会、华文作家杂志、湖南省剧协作品奖，出版长篇小说《欲望山城》、文史专著《武冈简史》《武冈话》《武冈山歌》、作品集《仕途闲草》等 5 部。

校友代表

毛辉华

　　毛辉华，男，1952年出生于武冈县湾头桥公社同湾大队，1965年考入武冈一中。1970年冬高中毕业后应征入伍，在空军航空兵11师服役，先后任场站警卫连战士，师电影组放映员、组长，师政治部宣传科教育、新闻干事。其间，通过推荐、考试，进入复旦大学中文系文学评论专业学习。1981年，转业到邵阳工作，先后任邵阳地委组织部干部，地（市）委老干部局副科长、科长、办公室主任。1991年，调至市中级人民法院工作，先后任办公室主任，院党组成员、政治部主任，院审判委员会委员，正处级审判员。

　　在职期间，大部分时间从事（分管）文秘、调研、政治工作，撰写或组织写作了大量公文、工作报告、经验总结、集体或个人事迹材料，推送了一批市级至国家级先进典型。其中，部分单项工作经验被中组部、最高人民法院推广。同时，利用工作之余空闲时间从事写作，在《解放军报》《空军报》《文汇报》《湖南日报》《邵阳日报》等媒体及文学期刊、网媒发表报告文学、通讯、消息、特写、诗歌、杂文和案例纪实等作品数百篇。

戴开柱

　　戴开柱，男，1953年生，汉族，湖南省武冈市人，1965年9月考入武冈一中初66班（后改为初56班），中共党员，大学本科毕业，教授，曾任邵阳师专（现为邵阳学院）政史系主任、校学术委员会副主任委员和长沙学院政法系副主任，湖南省高等学校教师系列高级专业技术职务任职资格评审委员会学科评议组专家，吉林大学北京吕振羽纪念室特聘研究员。

　　自1981年12月于湖南师范学院（现为湖南师范大学）历史学专业毕业后，一直从事中国近现代史、中国法制史的教学与科研。主持或参加省、市级科研课题10项，主编或参编教材、学术文集、历史人物著作全集等8部，出版学术专著1部，在《中国史研究》、《人民日报》（理论版）、《光明日报》（史学版）、《中国史研究动态》、《史学集刊》、《史学史研究》、《江汉论坛》、《山东社会科学》、《江西社会科学》、《甘肃社会科学》、《历史教学问题》、《求索》、《湖南师范大学学报》、《湖南社会科学》、《湖湘论坛》等学术期刊上发表学术论文和学术综述40余篇。其中在CSSCI期刊上发表学术论文近20篇。1989年被评为邵阳市优秀教师，1997年获湖南省首届优秀教学成果一等奖，2002年获邵阳市社会科学优秀成果一等奖。

校友代表

朱振宙

　　朱振宙，男，1955 年生，汉族，武冈籍。1965 年秋毕业于武冈一中高 10 班，同年考入湖南师范大学中文系，毕业后执教于武冈一中。六年后奉调武冈县广播局，历任宣传股副股长、广播站站长，从事编辑、记者及播音工作。后于 1983 年秋调入中共武冈县委组织部担任副部长，从而走上从政之路。历任武冈县（市）委常委、组织部部长、县（市）委副书记，武冈市政协主席等职。在任二十余年，践行全心全意为人民服务宗旨，勤奋工作，默默奉献，在工作岗位上留下了赤子的足迹。卸任退休后因业余爱好的广泛，退休生活悠然恬淡，丰富多彩。因爱好文学，与诗词结缘。现任武冈市诗词楹联协会主席。诗词楹联作品散见于国家和省、邵及武冈诗词对联出版物。个人出版报告、散文、诗联、回忆录等专著数部。同时主编过诗词、对联、摄影、书法等作品专辑十数余部，并倡导建成武冈云山古体诗词文化墙，为弘扬传统文化、彰显武冈历史底蕴和繁荣武冈文学艺术竭尽绵力。

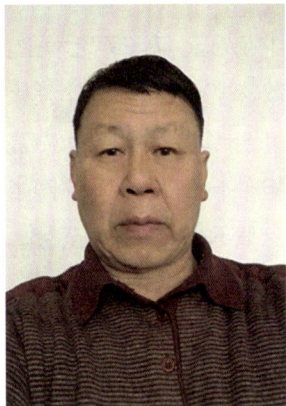

夏太锋

　　夏太锋，男，1955 年生，中共党员，湖南省作家协会会员。教师、编辑、记者、文史员。

　　1966 年秋考入武冈一中初 59 班。1979 年 10 月考入武冈师范，1981 年秋分配在武冈师范附属红星小学任教语文，1986 年担任学校副教导主任，同年十月获湖南师范大学高教自考汉语言文学专科毕业证书，1992 年评聘为小学高级教师。其间由南方出版社出版《小学语文课堂教学引路》专著一部，在《小学语文教学》等专业学术期刊发表论文二十余篇，参与邵阳市教科所组织编写的"小学语文成群分级识字"实验教材六册。

　　1998 年考入《武冈报》社担任编辑记者，1998 年 12 月获湖南省新闻出版局评聘的编辑中级职称，其间在《湖南日报》《湘声报》《文史博览》发表纪实文学作品十余万字。

　　2000 年 10 月调入武冈市政协工作，2007 年 3 月任政协文史学习委员会主任，政协常委。其间编辑出版《武冈文史资料》四集，《武冈当代人物谱续集》一册。

　　业余时间坚持写作，在《广西文学》《天池》《邵阳日报》等报刊发表小说、散文十余万字。

校友代表

陈宝树

陈宝树，男，1957 年生，湖南武冈县城关镇人。1974 年 1 月毕业于武冈县第一中学高 23 班。

1974 年 9 月至 12 月，武冈县龙溪公社经济场知青；1975 年 1 月至 12 月，武冈县机械厂工人；1976 年 1 月至 1987 年 12 月，中国人民解放军海军北海舰队政治部秘书；1988 年 1 月至 1993 年 8 月，中国人民解放军长沙政治军官学院政治部副团职中校，1993 年 9 月至 2017 年 12 月，中国人民银行湖南省分行机关工会主席。

中国现代书法美术摄影艺术家协会会员、中国人民银行总行书法家协会常务理事、湖南省书法家协会金融书法委员会副主任、湖南楹联家协会常务理事、湖南省金融书法家协会荣誉主席。

作品先后参加国内、外各种书展和大赛并多次获奖，人名列入《中国书法篆刻摄影艺术家辞典》《中华翰墨名家作品博览》《湖南文艺家名录》等。

肖希明

肖希明，男，1960 年生。武冈一中初 55、高 37 班学生。1979 年考入武汉大学，毕业后留校任教，1995 年获理学博士学位。1996 年 2 月至 9 月在美国俄亥俄州肯特州立大学做高级访问学者，1999 年至 2004 年应聘担任佛山科技学院图书馆馆长。2004 年 11 月回武汉大学信息管理学院任教至今，二级教授、博士生导师，2006—2012 年担任图书馆学系主任。主要社会兼职有：曾任中国图书馆学会理事、教育部高等学校图书馆学专业教学指导委员会委员、教育部高等学校图书情报工作指导委员会委员、中国图书馆学会学术研究委员会副主任委员、资源建设与共享专业委员会主任委员。现为《中国大百科全书（第三版）·图书馆学卷》副主编。

主持国家社会科学基金重大项目《中国图书馆学教育百年史及其文化影响》、国家社会科学基金重点项目《公共数字文化服务中的资源整合》等国家级和省部级项目 10 余项，发表论文 230 余篇，出版专著、教材 10 部，代表作《信息资源共享系统绩效评估研究》入选"国家哲学社会科学成果文库"。2019 年获"武汉大学杰出教学贡献校长奖"。

校友代表

翟玉华

翟玉华，男，1961年生，法学硕士，一级律师，湖南天地人律师事务所党委书记、主任。1978年10月至1979年6月就读于武冈一中高37班。中共十七大人大代表，政协湖南省第十一届委员，中共湖南省十一次党代会代表，第四、五、六届全国律协理事，第七届全国律协常务理事，全国律协刑事业务委员会委员，湖南省律协第三、四、五届副会长、党委副书记，湖南省优化经济发展环境律师援助中心主任，湖南省台商法律服务中心主任。曾获"湖南省先进工作者""全国优秀律师""司法部党员律师标兵"和"钱伯斯一等奖"等荣誉。承办了株洲太子奶集团李途纯、东莞商人万伟勋等一批影响业界的刑事大案，被司法部选为全国优秀刑事辩护律师并在《法治日报》上专题报道。

肖启明

肖启明，男，1962年生。武冈一中高42、43班学生，1981年考入湖南师范大学，研究生就读于广西师范大学，在北京师范大学获博士学位。曾任广西师范大学出版社社长、中国美术出版总社副社长副总编辑、中国民主法制出版社社长、商务印书馆党委书记兼副总经理，现任生活·读书·新知三联书店党委书记、董事长。

系2001年"全国百佳出版工作者"，2004年新闻出版总署"出版业有突出贡献的中青年专家"，2004年"广西青年五四奖章"获得者，2005年《出版人》杂志评出的"年度出版人"，2007年新闻出版总署的"行业领军人物"。

从地方（边远少数民族地区普通师范院校出版社）到中央（出版国家队），从小社到大社，从新社到品牌老社，从教育类到美术类到法律类到学术类出版社，肖启明从事出版工作34年，始终坚持正确的政治方向，坚持为社会主义服务、为人民服务的出版宗旨；始终不忘出版初心，怀抱文化理想，推动社会进步；始终开拓进取，勇于担当，懂经营，善管理，为出版业的改革、发展做出了重要贡献。

校友代表

刘士平

刘士平，女，1962年生于浙江台州，1976年随父转业至祖籍武冈。1976年9月至1979年7月，就读于武冈一中高32班和高37班。1979年9月就读湖南师院中文系，1983年3月加入中国共产党，同年7月获该校文学学士学位。1999年12月，获湖南财经学院法学硕士学位。2005年12月，获湖南大学经济学博士学位。2006年1月至2007年1月，由国家留学基金委公派至瑞典乌普萨拉大学研修访问。曾任湖南大学教授、博士后合作导师、法学系主任、人权中心副主任、软法研究所所长。其中，2010年1月至2012年1月挂职于湖南省检察院，任民行处副处长。现为广州大学法学院教授、硕士生导师，兼任中国行为法学会理事、中国软法学会常务理事。长期从事高校教学与研究工作，主持多项国家级和国际合作项目，出版著作6部，在《法学研究》《中国法学》等刊物发表论文50余篇，多篇被《新华文摘》《中国社会科学文摘》《人大复印资料》等文献收录。

王邵刚

王邵刚，女，汉族，1963年生，湖南新宁人，武冈一中高47班学生。1986年7月参加工作，1986年4月加入中国共产党，中央党校研究生院经济管理专业毕业，中央党校研究生学历，助理工程师。现任湖南省省总工会党组副书记、副主席。

1983—1986年，湖南省水利水电学校农田水利工程及管理专业大专学生；1986—1988年，武冈县水电局干部；1988—1989年，洞口县水电局干部；1989—1991年，洞口团县委副书记；1991—1995年，洞口团县委书记（其间，1992—1994年，中央党校函授学院本科班经济管理专业学习）；1995—1995年，洞口县花古乡党工委书记；1995—1995年，邵阳市公选副处级干部；1995—1997年，邵阳市妇联副主席、党组成员；1997—2002年，新邵县人民政府副县长（其间：2001—2001年，挂职任浙江省宁波市江北区人民政府区长助理）；2002—2006年，邵阳市大祥区委副书记、区人民政府代区长、区长；2012—2016年，邵阳市委常委、秘书长；2016年，换届待安排；2016—2019年，湖南省妇女联合会副主席、党组副书记；2019—2020年，湖南省总工会党组副书记、副主席提名人选；2020至今，湖南省总工会党组副书记、副主席，十三届湖南省人大常委会委员，省人大社会建设委员会委员。

校友代表

苏敬华

苏敬华，男，1963年生于原武冈县保花公社石地大队第七生产队。1978年9月至1979年7月插班武冈一中读高二，毕业37班。中共党员，大学双本科学历；中国民间文艺家协会会员，邵阳市文联兼职副主席、市民协主席、市梅研会顾问、《邵阳文库》执行主编。

1986—1998年在武冈市政府办工作；1998—2006年在中共邵阳市委办公室工作；2006—2011年在邵阳市发改委工作。2011年至今在邵阳市贸促会工作，正处级。其间2013年月至今，被市委、市政府抽调到《邵阳文库》编辑出版领导小组办公室及编辑出版委员任负责日常工作的副主任。文库总书目为230余册，在光明日报出版社出版108册，共主编出版了7册：《民间文学—歌谣》《李溁的文艺世界》《曾维浩卷》《李国杰的科技世界》《刘虔的文学世界》《刘仁文的法学世界》《周叶中的法学世界》。还有八册待出版，特别是《李道纯集》，花费近5年的时间，将其一生的十部著作全部收齐入集，引起了中国道协的高度关注，并给出了明确定论：李道纯是武冈石羊玄羊人，与宋代进士李友直是同一个人，他是中国著名的道士、哲学家、思想家、文学家，更是中国历史上第三次思想理论高峰的主要代表人物。

杨仁党

杨仁党，男，石羊黄沙村人。1979—1985年就读初87班、高54班。1988年湖南轻工业专科学校毕业后在隆回县造纸厂（六都寨镇）工作7年。1995年9月考入华南理工大学攻读制浆造纸工程专业，1998、2003年获工学硕士、博士学位。1998年4月至今，在华南理工大学从事教学与科研。2005年晋升副教授并任硕导，2010年升教授，2011年担任博导。2009—2010年在美国北卡罗纳州立大学做访问学者。现为华南理工轻工科学与工程学院植物纤维科学团队负责人。

主持或参与国家多个五年科技计划，涉及造纸技术、造纸化学品与造纸装备重点攻关。所在团队项目"中高浓度纸浆少污染漂白方法与装置"获2002年国家技术发明二等奖、"中高浓度纸浆清洁漂白技术"获2010年国家科技进步二等奖。在《中国造纸学报》、《高分子学报》、*Bioresources*、*Carbohydrate Polymers* 等学术期刊上发表论文200余篇，其中被三大索引（SCI、EI、ISTP）收录80余篇。参编《中高浓制浆造纸技术的理论与实践》专著和本科教材《制浆造纸机械与设备》（上下册）。个人和团队获授权国内技术发明专利120余项、实用新型授权专利多项。

校友代表

曹潺

　　曹潺，本名曹建国，男，生于 1964 年，武冈市人，曾就读于武冈一中高 52 班，1984 年黄山学院毕业，1992 年就读于北京鲁迅文学院八期。

　　曾在《人民日报》《光明日报》《解放文摘》《当代作家》《青年文学》《小说月刊》《北京青年报》《湖南文学》等发表各类文章两百余篇。1993 年，接受最高院与《人民日报》外请，为中国海事法院的建立以及服务经济发展撰写《面向大海，面向世界》的报告文学。

　　主要文学作品有长篇小说《女墙》《闺怨》《女儿藤》《花宅》《雾锁危楼》《废城》等六部，中篇小说集《家丑》一部，中篇小说有《古盒》《落花情缘》《地菜花》《大溃退》《泪黄昏》《流泪的女娲》《迷乱》等十几篇。

　　主要影视作品有：电视连续剧《胭脂楼》，电影《戏剧人生》、《金棺》（副导演）、《秋雨山庄》，纪录片《最美猛洞河》《九嶷山人乐天宇》《香飘芙蓉国》《中国婚俗》《封面湘西》《王城往事》（入围第三届香港国际青年电影节纪录片单元，并获纪录片优秀导演奖）等。

段启俊

　　段启俊，男，1966 年生，汉族，中国致公党党员，湖南省武冈市人，武冈一中高 52 班、高 55 班学生，中国人民大学法学博士（2004.9—2007.6），美国俄克拉荷马城市大学法学院访问学者（2009.12—2010.12），在湖南大学法学院工作 22 年，法学教授，2017 年 9 月辞职创办北京德和衡（长沙）律师事务所，任主任、一级律师，担任长沙市律师协会副监事长，湖南省律师协会刑专委主任，上海国际贸易仲裁委员会仲裁员，武冈市人民政府首席法律顾问。曾任湖南省监察厅特邀监察员，长沙市政协委员，兼任中国刑法学研究会理事，湖南省刑法学研究会副会长，湖南省刑事法治研究会副会长，湖南省华夏廉洁文化研究会副会长，湖南省法学教育研究会副会长等职。发表《疑罪研究》等专著 4 部，发表论文 60 余篇，获中国刑法学研究会首届科研成果（专著类）二等奖，获省级教学成果一等奖一次，省级科研成果一等奖一次，多次获致公党湖南省委会优秀党员称号。

校友代表

毛文涛

毛文涛，男，1968年生，迎春亭人。武冈一中初95班、高62班毕业。

1990年—1998年，在中铝西南铝业集团成都销售部工作，1995年—1998年任销售部负责人。1991年—1994年，业余参加成都电子科技大学成人教育，获本科学历。

1999年—2009年，在重庆环宇铝材有限公司工作，后任法人代表、总经理。

2009年6月至今，先后创办重庆铭仁铝业有限公司、重庆铭仁慧通新材料科技有限公司、重庆金开泰达新材料科技有限公司，任法人代表、董事长。主要从事特种铝合金材料、钛及钛合金材料、镁及镁合金材料、高强钢材料及航空航天高温合金材料的研发、加工、销售、服务。2022年被评为中国航天科工集团第十研究院的优秀供应商。为国防工业特种装备发展做出了一定贡献。所创企业于2014年—2019年连续六年获得重庆市守合同重信用企业荣誉称号。

重庆市湖南商会副会长、重庆市武冈同乡会会长。

肖永明

肖永明，男，1968年生于湖南武冈，1979—1986年就读于武冈一中初88班、高56班、高60班。1986年考入湖南大学历史专业，毕业后留校工作。1995年在湖南大学岳麓书院获历史学硕士学位，1998年在西北大学获历史学博士学位。1999年任湖南大学副教授，2001年从南开大学历史学博士后流动站出站。2003年任湖南大学教授、博士生导师。2006年任湖南大学岳麓书院副院长，2015年任院长。兼任教育部历史学科教学指导委员会委员、中华朱子学会副会长、中国书院学会副会长、湖南省历史学会副会长、国际儒学联合会理事、中华炎黄文化研究会理事。长期从事中国思想学术史研究，主持国家社科基金重大项目、科技部国家重点研发计划，出版著作8部，发表论文120多篇，科研成果4次获得教育部"高校人文社科优秀成果奖"二等奖，3次获得湖南省优秀社科成果一等奖，获湖南省优秀社会科学专家称号。

入选湖南省普通高校学科带头人培养计划、教育部新世纪优秀人才计划、中宣部"文化名家暨四个一批人才"计划、中组部国家"万人计划哲学社会科学领军人才"计划、教育部"长江学者"特聘教授、人力资源部百千万工程国家级人才、国家有突出贡献的中青年专家，获国务院特殊津贴。

校友代表

叶秀军

叶秀军，男，1968年生，湾头桥镇人，清华大学MBA研修班。初高中均毕业于武冈一中（初96班、高61班、71班），高三时任武冈一中校团委副书记，大三时加入中国共产党，任邵阳学院团委宣传部部长兼《团内通讯》主编。现任广东亚银投资有限公司、顺德亚域火狐广告、佛山红苹果印刷有限公司执行董事、湖南美中生态科技邵阳分公司负责人、湖南逸欣物业管理怀化分公司、邵阳大祥区分公司负责人、武冈维也纳国际酒店董事。

1992—1994年，邵阳市罐头食品厂党委办秘书；1995—1999年，先后在《商汇报》、顺德金冠涂料、广东科龙集团、香港友丰集团（增城工厂）打工，曾任记者、广告部部长、企划总监和总裁助理。1999年开始创业，先后创办顺德亚域火狐广告、惠州市博艺学校（中学、小学、幼儿园）、红苹果印刷工厂等实业，参投广东依戈家居、武冈维也纳酒店、九子香休闲食品、湖南绿盛环境、美中生态科技、湖南逸欣物业管理等实体企业。曾任博艺学校党支部书记、惠州市民办教育协会理事、博罗文联委员、惠州武冈同乡会常务副会长、东莞市武冈商会副会长、武冈市第二届、第三届特邀政协委员、邵阳市人民政府特聘专家顾问。现任佛山市武冈商会党支部书记、邵阳学院广州校友会执行会长。

曾祥禾

曾祥禾，原名曾旭升，男，1969年生，荆竹铺镇回马村人，1989年毕业于武冈一中高69班，毕业后南下广东打工，其间做过仓管、电工等工作，在大型外资企业担任过行政主管、人事经理等公司高管职务，在职期间公司管理得井然有序，深受公司重用。2012年开始创办东莞市阳光劳务派遣有限公司和东莞市诚公教育投资有限公司，公司以"以诚为本、服务至上、真诚合作、开创未来"的经营理念，为各个行业提供了大量技术人才，多年来，始终坚守着"规范化管理、专业化服务、职业化培训"这一路线，业务不断拓展。并且在湖南、贵州、广西等地投资职业技术学校，与职校达成校企合作，配合学校产教深度融合，先后与比亚迪、蓝思科技、光宝、富士康、华为、TCL、立讯精密等近百家大型知名品牌企业合作，解决了职业技术学校的实习就业工作，为校企合作、产教结合搭建良好的平台。

校友代表

黄小忠

黄小忠，男，1969 年生，龙田太平村人。1982 年 9 月—1983 年 7 月就读于武冈一中初 90 班；1986—1990 年就读华中科技大学磁性材料与器件专业；1992—1995 年就读中南工业大学有色冶金系，获硕士学位；1998—2002 年就读国防科技大学材料科学与工程专业，获工学博士学位。

现任中南大学教授、博导，中南大学碳化硅纤维复合材料研究所所长，新型特种纤维及其复合材料湖南省重点实验室主任，中南大学第二届学术委员会委员。"十三五"军委装备发展部先进材料专业组行业专家，湖南省科技创新创业团队负责人，长沙市科技创新创业领军人才，湖南省领导联系专家，长沙市政协委员，长沙市工商联（总商会）副会长。

2010 年创立湖南博翔新材料有限公司并带领团队研制开发出结构吸波材料，填补我国硬质吸波泡沫空白。2019 年成立湖南泽睿新材料有限公司，致力打造具有我国完全自主知识产权碳化硅纤维。2021 年湖南碳化硅纤维研究院有限公司获准注册，瞄准国家关键材料"卡脖子"难题，努力打造碳化硅纤维及其复合材料创新高地、人才高地和产业高地。

朱　海

朱海，1973 年 2 月出生于湖南武冈，1991 年毕业于武冈一中，博士研究生学历，中共党员，食品检测行业领头人。2002 年 6 月博士研究生毕业，11 月被引进到深圳出入境检验检疫局食品检测中心工作，2004 年任食品检测中心实验室副主任，2007 年辞去公职，2008 年创办深圳市易瑞生物技术有限公司，2017 年至今任深圳市易瑞生物技术股份有限公司董事长。2021 年 2 月易瑞生物登陆深圳证券交易所创业板。

先后获广东省特支计划科技创业领军人才、深圳市地方领军人才、深圳市宝安区高层次科技创新人才、深圳市优秀共产党员、宝安区十佳共产党员等荣誉称号，国家市场监督管理总局科技兴检奖、广东省科学技术奖等奖项。所任社会职务有：中国分析测试协会标记免疫分析专业委员会第一届委员会常务委员、全国连锁经营标准化技术委员会（SAC/TC439）委员、中国医学装备协会现场快速检测（POCT）装备技术专业委员会委员、广东省轻工业协会行业法规与技术专业委员会委员。

校友代表

祝全永

祝全永，原名王治槐，男，1974 年生，荆竹铺镇朱溪桥人。武冈一中高 71 班插班学习生，邵阳师专毕业后 1995 年 9 月—1997 年 7 月择优武冈一中任教。1997 年 9 月考入湖南师大获法学学士；1999 年 9 月考入陕西师大获法学硕士；2002 年 7 月—2006 年 8 月东莞市委党校任教。2006 年 9 月—2009 年 6 月武汉大学获法学博士学位后来华南理工大学任教至今，先后在北京大学和复旦大学从事政治学博士后研究工作。现为华南理工大学马克思主义学院、法学院教授，硕博士生导师，中共党史党建和党内法规学士、硕士、博士点学科带头人和研究中心主任。出版专著 5 部，发表学术论文 70 多篇，《光明日报》文章等 5 篇。先后主持国家社科基金党建重点和青年课题 2 项、完成省部级课题 6 项和厅局级 20 多项。曾团队获广东省第九届哲学社会科学优秀成果著作一等奖。中共广东省和广州市委宣传部宣讲团骨干成员。国家社科基金（党建）和教育部人文社科基金（党建）通讯评委、教育部学位中心博士和硕士学位论文（马论）评审专家。全国政治学学会常务理事。

王万千

王万千，男，1976 年生，湖南武冈人。湖南武冈第一中学初 123 班、高 91 班校友，湖南师范大学 EMBA，现任上海瑄斌科技股份有限公司（股票代码 N300150）董事长。王万千先生深耕霓虹灯事业 24 年，是国内 LED 柔性霓虹灯行业领军人物，其产品畅销世界 100 多个国家和地区，与世界众多一线品牌皆有霓虹品牌形象文创合作。现为邵阳市工商联执委、邵阳市人大代表、邵阳武冈市工商联副主席、邵阳武冈市人大常委、上海沪帮帮会创始会长、上海浦东质量协会理事长、湖南湘标协会理事长、上海市武冈商会会长。

校友代表

胡小波

　　胡小波，男，1977 年生，1992 年以优异的成绩考上武冈县第一中学，毕业于西安电子科技大学，中国人民大学 EMBA ，国合耶鲁（国家发改委国际合作中心全球领导力培养计划），现任深圳市镭神智能系统有限公司董事长兼 CEO，广东省激光雷达工程技术研究中心主任。

　　胡小波是国内资深的激光雷达、光纤激光器、光纤器件专家。2014 年 10 月作为科技部挑选的国内杰出十位青年代表之一跟随国家总理李克强访问俄罗斯。

　　个人先后荣获 2020 年国家科技进步二等奖、2020 年中国雷达行业协会科技进步二等奖等奖项，深圳市高层次专业人才。担任中国光学学会激光加工专业委员会委员、广东省激光行业协会副会长、深圳市经济贸易和信息化委员会评审专家、深圳市科技创新委员会评审专家、西安电子科技大学机电工程学院创新创业导师、西安电子科技大学广州研究院电子信息类专业学位硕士研究生企业指导老师、浙江理工大学信息学院客座教授等一系列职务。

　　2004 年创办了深圳市创鑫激光股份有限公司，被业界誉为"光纤激光教父"。

王建斌

　　王建斌，男，1977 年生，湖南武冈人，1988—1994 年就读于武冈一中初 122 班、高 91 班，1998 年江苏大学工商管理学院毕业，上海市武冈商会常务副会长，现任上海跃臣信息科技有限公司总经理。上海跃臣信息科技有限公司是一家技术导向型高科技公司、上海市高新技术企业，专注于餐饮娱乐、零售流通行业软件研发，为广大餐饮、零售行业客户提供信息化、数字化运营解决方案。

　　经过十余年的努力和发展，公司已经成长为行业内领先的 ERP 系统软件提供商。

校友代表

朱虹飞

朱虹飞，男，1979年生，1984年至1994年在武冈一中校内居住生活，曾于1992年至1994年在武冈一中初139班就读初中，现任广东省人才服务局二级调研员。

作家，笔名小朱飞刀，代表作《如果我活着回来，就接受现在的人生》《寻路西藏5万里》。

国家健将级登山运动员，曾登顶珠穆朗玛峰，单人骑行川藏线，遍访西藏74县区。

援藏干部，于2016年至2019年驻守西藏林芝参加援藏工作，成功创办了西藏林芝第一所技工学校——林芝市技工学校。

刘　帆

刘帆，男，1980年生，武冈一中初139班学生，2005年毕业于北京电影学院摄影系故事片摄影专业，居北京，一直从事电影、网剧、纪录片、短片的摄影师工作，现为摄影指导。先后拍摄了院线电影《超越》《以年为单位的恋爱》《遇神》《穿过黑暗的我》，短片《淑贞》《过关》《F小调幻想曲》《宝贝儿》《华新街纪事》《入道》《陶老板》，网剧《你好，旧时光》《假如没有遇见你》，纪录片《毕摩纪》《屋脊上的王朝》等。其中，短片《淑贞》获IAI Award金奖，《入道》获2007年戛纳电影节电影基石单元二等奖，《陶老板》在2006东京电影节短片单元展映；纪录片《毕摩纪》入围瑞士洛加诺电影节、韩国釜山电影节、维也纳电影节、美国民族志电影节、捷克纪录片电影节、意大利远东电影节，《屋脊上的王朝》由美国Discovery/History频道收购；网剧《你好，旧时光》《假如没有遇见你》豆瓣评分分别为8.6、8.1；科教片《地心深处》《小叶猕猴》等在中央电视台科教频道播出。

校友代表

唐跃军

唐跃军，男，1980 年生，武冈市湾头桥镇，复旦大学管理学院副教授。

1991—1994 年，武冈县第一中学初 134 班；1994—1997 年，武冈市第一中学高 104 班；1997—2001 年，南开大学国际商学院会计学系，经济学学士；2001—2006 年，南开大学商学院 / 南开大学公司治理研究中心，管理学博士；2006 年至今，复旦大学管理学院企业管理系讲师、副教授，硕士生导师；2017—2018 年，美国亚利桑那州立大学访问学者。

唐跃军博士专注于中国公司治理、家族企业传承、创业企业治理、团队激励机制相关的学术研究、咨询服务与商业实践。曾在《经济研究》、《管理世界》、*Journal of Business Ethics* 等权威期刊发表论文 100 余篇，主持国家自然科学基金项目、国家社会科学基金项目等国家级和省部级研究项目 10 余项，入选复旦大学卓越人才计划"卓学计划"，兼任多家公司独立董事、独立监事以及公司治理顾问。目前主要讲授中国公司治理 /EMBA、创业企业治理 /MBA、中国公司治理 /MPAcc、家族企业治理与传承 /MBA、公司治理 /MBA、Entrepreneurial Enterprise Governance/IMBA 等课程。

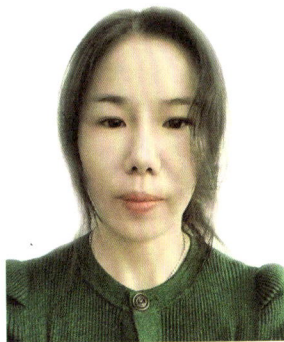

戴青华

戴青华，女，1980 年生，汉族，武冈籍。

1994 年就读武冈一中初 150 班；1998 年毕业于武冈技校；2000 年湖南财政学院毕业；2000 年末南下东莞长安打工，就职财务工作以及报关电子行业；2001 年成立东莞市顺通电子有限公司，担任总经理；2011 年成立东莞市思拓达光电科技有限公司，担任董事；2015 年成立东莞品卓机器设备有限公司，担任总经理；2019 成立东莞市嘉品五金电子有限公司，并担任董事长；2020 返回家乡成立武冈市亮彩照明科技有限公司，担任总经理。

校友代表

赵伟兵

赵伟兵，男，1980 年生于武冈秦桥，现居珠海市。

1992—1995 年，武冈一中初 139 班；1995—1998 年，武冈一中高 109 班、高 108 班；1998—2002 年，清华大学电子工程系，学士；2002—2005 年，清华大学微电子所，硕士。2005—2014 年，珠海炬力集成电路设计有限公司，历任工程师、高级工程师；2014 年至今：珠海一微半导体股份有限公司，任技术总监兼 IC 研发中心副总监。

主要研究成果：（1）基于运动控制和室内导航的人工智能 SOC 核心应用芯片；（2）适用于机器人运动控制的高压 PMIC 芯片；（3）机器人环境建模与导航定位专用芯片及软硬件模组；（4）申请发明专利 59 项。

罗小凤

罗小凤，女，1980 生于武冈头堂乡石坪村，现居扬州市。

1996—1999 年，武 冈 一 中 高 115 班、高 113 班；1999—2003 年，湖南文理学院，学士；2003—2006 年，广西师范大学，硕士；2008—2011 年，首都师范大学，博士；2014—2015 年，北京大学，高级访问学者；2018—2020 年，扬州大学，博士后。

现为扬州大学文学院教授，博士生导师，扬州大学中国诗歌创研所所长。

主持国家社科基金、教育部社科基金及省级课题等十余项；获省级社科优秀成果奖一等奖 1 项、二等奖 3 项、三等奖 1 项；出版专著 3 部、诗集 1 部；在权威期刊发表论文百余篇，多篇被《新华文摘》《中国社会科学文摘》、人大复印报刊资料等转载；任国家社科基金评委、多项省市级奖项评委、中国当代文学研究会理事、中国作家协会会员、南宁市作家协会副主席。

校友代表

唐文源

唐文源，男，1981 生于迎春亭街道福溪村，现在湖南农业大学工作，社会科学处副处长、副教授。

社会兼职：湖南省县域经济研究会常务理事，湖南省科技特派员、三区人才，湖南省智库专家，湖南省哲学社会科学基金评审专家，省人才中心特聘教师，国家高级职业经理人、网络安全工程师。

1993—1996 年，武冈一中初 143 班；1996—1999 年，武冈一中高 114、高 115 班。

1999—2003 年，湖南师范大学理学院，学士；2007—2009 年，中南大学，硕士；2018—2018 年，南京陆军指挥学院，预备役军事指挥军官；2013—2022 年，中南大学，博士。

2003—2019 年，历任湖南农业大学商学院助教、讲师、副教授、硕士生导师；2016—2018 年，古丈县人民政府副县长；2015 年，湖南陆军预备役步兵师司令部，预备役中校；2018 年，湖南农业大学茶业经济研究中心执行主任；2018—2020 年，湖南农业大学驻花垣县望高村帮扶工作队队长、第一书记；2019 年至今，任湖南农业大学社会科学处副处长（副教授、硕士生导师）。

蒋海洪

蒋海洪，男，1981 年生，文坪镇安心拥坪村人。1995 年 9 月—1998 年 7 月就读于武冈一中高 106 班。1998—2002 年就读于沈阳航空航天大学国际经济与贸易专业；2003—2006 年就读复旦大学法学院，获法律硕士学位。

现任上海健康医学院系主任、副教授、硕导。上海瀛泰律师事务所高级顾问、执业律师。我国首个医疗产品管理本科专业创始人。最高人民检察院民事行政案件咨询专家，国家卫健委"十三五"规划教材主编，中国医疗器械蓝皮书丛书副主编。兼任大型医疗器械上市公司独立董事、清华大学国际传播研究中心专家组成员、北京大学医疗总裁班授课专家、复旦大学访问学者、上海市市场监督管理学会理事、上海市食品药品安全研究会理事、中国医疗器械行业协会特聘专家。

校友代表

夏永秋

　　夏永秋，男，1981 年生，武冈双牌人。1995—1998 年就读武冈一中高 106 班；1998—2002 年就读西南科技大学，获学士学位；2003—2005 年就读西南交通大学，获硕士学位；2005—2008 年就读中国科学院大学，获博士学位。

　　现任中国科学院大学、中国科学院南京土壤研究所研究员、博士生导师，河海大学兼职教授。任中国土壤学会氮素工作组委员，英国剑桥学术出版社编委会委员，《农业环境科学学报》特邀主编。

　　长期从事面源污染研究，开发了符合我国特征的流域面源污染模拟、评价、管理平台，成果被美国 Chesapeake Bay 研究同盟推荐应用，及 Scientific News 封面报道，获省部级奖项 4 项。主持科技部优秀青年人才培训项目、国家重点研发专项课题、国家自然科学基金、国家重点实验室优秀青年项目、青年科学家 973 课题等。

夏芳珍

　　夏芳珍，女，1981 年生，武冈双牌乡人。1995—1998 年就读于武冈一中高 107、108 班。1998—2006 年就读于华中科技大学同济医学院，获医学硕士学位；2013—2016 年就读于上海交通大学医学院病理与病理生理学专业，获医学博士学位。

　　现为上海交通大学医学院硕士研究生导师。主持国家自然科学基金项目两项，参与包括国家自然科学基金重点项目、国家重大研究计划等多项国家重大项目。长期致力于糖脂代谢紊乱性疾病新型风险因素的致病机制及代谢重塑研究。发表 SCI 论文 12 篇，其中影响因子大于 10 分的有 3 篇（Leukemia.2017 影响因子 11.7、J Clin Invest.2018 影响因子 13.8、Eur Heart J.2021 影响因子 29.9）。研究成果获 2020 年上海市科技进步一等奖、2018 年中华医学科技进步奖三等奖、2018 年上海医学科技进步奖一等奖等奖项。

校友代表

卢　俊

卢俊，男，1981年生。

1993—1996年，武冈一中初145班；1996—1999年，武冈一中高115班；1999—2003年，哈尔滨工程大学建筑与航天工程系，学士；2012—2016年，国防科技大学机械工程与自动化学院，硕士；2017年至今：南京理工大学机械工程学院，博士在读。

2003年至今，中国兵器装备集团湖南云箭集团有限公司，担任过多个国家重大装备型号科研项目主任设计师、副总设计师、总设计师，获兵器装备集团重大科技创新成果奖2项，湖南省国防科技进步一等奖1项，湖南省科技进步二等奖1项，国防科技进步二等奖、三等奖各1项。历任总体室主任、研究院副院长、公司总工程师，正高级工程师，长沙市高层次人才（C类），享受国务院特殊津贴，获"全国青年岗位能手""全国职工职业道德先进个人""中央企业劳动模范""全国劳动模范"等荣誉称号。

主要研究成果：（1）某隐身滑翔制导武器；（2）某新概念定向能武器；（3）某大威力高精度精确制导武器。

尹　华

尹华，男，1981年生于武冈法相岩五桂村，现居浙江台州。

1994—1997年，武冈一中初150班；1997—2000年，武冈一中高117班、高122班；2001—2006年，徐州医科大学，学士；2006—2009年，徐州医科大学，硕士；2015—2019年，苏州大学，博士。

2009—2015年，江苏常州金坛区人民医院，医师、主治医师；2019至今，浙江省台州医院、浙江大学台州医院首席专家、研究生导师、副主任医师。

主持浙江省自然科学基金等课题2项，在国内外核心期刊发表论文20余篇，其中SCI 5篇，单篇最高影响因子达13.273。擅长创伤骨科、足踝外科的临床诊治。

社会兼职：浙江省足踝外科青年委员，新加坡医学杂志*Advanced Emergency Medicine* 中国区编委。

姚源源

姚源源，女，1982 年生，武冈市人，现居深圳市。

1993—1996 年，初 142 班；1996—1998 年，高 113 班；1998—1999 年，高 115 班；1999—2003 年，北京第二外国语学院，管理学学士；2003—2004 年，香港理工大学，管理学硕士；2007—2010 年，北京大学，心理学硕士。

在武冈一中求学期间，高二时被选为校学生会主席、预备党员。

2004 年 5 月起在中国香港、上海、深圳等多城市多行业工作和居住，先后涉猎旅游业、制造业、教育业、餐饮业、高科技行业及金融行业等多领域，自 2015 年起进入心理咨询与健康行业，其间曾于北京大学深圳研究生院学生心理健康与咨询中心、南方科技大学心理成长中心辅导师生心理健康工作。自 2017 年起入选"中美精神分析联盟"（精神分析界的黄埔军校）候选人，接受精神分析长程培训至今，已完成初级组、高级组及督导组的受训，2019 年开设了个人心理工作室"一源心理"并执业至今。

刘迪林

刘迪林，男，1982 年生。

1993—1996 年，武冈一中初 145 班；1996—1999 年，武冈一中高 114 班、高 116 班；1999—2003 年，西北农林科技大学园艺学院，学士；2005—2011 年，德国吉森－李比希大学，硕士、博士。

2011 年至今，广东省农业科学院水稻研究所，从事杂交水稻遗传育种。历任助理研究员、副研究员，杂交水稻研究开发中心副主任，兼广东海洋大学硕士生导师、广东省遗传学会理事。

主持国家基金、省重点研发计划、省基金等各级项目 9 项；发表论文 20 余篇，获植物新品种权 25 件，入选广东省农业主导品种 1 个；获省级科技进步奖、一等奖 3 项，省农业技术推广一等奖 1 项；连续在广东肇庆、河源开展乡村振兴科技帮扶工作。

校友代表

周前雄

周前雄，男，1982年生于武冈文坪，现居北京市。

1995—1998年，武冈一中初153班；1998—2001年，武冈一中高128班；2001—2005年，武汉大学，化学学士；2005—2010年，中科院理化所，有机化学博士。

2010年至今：中科院理化所，历任助理研究员、副研究员、研究员、课题组长。

（1）富含VD2蘑菇粉光化学加工工艺；（2）透明聚酰亚胺单体环丁烷四羧酸二酐光化学合成工艺；（3）基于钌多吡啶配合物的光活化抗肿瘤药物的设计合成；（4）培养硕博士研究生十余名，发表SCI论文50多篇，申请专利8项。

杨　扬

杨扬，女，1982年生。武冈一中初中97届、高中2000届毕业生。2000年考入北京第二外国语学院英语系，2004年考取中国传媒大学国际新闻专业的研究生，2006年被选为中美交流学生赴美留学。2007年末，杨扬开始了闯荡非洲的旅程；2010年，她在加纳成立了中大科技有限公司，后由于业务不断扩大，成立了中大集团公司，现任中大集团公司总裁，公司总部落地于加纳特码，分公司遍及西非科特迪瓦、贝宁、尼日尔等国，中国的山东济南和湖南长沙也有中大集团的分公司。

在中国政府与加纳政府的共同扶持下，2018年，中大集团、中国重汽与加纳政府在山东省委书记的见证下签署协议，中大集团建设了加纳第一家卡车与工程机械组装厂，成为加纳"一区一厂"重点扶持企业。此外，中大集团还有运输业务，有专门的物流管理团队，为在加纳的国有、民营企业和当地其他客户提供优质的货物运输服务。建筑板块也是中大集团的优势板块。西非各国日前经济突飞猛进，基础建设进行得如火如荼。中大集团利用自己的设备优势，积极参与工程项目建设，很多中大参与建设的项目改变了加纳的市容市貌。

中大集团经过近十年的快速发展，取得了骄人的销售业绩，成为行业翘楚，让中国的重卡、工程机械和商用车在西非各国遍地开花、扎根落户，为中非"一带一路"建设添砖加瓦。

校友代表

刘平生

刘平生，男，1982年生，武冈湾头桥人，武冈一中初中150班、高中119班毕业；2010年毕业于南京大学化学化工学院，获理学博士学位；2010年—2014年，在美国麻省大学医学院从事博士后研究；2014年作为高层次人才被引进到南京师范大学化学与材料科学学院材料系工作。现为南京师范大学化学与材料科学学院教授、博士生导师，江苏省生物医用功能材料协同创新中心副主任，中国复合材料学会生物医用复合材料分会秘书长，江苏省生物医学工程学会理事，江苏省复合材料学会树脂基专业委员会委员，江苏省复合材料学会青委会委员，中国生物材料学会第一届监事会秘书。先后获得第十五批江苏省"六大人才高峰"、南京师范大学"青蓝工程"学科带头人等荣誉称号。

沈月

沈月，女，1997年生于湖南武冈，武冈一中校友，女演员，毕业于湖南师范大学新闻与传播学院。

2016年，沈月因参演科幻古装网剧《颤抖吧！阿部》而进入演艺圈；2017年，出演青春校园网剧《致我们单纯的小美好》中的陈小希一角；同年，出演由柴智屏监制的青春言情偶像剧《流星花园》；2018年8月24日，参加综艺节目《幻乐之城》。2019年7月22日，主演的电视剧《七月与安生》播出，在剧中饰演李安生。多次在中央电视台春节联欢晚会上与人合作表演小品节目。

校友代表

段　辉

段辉，男，1988年生，武冈荆竹铺人，现居株洲市。

2003—2006年，武冈一中高172班；2006—2010年，清华大学，力学学士；2010—2013年，清华大学，力学硕士。

2013年至今：中国航发，历任设计师、主管设计师、主任设计师、副部长；

主要研究方向：航空发动机总体设计。

主要研究成果：获省部级科技进步奖4项、授权发明专利7项、航标和软件著作权各1项。

唐　璇

唐璇，女，2001年生，2019年毕业于湖南省武冈市第一中学，现就读于西南石油大学艺术学院播音与主持艺术专业。

曾主持大型活动：世界第31届大学生夏季运动会主题曲发布会；西南石油大学第27届体育舞蹈大赛；西南石油大学百首歌曲献给党——中国共产党成立100周年群众联欢音乐会。

曾获主持相关奖项：

2019年 西南石油大学主持人大赛专业组二等奖；

2021年 全国德艺双馨公益盛典总决赛主持组银奖；

2021年 四川省德艺双馨公益盛典主持组一等奖；

2021年 青柚杯主持人大赛 专业组一等奖（金话筒）；

2021年 四川省大学生主持人大赛一等奖；

2021年 四川省大学生乡村振兴网络主播大赛 一等奖。

第七部分

校友征文荟萃

武冈一中云台岭校舍

从武冈一中的文脉底座"希贤精舍"看武冈晚清时期发达的文化教育

作者：佚名

武冈，湘西南历史名城。历史上的武冈地区非常重教育，从宋代开始一直到晚清时期，武冈地区的学宫、书院、义学、私塾遍地开花。宝庆武冈和湘潭、湘乡、益阳等地有着一个共同点，就是在清同治朝期间，陆续出现了许多乡绅倡建的义学，这些义学为湖南近代历史上人才井喷现象打下了坚强的基础。为什么这个时期湖南各地大量出现乡绅倡办的义学呢？熟悉历史的朋友应该都知道，横扫太平天国的湘军攻破南京以后，大量湘军获得一定财富以后，将财富都运往湖南老家，除了像"九帅"曾国荃一样修房子就是兴办当地的学校教育了。湘军早期创始人江忠源就是我们宝庆人，笔者坚信肯定有大量武冈人跟着江忠源加入了湘军，平定太平天国以后，从南京"获得"一定财富也是情理之中了。

上面笔者简单交代了一下大的历史背景，关于湘军从南京获得财富

武冈一中有着非常高的教学质量，为国家培养了非常多的优秀学子。武冈一中有着非常悠久的历史，"希贤精舍"是武冈一中的三大源头之一。这个"希贤精舍"就像一个文化底座一样，把武冈地区的文脉从晚清一直延续到现在的武冈一中。

以后回乡办学的记载在各地县志中都是有记录的。《武冈县志》中关于这方面也有一些记录，有兴趣的朋友可以查看一下《武冈县志》，很值得仔细阅读。众所周知，武冈一中有着非常高的教学质量，为国家培养了非常多的优秀学子。武冈一中有着非常悠久的历史，创建于1922年，创建的校址是"希贤精舍"。这个"希贤精舍"就像一个文化底座一样，把武冈地区的文脉从晚清一直延续到现在的武冈一中。

下面我们就一起来探究一下"希贤精舍"。同治十三年（1874），武冈知州张宽和与武冈乡绅邓辅纶商议在鳌山书院王子堂东南位置（现为王城公园）创办"希贤精舍"。这里简单介绍一下邓辅纶，邓辅纶与兄弟邓绎、湘潭的王闿运、长沙的李寿蓉、攸县的龙汝霖并称"湘中五子"，邓辅纶是非常有影响力的人物。创办"希贤精舍"以后，购置经史之类的书3000多卷。张宽和与邓辅纶等人提出"精舍以穷经为专务""以广其用于天下而康济斯民"。宝庆知府延桂在他撰写的《希贤精舍》中说：精舍大体上是仿照晚清名臣、湘军元老胡林翼箴言书院的思路，期望在国家衰败的时候培养能振兴民族的有用之才。

光绪二十四年（1898），陆孝达等人在精舍建立"开浚知识、恢张能力、拓宽公益为主义"的南学会分会。这里简单说一下南学会，晚清戊戌变法时期全国各地陆续出现了各种地方会，南学会是在湖南地区由谭嗣同、唐才常等人发起，得到湖南巡抚陈宝箴等开明官吏支持的地方性学会。总部在长沙，湖南其他地方建立分会，南学会当时的宗旨是争取"湖南地方性独立"，随着戊戌变法的失败，南学会也不复存在。南学会在希贤精舍期间，由贡生周田成，廪生张存业、潘振铎，增生陆孝莹等人负责讲授有益政教之学，并且购买各种图书、仪器，聘请传播格致、舆地等新学的老师，希望"籍旧业为新基，化无用为有用"。废除科举以后，希贤精舍改为武冈州劝学所。民国以后，劝学所改为武冈县女子小学校，再到后面一步一步地发展变化到今天的武冈一中。

前面笔者说了，武冈地区有很多疑似是湘军回乡办义学的情况，武冈地区当时有4个非常有名的义学，我们现在来了解一下。（1）龙门山义学：地点在武冈南桥乡龙门山，道光初年由龙乘云等人创办，置田12亩。（2）资南义塾：地点在油头团（现在新宁县花亭子一带），创办于道光十七年（1837年）。（3）江口义学：地点在小坪江口村（现在的洞口县内），由当地著名乡绅萧先煕的妻子刘氏根据萧先煕的遗愿捐600石谷田创办。（4）襟江义塾：位置在现在的洞口县山门地区，创办人是尹德成、尹玉峰、尹保堂。

武冈一中云台岭校舍

母校寻踪

作者：黄三畅

好多樟树，我当年在它们的树阴下读过书，乘过凉，发过呆，现在它们依然荫庇着我年轻的校友，让他们在树阴下读书、乘凉或发呆。

早些年，我很怕填写政审表之类的表格，因为舅父那边是地主，"社会关系"有问题。幸而填写表格中的一个栏目还让我感到慰藉，那就是"个人简历"栏，在那一栏里，我总会自豪地写上：1963年9月至1966年7月，在武冈一中读书。填完表后，我还会沉浸在温馨的回忆和自豪的情感里。

母校博学的、和蔼可亲的老师和班主任；严肃可敬却并不令人望而生畏的书记、校长、教导主任和总务主任；对了，还有风华正茂的女团委书记。时隔几十年了，他们大多数人的样貌神情，在我脑海中还清晰得如同刚刚晤过面。那青砖砌的栏杆整饬的教学楼，那铺得齐齐整整的卵石路，那连接着教室、寝室的如游龙般的长廊……时隔几十年了，它们印在我脑海中的模样，刻在我脑海中的线条，还没有丝毫磨蚀。三年的同窗呢，他们的性情，他们的喜好，我更是如数家珍。而母校那些年蒸蒸日上、名震三湘的势头，时隔几十年了，仍在激励我奋进。

在母校的学习活动中，印象最深的是课外阅读。图书馆就设在高中部教学楼一楼西端的房间里，下课十分钟的时间也可以还书、借书，负责借阅的老师责任心非常强，又和蔼可亲。任课老师和班主任又特别支持学生看课外书，所以我借阅了大量的图书。记得进校第一次借书，借的是一部叫《归家》的长篇小说，那部小说我在进校前读了一部分，所以进校后见图书室的目录上有，就喜出望外地借阅了。第二次借的是《创业史》，那是语文老师彭秋琴先生推荐的。完成作业之后看"课外书"，那是多么幸福的事啊！后来回忆起来，那书中的情节，梁生宝、改改的形象，是和母校校园连在一起的。母校的阅览室，可以说是我的乐园，足以与童年鲁迅的百草园相比。阅览室设在高中部教学楼一楼东端的房间里，下课十分钟的时间，自然可以去翻翻、看看。星期六下午、星期日整天，我更是常常把自己沉在那里。那里有各种杂志，就文学杂志而言，中央和省级的有一二十种，我喜欢一本一本地啃，每本从第一页啃到最后一页，不这样，就觉得是浪费似的，像吃一碗饭就一定要吃完一样。多想再回到那时，再回到那间房子，啃它一天啊。

那些年，母校很注意培养学生的写作能力。语文老师刘伦至（笔名鲁之洛）是很有名气的青年作家，风度翩翩，我听过他多次文学讲座。记得有一次他讲的是朱自清的《春》，他对朱自清所描写的春天的情景进行生动的发挥，在他的讲述中，我觉得自己已进入那种美到极致的情景中。每听一次讲座，就是享受一次文学的美餐。他还主持创办了文学墙刊《朝霞》，刊登的主要是学生的作品，记得他自己也有诗歌刊在上面。可惜当时学校高手如云，我没有文章上过墙刊。多想再回到当年，再向《朝霞》投一次稿，在墙刊上亮一次相。

时间不能倒流，旧地却是可以重游的。有事没事，我总喜欢回母校去看看，去体味体味，不只是怀旧，还是激励自己。

许多旧房拆掉了，在原址建了新房；卵石路基本没有了，代之以水泥路；长廊也没有了。这是时代使然，一个更具时代特点的学校，难道不令人欣慰么？但是，当保留的还是保留了，当年高中部、初中部的青砖教室，就整洁如新，一如既往地润泽一届届学子。好多樟树，我当年在它们的树阴下读过书，乘过凉，发过呆，现在它们依然荫庇着我年轻的校友，让他们在树阴下读书，乘凉，或发呆。当然，它们比当年更苍劲，更浓郁。去年夏季的一天，我曾在一棵大樟树下坐了约半个小时，那树兄似还认得我，他枝叶轻轻摇曳，给我送来阵阵凉风，时而有一颗乌亮的樟籽掉下来，掉在我的头上，似在说：当年头发乌亮的小伙子，怎么"绝顶聪明"了？你没有我经老啊！

是的，我没有树经老，有些东西，其实是不老的，譬如精神，譬如传统。母校师生的刻苦好学精神，母校的不怕困难挫折、敢争第一的光荣传统，丝毫没有"老"去，不但没有"老"去，反而与时俱进，如校园里的香樟一样，年年焕发新意。我常常在报刊上读到报道母校的成功经验和母校师生优秀事迹的文章；我常常在电视里看到母校某项成绩获得全市第一的新闻；我常常在乡间闾巷听到对母校学风的由衷赞誉；我常常在路上或车上看见助人为乐的年轻人，一问，原来是母校的在校学生或毕业生。两年前我到省城参加一个会，分组讨论时，一个小伙子也来了，他自我介绍说是上级部门派来做记录的。好帅好清秀的小伙子啊，我一看就喜欢上了。好，他还在我身边坐下了，并亲切地喊我老师，从他的口音我猜出他与我是同乡，一问，果然是。又问他毕业于哪个学校，回答是武冈一中，和我是校友，姓华。一种亲切的感情油然而生！一种自豪的感情涌遍全身！小伙子应是前途无量，母校亦应前程似锦！

我以为，一个人，除了祖国情结、家乡情结，第三个融入血液的情结恐怕就是母校情结了。今年春暖花开的一天，是一个假日，我又一次来到地处东门外云台岭上的母校，但见校园里草木新绿，团花簇锦，春风骀荡；操场里传来"加油，加油"的喊声，教学大楼里传来悠扬的琴声和歌声；而在树阴下，草坪旁，随处可见我年轻的校友捧书而读。于是脑海中跳出当年贴在母校办公大楼前廊柱上的一副对联：

资江岸边风光好

云台岭上歌声高

作者介绍

　　黄三畅，1947 年 10 月出生于湖南武冈，1963 年考入武冈一中高中部，1966 年毕业。中学语文高级教师，湖南省作协会员。在全国各地文学刊物及报纸文学副刊发表大量作品，出版长篇小说《弦歌》等两部、中短篇小说集《禁忌》等两部、散文集《山灵与天籁》等四部和《都梁诗纪》（古今乡土诗词编注）、《明清武冈六人集》（编注）各一部。若干散文、杂文、中短篇小说、小小说被选入选刊或年选本，其中《圣手》入选羊城晚报《五十年花地精品选》。曾获《羊城晚报》花地年度创作奖。

武冈一中云台岭上的香樟树

别了，云台岭

作者：朱可成

　　每当提到武冈第一中学，我就想起云台岭。我在武冈县第一中学读过一年书，教过十年书，对一中所在地云台岭有着特殊的感情。

　　我读初中，恰逢"复课闹革命"，我用5年在3所学校（七中、一中、幸福学校）勉强读完初中。

　　55年前的1966年，我考上武冈七中，因"复课闹革命"，回到小学去复课。53年前的1968年，我又考上了武冈县第一中学，在云台岭读初中。当时，经济落后，家境贫寒。邮递员将一中的录取通知书亲自送到我家里。我和父亲挑粮到20里外的毛家祠堂办粮食迁移手续。从进武冈一中第一天起，我就享受着国家助学金和粮食补贴，伙食费不用从家里拿钱，还略有剩余。一个周末，同学们回家了，我用豆芽菜下饭，吃了5钵共2斤米的饭。因周末较自由，每个月不少于两次步行往返90里回家。这些，让我自豪了几十年。

　　在一中读了一年初中后，因"贫下中农管理学校"，中小学办在家门口，要求在城里读书的乡下学生全部回本乡读书，所以我依依不舍地

　　我清楚地记得，刺槐花开时，校内都是淡淡的清香；桂花开时，满城都是浓郁、温婉的芬芳。那洁白的刺槐花，缀满枝头，一串串，一簇簇，紧挨着。师生们在树下做操、晨练、散步、读书，任清香的花蕊落在头发上、肩膀上、脖子里，大家舍不得拍去，顶着清香的花蕊入教室、进寝室、去食堂……

离开武冈一中。武冈一中老师的艰难处境和云台岭的樟树、桂花、刺槐、长廊、青砖教室和寝室，成为永远的回忆。

37年前的1984年，我成为武冈县第一中学的教师。在一中工作的10年时间里，校内，我一直教初中，校外，有几年在晚上教成人高中。在香樟、刺槐和桂花香中，我和同学们一起学习，一起进步，读完了函授本科。今天，回忆武冈县第一中学当年的故事，想到母校已经迁址，美丽的云台岭已成为武冈县第一中学的旧址，幸福欢乐中饱含着伤感。

当年，武冈一中的学生生活较苦。食堂的菜，以豆芽菜、霉豆腐渣、茄子、冬瓜为主。从家里带来的酸辣椒、酸豆角、辣椒酱成了大家分享的美食和建立友谊的桥梁。

那时，没有自来水。同学们喝的，是用有限的井水烧的开水；用的，是被造纸厂污染成红色的河水。澡堂与猪场为邻，那里，天天弥漫着特别的臭气。男生寝室，是苏式合面房，空气不对流，阴暗、潮湿、骚臭、蚊子多……

开饭的时候，初中的同学飞跑向食堂窗口，高中的同学则悠悠然用筷子敲着搪瓷碗，校园里响起独特的打击乐声。

阴暗的礼堂，黑色的饭桌，青砖的教室、寝室，黄土操场，小鹅卵石铺就的遮雨长廊，一切都那么熟悉，一切都如在昨日。

尽管当年武冈一中的硬件条件一般，但我从没听到一位老师和同学说过一中的半个"不"字。在师生的心目中，武冈一中所在地云台岭是美丽的、神圣的、出高材生的。在相对艰苦的条件下，武冈一中老师和同学们那种拼命工作和学习的精神，令人难忘。

我清楚地记得，刺槐花开时，校内都是淡淡的清香，桂花开时，满城都是浓郁、温婉的芬芳。那洁白的刺槐花，缀满枝头，一串串，一簇簇，紧挨着。师生们在树下做操、晨练、散步、读书，

任清香的花蕊落在头发上、肩膀上、脖子里，大家舍不得拍去，顶着清香的花蕊入教室、进寝室、去食堂……

那时，天晴的早晨，刺槐树旁、香樟树下、橘子园中、小树林里、郝水河边、田间小道、土操场里……到处都是手捧书本的一中学生，到处是琅琅的书声。深夜了，昏黄的路灯下，很多学生还在看书，不管是赤日炎炎的三伏，还是冰天雪地的三九，同学们不顾蚊虫叮咬，手脚冻麻。那种求知精神，令人感动！

武冈一中学生的秋游，唯一的目的地是云山。秋游时，老师带着学生，清晨从一中步行出发，傍晚时才能回校。云山沿路的山泉水，是大家唯一用来解渴充饥的宝物。那时，安全意识没现在强，班主任便成了导游、家长、保健医生和安全人员。从云山堂跑步上宝顶的登山比赛，同学们的体力和毅力，让我记忆深刻。云山秋游，最令我难忘的有两件事。一件是，我在云山宝顶，用在农村当卫生员时学到的土办法，让一位登山竞赛中倒地昏迷的学生苏醒。另一件是，用一中老师长跑比赛中夺冠军的体力，将一位发痧（中暑）的学生从云山背回一中。

1993年暑假，我受学校委派，带着40多位保送读高中的学生，到岳阳、长沙、韶山等地参观。参观长沙动物园时，十多位同学走散，当时没有手机，吓得我魂不附体。在其后几天的旅途中，也享受过餐餐和同学们"抢"饭吃的喜悦。

我在武冈一中的云台岭11年，住过青砖寝室，住过食堂的保管室，住过苏式的合面平房，宿舍与坟墓、锅炉为邻几年，关公共宿舍的大门时差点被雷电劈死……欣慰的是，我从来不觉得当年的住房条件差，我将食堂工友们天亮前的吵闹声当做起床的钟声；将深夜锅炉的轰鸣当做催眠曲，与简陋住房里的同事建立了深厚的友谊；将宿舍内外的蛇打死和老师们分享，将菜地自己种的菜送给邻居。那种生活，成了我极其珍贵的记忆。

当年，武冈一中学风好，教学质量好，以肖孝富副校长为代表的一大批老师德才兼备，爱岗敬业，受到武冈各界的敬重。强大的正能量，让我耳濡目染，受益极大。

在一中工作10年，我信奉严师出高徒的古训。欣慰的是，我没有误导学生们走上歧路，没有放纵错误在空中飘逸，没有心存私欲损人利己，没有得过且过误人子弟，立三尺讲台，靠一支粉笔，教书育人，养家糊口，走南闯北。

28年前，我离开了武冈，带上全家，背井离乡，来了广州增城，靠一支粉笔远走岭南。虽然他乡也有美酒，也有问候，但我常常想起武冈县第一中学的云台岭，每年回武冈都要到云台岭去看看。

1993年下学期，我在改革开放前沿的广州增城唯一的重点中学开始教高中毕业班。因第一炮打响了，我连续教了十多届高中毕业班，担任过三届增城市中学语文教学研究会的会长。我之所以能在广州地区的语文界立足，是武冈县第一中学的工作经历和学术氛围，给了我底气和自信。

在广州，每当人们问起我们的武冈县第一中学，我都自豪地如数家珍，尤其特别注意介绍武冈一中的优秀代表——肖孝富副校长一家，这种辉煌的教师之家，是武冈县第一中学的骄傲！

武冈县第一中学是历史悠久的名校，是武冈教育的品牌，如今，我们令人自豪的母校虽然多了一块牌子，但我们庆祝的还是武冈一中，只是云台岭上"武冈县第一中学"换成了"武冈市第一中学"，令武冈一中的很多学子有些伤感。

2020年8月1日，武冈一中初中129班的师生聚集云台岭，为当天开始搬迁的一中送最后一程，为即将成为母校旧址的云台岭作最后的告别。师生们在校门外合影留念时，大家久久地凝视着"武冈市第一中学"几个大字，几多不舍，万千思绪。

2022年，母校"武冈一中百年校庆"，正好说明学校是铁打的营盘。正如，武冈的城墙、花塔、南塔。当年毁城墙、炸花（斜）塔、炸南塔的人有的可能已不在人世，但武冈城墙、花（斜）塔、南塔这三个名词将世世代代流传下去，且有朝一日还会有重建的可能。同样，只要有武冈市第二中学这个名词，人们自然会想起比第二中学历史更悠久的名校——武冈市第一中学。

今年招生，不是还用武冈第一中学的招牌么？只是钟灵毓秀的云台岭，被"鸠占鹊巢"，成了他校的校园了。我十分留恋陪伴过我生活、学习、进步的云台岭上的香樟树、桂花树、刺槐树、蜡籽树，青砖教室、寝室和礼堂，小石子砌成的通往教室、礼堂、寝室、厕所并为师生遮挡风雨的长廊，木制的校门，怀念当年在云台岭上兢兢业业工作的老师和其他工友们，怀念当年每个学科组一周一换的很有知识含量的精美墙报。

爱屋及乌，愿因失去云台岭而伤感的一中校友们，通过武冈一中百年校庆，对新校址也产生别样的爱恋。

作者介绍

朱可成，男，生于1952年，函授本科毕业。1968年在武冈一中读初中，1984年至1993年9月，在武冈一中工作，1993年10月至2012年9月在广州增城中学工作，2012年9月退休。

曾任增城中学教学处主任，增城区三届中语会会长、三届增城区政协常委。

刘伦至（右，笔名鲁之洛）与作家周宜地（左）

感动之余还是感动

作者：尹聪昧

从小学到大学，教过我的书的，给我上过课的老师很多，留在记忆中的花絮也不少，但我几乎没有写过关于老师的文章，唯此《由一道作文题忆老师二三事》一篇。我认为自己才学疏浅，辜负了老师对我的期望，在那些才高八斗、学富五车的老师面前自惭形秽，所以我不敢动笔。

都梁月先生（曾任教于新宁一中）多次提到鲁之洛先生，我由鲁之洛的名（笔名）想到了刘伦至老师，想到了五十年前留在脑海里的点滴，于是胡乱连缀成文。都梁月先生将此文转到鲁之洛先生的博客上，惹得刘老师为此动了笔。我心里既惭愧又喜悦，更多的是感激！

下面是刘老师写的读后感：

太感谢都梁月先生了，感谢你转帖给我尹聪昧女士的文章。我是满含着热泪读完这篇短文的。它使我忆起一段单纯、激情、平和、向上的生活，也使我深深感受到一个平凡、普通的教师的荣耀。

聪昧女士文中的许多事我都记不起来了，但那个初五十班我还是记得的，也隐隐记得那个苗苗条条、不喜多话的龙江妹子尹聪昧，和那间"合面房的第一间"的宿舍。

那宿舍是窄小而简陋的，但却是一块环境优美，学习气氛和谐的宝地。我的窗口，是满眼葱绿的翠竹。我的邻舍，住的都是武冈真正学有所成、

当时我就读武冈一中初五十班，教语文的是刘伦至老师，二十多岁，高高的个子，英俊潇洒之极，无与伦比。全校男女学生没有不多看他几眼的。

著名的老教师。我的隔壁是有名的老化学教师肖光宗，对面是学富五车的生物教师丁光，隔壁的隔壁是著名的数学教师谭楚瑶，再远一点就是三朝元老名牌语文教师周耕耘、名牌物理教师旷锦春。在年刚二十三四岁，仅初中文化、才从部队出来的我的面前，他们既是长辈，又是道德、学问的楷模。但他们没有一点架子，总是耐心地指点我，主动地启发我，遇到文字方面的问题，还虚心地找上门来与我切磋。我就是在他们无私的指导下很快胜任工作的。

也就是在那间小房里，我整整一个暑假没回二里外的家，写完我的第一部长篇小说《帆》。可惜很快来了革文化之命的运动，我的稿子被作为大毒草从出版社调回，在千人大会上焚烧了。

所幸的是虽年过七秩，仍有学生记得我。请都梁月先生一定代我向聪昧表示特别特别的谢意。

读罢这一短文，一位和蔼、谦虚、令人敬佩的长者仿佛就站立在我的面前。我热泪盈眶，不知所言。在此，我深深地向刘老师鞠一躬，祝老师事事顺心，健康永远！

附：尹聪昧老师《由一道作文题忆老师二三事》

由一道作文题忆老师二三事

2009年2月23日

"祖国在召唤"是一九六二年湖南武冈县初中升高中的作文题，说起这道作文题，我永生不忘。

当时我就读武冈一中初五十班，教语文的是刘伦至老师，二十多岁，高高的个子，英俊潇洒至极，无与伦比。全校男女学生没有不多看他几眼的。刘老师告诉我们，他很喜欢写文章，取笔名叫"鲁之洛"，就是要立志做鲁迅的徒弟。

离升学考试只有十多天了，刘老师为我们押题，出了五个作文题在黑板上，让我们好好练习练习，他自己以"祖国在召唤"为题，写了一篇

范文，用十六开白纸、毛笔写的，粘在教室后面的墙壁上。文章自然，用语很美。我们全班同学不但抄下来，而且背了下来。五十一班的同学也到我们教室来把文章抄下来，背下来。

当时只有五十、五十一两个毕业班，进校时是四个班，十六岁以上的同学在初二时就"下放"了，四个班合成两个班。

升学考试了，打开试卷一看，作文题是丝毫不差的"祖国在召唤"，同学们兴奋之余，就一字不差地把背下来的文章誊写下来，我呢，只改了一下人称，稍稍改了一下结尾，就交卷了。

据说，当时真为难了评卷老师，也为难了取录。我幸运地考上了高中，我们两个班共考上了二十七个，是全县考得最好的，须知，全县只招收一百五十名高中生，百人挑一呀！

印象深的还有帮刘老师整理房间。

劳动课，班主任要我和李玉桂帮刘老师整理房间。刘老师的房在教师宿舍合面房的第一间。打开房门，见到的全是书，地上、桌子上、椅子上、床上到处都是；有的翻开扑着，有的四五本对夹着；绝大部分是用书签隔着，书签露出很长，写着相关的内容。这房间，除了书，就只有一张床，一张桌子，一条凳子。刘老师要我们按他的要求分类整理好。当时我的感慨是：做一名教师不容易，做一名作家更不易，得海纳百川博览群书。

20世纪70年代初，我们一群女同学串门，在迎春亭供销社前遇上一群进城的农民。岂料刘老

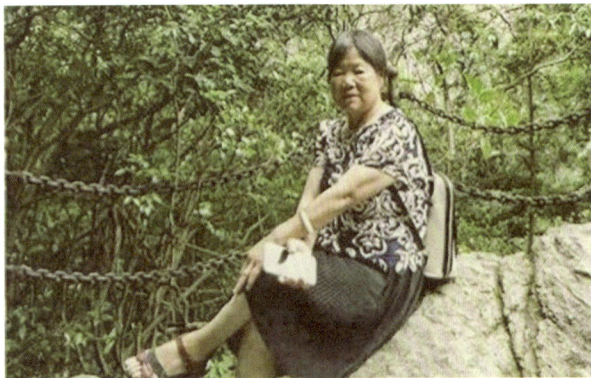

作者：尹聪昧

师穿着一身褪了色的黄色服装，挑着一担芋筛，走在那群农民的后面。视线相遇后，他低下头，快步跟上农民队伍。我们张着嘴巴，欲喊无声。从此，再也没见到刘老师。

过了许多年，我在农村中学任教，偶然读到刘老师以鲁之洛之名发表的长篇小说《路》，感慨不已。后来又读了他的《龚大汉与他的漂亮老婆》《你别想安宁》《松伢子历险记》……尤其是《鸡冠子上漫游记》，我读后不由自主地推荐给学生读，并向邻校的老师推荐。

刘老师是新中国第一代作家，出版长篇小说、中短篇小说、儿童文学集、散文集、传记文学二十余部六百余万字。我常怀景仰之心崇拜老师，无奈自己才学疏浅，想学的没学好，想表达的无法用恰当的语言表达。

刘老师是快八十的人了，我衷心祝愿他老人家健康长寿！

作者简介

尹聪昧，女，生于1946年，湖南教育学院本科文凭，武冈一中退休教师。1959年考入武冈一中，在初中50班就读；1962年考入武冈一中，就读于高中10班。1965年高中毕业，因为一些特殊的原因而失去了升大学的机会。后在农村中学当民办教师17年，1981年转为公办教师。1983年调入武冈一中，1995年晋级中学高级教师，2001年退休。曾任初中97班、初中108班、高中78班、高中80班、高中105班班主任。担任过两届县人大代表，两届市党代表。

思念母校

作词：肖时照

童声：
别来无恙吗　亲爱的母校
你是我心中不老的歌谣
别来无恙吗　亲爱的母校
你是我心中不老的歌谣

主唱：
多少往事已云散烟消
却常常想起我的母校
校园里柳丝悠悠情意长
嬉戏在青青河边草

花丛中闪动着同学们的笑脸
就像那蝴蝶纷飞欲比高
同桌的你如今在何方
那朦胧的爱还在心头缠绕

花丛中闪动着同学们的笑脸
就像那蝴蝶纷飞欲比高
同桌的你如今在何方
那朦胧的爱还在心头缠绕　心头缠绕

别来无恙吗　亲爱的母校
你是我心中不老的歌谣
别来无恙吗　亲爱的母校
你是我心中不老的歌谣

多少往事已云散烟消
却常常想起我的母校
教室里温习功课静悄悄
操场上比拼竞风骚

你曾说山外有山楼外还有楼
要学那芝麻开花节节高
老师的话儿语重心长
那句句都是苦口良药

合唱：

别来无恙吗　亲爱的母校
你是我心中不老的歌谣
别来无恙吗　亲爱的母校
你是我心中不老的歌谣
别来无恙吗　亲爱的母校
你是我心中不老的歌谣
别来无恙吗　亲爱的母校
你是我心中不老的歌谣

主唱：

别来无恙吗　亲爱的母校
你是我心中不老的歌谣
别来无恙吗　亲爱的母校
你是我心中不老的歌谣

附录：

一路征尘一路歌

——歌词作家肖时照的艺术人生

作者：李一安

他是一个兵。

17岁那年，他走出校门，怀着一腔青春激情，从湘西雪峰山下走进了南海前哨的绿色军营。海风阵阵，海涛声声，0.19平方千米的青州岛是他最初的起点，从这里出发，他迈着战士稳健的步伐，凭借着一个士兵的忠诚与执着、勤劳和实干，一步步走上了宣传干事、"南海前哨钢八连"代指导员、宣传科长、团政委的岗位。36岁那年，他成为全军80名优秀政工干部中的一名而被选送到解放军政治学院深造。40岁的不惑之年，他担任了广州军区某守备师政委兼中共珠海市委常委的领导职务。军旗猎猎，军歌嘹亮，钢枪在手，重任在肩，从战士到师政委，从列兵到两杠四星的大校，肖时照始终保持着兵样，身上散发着兵味，始终以一个排头兵姿态战斗在南海前哨。

他是一位歌词作家。

他不仅仅是一位词作家，而且是一位多次获奖、创作颇丰的优秀歌词作家。他从事歌词创作多年，发表了70多首歌词，1999年由广州新时代音像出版社出版发行个人作词歌曲CD专辑《九九回归》，2002年由中国文联出版社出版个人歌词歌曲专辑《打工谣》。许多著名歌唱家如阎维文、董文华、张也、甘萍、李丹阳、蔡国庆、汤灿、孙丽英、王宏伟、巴哈尔古丽等都曾演唱过他创作的歌曲。一路征尘一路歌，可说是肖时照最真实的写照。

1961年入伍，那是一个无人居住的小岛，咸鱼、萝卜干、空心菜为基调的艰苦物质生活和部队丰富的精神生活打造了他健壮的体魄、健全的人格以及高洁的情操。火热的军营生活激励着他，鼓舞着他，常常使他产生冲动，产生写作的欲望，终于有一天，他用紧握钢枪的手毅然地握起了笔，开始了自己的"歌唱"生涯。这个小岛是他军旅生活的起点，也是他创作生涯的起点。他最初的作品刊登在军营黑板报上，写的是连队熟悉的生活，反映的是战士朴实的感情，激起了战友们强烈的思想共鸣。

1983 年，身任师政委的肖时照与著名作曲家郑秋枫合作，创作了歌曲《我们守卫在万山群岛》，这首歌飘荡在万山群岛的上空已经整整 20 年了，至今传唱不衰，被广大指战员誉为守岛部队岛歌，因而荣获广州军区连歌比赛一等奖。这以后，他创作的《南海前哨钢八连连歌》，今天仍然挂在钢八连战士的嘴上；《军营吉他声》回荡着革命乐观主义精神和战士的浪漫情怀；《海岛，我的第二故乡》表达了战士们守岛爱岛，以岛为家的深厚感情。此外，还有《祖国哨兵之歌》《海岛夜曲》等，这些歌既是他切身的体会，又唱出战士的心声，因而受到了部队官兵的广泛喜爱，一直绵绵不绝地传唱至今。

铁打的营盘流水的兵。由于工作的需要，1989 年肖时照转业地方，担任了珠海市中级法院院长的职务。从部队到地方，从军官到法官，肖时照很快完成了角色的转换。但他深深意识到，角色变了，军人的本色不能变；工作环境变了，为人民服务的初衷不能变。经过几年的体验、感悟，1996 年他挥笔写下了《再为军旗添风采》这首歌。他写道："我们当年走进军营，步伐豪迈；我们今天解甲还乡，依然是豪情满怀……啊，战友啊战友，为军人的历史干一杯！啊，战友啊战友，再为军旗添风采。"这充分表达了转业军人对军旅生涯的自豪和再为军旗添风采的美好愿望。这首歌经宋继勇谱曲并拍摄成 MTV 后，获得了中央电视台"军神杯"大赛银奖，收入了建军 70 周年解放军总政治部出版的大型卡拉 OK 专辑《军魄》及中央军委武警总部出版的大型卡拉 OK《兵歌壮行五十年》专辑，成为全国军转复退军人唯一的一首标志性歌曲。

肖时照面容清癯，眉宇间透出凌厉与刚毅，多年的戎马生涯锤炼出了他一副挺直的腰板，这种外形酷似一柄法律的正义之剑，让好人看着放心，让坏人看见惊心。来到法院，肖时照以最快的速度熟悉法律知识，同时主动报名参加广东省法官培训，在培训中心学习了一年。他上任不久，针对法院当时的实际情况，采取了内强素质、外树形象的改革方案，启动激励机制调动法官办案积极性，同时加强培训，大力引进高学历法律人才，提倡研究问题的学术风气，鼓励法官撰写论文。他本人亲自撰写的《秉公执法是法官的唯一宗旨》《法官队伍应当少而精》两篇论文，学术价值较高，被海内外十多家大型丛书收录。肖时照任法院院长 9 年，带出了一支作风好、业务精的法官队伍，并且 9 年无明显错案。

工作之余，他意犹未尽，法官的责任感和使命感驱使着他，他觉得应该用自己擅长的歌词创作艺术地展现法官风采。于是，他再次提起笔，写下了《人民法官之歌》，仍由著名作曲家郑秋枫谱曲，先后由《法治日报》《上海法制报》发表并广为传唱。他还为反映司法战线生活为题材的电视连续剧《法证》创作主题歌《正义之神》。他在法官这一人生阶段中用自己的才情和激情向人民交出了一份满意的答卷。

1998 年，肖时照转岗到人民政协工作，担任珠海市政协副主席。领导角色的转换使他的视野更广阔，工作接触面更大，更丰富。不久，又面临澳门回归的重大喜庆时刻和百年一回的世纪之交。此时，正是词家们一展身手的大好时机，也是时代给艺术家们提供的一个不可重复的历史机遇。肖时照激情难耐，才情喷射，他饱蘸情感放声讴歌，一连奋笔写下了《九九回归》《世纪钟声》等一批歌曲。其中，《世纪钟声》获第六届羊城音乐花会一等奖，并由著名歌唱家阎维文在 2000 年北京中华世纪坛元旦晚会上演唱；歌唱澳门重回祖国怀抱的《九九回归》，由著名作曲家王佑贵谱曲后拍成 MTV 在中央电视台和全国各地方台多次播放，并获第六届羊城音乐花会二等奖。这以后，肖时照的创作越发不可收，一首首佳作接踵而来。《和睦家园》被评为广东省迎"十六大" 10 首优秀歌曲之一，在广东、南方电视台多套节目滚动翻出几个月；《何时月儿圆》获湖南省迎"十六大"征歌三等奖，由著名歌唱家汤灿拍成 MTV 后，在湖南、广东两省电视台多次播出；《今朝辉煌》由周志勇谱曲后，获得了广州市迎"十六大"征歌三等奖。

在政协副主席的职位上，肖时照广泛接触社会各界，心贴普通老百姓，写出了一大批反映大众心声、充满人生哲理、启迪人们思想的歌词，如《岁寒三友》《真善美》《平凡人生》等，歌唱珠海这个年轻而浪漫之城的《相会在珠海》，由珠海青春少女组合、黑鸭子组合等演唱并拍成 MTV，已经成为珠海旅游业的形象歌曲。《打工谣》由于唱出了广大打工族的心声，在中央电视台播出之后，好比"一石激起千层浪"，立即引来了强烈的反响和热烈的欢迎，其中有两句已经成为脍炙人口的佳句被人们广泛传诵，这首歌获得了中央电视台 MTV 大赛铜奖。

一路征尘一路歌。28 年载铁马金戈，9 年法官生涯，6 年政协寒暑，肖时照一直迈着稳健的步伐，在每一个岗位上尽职尽责做好工作，取得骄人的成绩。而他笔耕不断，佳作迭出，转岗不"转业"，妙笔写人生。他常说："人的物质生活固然重要，但精神生活更重要，这样才会活得充实，活得有意义。"肖时照歌词创作艺术人生是充实而辉煌的，在他不断的追求和不停的探索之下，我们相信，他的艺术之路将会越走越宽广，越走越亮堂。

作者简介

肖时照（武冈一中校友）

中国音乐著作权协会会员，广东省音乐家协会会员，珠海市音乐家协会名誉主席。先在部队服役，后转业地方工作。曾任珠海警备区政委兼珠海市委常委、珠海市中级人民法院院长、珠海市政协副主席等职。

业余时间爱好歌词创作，发表近百首作品。有多首作词歌曲在全国、省级单位获奖。

1995 年创作拍摄 MTV《打工谣》（周志勇曲），获中央电视台 MTV 大赛铜奖；

1996 年创作拍摄 MTV《再为军旗添风采》（宋继勇曲），获中央电视台"军神杯"大赛银奖；

1999 年创作《世纪钟声》（王佑贵曲）获第六届羊城音乐花会一等奖，并由著名歌唱家阎维文在 2000 年北京世纪坛元旦晚会上演唱；

2002 年创作《和睦家园》（刘钢曲），被评为广东省委宣传部、文化厅迎十六大征歌十首优秀歌曲之一；

2007 年创作《欢乐山寨》（李需民曲）获第六届中国音乐金钟奖优秀作品、广东省"五个一工程"奖、广东省鲁迅文艺奖。曾举办个人歌词作品专场音乐会。

难忘一中母校情

作者：林彰增

一

百年薪火相传，百年桃李芬芳。从同学微信群中看到"2022年，母校湖南省武冈市第一中学将迎来百年华诞"的好消息，我心中顿时升起一股股暖流。"夫天地者，万物之逆旅也；光阴者，百代之过客也。"斗转星移，光阴如流似箭，不知不觉，作为学子的我，已从母校毕业35年，已由刚进母校时懵懂无知的少年，变成早已知天命所归的工作了30多年的白发满头的平凡中学教师。

心理学认为，熟悉的人和事物常使人安全，而陌生的人和环境会让人恐惧。回忆让人熟悉和美好。回想颠簸不平的人生之路，一路走来，我的成长一点也离不开母校老师和同学的培育和帮助。

二

"数百年旧家无非积德，第一件好事还是读书"，这是清代一位文状元姚文田写的一副对联。这副联被曾参与戊戌变法后主持商务印书馆事务近60年的张元济先生毕生推崇和践行。读书离不开安静的好环境和恩师的引领启迪，而武冈一中就是理想的求学场所。我能够有幸在武冈一中度过中学的求学时光，要感谢我的小学老师刘定陆老师。他是什么课都教的全能型好老师。到了小学毕业前两个月左右，武冈一中的殷恒成老师代表一中来桂花小学招生，让我们报志愿。刘定陆老师认定一中是所很不错的学校，就鼓励我报考一中，尽管我成绩较好，但当时还是既高兴又有点担心考不上。毕业考试时，我们报考县中学的人，是在老师带领下，到20多里外的湾头桥红卫中学参加考试的。

记得1980年8月中旬的一个傍晚，砍完柴回到家的我，一边拿着蒲扇坐在自家堂屋门槛上乘凉，一边对正忙着切猪草的母亲说："娘，怎么还没有初中录取的消息呀？"母亲停了一下，看着我，直截了当地说："要不你明天自己去看看？"第二天清早，12岁的我，一个人带上防晒的斗笠，从桂花马头岭老家，经扶冲、北底江、新东等地方，一路不停走了40余里小路。到了下午，才走到城里武冈二机械厂我大姐家里。晚饭后，大姐带我到武冈一中打探消息。我这位贫穷农家的小男孩，第一次走进赫赫有名的县属中学。进了学校大门，只见林荫道两边绿荫如盖，校园干净整洁，教室宽敞明亮，大礼堂庄严肃穆，令我印象极好。打听到自己的录取通知书已由一位武冈师范的学生带回泉塘，我心里的石头终于落地，很是高兴。

三

昔日在云台岭一中求学，读初中我是在92班，到了高中先后在57班、60班，还在高61班复读了一年。因为家里穷，我只有一年在学校寄宿，其余时间是住在学校隔壁的二机械厂我大姐家里。

那时的一中，是个朝气蓬勃的地方。每日清晨，东方还只有微微光亮，起床的钟声就响起来。在悠扬动听的音乐的伴奏下，学校老师的长长的哨子声也响起来。许多时候，校长刘文明老师亲自吹哨，督阵学生的早操。早操后，我们快速走进教室早自习。语文和英语辅导老师会及时到教

室陪伴学生，特别是英语老师，很多时候要带读课文。学校有时早上停电，水没从井里抽上来，寄宿生只好拿着水桶（或脸盆）、毛巾等洗漱用具，到校外赧水河边的水井里去提水洗漱，早操也就做不成了。但大家都是自觉风风火火地赶时间，特别是怕早自习迟到挨批评。若是晚上停电，同学们就买蜡烛看书做作业，有时学校也给班上发蜡烛。

记忆中，读初中，从入学起到毕业，三年一直没重新分班，都是在92班。老师基本上是按课表上课的，所有的课程都按国家要求开设并授课。

当过我们的班主任的有四位老师：分别是曹凤仪（女生物老师）、刘建华（男数学老师）、杨运勇（男政治老师）、郭明光（男数学老师），四任班主任老师各有特色。

初一入校时，班主任曹老师如慈母般和蔼可亲地对待我们，那时我们还很无知，曹老师的温柔细语让我们感到很温暖；但不久曹老师就因生病而不能带我们了，并在第二学期病重仙逝。这么好的老师，平时看不出身体不好的，怎么说去就去了，想起来就感到痛惜。记忆中好像班上也没有给老师进献过花圈，学校也没安排我们行过礼。

刘建华老师热情奔放，虽是数学老师，班会周会课时还给我们猜诗谜、对联谜、成语谜，猜不中的有时要表演节目。我记得有一回他叫我们猜有关名人故事的对联谜语：宋代，有一次，朝廷来的一位巡视考官出上联"宝塔巍巍七层四面八方"刘老师把它在黑板上写出来，考官要苏轼的弟子对出下联来。苏轼的弟子答不出来，满脸通红，只能羞涩地张开手对巡考官摇摇。苏轼机智地对巡考官解释说，弟子的动作已给出了下联的答案。刘老师说看谁能体会出这意思，并用文字表述出来，结果同学们知识面不够，猜不出来。刘老师笑着停顿一会儿，再出示下联的答案："玉手摇摇五指三长两短"。刘老师后来考上研究生

读书去了，我至今没有再见到过他，只记得那时他是个年轻帅气的热情的老师。

杨运勇老师目光坚定而又亲切，教我们政治课，有时还把同学分批喊到他住的宿舍房里，要班干部和同学们自由发言，谈如何更好地搞好班级建设，如何让每个同学更加进步。后来杨老师当了校团委书记，再后来又改行从政了，在他来我工作的学校检查工作时见过。

郭明光老师带我们到初三毕业，他教学严谨，缓慢有度，管理班级宽严相济。那时郭老师的女儿还很小很小，我们毕业照相时，还抱在怀里。如今，郭老师虽年过70，但仍然是一枚帅哥。92班同学聚会时，他有时间就积极参加，师生举杯同欢，其乐融融。

我们读初中时，还有劳动课，课程内容是挖土挑土或是负责管理一块菜地，这都是班主任带我们进行的。还有秋游或春游，全校组织，班主任落实。记得游云山常常是在周日的清早，每人带两三个馒头或一两个包子，以班为单位排好队，从学校出发，一路步行去，老师关照着大家，谁也不掉队。每次都要爬到云山宝顶紫霄峰，再一路走回来的。

初中四任班主任对班上每个学生都平等对待，这对我们做学生的来说是一件荣幸之至的事。92班其他科任教师同样令人终生难忘。

语文老师中，林亲轼老师气势如虹，口若悬河；肖体刚老师语速适中，温文儒雅，粉笔字很有特色；曾凡炎老师声音较大，讲到动情处，则眉飞色舞，手舞足蹈；彭泽老师亲切可敬，认真热情，作文批语很有鼓励性，有时还在作文讲评时，拿班上写得好的同学的作文当范文，他要我们关注生活，有真情实感，不要言之无物，无病呻吟；林睦力老师，眯眼微笑，普通话与杨桂话夹杂，表演性强，还引导我们自办手抄小报。

数学老师中，戴开梅老师板书工整，逻辑清晰；许治陶老师讲授知识简明清晰，常结合生活解答数学问题；刘松柏老师语气平和，强调到位，难度适中。

我们的英语老师，像陈克丽、刘莹、刘菊秋等老师，都耐心细致，满脸带笑，传授知识，努力兼顾不同层次同学的需要。

我们的政治老师，蒋瑞梅老师善于提问，让学生通过自主思考来掌握知识要点；周民颁老师善于利用阅读诵读让学生把握知识；周乐庆老师善于口头表达和强调主干知识。

给我们上过课的物理老师，李刚老师风度翩翩，讲解精当，板书清晰漂亮；李竟雄老师快乐教学，简洁生动，自己笑容满面，使学生如沐春风。

化学老师中，刘映进老师认真扎实，讲解全面；周辉老师普通话流利，作业强调及时，解题讲述如数家珍。

我们的地理老师，殷恒成老师知识丰富，娓娓道来；周玉珍老师热心真诚，深入浅出；邓成根老师板书潇洒自如，讲解地理地貌风趣幽默；钱富清老师声音高亢，板书简明，记忆力惊人。

历史周孝坤老师和刘力平老师博闻强记，收放自如。生物许安臣老师在教知识的同时常讲社会生活。

我们的音体美老师兢兢业业、一丝不苟，同样令人难忘。音乐肖艳琼老师通过示范唱、弹唱、学生合唱等形式，教会我们民歌、红歌，甚至有时让我们追唱《四渡赤水》这样有难度的歌曲，教材要求的乐理知识也不放松。美术邓岳老师很敬业、很细致、很朴实。毛汉凡老师和许明华老师上体育课，示范动作很耐心，带着学生做准备动作时间长，同时，篮球、跳高、跳远、跳马、单杠等项目都让我们大胆尝试；下雨时体育课要我们在教室下棋度过。这些音体美老师敬业负责地授课，提高了我们的综合素质，增强了我们学生的想象力和意志力。

我们92班同学在班级同学群里一起回忆授课老师的名字，而我却时常想起母校每一位老师的容颜，这是为什么呢？一是师恩海深山高，我们同学要一辈子感恩初中老师的无私奉献；二是我自己要继续学习我的各科老师的优点长处，与时俱进当好高中老师的角色；三是我个人觉得，初中阶段是人生一个很关键的承上启下的时期。学生初中基础不牢，高中很难有竞争力。而为了全面提升初中学生的学习能力、培养学生良好的行为习惯，初中老师付出了很多很多。

由于老师的辛勤培育，加上自己也认真努力，我顺利考上了母校一中的高中。高中学习，同学们更关注知识的理解把握情况，同时有文理选科，要预考合格才可以参加高考，这让我们无形中感到巨大的压力。班级活动减少，再加上班级变化，我已不完全记得教过自己的各科所有恩师了。但是我的语文老师——董光忠老师、肖孝富老师、曾凡凤老师；数学老师——李慎江老师、唐启胜老师；英语老师——王克勤老师、张令千老师；政治老师——林少林老师；历史老师——邓光阳老师、刘力平老师；地理老师——钱富清老师；体育老师——许明华老师，这些老师的敬业精神和风范，至今想起，仍令我难以忘怀。

2021年第37个教师节，我想起母校和老师，情不自禁写下《感恩一中母校老师》这首小诗：

虽别恩师卅五年，昔时记忆尚依然。
尊容常伴精魂里，谆嘱仍存脑海边。
详解难题题已忘，但陈大义义长传。
虔祈贵体唯康泰，百岁期颐福寿延。

大恩难忘，谨以此诗衷心地感谢一中母校和老师的培养教育。

四

百年风雨的母校，从希贤精舍到许家大屋，再从许家大屋到云台岭上，从云台岭上到如今的恒丰东路，三易其址，也三易其名，实现了由县重点中学到市重点中学、再到省示范性学校、湖南师范大学附属实验中学的三大飞跃。百年沧桑

凝聚着多少人的心血汗水与奉献，演出过多少动人的故事与乐章，涌现过多少才俊栋梁？

母校百年，底蕴厚重。记得读书时，母校教学楼外面的墙壁上，写着端庄大气的圆框大字："团结、紧张、严肃、活泼"。当时的我不很理解，工作后我才明白，这是毛泽东同志为延安抗日军政大学题写的校训。当时学校用这八个字来教育学生，是在强调：要学会团结有集体主义思想；要有雷厉风行的工作和学习态度，今日事今日毕，高效率地完成任务；要学会一丝不苟、认真负责地做事做人；并且要心理健康，生活乐观向上，精神朝气蓬勃。总之，是要求每个学生做一个有团结意识的人，去创造更大的人生价值；做一个有紧张意识的人，惜时高效，能做好更多有意义的事；做一个严肃认真的人，争取少犯或不犯错误；做一个活泼有亲和力的人，能团结感染他人，去共同进步。

母校成为邵阳市重点中学以来，始终坚持"民主、科学、依法"的治校原则，以"培养真正的人"为办学理念，以"明理、砺志、笃学、践行"为校训，以"以人为本、特色立校，为学生的终身发展奠基"为办学宗旨，发扬"艰苦奋斗的创业精神、团结协作的奉献精神、求实创新的开拓精神"三种精神，形成了"团结进取、奋发向上、民主科学、锐意创新"的校风，"敬业爱生、教书育人、能导善诱、言传身教"的教风和"尊师守纪、勤学多思、寻疑问难、立志成才"的学风。

母校一中的不断发展，凝聚着一代代学校领导、老师和莘莘学子爱国敬业、团结创新、自强不息的艰苦奋斗，我以为，这就是令人敬慕和向往的武冈一中精神，这是母校不断发展的动力之源。武冈一中这所学校的地址搬迁了，教室与宿舍也改变了昔日的模样，但母校永远能留在学子的心中并占有神圣的地位，最深层的原因，就在于母校的核心精神永存。真的，武冈一中的学子们，只要一直拥有爱国敬业、团结创新、自强不息的

奋斗精神，无论是成为（或即将成为）参天大树，还是长成低矮的灌木，甚至是长成一棵小草，都是给母校增光添彩的人，都是对社会有用的人！

今天，恒丰东路的湖南省示范性高中武冈市第一中学，还有个响亮的名字——湖南师范大学附属实验中学。学校建筑焕然一新，大气磅礴，教学现代化设施齐全，师资力量雄厚，校园文化建设进一步完善，学校管理更加科学，学校正朝着更大更强的目标迈进。

面对百年母校，我心中无比激动，我想说：母校早已成为我人生成长的重要的精神故乡！热烈庆祝母校百年华诞！祝在校的学弟学妹们不断进步！衷心祝福母校老师身体健康，桃李满天下！衷心祝愿母校的明天更加辉煌灿烂！

作者简介

林彰增（1968 —　　）男，武冈一中初1983届、高1986届校友，高级教师，现为武冈二中教师。

武冈一中云台岭上的桂花

我的云台岭，我的桂花树

作者：陈云龙

今年的秋天，雨水比往年丰富，桂花也开得比往年早了。

前几天下楼去食堂，忽然闻到了幽幽花香，那种特别熟悉的香味让我稍许迟疑了，不禁驻足屏息。我展颜一笑：桂花开了。

是的，桂花开了，好熟悉的味道。

我喜欢桂花，源于我的母校，云台岭上那个叫桂园的所在。我的父亲，我们夫妻，以及孩子，都是在这里度过人生最重要的青春年华，一家三代人的母校，永远刻在心头的记忆，无法抹掉。桂园，那一排六棵伞盖硕大的金桂，是整个校园最靓丽的风景，是秋天的骄傲，更是母校的名片。

1991年，我来到一中学习，其时正读高二。因父亲转至这里工作，在此定居了近三十年。教学楼后的桂树，开在我心情最落寞的时候。因疾病的纠缠，身体每况愈下，我只能欣赏同伴在晚自习后悄悄踮起脚尖摘下一串一串的芬芳。第二天，教室里弥漫着幽香的时候，我们都猜到了昨晚浪漫的故事。于是，私下里多了些神秘的传说，多了些坊间的趣谈。

桂园处在致远楼与希贤楼之间，六棵古老的桂花树，一字排开，树干青苍，枝繁叶茂。那时的桂园都是土坪，没有修整过，树下也无围栏，很接地气。我的记忆里，这些树都是开花较迟的，在中秋之后几天或者

我的记忆里，这些树都是开花较迟的，在中秋之后几天或者半月才会闻到花香。可是，它们一旦花开，就肆无忌惮，浓墨重彩，且花期长，香味浓，远近飘香，煞是令人歆美。

半月才会闻到花香。可是，它们一旦花开，就肆无忌惮，浓墨重彩，且花期长，香味浓，远近飘香，煞是令人欢羡。未开花之前，它们让你饱受煎熬，让你苦苦等待，让你情不自禁捞起它的叶子看个究竟。在你等待得不耐烦的时候，一个夜晚，它们不约而同地惊爆出满园的花香：看吧，秋天，我来了，我毫无保留地绽放。

我的云台岭，我的桂花树。

我曾经写过《迟来的桂花》，就是关于母校云台岭上六棵大桂树的花事，我要叙录的是我对青春的留恋，是对母校的眷顾，也是对岁月过往的怀念。一晃三十年的时光，蜿蜒至今的是人世沧桑。今年搬迁之前，还在新春三月，大家都在关注桂园，谈论着有无必要把它们一同迁走。我们深知这六棵桂树的意义：兰桂齐芳，德艺双馨，那是非常美好的期许；还有1954年母校从许家大院迁徙至云台岭的历史，一切风云，人间疾患，物是人非，沧海桑田，它们都见证过。既然如此，就让它们永远保持该有的样子，默默观望着世道枯荣吧。

我在散文《树祭》里说过：树是世间最美的风景。这六棵绿荫如盖的桂树，它们永远长在学子的记忆里、生命里。树是有感情的、有灵魂的，我始终相信这一点。尽管，它不会说话，永远沉默，但是它会懂你，它用时间做注释展示给你。那棵最大的桂花树，枝干巨大，旁逸斜出，花开最多，花香最浓，是桂树之王。可是，今年的树王都没有换新叶了，没有了往年那样的生机。我们疑惑、猜测，它的根系最发达，采光最好，它没有理由不换叶不茂盛。我们为之伤感、叹息。有人说，时运不济，或许这就是兆头。

我蓦然想起《红楼梦》里的一个细节。第七十七回"俏丫鬟抱屈夭风流　美优伶斩情归水月中"，宝玉道："这阶下好好的一株海棠花，竟无故死了半边，我就知有异事，果然应在他身上。"接着晴雯就被赶出大观园，重病而死。宝玉是个重情之人，在他眼里，世间万物都有情有性。海棠之死，寓意晴雯之死，体现了万物的感应，凡事皆有因果。桂花树王，无故委顿，它是舍不得陪护它数十年的故人呢！云台岭上几十载，年年岁岁，朝朝暮暮，相伴，守望，而今一步三回头地离开了这个熟悉的地方，这个奋斗过、歌颂过、磨炼过、成长过，怨过、骂过、恨过，也深爱过的地方。百千种感情，翻江倒海般涌上心来。一

武冈一中云台岭校舍

幕幕披星戴月、展卷诵读，一幕幕激情飞扬、尽情书写的情景，远去了，又近了，清晰了，又模糊了。迷离了双眼的是无情的岁月，还有渐行渐远的背影。

我的青春，我的盛年，我的汗水与泪水，我的狂欢与失意，我的草率与执着，在这里交织成一张无形的网。一个声音告诉我：你老了，安心被网罗吧！我注定走不出这张网，这是自然，还是宿命？

人犹如此，树何以堪？

哎，我的云台岭啊，我的桂花树！

当我怀着恋恋不舍的深情离开你的时候，你是否还像以往一样默默注视着我，注视着像我一样的学子与故人呢？你守望这方热土快七十年了，我守望你的岁月一如既往地漫长。愿你重生，愿你茂盛，愿你在每个深秋芬芳满园！

作者简介

陈云龙，1993年毕业于武冈一中高85班，2001年选调进一中担任高中语文教学与班主任工作。邵阳市优秀教师，武冈市高考突出贡献奖获得者，武冈作协理事。长期在教学一线，担任过八年语文教研组长，教学之余潜心研读《红楼梦》，业余坚持文学创作，著有散文集《俗世烟火》与大量的教育时评。

我对一中的回忆

作者：戴碧云

　　我的中学生活已经结束了，从最后一堂考试的结束铃响起那刻开始。心中不是没有怀念，但确实难以用文字表达，所以这篇文章构思了很久才下笔，而此时我已经进入大学一个月了。

　　小升初选择一中的原因其实蛮简单的——离家近可以走路去学校，而且当时正好说一中会搬迁到新校区去。对新事物新环境的向往，让我没有犹豫多少就选择了这所我生活了六年且现已变成母校的学校。我至今都记得和姐姐第一次来一中的那天，进入信息办公室得知自己被录取，而且与那儿的老师有了交谈，从此对一中有了归属感。

　　初中时期现在想起来都觉得有点模糊了，但是那段时期认识的人都对我有很大影响。比如吉灵朝老师，她积极的人生态度至今都激励着我；比如沈凌丹老师，作为我三年的语文老师，她一直都很包容，哪怕我总是在上课时打断她，她也没有真正怪罪我；比如刘大勇老师，小小的身躯大大的能量，高中时期每次偶遇时的关心也很暖心；再比如初中的朋友们，他们陪我度过了那段"中二"的时期，让我的初中生活充满彩色的回忆。其实还有很多人都需要感谢，限于笔墨在此不提。

那时候他跟我的微信聊天有个截图，我也留到了现在，他的鼓励也对我的学习确实有很大促进作用，感谢赵老师。

中考结束，领取通知书，没有意外地进入一中，我也还是记得那天，去帮吉老师的忙，然后遇见了我高中三年的班主任赵云刚老师，他很高兴地告诉我，我是他班上的学生。那时只是觉得挺巧的，因为赵老师是初中隔壁班的老师，所以也算熟悉。后来相处了三年，也是发自内心地感谢这位在学习上、生活上都给我很多帮助的老师。

我到现在都对高二的日子刻骨铭心。那时候经历了四次稍大型的考试，次次考试排名下降，找不到学习方法和动力，对自己非常没有信心。那时候也和赵老师谈了很多次，他跟我说的话还让我记忆犹新，"也许现在成绩上的波动会让你难受，但是只要你不放弃，挺过去，以后回过头来看看，你也许会感谢这段日子，它会磨炼你的意志，让你变得更加强大"。事实确实如此，我挺过那

段日子之后心态变得很好，而正是良好的心态才让我的高三生活没有那么难过。那时候他跟我的微信聊天有个截图，我也留到了现在，他的鼓励也确实对我的学习有很大促进作用，感谢赵老师。

从某种意义上说，我觉得高三并不是最累的日子，那段日子跟其他日子好像没有什么不同，只不过是卷子多了些罢了，也有可能只是因为我以前把高三想得太可怕吧，真正到了高三发现没有那么"妖魔"，所以才觉得"就这"吧。而且我发现高三才是让友谊更加纯粹的日子。在那样的时候，你会知道能花上几分钟听你发发牢骚并且一起痛骂的人真的值得去珍惜。很高兴的是，我收获了这样的朋友，我们一起学习一起进步，一起监督彼此关心彼此，那些人我在毕业典礼上感谢过，所以也在此不提。祝他们都能有一个美好的前程啊！

六年的生活里有着很多很多的回忆，所以才觉得用文字完全写不出来，写不出一中的美丽，写不出我对一中的留恋，写不出我对那些人的感谢，也写不出我有多想回到那些瞬间……

我们的一中会越来越好，而我们这些从一中走出去的学子，无论是去到世界的哪个角落，都会记得在家乡有这样一个地方承载着我们满满的中学回忆。

作者简介

戴碧云，2015年考入武冈一中，2021年毕业，中学六年成绩优秀，2021年考入东北师范大学外国语学院英语系。

武冈一中云台岭的教室走廊

历尽千帆，归来仍是少年

——记在一中的青葱岁月

作者：无　为

　　我是一个感情专一的人，二十余年求学生涯，我只在村小、武冈一中与大学（本硕博就读于同一所高校）三所学校留下过足迹，而其中对我影响最深远的，非武冈一中莫属！1985年夏天，收到心中期望已久（邻家姐姐当年一中初中毕业考取西安一所中专）的一中录取通知书时，我没有感到意外，毕竟小升初，我的总分只扣了三分。

　　入学之前的体检，为我缓缓地拉开了一中生活的帷幕：两旁绿树成荫、铺着鹅卵石的宽阔大道；往前，一眼就能看到的那栋砖混结构的两层楼房以及大道下面那原生态的土操场；若放眼望去，在茂密的树丛中，还隐约能发现那错落有致、斑驳陆离的几栋青砖瓦房。体检的主要项目就安排在这栋二层楼房的一楼靠近小卖部的那间混凝土地面的教室里面。较之村小，一中校园于我而言就是一大观园，而我就是那个"刘姥姥"，因担心在校园迷路，我不敢到处走动。

　　那年9月，父亲一头挑着30斤大米、5斤菜籽油与5斤大豆，另一头挑着稻草席、被褥与床单，我提着一个铝制桶，背着黄绿色帆布书包，

　　"跑通学"，最大的一个尴尬就是吃中饭的时候，城里的学生拿着保温饭盒（或拿着盛着鱼肉的盒饭到食堂的锅炉房旁加热），在教室里谈笑风生，分享自己的美食。而自卑的我却因不好意思带猪油拌辣椒粉的饭到学校来，往往是默默地围着那片还未开垦完毕的操场后面的农田"散步"。

武冈一中图书馆

跟在父亲沉重而又欢快的脚步后面，走了5公里田埂路前往"圣地"，开启了人生新篇章。

初中的学习，我的成绩可谓是一波三折，用"高开低走—震荡—缓慢提升—加速拉升"来形容最为贴切。从未当过班干部的我，因小升初的高分被班主任老师未经选举就直接任命为学习委员。当同学们特别是女同学用学习委员称呼我的时候，我心里头着实是有点"醉"的。但这种"春风得意"，在第一学期期中考试之时，因"马蹄疾"而从"马背"上重重地摔了下来。政治考试，因同桌把我试卷拉过去抄，被监考老师当场"活捉"，我遭"连坐"。第二天，一张硕大的白纸黑字的警告处分张贴在女生楼右前方的告示栏，我感觉自己就是被公安局抓到的那个被押往校园向学生进行警示教育的盗窃犯！学习委员肯定是保不住了！但班主任却网开一面，可能觉得我还有药可救，本着"治病救人"的原则，保留了我的班干部身份，"贬"为劳动委员，之后又感觉我很快"改过自新"，敢于与"坏人坏事"作"斗争"，原则性强，又改任我为纪律委员，一直"履职"到初中毕业。

劳动委员的重要职责，就是要确保卫生流动红旗不能旁落。周四亦或周六的下午，全校大扫除，我们班级主要负责清扫男生宿舍下面那几栋教工宿舍的阴沟以及周边的残枝败叶，有时也打扫教学楼到食堂那条大道，厕所则是轮流清扫。清扫干净后，所有同学只有经过我这个劳动委员按照能拿流动红旗的标准检查合格后，方能离开。

虽然我们班学习成绩在四个班级中不算靠前，但得到的奖状却特多，以至于黑板周边贴满了奖状，经常挂着各种流动红旗。这些荣誉，主要是与劳动、文娱以及体操比赛有关的。从初二开始，每个班级的劳动又增加了一项新任务，那就是把高三教室围墙后面的那座土山铲平，以便作为操场使用。于是乎，每周的劳动课增加到两次，印象中一直持续到高二才完全结束。在我们这些"愚公"的不懈努力下，我们终于将1000米长跑的考试路线从原来的食堂到三中校门口往返改为围绕着中间还杂草丛生的新操场跑2圈半。

初一的第二学期，我不再住宿，宁愿每天往返10公里田埂地，原因是想着晚上在家里可多花些时间把功课赶上来。功夫不负有心人，在第一学期期末考试的时候，我看到了自己学习成绩的进步，从没有名次跃入班级前15名（当时班里的学生达到了85人）！"跑通学"最大的一个尴尬就是吃中饭的时候，城里的学生拿着保温饭盒（或拿着盛着鱼肉的盒饭到食堂的锅炉房旁加热），在教室谈笑风生，分享自己的美食。而自卑的我却因不好意思带猪油拌辣椒粉的饭到学校来，往往是默默地围着那片还未开垦完毕的操场后面的农田"散步"。估摸着他们吃完了，才回到教室。毕业30年后的同学聚会，城里的同学回忆说我那时很孤傲，不愿与他们"差生"相处，他们哪里知道，我是为了逃避这吃中饭的尴尬！其实，中午在农田间"游荡"的，何止是我！由于营养难以跟上，初一入校体检，我体重30公斤；高一入校体检，体重45公斤；大一入校体检，体重54公斤，呈现出典型的边际体重递减效应。

虽边际体重递减，但学习成绩却逐渐稳定下来，准确地说，是在5～9名之间小幅波动！为了能像邻家小姐姐那样考上中专或顺利升入高中，初三那年，我重新开启住校学习。特别是到了春季学期，班里的很多同学都铆足了劲，尤其是女生，下晚自习教室熄灯后，点上蜡烛，继续在教室学习到接近凌晨，早上更是早早起来，在路灯下面复习。跟随她们的节奏，我也加入了那个"熬灯油"的行列，甚至在蜡烛燃尽后回到寝室，打开手电筒，继续在被窝里面看书。周六的晚上，有时几个要好的同学更是复习到第二天早上教室外柑橘树上的第一声鸟鸣。自然，在临近中考之时，包括我在内的几位同学都戴上了人生第一副眼镜。一分耕耘，一分收获，我的学习成绩也终于突破瓶颈，跃升到班级第2名。但尽管如此，在学校组织的中专选拔性考试中，我还是败北，没有获得报考中专的资格，只能"遗憾"地报考一中的高中。

80年代在一中学习，条件确实是非常艰苦的。正如朱可成老师所言，"食堂的菜，以豆芽菜、霉豆腐渣、茄子、冬瓜为主""用的水是被造纸厂污染成红色的河水，澡堂与猪场为邻""男生寝室，空气不对流，阴暗、潮湿、骚臭"。若遇上停电，污染的水都用不上，碗筷没法洗刷，很多同学都是撕下不用的作业本来擦洗碗筷，冬天碗里的油污用纸根本不能去除，但还得继续使用。前不久，与一位云南的同龄同事说起初中时期的求学艰辛，她几乎不能相信，"你读的是农村中学吧！"在她的记忆中，滇西南城里的学校当时都不可能是这样！由于同学们都提河水到宿舍来洗脸、洗脚与洗碗，宿舍地面几乎常年是潮湿的。而由于床位紧张，部分同学只能在地上铺上稻草席打地铺。体质本就不强的我，没多久就患上了严重的关节炎，走路膝关节嘎嘎响，上洗手间根本没法蹲下，最怕的就是上体育课。关节炎虽然

在我大三那年将半月板摘除后改善了许多，但一遇到天气变化，就会酸痛，看来，它将伴我终生了！

那段青涩的岁月里，同学们最大的快乐莫过于班主任带队去云山春游或秋游了。我们的班主任更是别出心裁，带领大家在大雪还厚厚地裹着云山的时候去爬。步行20公里，再一个一个台阶往上爬，大家小心翼翼，相互搀扶，到达山顶，倒是一个也没漏下。上山容易下山难，很多同学下山之时，都是顺着台阶靠山这边溜下来的，下到山脚，大家早已衣衫褴褛，青春外泄！我想，班主任作为语文老师，当年承受着巨大风险带领大家在雪天去爬云山，大概是想让大家体验与领悟下"更喜岷山千里雪，三军过后尽开颜"的意境吧！

虽然高中也在一中继续学习，但条件已经有了较大改善。我想，正是在一中读初中的这一段青春岁月，造就了我的吃苦耐劳、不甘落后于人的意志，这种意志使得我在本科毕业六年后，能以前5的名次考取公费硕士研究生，继而攻读博士，成为211高校的一名教授！在母校即将迎来100周年之际，我回忆起那段苦中作乐的青葱岁月，虽落下了膝关节炎症，但也是它让我于闲暇之时忆起母校的点点滴滴与沉甸甸的师恩，更是它培养与造就了我的坚韧意志！

"青山遮不住，毕竟东流去。"回首历史，愿历尽千帆，归来仍是少年！一中，生日快乐！一中，永远在我的记忆深处！一中，我永远的爱！

1943 年至 1949 年县立初级中学在"希贤精舍"（纪录片拍摄模拟效果图）内，现为王城公园。

1949 年秋在县立中学

作者：段荣倜

1949 年秋，我小学毕业，报考武冈县立中学（武冈一中前身），以第三名的成绩被录取。亲戚们都说我"有出息"，而父亲恨铁不成钢，对我未取得头名感到失望。

那时，武冈县城初中很多，教学质量较好的，要数县立中学、鸿基中学和洞庭中学三所。县立中学是唯一的公立中学，父亲就为我选定报考这里，哥也在这里插班三年一期。

学校坐落在内城墙下，距老南门不远。为了我兄弟俩读书方便，父亲特地在学校对门刘家院子租房住下。

开学了，第一、二名没来，不知到哪里读书去了。"山中无老虎，猴子称大王"，我自然成了县立中学新生的"第一名"。

校长肖国汉做事有魄力，不畏权势，规定学生一律在校寄宿，任何人不得特殊。我班同学中，有国民党 97 军少将副军长郭文灿的儿子，有新四军军长尹立言的女儿，都无一例外地被要求在校寄宿。郭军长只好

我班同学，年龄、个子相差悬殊，有的同学牛高马大，十八九岁二十岁的大有人在（有人说，来躲壮丁的）。

派个勤务兵伺候儿子。我家与学校隔条不足 5 尺宽的小巷，也不准跑通学。

我们 16 班这次共招收 60 多人，是学校创办以来史无前例的特大班，没有教室可容纳，只得在大礼堂上课。

校内仅有女生寝室。男生寝室位于校外刘家院子侧后方，出校门拐弯走一段路，才能到达。晚上没有路灯，下雨天很不方便。我和哥睡双人床的上铺。我是第一次在学校寄宿。一天晚上，兄弟俩睡梦中连同被子从床上摔了下来，幸亏被子还是裹着的，两人安然无恙。

学校食堂设在内城墙上，是四面通风的木架子屋。

每天两顿饭，8 个人一桌。一个陶器钵子里，贴着钵底，几乎一成不变地摆几块咸得要命的油炸豆腐，是每餐的菜。一人夹两筷子即"光盘"了，只能靠豆腐的那点咸味下饭。刚吃完一小碗饭，尚未填满肚子各角落，只听得一声喊："没饭了！"眨眼间，饭差不多抢光了。我想再去打时，慢了一步。高年级学兄们早就把尚有饭的饭桶，搬到自己的饭桌下，站着 16 条腿巴子严密封锁。被称作"毛班生"的我辈新生，谁敢去冒犯！只有自认倒霉饿肚子。

这样饿了一些日子，终于饿出办法来了。我丢掉饭碗，鸟枪换炮，买了一只盛得升把米饭的大搪瓷把缸。开饭哨声一响，先打少许饭，飞快吞完，再去饭桶压紧盛满一大把缸。从此，任凭风浪起，再也饿不着肚子了。有时吃不完，也学同学样，花两个铜板，到校门外邓老板家的煤火上炒干，兜进裤袋里，时不时摸出来当零食吃。

学校有同学轮流"监米""监厨"制度。我"监"了一次"米"，守着工友用舂子舂谷，看着舂出来的米过秤，倒在米桶里，整整一天不能上课。高年级同学私下里说，"监厨"大有文章，有的品德不良的学生，伙同工友，买菜以少报多，贪污伙食费。

学生自治会改选，我万万没有想到，竟也作为班上代表之一参选。我班同学，年龄、个子相差悬殊，有的同学牛高马大，十八九岁二十岁的大有人在（有人说，来躲壮丁的）。我不过是班里的一个小不点，羞涩腼腆，见女同学都脸红，怎会要我当代表呢？也许是升学考试"第一名"的缘故吧。

15 班的张忠星，也是该班代表，扬言要竞选自治会的卫生干事。这下同学们急了。

张忠星何许人也？当地的大土匪头子张云卿之子。此时的张云卿，虽已摇身一变为国民党的"保安团"团长，但作恶多端，人们恨之入骨。

张忠星已经成年，面无血色，又高又瘦，像根豆芽菜。他威胁、收买了一帮子人马拉票。一些有正义感的代表，包括我，大家秘密串联，分析情况。张忠星势力太大，当上自治会干事是铁板钉钉的事，我们所能做的，是绝对不能让他当上卫生干事。因为卫生干事有实权，掌管价值不菲的常用药品，关系到同学的健康。

由于我们团结一致，选举结果出来，张忠星的美梦落了空。他恼羞成怒，放出狠话，要报复不选他当卫生干事的代表。解放军围城的那些日子，他腰挎驳壳枪，在城内大街小巷横冲直撞，我们这些人不敢上街。

1949 年 10 月 10 日，拂晓，嘹亮的冲锋号响彻云霄，解放军以猛虎下山之势，不到两个小时，一举歼灭了国民党 3 个团的守军，攻克了号称"城墙甲天下"的武冈城。武冈解放了！

学校很快复课，从校长到教师，原班人马。只是派来军代表谢翼兼副校长。

谢翼是随军进城的。那时情况复杂，他整天斜背短枪，表情严肃。

20 世纪 50 年代中期，我在隆回一所县属中学教书。一天，逛新华书店，见谢翼也在翻书，我仍像县中一样傻乎乎地叫他："谢校长，您好！"并自报家门，武冈县中 16 班的学生。他亲切地与我握手寒暄。后来有人告诉我，他任隆回县委书记好久了。我信息实在太闭塞了——此为后话。

人们以空前的热情载歌载舞，庆祝解放，歌颂共产党，歌颂毛主席。整个武冈城沸腾了，每天像过年一样锣鼓喧天，到处攒动着扭秧歌、打腰鼓以及看热闹的人群。

各个学校都成立了文艺宣传队，我校也不例外，每班挑选男女同学各两人参加。全校6个班共24人，我也有幸选上。

我班选上的另三位同学是：女同学周民思、欧阳素娥，男同学郭涤寰。周民思已是个大姑娘，同学们眼中的美女。我们其他三个年龄差不多，欧阳素娥个子最小，她是地理老师欧阳历山的女儿。

宣传队由音乐老师张炎带领。他教我们扭秧歌、唱革命歌曲，然后走街串巷演出。秧歌是解放军带来的新事物，张老师原来也不会，他虚心向解放军学，很快就掌握了，再来教我们。

我们白天常在皇城坪汇演，晚上，则上皇城坪戏台。《没有共产党就没有新中国》《解放区的天》《团结就是力量》等歌曲是每次必唱的。谁也不甘落后，你追我赶热火朝天，互相开玩笑，简师（简易师范）队说我们扭秧歌的姿势像"挑担子"，我们就笑他们像"扯麻糖"。

记得第一次在皇城坪戏台上演出，只见台下偌大的广场，黑黑压压地挤满了人，似乎千百双眼睛只盯着我一个人。心慌了，懵了，真的像时下人们常用的词语"脑子一片空白"，倒背如流的歌词竟然忘记了。好在是齐唱和二部三部轮唱，当一回南郭先生，观众也看不出来。

人们常说"胆子是吓大的"，一点不假。经过第一次登台，再不怯场了。后来我还成了校文艺骨干，演剧经常扮演主角。

每天不是演出就是排练，我们几乎成了专业的演员。只是演出归来，如果老师还在课堂，我们就赶快溜到座位上听点残课。级任老师为了不让我们影响同学听课，后来把我们4个人的课桌，集中搬到大礼堂后门边，晚上共一盏煤油灯自习。

学校领导对我们很关心。有时演出结束已是深夜，由张老师带到面馆，学校买单招待每人一碗面条。我是刘姥姥进大观园，第一次到面馆吃面，也是第一次认识了搁在面条上的那两根生菜名叫"芫荽"，是可以生吃的。我狼吞虎咽，风卷残云，不一会，就把一大碗面条吃完了。那是我吃过的最美味可口的面条。

尽管耽误了不少课，期末考试我还是以各科平均96.6分的高分，保持了全班第一名。

哥参军了，才15岁。他是校篮球队员，长得高大。从部队来信的信封上赫然印着："第一野战军/西北军区（两个名称并列）司令部政治部枢纽部"。好神气！我为哥骄傲！只恨自己晚生一步，个子太矮，不能像他一样扛枪卫国。哥转业后告诉我，他只是一名基层军官，他们的顶头上司，是部队二把手、政治部主任习仲勋。

我在县中只读了这一个学期。班上的同学，至今能说出姓名的，除了同在宣传队的3位外，只有尹立言之女尹东苹了。她也是班上的大女生，年龄比我大得多，我们从来没有相互打过招呼。能记住她的名字，有点戏剧性和尴尬。

那是开学后不久，英文课第一次小考，考试内容是，按顺序分别用大、小写默写26个字母。阅卷结束，周清坤老师课堂上宣布："全班只有尹东苹、段荣偶两位同学得满分100分。"当时，就有同学背对老师朝我坏笑扮鬼脸，课后恶作剧对我高声大喊："段荣偶！尹东苹！""段荣偶！尹东苹！"还编歌谣把我俩扯在一起，闹了好几天，羞得我满脸通红要哭了。

前些日子，有校友微信聊天时说，前武冈二中校长朱阳民，也是县中16班的。可我全无印象，怎么也回忆不起这位同班同学来。连武冈教育界的大名人都记不得，实在太不应该了，I'm very sorry！

县中度过的时光虽然短暂，但给少年的我，烙下了深深的印记，不能忘怀。

作者简介

段荣倜：1949 年考入武冈县立中学（武冈一中前身），就读于初 16 班，在校期间积极参加文艺活动且文化成绩优异。1955 年参加教育工作，曾先后任教于隆回县、山西省沁县一中、武冈一中，1997 年退休。工作期间，先后在专业刊物发表《教科书上不宜用俗字》（1994 年）、《文言文阅读》（1996 年）、《要理直气壮抓背诵》（1997 年）等文章。

田间地头的知青宣传队

我们那一届

作者：刘新华

我们那一届，
与"文革"同步生，
书念得最浅，
"命"革得最深。

我们那一届，
和祖国共命运，
毕业下乡去，
再当小学生。

我们那一届，
让人生打了盹，
交足了学费，
尝尽了苦辛……

这首打油诗，是我在母校百年校庆前仓促拼凑的。诗中的"我们那一届"，就是所谓"老三届"中的68届。一晃五十多年过去，往事仍如电影一般，帧帧在目。此文记载的几件事，就当是摘取记忆中的几粒涩果，献给百岁母校以做微礼吧。

苦　读

我是被有"顶呱呱"之誉的红星小学保送入读武冈一中的。虽然也参加了考试，但凭着两年全校少先队大队长的资历和全班多年排名第一的成绩，真也就轻轻松松地跨进了一中的大门。

那是1965年秋天，正是"文化大革命"前夜，学校照常上课，故我们的初一还是扎实"读"过来的。

我们那届初中分为66、67、68三个班，每班50人左右，我分在初67班（后来不知何故改成初57班）。班主任楚如茂老师，任课老师鲁之洛、彭泽、张运华、陈斯平、丁光、欧阳祖柏等，都是极好的老师，不光课讲得好，待学生也很和气、很真诚，一年里没见骂过罚过我们。特别是鲁之洛老师一直很欣赏我的作文，后继任的彭泽老师也不断鼓励我，甚至将我的一篇作文拿到高一作文课朗读。我后来无论是材料和新闻的撰写或是文学创作，都能拿得起放得下，与这两位老师的指教是分不开的。一年之师，受益终身，没齿难忘啊！

印象颇深的还有教数学的张运华老师。她讲课轻言细语不厌其烦，让人如沐春风，又生得面白如雪，腮泛桃红，令全班女学生羡慕不已。后听说她是患有肝病，每天要吃甜酒冲鸡蛋来疗养，是一种病态美。我们在不胜唏嘘之余，又暗暗为她担心。几十年来没见她的音讯，不知后来是否安好？

我们读书确是用了功的。一中离城区四五里地，既没公汽也没单车，幸年轻脚快半来小时就可到达。可为了多点时间读书，我们城里的十数个学生先是搭餐，即交米到学校，食堂帮我们蒸中饭，自己带菜来吃。后来索性也和农村同学一道搞起了全寄宿。天亮晨操，接着晨读。春夏季节我最喜欢去的地方是校门左边下方的小池塘，一条小土路斜斜而下，路边开有零星的小花，塘里有碧绿的荷叶和翠绿的浮萍，间或有青蛙扑通入水，或见蜻蜓怯立莲头。秋天则常去教室门前的桂花树下，闻着花香念诵课文，感觉那记忆力是出奇的好。冬天则绕操场一边跑步一边背念，全然忘了遍地寒霜或满枝瑞雪。三扒两咽吃了早饭，就立即赶到教室看书，上课时间更是两眼只见黑板字，双耳全是老师声，极少有看杂书写字条玩游戏的。已到情窦初开年龄的男女同学也未见谁春心萌动，后听说有几位互生爱恋已是初三快毕业了，而且奇怪的是女生都是城里人，男生都是农村的，虽然最终一对没成，但当年还真让我们一众城里男生羡慕嫉妒恨了好久。晚饭后稍事活动，篮球场和水泥球桌难以占位，大多男生就打板球过瘾，女生则以跳绳为乐，一时满场板球飘飞彩绳频晃，笑声板声一直伴着晚霞徐徐隐入夜空。夜色降，室灯亮，灯下自习人满堂，不到十点是不回寝室上床的。

我的语文、史地、数学基础较好，学起来不觉吃亏；可英语就吃力了，认不全，读不准，拼不对，费了老大劲仍是不上不下中不溜秋。二年级停课后就再没摸过英语书，现在除了26个字母，其他已全部退给陈斯平老师，真有点愧对她老人家了。物理化学我也觉得有点难，幸好刚领到课本，只上了几节课就停课闹革命了，一直到毕业也没再用上它。那年月不分文理科，但我认定自己只是一个文科生的料。

初中虽只读了一年，我却有过一次"出名"的经历。那是一年二期时，学校搞了一次普通话朗诵比赛。我这还得感谢红星小学的朱金兰老师，她有很扎实的普通话功底，又很看重我这个不傻的学生，特意在作文和普通话上给我开了不少小灶。那次参加比赛我只想拿个名次，却没想到竟获得了初中部第一名，得了一支新钢笔，我高兴了好多天！

逃 学

按常理，我这样的学生应该是老老实实书呆子一个，循规蹈矩不敢逾校规半步的。可令人大跌眼镜的是，我不光带头坏了学校的规矩，当了一次逃兵头，还被校长当场生擒！

事发于一年二期的端午节。那时"文革"已然兴起，社会开始动荡。为了保证学校的正常秩序，校领导层做出决定，前门严守，后门落锁，不到放学时间不让一个学生出去。怕门卫人单力薄或开人情门，又从高中部抽调数十人每天轮流值守，就差没配备棍棒了。

端午前几天，我听到一个确切消息，今年将在南门外河里搞龙舟比赛，有十几条船参加。那个年代武冈的室外大型群众娱乐活动极少，除了春节耍龙灯，就只有端午划龙船了，还不见得年年都搞。端午节就已经几年没划龙船了，机会难得！我把消息告诉班上几位城里同学，他们一听也动心了，只担心门守得严出不去。我便和Q、W二同学前去探路。先到后门，赫然见一大铁将军锁门，又爬上墙探头看，发现墙是砌在高坎上，外墙离地足有一丈来高，搞不好就会摔伤人。后门走不通，又来到前门。果见大门或站或立十数人，还戴着"执勤"袖套，见陌生学生来了，一个个眼睛瞪得溜圆，别说是个人，一只老鼠都溜不出去。我多了个心眼，故意高声说声"我们沿墙散步去"，并朝二人眨了眨眼，便带头往左边墙走去。走不多远，墙就拐了个弯，刚好是门卫观察的死角。探头一看，墙外是菜地，地面比内墙略高，真是天助我也。

龙舟赛是下午两点开始。我们五六个城里男生中饭后就悄悄来到墙弯边。我是第一个爬上墙的。正准备往下跳，却被大门外一回校老师发现，

大喝一声"有人爬墙！"门内众人一听，打开大门，兵分两路沿墙包抄过来。我一看大事不妙，急忙回身往下溜，却被几个高大的学长捉了个正着。其余几个作鸟兽散开，一个都没追上。

我被押到大门口。乖乖，张副校长亲自候着，严厉批评了我一通，要我打了保证再不翻墙逃学，然后吩咐两个高我半个头的学长把我押回教室。

教室里，全班鸦雀无声，几十双眼睛把我送到靠窗的座位。班主任楚老师盯着我半天没开腔。我不知哪根神经错乱，竟然一把将窗户推开，大说一声"打开天窗说亮话"，然后一副临死不屈的模样！楚老师气坏了，当着全班同学批评了我不下十分钟。更要命的是，当晚就去我家做了家访。这可是我读书八年来老师第一次家访，害得从没骂过我的病重父亲狠狠打了我一巴掌！

这是我此生唯一挨的一巴掌，连同唯一的这次逃学，被我永远刻在了记忆中。

毕 业

按常规，我们这届初中生应在 1968 年夏末毕业。可时至初秋，仍未得到毕业的半点消息。忽然一天，却接到了回校复课闹革命的紧急通知。

还是原来的教室座位，还是原来的课程课本，可原来的老师却有许多不见了，课堂里的气氛也变了。老师照本宣科，学生心不在焉地听，极少作业也不提考试，这课实在是复得轻松。只是师生们的心却怎么也轻松不起来。这课要复多久？又能复多久？好久毕业？毕业后又怎么办？一连串的问题，老师无法答校长答无法。最为焦虑的是城里学生，毕业何处去成了悬在他们头上的一盆冰水！

但有一件事却是十分明确，那就是交当期学费，学校宣布，不交清学费不发毕业证。好像是每人 5 元钱，在学校的明令催促下，大多数的学生都交了，只有少数没交清。我就是那少数之一，记得当时只交了一半，欠下的 2 元 5 角钱拿毕业

证时交。这不是我小气或耍诈，实在是家里太困难，一时凑不出。结果不久就宣布城里学生下乡当农民了，学校不再催收，我也没有再交，毕业证也真就没有发给我，于是，我可能就成了全校那一届唯一一个没领到毕业证的学生。

转眼到了12月22日，《人民日报》在头版头条发表了一条重大新闻：甘肃会宁掀起城市人员下乡高潮——我们也有两只手，不在城市里吃闲饭！右上角的语录栏里则用粗体字印着毛主席的最新指示："知识青年到农村去，接受贫下中农的再教育，很有必要。要说服城里的其他人，把自己初中、高中、大学毕业的子女，送到乡下去。各地农村的同志应当欢迎他们去。"第二天，我们就看到了报纸，感到十分突然，却又莫名激动，更多的是茫然无措，复课的心绪更乱了。

几天后，学校召我们开会，宣布68届高、初中生立即毕业，去向有三：一是初中部每班推选一名学生直接升高中；二是农村学生全部回原籍；三是其余城镇学生统一上山下乡接受贫下中农再教育。

经过"文化大革命"洗礼的我们，对毛主席的最高指示当然是"热烈拥护、积极响应"，谁也不敢说二话。按照学校的要求，我们城镇学生写了决心书，交出了户口本和居民粮油供应证。那时办事效率也真高，全县那么多毕业生的户口迁移、粮油转供手续，那么多生产队的接收程序和各种准备，短短几天就办好了，手板大小的上山下乡通知书也送到了我们手中。后来得知，我们3个初中班确实只留了3个城里学生升高中，而且都是女生，既没要我们推荐，也没经过考试，自然是老师或校领导"钦定"了。高中部更是一个没留，全部下乡。

因为筹备下乡大事，学校的毕业典礼就简单走了下过场，各毕业班的合影也是匆匆忙忙，没哪个班照全，我们班只去了一半多。回首初中三年半，好生读书仅一年，停课两载闹革命，复课数月草收场。龙头起来蛇尾煞，徒留遗憾此生间。

下 乡

1969年1月10日，皇城坪里红旗挥舞，人山人海，锣鼓喧天，歌声震耳。武冈城里一中、二中68届的初高中毕业生全部在这里集合，统一

那一届的知青在田间劳动

乘车上山下乡。坪里停着 4 辆大货车，车身披红挂彩，车旁站满了知青和知青的家长及亲朋好友，更多的是前来送行的县城各单位的干部群众。我们每人背着一床被一张席，提着装有脸盆和几件衣物的网兜，在亲友的嘱托和欢送的口号、鞭炮声中，爬上货车出东门而去。

这是武冈一中第一批上山下乡的知青，共有男女 40 多人，除 5 人高中毕业外，其余都是初中生。学校派楚如茂老师带队，负责接洽和联络。下乡地点是离城 80 里之遥的武冈、新宁、邵阳三县交界的秦桥公社，我们分散在黄沙、秦桥、新民、长塘、同威 5 个大队 20 多个小队插队落户，从此过上了接受农民再教育，饥寒苦累修地球的农村生活。

当时的农村不光物质生活穷困，文化生活更加贫乏。下乡知青的到来，除了给生产队增添了青壮劳力，也为乡村的文化生活注入了活力。我去的黄沙大队这次就安排了 22 名知青，其中不仅有 2 名能写会唱的高中文艺骨干，还有好几名长相、喉嗓、演艺都不差的初中文艺人才。刚到队里第三天，大队就成立了以下乡知青为主的毛泽东思想文艺宣传队，排演的第一台戏就是大型歌剧《白毛女》，剧中的杨白劳、大春、白毛女等主角全由知青饰演。仅两个多月，这台戏就在公社门前的山坡上公演了，来自本队和邻近几个大队的看戏者黑压压一片，少说也有 2000 多人。一炮打响后，这支宣传队不仅演出了歌剧《白毛女》《张思德之歌》、京剧《沙家浜》等大型剧目，还自编自演了好几十个戏曲节目，成为全县著名的农村文艺宣传队，且一直坚持了 10 年，直到 1979 年最后一批知青返城才解散。

经过乡村的洗礼，我们这批知青也迅速成长

起来，先后 4 人担任党政和企业单位主要领导干部，5 人成为中高级技术人才，4 人在中小学执掌教鞭，其余也多为企事业单位骨干。我也算一个幸运儿：下乡 2 年入团，3 年入党，4 年任党支部副书记，同年被推荐读清华大学（因扎根农村把指标让给了别人），5 年当选县贫协副主席，6 年担任公社党委副书记兼大队党支书，7 年任县知青工作领导小组副组长，8 年当选省党代会代表，返城后又相继任职县市广电局、文化局局长、宣传部副部长。

同届农村同学无一例外全部回到家乡，之后多与土地相伴终生，只有少部分通过参军招干招教离开了农村。据不完全了解，他们中官至处级以上的少之又少，职称高级以上的也只有十余人，大多数同学在青山绿水间辛勤劳动默默奉献。

女同学张慧春则是我们这届最为可惜的：她与我同班九年半，下乡也分在一个生产队，个儿中等，苗条漂亮，有一副金嗓子，在《白毛女》中扮演喜儿，劳动也很积极，颇受大家欢迎。春天插秧时，不小心被磁片割伤了脚板，也没好好消毒包扎，只把伤脚放在木盆里坚持出工扯秧（却不料由此埋下祸根）。她的行动感动了贫下中农，下乡 8 个月后第一次招工就被推荐去了。进城搞了体检后她觉得不舒服，才去医院看病，说是感冒，服了几片药后愈发严重，又换医生看，竟被告知是钩端螺旋体作恶，因潜藏太久已无法挽救。2 天后果然去世，一条年仅 17 的鲜嫩生命就这样无情夭折……

抚今追昔，我们那一届有过激情也有过失望，曾经奋斗也曾经彷徨，踏平坎坷成大道，历尽风霜结疏果，不羡高官和大贾，仰天长唱无愧歌。

唉，我们那一届！

作者简介

　　刘新华，武冈一中初 57 班学生，1968 年 12 月初中毕业即上山下乡在秦桥公社当知青。农村 10 年间，谢绝清华招生和数次招干，多次出席省先代会并获奖，先后当选大队党支部副书记、公社党委副书记、县贫协副主席、团地委常委、第四届省党代会代表。回城后，历任武冈县（市）文化局长、广电局局长、宣传部副部长。退休后任武冈市作协主席。

　　工作期间，在省级以上报刊、电视台发表新闻稿件 300 余篇，其中《人民日报》头版、《经济日报》《农民日报》《湖南日报》头版头条 8 篇，创作小说、散文、戏曲作品 150 余件，曾获中国小说学会奖，出版文史专著《武冈简史》《武冈话与武冈丝弦》《武冈山歌》、作品集《仕途闲草》等 4 部。

云台印记
——写在武冈一中建校一百周年之际

作者：钟海荣

　　武冈市第一中学，我们就读时全称湖南省武冈县第一中学，因其坐落在武冈城东的云台岭上，我们都习惯于称呼她为云台一中。以前每次回武冈都要去云台岭校园里转转，看看我那敬爱的老师和回到学校里当老师的同学，重温曾经在这里当学生的那些美好时光。

　　近几年，虽然随着武冈机场的通航，交通变得更方便，但来去匆匆，我竟然有很长时间没去过云台岭校园了，最近才知道云台一中已经成了武冈十中的新校区。

　　云台一中逐渐消失在岁月的长河中，但她留在我记忆深处中的印象却依然是那么清晰。

　　校园里那些硕大的桂花树，开花时那浓郁的馨香一生都会飘荡在梦里。茂盛的香樟树，宽大叶子的梧桐树，还有青青的橘子园，让校园的四季充满生机。那古色古香的青砖楼是我们的教学楼，铺着踩上去就会发出"咚咚咚"声音的独特的木楼板。二楼中间悬吊着的古朴的铁钟，总是在老师上课前的敲击中发出清脆悠远的声音。二楼的西头还有一个摆满了各式各样书籍的图书馆，那里面总是飘着一抹淡淡的油墨味。二

这里有开饭前调皮学生急不可耐敲打碗筷发出的"叮当"声，也有狼吞虎咽后仍只能六七分饱的意犹未尽。那木栅栏做的后门旁是低矮整洁的校医室，里面飘着淡淡的消毒药水味和永远留着小胡子的王校医爽朗的笑声。

楼东边的那间是当年我招飞成功后学校用于照顾我食宿的寝室。

学校里的大礼堂古朴、宽敞，同时还兼作全校的食堂，里面弥漫着诱人的饭菜味。这里有开饭前调皮学生急不可耐敲打碗筷发出的"叮当"声，也有狼吞虎咽后仍只能六七分饱的意犹未尽。那木栅栏做的后门旁是低矮整洁的校医室，里面飘着淡淡的消毒药水味和永远留着小胡子的王校医爽朗的笑声。后门外面是上体育课跑步的土操场，中午时间和同学们在操场边聊天、嬉戏的画面，一闭上眼睛就仿佛还在昨天。

在操场上，一眼就能看到围墙外绿油油的稻田、垒满了鸟窝的柳树和被梧桐树等树木环绕的池塘。池塘旁边的老房子是我外婆的娘家。少年时的我总喜欢猜想：和蔼可亲的外婆年轻时是否踮着小脚到一中校园里转过，感受过这里浓厚的文化气息？因为从小外婆就告诉我们读书是很苦的事情，一直鼓励我们姐弟要用心读书，不管多难都要坚持。

还有那砖头砌成的朴实的学校大门，门外通往城里的高低不平的石子路，路旁经常机器轰鸣的汽配厂和二机械厂。沿着学校围墙外旁边的土路就能走到奔流不息的赧水边，水面上不时传来铜鹅的欢叫声……所有的这些场景，都深深地留在了我的脑海中，成为生命中永恒的记忆。

在云台一中，最最难忘的是辛勤的老师们，让我从懵懂少年开始明白人生道理，树立志向，扬帆远航。

去年一次偶然的机会我在武冈碰到以前的语文老师姜子华老师，他已经退休了，也没有再住在一中学校里面。好几年未见，当我叫他时他居然一眼就把我认出来了。只是以前身材高大的姜老师也像我们父辈一样慢慢变老了。我们站在一起，他显得有点瘦削，但仍精神矍铄。他以前讲课声音洪亮，口若悬河，妙语连珠，对我们要求也非常严厉。毕业后好多同学都和我说很怕他，

我说我怎么只有亲切没有怕的感觉呢。有一次我们爬了云山回来写作文，他耐心地给我们讲写作文如何抒情，他说抒情可不只是"啊！云山！啊！云山，我来了！"之类的无病呻吟。他那绘声绘色的语言，手舞足蹈的动作，把大家逗得哈哈大笑。

我们的数学老师是马昌辉老师，同时还兼班主任。他刚从学校毕业不久，喜欢运动，尤其是课余时间常常穿着一双我们几乎没有见过的那种红色足球袜踢足球，显得阳光十足帅气十足。马老师其实很温和，也非常有耐心。高三需要做大量的习题，马老师基本上每天都要跟那种最古老的油印机打交道：先刻好蜡纸，再拿着带滚子的刷子在机上操作，刷一次印一张，每天都要印上百张。课间我遇到解决不了的难题去找他，他往往就在油印机旁忙乎。由于油墨难以洗掉，以致有时候他拿粉笔的手都是黑的。听说他后来去了广州。九六年我毕业后也分到广州，可惜因刚毕业飞行训练繁忙，还经常要去外地基地训练，直到我调动去了北京也没有联系上他。

政治张居华老师也是大学刚毕业的小伙子。别看他年纪轻轻，在教学上也是个厉害角色。课堂上他旁征博引，深入浅出，是我们的师长；课间他经常和我们同学谈天说地，是我们的兄弟。高考成绩出来，记得我们全班同学那一年的政治分数竟然没有一个低于90分（满分100分）的。拍班级毕业照时他非要挤到我旁边，说是必须要和飞行员在一起照个相留个纪念。他这种对学生的委婉的祝福让我一辈子也忘不了。

还有陪同我们去参加招飞体检的周乐庆老师、王克勤老师、王校医……他们一直帮助我、鞭策我努力前行。我幼年丧母，是老师们的教诲托举着我，让我在人生最美好的时光，从一中出发，告别故土，开始踏上人生真正的旅程。

高中毕业那年的八月，我初次离开武冈，从长沙乘火车去长春飞行学院报到。站在岳麓书院门口，看到"惟楚有才，于斯为盛"的对联，我

深深震撼于湘楚文化的厚重！漫步橘子洲头，面对眼前的滔滔江水，我仿佛感受到了伟人当年的风采。一路向北，在奔驰的绿皮列车上，透过窗户我看到了好多只有在书本上才知道的大城市。在北京转车时我还特意跑到天安门，目睹了天安门的雄伟壮阔。列车出了山海关，长春近在眼前，向西回望，我的故乡武冈和母校一中，还有故乡的亲人，已经离我越来越远了，但是我知道，无论走得有多远，那里都是我梦想开始的地方。

大学毕业后，我驾驶战机飞过长江，飞过黄河，飞过茫茫草原，飞过荒漠、戈壁、雪山。我飞过波涛汹涌的南海，也飞过风光旖旎的大兴安岭……我飞行的航迹遍布全国，到过太多陌生而又熟悉的地方。并且，我也和俄罗斯、法国等外国的飞行员切磋过交流过，还曾远赴美国，与当地的飞行员共同学习、生活与交流，领略了异域的风情和文化。

在不断飞越的过程中，我真正体会到祖国的地大物博，真正感受到中华文明的悠久灿烂，也真正明白：所有的伟大都来自于渺小，所有的平凡都孕育着非凡。云台一中是渺小的，小到在我布满航迹的飞行地图上绝对找不到她；云台一中也是平凡的，默默无闻耕耘于天地之间。然而，在渺小和平凡之中，云台一中却为一届届学子托起了明天的太阳。

云台一中是我人生的起点。这里的老师就像赧水，润物无声，滋养着山间村野的无数学子；就像云台岭，启智开悟，安顿着莘莘学子青春的灵魂。我永远都是从这里起飞的一只雏鹰。

十年树木，百年树人。武冈一中，百年沧桑，芳华正茂。感念之余，谨作词以记之：

蝶恋花·云台

桂影云台开课钟。
毓秀书香，赧水丰雍雍。
少小童蒙寒苦功。
一朝扬志飞蛟龙。

长路坎离兼雨风。
无尽师恩，道法欣然崇。
天下久怀兰草翁。
德谦存范香梧桐。

作者简介

　　钟海荣，武冈一中高84班学生，1992年考入空军长春飞行学院，曾任陆军航空兵某部飞行副大队长，因支援地方建设到国家电网公司国网通用航空有限公司工作，教员级机长。安全飞行8000余小时。

武冈一中（云台岭）学生军训

百年一中　百年芳华

作者：袁玉艳

　　百年风雨百年耕耘，铸就了武冈市第一中学不懈追求的进取精神；百年变迁百年拼搏，成就了一中开拓创新的矫健英姿；百年育桃李，芬芳满天下。蓦然回首，往事如在昨天，让我感慨万千。

　　1962 年，我怀揣梦想来到一中。老师们和蔼可亲的笑容，语重心长的教导，让我很快就把这里当成了自己的第二个家。

　　初一时教我们历史的是高高瘦瘦的陈老师。第一次进教室，他穿一件淡青色湖绉绸长衫，这着装本来应当给人飘然之感，可是人太肥衣太短，很不协调。坐在后排的王锦学同学冒冒失失地大声说："一定是借别人的。"全班同学都痴痴地偷笑。陈老师却置若罔闻，拿起粉笔在黑板上写了"陈明昆"，大声说："我叫陈明昆"。然后开始讲"山顶洞人"这一课。下课后同学们就给他起了个"山顶洞人"的外号。刚刚湖南师范学院历史系毕业的他，满腔热情，每一堂课都像一个精彩的故事，同学们都渐渐喜欢上了他，喜欢上历史课。

　　肖孝富老师教语文的水平在武冈首屈一指。每次上课，他像电影演员一样，肢体语言十分丰富。他教《孔乙己》一课，先在黑板上勾勒出

在母校学习生活六年里，同学之间常常结成"一帮一对红"，向雷锋学习蔚然成风，尊师爱友是必修课。在校外，我们遇见老师，必须行鞠躬礼，老师同样还礼。

孔乙己的形象和"咸亨酒店"。讲到孔乙己教孩子们识字、分茴香豆时，肖老师扮演孔乙己，叫几个同学到讲台前一边分豆，一边讲解。一个同学要求多分点，肖老师像孔乙己一样，慌忙用盘子罩住，说："多乎哉，不多也。"同学们个个仰头大笑。那情境至今我记忆犹新。

张运华老师的代数课讲得津津有味；刘德琪老师的几何课上得妙趣横生；欧阳祖柏老师上地理课时徒手在黑板上画中国地图，让人赞叹不已；外语教师唐庆祥天天与我们在一起，他教导我们要立足本国，放眼世界。

如今回想起当初教过我们的老师，我深感幸福。那时同学们学而不厌，积极上进，也算是没有辜负老师们的一番心血。

一中让我终生难忘的不仅仅是老师，还有那时的社团课。每周的社团课，学校挑选优秀的高中生和本班的高材生授课。记得有一堂社团课，本班优秀高材生李茂华同学给我们讲课，题目是"必须具备敏锐的观察力"。他在讲台上放了三个瓶子，一个装煤油，一个装麻油，一个装醋。

教我们注意他做的一切，他煞有介事地把三瓶液体都倒入一个杯子成了混合物，然后举起一根指头浸入杯中，接着将指头放到嘴里舔舐，露出了喜悦的笑容。他要求我们都上台照他的样子做，大家却一脸苦相，都说太难吃了。李茂华同学这才摇摇头，说："我舔舐的手指并非浸入的那根。"大家恍然大悟。李茂华同学总结说："所谓敏锐就是抓住那根手指！"由于有敏锐的洞察力，他后来在工作中颇有建树。我参加工作后，总时不时想起当时的情景，他说过的这句话，深深地融入我的教研中。

我忘不了那时的晚自习。每个晚自习的课间，我和再吾箭般冲到门口，拉着秋芳一起冲下楼来到教室门前的小操场，那是我们的乐园。那时，桂花的清香早已弥漫九月的校园。我们嬉笑追逐，银铃般的笑声带着桂花的清香弥漫在深邃的夜空。

时时想起温柔的王红玉说起班上调皮的男生捉弄老师时哽咽的声音和泛红的眼圈；常常忆起晚自习时狡黠活泼的我在谢瑞蓉背后喊一声"老师来了"，然后就是谢瑞蓉面红耳赤地责怪我，

我则做无辜状大呼"蓉华救我"，咯咯的笑声划破了整个校园的安静。

在母校学习生活的六年里，同学之间常常结成"一帮一对红"，向雷锋学习蔚然成风，尊师爱友是必修课。在校外，我们遇见老师，必须行鞠躬礼，老师同样还礼。从教室到大礼堂中间有一条风雨长廊，长廊两侧有同学们的优秀作文。那是我和邓再吾同学天天光顾的地方，我们从中吸取精华，丰富自己。

多年之后，我们相约回到母校时，面对熟悉又陌生的校园，不由得深深感叹！我们的一中，您是培育人才的摇篮，是传承精神的旗帜，记录着荣光、梦想，孕育着希望。您给了我们知识、品格和信念，这是我们终身受益的精神财富。您培养出一代又一代为国立功的学子，指引着我们撰写了自己人生中最闪亮的篇章。

感谢您，我梦魂牵绕的母校；我爱您，我魂牵梦绕的母校。我们因为有您而骄傲。百年之际，您的青春正好，芳华依旧，我们衷心祝愿母校的明天更美好！

作者简介

袁玉艳，1962年到1968年就读于武冈一中初59班、高15班。1969年2月参加教育工作，曾在高桥中学、红卫中学、都梁中学、财茂高中、武冈二中任教。1981年考上邵阳师专英语专业，1984年邵阳师专毕业后，在武冈市教科所任中学外语教研员，直到2005年退休。曾任湖南省邵阳市中学外语教育学会理事，武冈市外语教学会理事长，参与编写了初中英语学习指导丛书，多次担任了邵阳市高三毕业会考和初中升高中英语科命题工作。

武冈一中（云台岭）学生机房

仰望星空的土地

作者：杨中鹏

我在武冈一中学习的时间实际上有四年。我的初中学校是武冈三中，那时三中因为办学规模较大，教室少而班级多，所以三中的初三年级是在一中的青砖楼上课。武冈一中的青砖楼拥有悠久的历史，据说出了不少人才，武冈一中的历届高三大多放在青砖楼。从武冈三中搬入一中青砖楼读初三开始，我与武冈一中便正式结缘，尔后，便开启了在此四年的学习生活。

武冈一中老校区环境优美，进入校园，高大而有历史的樟树林便映入眼帘，校园内干净卫生，给人一种安静舒适又清新的感觉。相对老三中校区而言，一中的校园宽了许多。初三过得很快，初中毕业考试以后，我的升学考试成绩可以读一中的奥赛班，也可以读二中的重点班。思虑良久，最后我选择了武冈一中。尽管在武冈老百姓的心目中，一中比二中似乎要稍微逊色那么一点点，每年武冈一中的录取分数线比二中也要少三十分左右，但我坚信，三年后的我绝不会输给去二中读书的初中同学。再说，一中离家近，符合我高中想跑通学的心理，并且，经过初三一年的学习，我也早已习惯了一中的生活。

常紧，所有学生每天都像打仗一样。　每天的时间都非

班上很多同学都感到有学习压力。

高中生活开始以后，高一文理不分科，我被编入了奥赛班。说实话，高一的学习压力是很大的。不仅仅是我，班上很多同学都感到有学习压力。每天的时间都非常紧，所有学生每天都像打仗一样。这样紧张的学习生活不断地督促着我。我的数学成绩原本称不上优秀，高一拼了一年数学，每天都做数学题目，为高二、高三学习打下坚实的基础。高二进入文科班以后，效果就出来了，我很快成为班上的数学尖子。

时间过得很快，高一很快就要结束了，也到了文理分科的时候。文理分科，这是一次十分郑重的选择，我记得当时学校还专门放了几天假，要我们回家与父母认真商量。面对文理分科，我的内心相当纠结，因为我的文科和理科成绩都行。我从小就喜欢历史和文学，高一的学习也进一步坚定了当教师的理想，从这个角度来讲，选文科甚佳。但是，学理科今后的工作岗位更多，发展空间更大，经济收入前景也会更好，且理科在高考中更容易取得高分，高考各批次录取分数线比文科都要低。在兴趣、理想与现实的较量中，我最终选择了文科，坚持自己的理想。

高二文理分科以后，我进入了文科实验班。此时，我感觉到学习压力少了许多，毕竟全年级的大多数牛人都学理科去了。学文科要考高分是不容易的，文综选择题很多答案往往难以辨别，问答题答得再好，总要扣点分。高二、高三的时候，班上很多同学开始纠结今后学什么专业。相对于他们，我从容了许多，在文理分科前，我已做好从教的计划。接近高考那一周，我情绪比较紧张，高考发挥失常，没有考上自己理想的师范大学，后来我选择省内的一所本科师范院校就读。

高中三年，最大的收获便是得到一批优秀老师的教导，遇到一群优秀的同学，同时，一中也培养了我坚韧不拔的意志。

八年过去了，曾经教过我书，或给予我生活上和学习上帮助和鼓励的老师，我依旧记得他们

雪中的武冈一中云台亭

的名字。王志逸、许育群、毛政勇、黄绍峰、欧群芳、马龙梅、伍先彪、戴甲群、姜嘉欣、黄荣新、阳泽军、马瑜荣、唐景权、王勇等老师，他们当年上课的情景依然历历在目。高中结识的那些同学，确实很有作为，他们奔赴祖国的大江南北，或从政，或从医，或从教，或从事科研工作，高一同班同学沈月还成了影视明星，青少年的偶像。虽然当年那些选择理科的同学走向社会后确实比文科生发展得好许多，但我依然没有为自己当年的选择后悔。

感谢一中培养了我坚韧不拔的意志。高中生

劲十足，面对学习上的困难，我也从未有过退缩。教室、寝室以及操场，都留有我和同学们看书学习的美好回忆。我坚持读书的习惯就是在那时养成的。一直到现在，虽工作繁忙，但一天下来不读点自己喜欢的文学或历史书，我便觉得心中空荡荡的。每遇读书上的困难想懈怠，便会忆起当年读书之精神，便会继续奋起。身边常有人言，"你是上班的人，怎么还和学生一样总是读书？"我也总是以微笑作答。

毕业已经八年，可那些人，那些事，却常常清晰地展现在我的眼前。我曾在一中这片土地上仰望星空，一中师友的鼓励将指引着我继续前进。

雪中的武冈一中（云台岭）教工宿舍

活，是累的、苦的、有压力的，但学校良好的学习风气，以及老师的鼓励，让我在学习上始终干

作者简介

杨中鹏，湖南武冈人，中共党员。武冈一中高289班、298班学生，2013年高中毕业。大学毕业以后，怀着对家乡深厚的感情，毅然放弃大城市工作的机会，选择回武冈工作。现任武冈市稠树塘镇九年制学校语文教师，湖南省作家协会教师作家分会会员，邵阳市作家协会会员，武冈市作家协会会员。教学之余，热爱读书和写作，专心研读历史和《红楼梦》，作品发表于《当代教育》《教育周报》《武冈文艺》等刊物。

征服世界之巅的登山运动员

通往世界之巅的道路

作者：朱虹飞

难忘的大院生活

父亲是武冈一中的一名教师，从 1984 年开始，我们一家四口就住在武冈一中，一住就是 10 年。我在武冈一中读了一年半的初中，1992 年 9 月入学，被分在初 139 班，1994 年 1 月就随父母迁往广州。

武冈一中对于我来说，其实就是家。由于在一中读书的时间短暂，因而一中在我的印象中最深的并不是求学生涯，而是我在武冈一中 10 年的大院生活。

那时，教职员工们住的都是平房，一排平房八九套，邻里间都是同事，关系融洽，互相照顾。整个武冈一中像个大院子，而每排平房又自成"小社会"。

教师的子女们从小就吃着百家饭长大，哪家做了好吃的，孩子们便端着碗，紧缩鼻子循着香味找过去，大人便深深地舀一勺倒在我们的碗里。谁家第一个买了黑白电视机，我们便都跑去他家看《西游记》。后来有教师发明了在屏幕上贴彩条的"技术"，黑白电视机升级成了"彩色电视机"，那就更不得了了，害得我们一群孩子每夜蹲守。

武冈一中校园里种了很多核桃树，树体高大，是遮阴的好去处。每年到了 9 月，大人们用长长的竹竿敲下青色的核桃，我们小孩子就在树底下，来回奔跑捡起核桃统一装入竹筐。

小伙伴们一起玩耍，共同成长，大人们也将关爱和包容分给了各家的孩子。记得有一次，我爸怀疑我私藏武侠小说——武侠小说在我家是禁书。我赶紧跑出门，机警地将小说递给另一个小伙伴，像谍战片一样，隐秘而迅速。老爸追了出来，遍搜我身。这一切都被邻居老师看在眼里，我望着他，他也望着我，一时无语。邻居老师最终并没有出卖我们。老爸一无所获，悻悻而去。

武冈一中校园里种了很多核桃树，树体高大，是遮阴的好去处。每年到了9月，大人们用长长的竹竿敲下青色的核桃，我们小孩子就在树底下，来回奔跑捡起核桃统一装入竹筐。刚离枝的核桃果皮厚，不易开壳，得存放一段时间，待果皮霉烂后，轻轻一搓，果皮就掉了，露出硬壳，钉锤一砸，就可以掏出脆脆的果仁塞入嘴中。

那时还没有煤气，家家户户煮水做饭烧的是煤球，这是一种煤末加水和黄土充分混合后制成的小圆球。每隔一段时间，煤球烧完了，便要做新煤球。煤球都是自己动手做，忙不过来的时候，邻居老师们便帮着一起做，一伙人一起劳动倒也其乐融融。

湖南人喜欢吃腊肉。入冬后，天气清冷干爽，正是熏腊肉的好时节。架子上挂满了新买的五花猪肉，底下是树枝和锯末燃烧后尚冒着轻烟的火炭和热灰。猪肉熏烤之后会滴油，油滴到树枝上有时会"拉出"长长的火焰，不但会烧着腊肉，还可能烧着其他物件。因此在熏腊肉的季节里，邻居们都非常小心，路过熏腊肉的小烤房，大家都要低头看看，发现不对就赶紧帮忙扑灭火苗。

大院生活的许多细节已泯灭在记忆的长河里，但那种会心一笑的感觉，总让人暖心。

大雪满操场

大雪。

窗外的世界一夜全白。

在武冈一中，只要一入冬，我每天早晨醒来顾不上穿衣服，第一件事便是着急地推窗而望，趴在窗户上看外面是否下雪。

整个冬天，我都在等待雪的到来。

下雪是我一年中最隆重的节日，从小我就对冰雪世界特别着迷。

1994年春天，我离开家乡，离开居住了10年的武冈一中，随父母迁往广州。

广州地处珠江的入海口，海拔极低，只有十来米，几乎相当于海平面。这个城市气候炎热，一年当中几乎有一半的时间处于夏天的状态。往往是好不容易入了秋，还没过几天就直接进了冬天。当然，冬天也冷不到哪去，别说下雪，就连打霜也不常见。

但我脑海里一直留有一个画面：

冬天。

两个小男孩提着小火箱去上学，大的在前，小的在后。

他们在新东乡中心小学读书，上学路上要穿过武冈一中的运动场。运动场很大，全被白雪覆盖，分不清路，也分不清大地与天空。

纵目远眺，茫茫苍苍，天地间全是雪。

小男孩戴着毛线帽，大口呼着热气，脸蛋冻得红扑扑，眼睛却亮闪闪的，里边全是兴奋。

他是如此喜欢这场雪。

当时我还太小，不知道这分痴迷在将来意味着什么。

最意想不到之处

作为教师子女，阅读有近水楼台之便。

但我从小就迷上了武侠小说，厚厚的一本，五六百页，没几天就看完了。字还认不全，就已经深深迷上了里边的各种侠义情长，梦想着自己像英雄一样仗剑走天涯。看书的时候我专找那种封面已经翻烂的，翻得越烂，表明传阅越广。

80年代，武侠小说在学校是禁书，在我家尤其如此。老爸喜欢"没收"学生的各种武侠小说。

"没收"之后是不敢拿回家里的，只要在家里，藏得多隐秘也会被我们哥俩翻到，那就只能藏在办公室。

禁书自然不容易得到。

但老虎也有打盹的时候。终于有一天，老爸办公室的钥匙落在了家里，我哥俩以迅雷不及掩耳之势配了一把。我哥俩找个没人的空当，偷偷溜进老爸的办公室去。把所有柜子和抽屉都找遍了，不见踪影。倒了大霉，全是教科书。配钥匙花的几毛钱，那可是我们看电影时积下的零花钱。

不可能！太不可思议了，居然没有没收到武侠小说！

打死我们都不信。

我们开始搜寻绝无可能之处。掀开墙上挂的年历，看看后边是否有暗门；敲敲墙壁，听听有没有夹层。这些方法都是在武侠小说里学到的。

还是一无所获。

不可能，打死都不信。

现在的小学生人手一部手机，我们那个时候，人手一部小说，男生的是武侠，女生的是言情，井水不犯河水，却又殊途同归。

学生的"反侦察"能力在艰苦环境中也是与日渐增，一网撒下去，大鱼未必捞得到，但虾虾蟹蟹肯定少不了。

我们的目光停留在门边天花板的一个夹层上。不可能在那个地方吧。以老师们的身高也远远够不着，而我哥俩必须在书桌上架两张凳子，才可能爬得上去。而且，从我们这个角度看过去，脏兮兮的，确实不像藏有东西。可是，整间办公室也就剩下这个小空间没有搜寻了。

一不做二不休。我在下面扶着桌椅，哥哥爬了上去。只听见哥哥一声惊呼，我心里一喜。夹层很小，刚好够我哥俩趴在里边。

一本、两本、三本……

金庸、古龙、梁羽生、李凉……

我和哥哥口水流了一地。

抑制住无法压抑的兴奋，我俩数了数，居然有8本之多。8，真是一个吉祥的数字。

哥俩猫在夹层里，东翻翻西翻翻，一个小时过去了，结果都没定下来要从哪一本开始看。

《阿里巴巴与四十大盗》里，阿里巴巴的表哥进了宝藏库，也是东捡捡西翻翻，结果一样都没捡着。

不能再待下去了，再晚可能会有人过来。书也不能带走，随时都可能被老师们发现。最后，我们依依不舍地离开了"犯罪现场"。

直到今天，我都对老爸佩服得不行，他也一定听说过那句话——最危险的地方就是最安全的地方。

过了一小段时间，我悄悄地拿着钥匙，再一次偷偷溜进了老师们的办公室。我在夹层一趴就是两个小时。椅子是用绳子吊下去的，怕有老师进来看到，败露了行踪。那个时候，我就学会了最简单的一种绳结，不知道这与后来爱上登山有没有联系。

足足花了几个月，我才把夹层里的禁书全部看完。后来，再次溜进夹层，却发现里面的书全部不见了——期末考试结束，"没收"的书都还给学生们了。

平凡人的伟大梦想

离开武冈后，我虽然再没见过下雪，但对雪的怀念与日俱增，压在心底的英雄情愫也不曾淡忘。一个偶然的机会，事情发生了改变。

2007年我和朋友一起徒步云南梅里雪山，那是我有生以来第一次徒步，也是第一次亲眼见到雪山。当我站在雪山脚下，看着天空下梅里12座雪山连绵不绝的壮美景观，激动得泪水盈眶。在那个时候，我就下了决心，一定要登上世界最高峰——珠穆朗玛峰，去世界之巅看看这个星球的样子。

很多人误会我是运动健将，其实恰恰相反，

我不但没有登山天赋，甚至连平常的运动能力也比身边的人弱。学生时代体育考试经常不及格，连1千米都跑不完。在梅里两天的徒步，我差点没坚持下来，多亏同伴拉着我走，我才能顺利赶回客栈，而不至于留在原始森林里风餐露宿。

为了实现这个平凡人的伟大梦想，我在繁忙的工作之余开始跑步锻炼身体，从5公里到10公里，循序渐进；坚持远程徒步，每年起码攀登一座雪山；学习攀登技术，积累经验，以此适应攀登过程中身体所承受的高山上各种气候环境的影响，增强身体在高海拔攀登的耐力。

一晃11年过去了，不知不觉间我攀登了13座雪山，也顺利完成了两次全程马拉松。年复一年、日复一日的高强度训练，让我的体魄变得越来越强健。我终于做好了所有的准备，于是报名参加了2018年珠峰攀登活动，计划从北坡攀登珠峰。

但是事情的发展还是出乎我的意料。在适应训练中我的状态非常好，所有项目完成得游刃有余，但是上了海拔6400米的魔鬼营地之后，我的身体状况急剧下降。

海拔6400米这个地方全是岩石和冰雪，寸草不生。我们的藏族向导出生的地方都超过海拔4000米，他们天生就是登山家。但他们到了这里，也有将近1/3的人，会有强烈的高原反应。我们普通人就更加生不如死了，真的是地狱般的体验，连作为人最基本的吃、住、行，都成了很大的负担。

说到吃，有一个成语最贴切：味同嚼蜡。这个高度沸点很低，厨师做的饭菜变了味道。而且我们本身也有高原反应，胃口很差，吃什么都像嚼塑料一样，特别难吃。但理性又逼着自己必须往肚子里填东西，不吃没能量，没能量，攀登的时候只会更加痛苦。后来，在冲顶之前，厨师给我们做了一顿牛扒。奇怪，居然特别好吃，可能牛扒本来就不需要全熟。当时我们几个大老爷们眼泪噼里啪啦就掉下来了，像小孩子一样，一边吃牛扒，一边流眼泪。

我们在魔鬼营地住了十几天，每天晚上顶多就只能睡着半个小时左右。连续十几天失眠，非常痛苦。从我们每个人睡觉的小帐篷到吃饭的大帐篷，大概25米的距离，几乎没有坡度。但这段距离，我空手行走，都需要在中间休息两次，人已经虚弱到这个地步了。

我在这里还有更可怕的经历。有一次要去训练，快要出发的时候，连体羽绒服穿好了，安全带也系好了，我突然发现自己大便失禁，身体已经完全失控，完全崩溃了。也许只有得了绝症，才会感受到这种身体失控的恐惧。

我仿佛被珠峰地区的极限环境挤成了一个包子，五脏六腑出现各种毛病——失眠、头晕、心悸、肢体水肿、无食欲、呼吸困难，苦不堪言。这几乎是我人生最为艰难的一段历程。但我心里头并没有想过要放弃，这是我努力了11年的梦，最后的关头再苦也要坚持下去。

经过41天的艰苦卓绝的攀登，2018年5月16日7时10分，我终于成功登顶珠穆朗玛峰，站在了海拔8848.86米的世界最高峰。

在峰顶展开国旗的时候，一股强烈的国家自豪感油然而生。冲顶的时候，我们身上背的东西都是保命的必需品，比如氧气瓶、手套、头灯等，没有多余的东西，甚至连带几颗糖，都经过了苛刻的计算。虽然没有力气多带东西，但我们都事先准备了国旗。

正是因为国家强大了，经济发展了，老百姓兜里有钱了，民间登山运动才能够蓬勃发展，我们才有机会登上珠峰。在这个重大时刻，个人与国家、时代是血肉相连的。

登珠峰对我来说，就是一个平凡人的伟大梦想。人的寿命很短，能够折腾的也就几十年，所以，我想，总得做几件让自己记一辈子的事。有些人说我们是在玩命，恰恰相反，我们比别人更加珍惜生命。正因为我们太热爱生命了，所以更不愿意虚度光阴。

除了攀登珠峰，我也一直坚持写作。2009年以徒步中国第一徒步路线——墨脱为主要内容的单篇热帖《一生旅行，天堂地狱且行且远》发表在天涯论坛，点击率超过120万人次。2014年第一本畅销书《如果我活着回来，就接受现在的人生》正式出版，半年后，作品的电影版权被电影公司签下。2016年至2019年间，我参加全国第八批援藏工作队，驻守西藏林芝3年。其间，被全国援藏总队从全国两千多名援藏干部人才中挑选出来，独立写作全国援藏纪实文学。2019年，第二本畅销书《寻路西藏5万里》出版上市。

有些地方不去不行，有些事情非做不可。孩提时对雪的眷念和对武侠小说的痴迷以及武冈一中的生活经历对我影响至深，但不管是攀登珠峰还是写书，也许更多的是人生成长中水到渠成的结果。攀登珠峰是一场探险，人生何尝又不是呢？从珠峰下来，并不意味着探索的终结，而是意味着对人生和生命意义的探索正在路上。

2009年，我回了一趟老家。武冈，与祖国同步，正发生着日新月异的变化，武冈一中的平房早已拆除，被崭新的建筑取代，许多儿时记忆失去了场景支撑。

时代在向前发展，所有当下都会成为过去，但每一个过去都是为了启发更好的未来。

祝福母校！

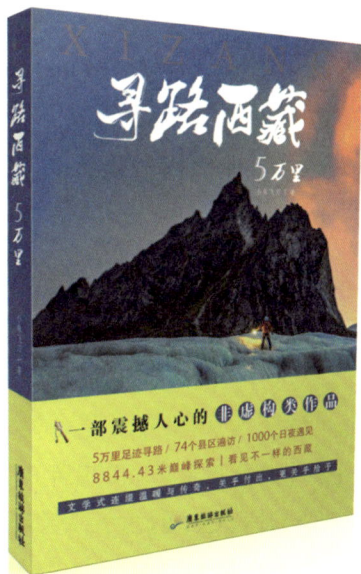

作者简介

朱虹飞，男，生于1979年底，1984年至1994年在武冈一中校内居住生活，1992年至1994年在武冈一中初139班就读，现任广东省人才服务局二级调研员。

作家，笔名小朱飞刀，代表作《如果我活着回来，就接受现在的人生》《寻路西藏5万里》。

国家健将级登山运动员，曾登顶珠穆朗玛峰，单人骑行川藏线，遍访西藏74县区。

援藏干部，于2016年至2019年驻守西藏林芝参加援藏工作，成功创办了西藏林芝第一所技工学校——林芝市技工学校。

武冈一中（云台岭）科教楼前的孔子塑像

三代上一中　两辈居新府

作者：萧致强

　　在母校一中频繁的搬迁中，以 1955 年和 2020 年的两次最干净，最彻底，声势最浩大——每次都把一片普通的校舍变成全新的学府。

　　20 世纪 50 年代，武冈一中是全县唯一的公办中学，每期只收 5 元学费，只有私立中学的三分之一。那时母校还只开设初中。1955 年，我从武师附小毕业，凭着学校低廉的学费和自己对新学府的美好向往，我大胆地填报了一中，并有幸被录取，分配在第 37 班就读。

　　母校的新校址在云台岭。拓平后的校园一片黄色，没有树木荆棘，连一根野草都难找到，俨然是一个小小的"黄土高原"。"高原"上立着四栋一底两楼的房子，都是一色的青砖青瓦。西边的两栋呈一字排开，是母校的教学楼；东边的两座像个标准的等号，那是我们寄宿同学的寝室。此外，还有一座浅黄色的大平房，那是我们的食堂兼礼堂。这就是我们日夜梦想的新学府。现在想来它有些单调，但在那时的武冈，已是一片

　　那时学校操场在教学楼最西边（今书香苑），操场背后有一片三四亩面积的熟荒地，学校就选择这块荒地作为苗圃基地，复垦成畦，播种育苗，灌木、乔木分班培育。

图为雪景中的武冈一中（云台岭）走廊

相当亮丽的建筑群了。

从此，我在这全新的学府里生活、学习、锻炼，真正像八九点钟的太阳一样健康成长。二年级的时候，承蒙学校栽培，我有幸担任学生会主席。在学校欢送大哥大姐的毕业典礼上，我坦然步上主席台，代表小弟小妹们致欢送词。我说："敬爱的老师，亲爱的同学，今天我代表全校肄业的同学，向即将离开母校奔向新的生活的大哥大姐们……"话未说完，台下便一片唏嘘。我不知道哪里出了毛病，仍一口气坚持说完。典礼结束，走出礼堂时，有好事者特意走到我面前，装着彬彬有礼的模样跟我打招呼"肆主席好"，我猛然醒悟，自己刚才把"肄"读成了"肆"，顿时满脸绯红……但我没有气馁，我抛开别人的嘲笑和议论，继续刻苦钻研，埋头苦学，因而期期成绩

优异，初中六个学期我评了六次奖学金，可谓"六连冠"，奖金就是到期末退回本期的学费。我家住农村，那时我家除了母亲，兄弟仨都在读书。哥哥上大学，弟弟上小学，我在母校寄宿读中学，既聋且瞎的残疾人母亲是家里唯一的"劳动力"，谈不上任何经济来源，生活实在艰难。当时母校寄宿生每月伙食费为6元，这个"伍元"几乎可以供我无忧无虑地生活一个月，比五个英镑还值钱（那时人民币对英镑的比值是16∶1）。正是凭借这五个宝贵的"英镑"，我在母校顺利毕业，并以甲等成绩考入武冈二中。

有感于母校的培养之恩，后来我把一双儿女也送进了母校一中。儿子的入校成绩还高居"榜眼"。他的这个成绩，即使是报考当时的武冈二中，也必在"三甲"之列。二中的一位领导跟我同乡，他一获得这个信息，就怂恿我将儿子的志愿改成"二中"，并保证录取。但是我不为所动，照样把儿子送进一中。这时的母校，虽不如我进校时"崭新"，但规模已扩大了好几倍。母校的雨露滋养了我的女儿和儿子，他们先后考上华中科技大学。

紧跟改革开放的脚步，母校也在昂首阔步，奋勇向前。2003年，母校晋级为省示范性高中。几年前，在中共武冈市委、市政府的主持下，母校又戴上了"湖南师大附中"的华冠。乘此东风，母校继续扩大规模，更新校容，并在塘富冲开辟了新的福地。两年时间，教学楼、科技馆、艺术楼、学生宿舍、办公大楼……一座座，一幢幢，崭新亮丽地耸立在塘富冲大地——一座全新的大学城般的学府，就在南山寨脚下、资江岸边浴火重生。

我的侄孙萧梦然生逢良辰。他5岁入庠，11岁小学毕业，要报考上一级学校的时候，侄儿问我，宜报何校。我毫不犹豫，脱口而出："武冈一中！"侄儿早就知道，一中师资力量雄厚，教学质量好；二中依托黄埔军校，名气大。他正在为"一"和"二"左右为难。我知道他犹豫什么，于是果断拍板。就这样，我的侄孙也紧跟他叔祖和姑姑、叔叔的

脚步，跨进了一个又是全新的学府——这时已称师大附中的武冈一中。

侄孙子现在母校初 1907 班读书。他品质端，行为正，勤于学习，刻苦钻研，天资深处蕴藏巨大的发展潜力。他家经济困难，无钱参加校外"培训"，但成绩照样优秀。按他的年龄计算，高中毕业他才 16 岁，入大学时还是少年。

如今母校已跟二中、云台形成鼎足之势。只要敢打泥滚出黑汗，潜心厉兵秣马，没准再过几年，母校就可以率先打破鼎足格局，超越二中、云台，跃马扬鞭，昂首向前，领跑武冈教育。

前人云，江山代有才人出，各领风骚数百年。悠悠母校，百年华诞，正赶上出人才、领风骚的大好时机。在母校"寿庆"到来之际，恭祝母校百尺竿头——更上一层，在新的百花园里，勠力同心，再铸新的辉煌。

附录：

绿的回忆

作者：萧致强

云台岭是坐落在资江西岸的一片高台地，荆棘稀少，茅草不长，一片荒芜。在母校武冈一中"落户"此地以后，它被削去台尖，成了个小小的"黄土高原"。"高原"四周没有屏障，晴天尘埃扑鼻，雨天泥泞载道，我们的生活环境极其严峻。

为了改变这种局面，1955 年暑假母校在此"落户"以后，领导把教学安排妥当后就发动师生，责任到班，改造荒漠，绿化校园。校长胡鳌松亲自挂帅，全面规划；生物老师林亲弟担任技术指导，播种育苗；还有一名工友具体管理，联系沟通。那时学校操场在教学楼的最西边（现书香苑），操场背后有一片三四亩面积的熟荒地，学校就选择这块荒地作为苗圃基地，复垦成畦，播种育苗，

武冈一中（云台岭）校舍

灌木、乔木分班培育。我们 37 班分得 4 畦，专播蜡树种，培育蜡树苗。春播不久，蜡树苗破土而出，我们瞧见苗圃基地给黄色的校园带来了第一片新绿，喜悦之情自不待说，同学们对苗圃的管理更加热情积极。我当时任班主席（现在称"班长"了）尤其不敢懈怠，每天学习之余，都要去蜡树苗园圃上瞧瞧。生长在贫瘠黄土上的幼苗，肥分不足，营养不良，像饥饿的幼雏嗷嗷待哺。那时，不兴化肥，唯一的肥料就是大粪。大粪有限，没有发酵也不顾，校园里时常发生"争粪"笑话。

20 世纪 50 年代中期，江南流行大肚子病，死亡率很高，钩端螺旋体病菌的传播途径之一就是生大粪。有一次，我们头天给蜡树苗泼了大粪，第二天雨过天晴，因为无知，我就去苗圃除草。到了晚上双手就痒得难受，整夜没法入睡。第二天起来，发现两个手掌手背肿成了豆腐。我急忙去求校医，医生告诉我，手掌发肿，说明病菌已经侵入人体，有发大肚子病的危险。我当时悲伤得双眼噙泪。事后，学校立即把我送往县人民医院诊治。由于治疗及时，病菌没有侵入膏肓，我有幸躲过一劫。由于全校师生的细心培护，苗圃基地上无论乔木苗，还是灌木苗，都风吹月长，蓬勃直上。到了金秋，蜡树苗盈盈尺余，便可以移栽了。

母校校园从最西边的第一栋教学楼到大礼堂，要穿越"黄土高原"的腹地。礼堂兼着食堂，下

面还有澡堂。一日三餐，晨夕沐浴，都要经过高原腹地，它是学校的"交通大动脉"。但是它晴天扬尘沙，雨天载泥泞，师生往返，实在不便。为了改造这根大动脉，学校开学前就筑了一条鹅卵石路，开学后又给它修起了长廊，"大动脉"有所改观，不过仍然只能遮阳挡雨，没法奈何风沙冰雪。为了彻底改造好"大动脉"，为了让全新的校园尽早披上绿装，学校又及时号召全体师生绿化新校园，美化新生活，还作了具体分工，确定了育什么苗，栽什么树，而且要保证栽一株，活一株，成活率要达到百分之百。长廊宽高都只有三四米，自然只能植灌木。蜡树是典型的常绿灌木。于是给长廊两侧培植蜡树苗，我们37班就责无旁贷。长廊是"黄土高原"脊梁，风化石多，尘土母质多，土壤更加贫瘠，且极不保水，要保证百分之百的成活率，保证长廊披上绿装，是非常困难的。但人有万灵之法，在林老师的直接指导下，我们五十多颗赤诚的心，上百只勤劳的手，采用"带土移栽，客土固本，勤于浇水"的办法，终于把绝大部分蜡树呵护成活。到我们毕业时，株株长得跟我们齐肩高，基本上担当得起既防沙尘又避泥泞的重任。从此，长廊两边的两行蜡树苗成了保护长廊的墨绿色飘带，优雅而美丽。离开母校三年以后，我从武冈二中高中毕业。当我登上法相岩山顶，远眺久违的母校时，"黄土高原"已经消失，投入眼帘的是枝繁叶茂绿树掩映的葱茏世界。悠悠长廊及其飘带湮没在重重绿茵之中，怎么也望不到，我有点眷念，有点惆怅。

斗转星移，光阴荏苒。我的孩子考上武冈一中后，我又开始频繁地出入母校，给他们送钱送粮。交完钱粮，徜徉校园，只见乔木成林，盈盈满抱，或亭亭如盖，或参天耸立，姿影婆娑，令人神往。

转眼到了2020年，我的侄孙子也考上武冈一中。这时的母校，已戴上湖南师大附属中学的金质桂冠。校址也告别云台岭，乔迁塘富村恒丰东路，校容扩大了好多倍，简直是座大学城。这更勾起了我对云台老校园的怀念。协助侄孙子办完入学手续后，我毅然返回云台岭，再次踏访老校园。我惊讶地发现，昔日的"黄土高原"已寸土难寻，展现在眼前的是一个别样的世界。一栋又一栋的建筑隐现在葱郁的校园中。长廊已经完成它的神圣使命，连同它的两根飘带，一齐退出了历史舞台。当年兄弟姐妹们栽培的乔木已经参天耸立，笑傲苍穹，似欲与隔江相望的武冈二中的参天古木一争高下，但它们比二中的古木更加显得年富力强，更加充满生命的活力。

我驻足四顾，浮想联翩，仿佛又回到了那个为绿化母校而艰苦劳动不懈奋斗的峥嵘岁月。

我默默感叹："我们的汗水没有白费。云台岭上，校园易主，江山依旧！愿母校在新的时代，新的环境里，尽快披上绿色的云裳，绽放更加夺目的光彩！也愿云台新主传承母校优良传统，推陈出新，革故鼎新，为社会做出更大贡献。"

作者简介

　　萧致强，湖南武冈大甸镇枫木村青背塘人。1939年生，11岁负笈进城，就读于武师附小。1955年附小毕业后考上武冈一中读初中；1958年一中初中毕业，考上武冈二中读高中；1961年二中高中毕业，高考落第，凄然回乡，从此沉入水底16年。1976年，从水底挣扎出来，走上讲台，在大甸乡教小学22年。其间，1984年至1988年参加湖南师大中文系学习（函授）。1998年为写《柳河湾》提前退休，从此潜心创作长篇小说《柳河湾》。为此，呕心沥血，茹苦含辛16年。2014年《柳河湾》出了第一版，2016年加入湖南省作家协会，2017年《柳河湾》又出了第二版，2019年又出了第三版（110万字）。2022年开始整理、编辑文集《笨牛集》（暂名），计划2022年出版。

武冈一中云台岭旁的资江

资水过渡客　云台逐梦人

作者：王雪莲

资水河畔，云台岭上，一中校园，风景这边独好。恰同学少年，风华正茂，指点江山，激扬文字，壮志也曾穷云霄。作为一中万千学子中的一员，母校住着我们的青葱岁月，也见证过我们奋斗的历程。

过渡资水河

那是 20 世纪 90 年代中期的故事了。那时我是一中的一名普通学生，由于家境困难，高一高二都寄住在二中附近的大姐家，每天用脚步丈量着一中与二中的距离，怀揣着梦想乐此不疲。起初，走陆路，每天经黄木冲，过玉带桥、迎春亭至云台岭，来回二三十里，朝而往，暮而归，经过村庄，经过田野，经过闹市，来去匆匆，不敢稍事停留。

后来与同学渐渐熟稔，得知有一黄姓女同学住在河对岸，每天坐资水河畔的渡船上下学。在她的带领下，我也走起了水路，跟着黄同学成了资水过渡客，才发现过了河，穿过一片辽阔的田野，就到了有良田美井桑竹之属的风光无限好的春光村，过了春光村就到了园艺场，而大姐家就在园艺场附近。远离了车水马龙，贴近了田园风光，路程也大大缩减了，我像发现新大陆一样兴奋。

还记得，五月的雨打湿了我们的头发，也润泽了满校园的栀子花，我们被迷醉的花香牵引着，常常在下了晚课后约二三好友，掳一枝带雨的栀子塞入书中又匆匆离去，那袭人的纯湿了几页书却香了我们整个五月。

每天听着二中的起床铃起床，洗漱做早餐，往往天还没大亮就已经踏上了上学的路。寒冬时节，园艺场山茶花幽幽的清香，亦无法将我的脚步片刻挽留，一路紧赶慢赶，到了学校对面的渡口，如果运气好，不用等就坐上船，立在船头，看着晨曦中的校园近在咫尺，有一种说不出的轻松和舒畅。也有运气不济的时候，气喘吁吁地赶到渡口，船已在水中央，徒留我哑然地杵在那，无力地扬着手，而此时对岸上课的钟声又不合时宜地响起，不觉汗涔涔了。有时候那鹤发童颜，缁衣芒鞋的老艄公也会突发慈悲，将刚驶离不远的船撑回来载上招手疾呼的我，满船的渡客浅笑吟吟谁也不恼。料峭的风吹面不寒，下船时含笑向老人致谢，那一天的心情都是美美的，连班主任的邓家铺味的普通话都有说不出的悦耳动听。

放学时归途就舒缓了不少，等船也不着急了。秋高气爽水清浅的时候，我们偶尔也豪兴大发，几个女生也女汉子一回，不坐船，从不远的拦河坝上蹚水过河，惊险刺激一把（这可是现在的学生娃想都不能想的冒险，危险动作，切莫模仿）。三五成群，将鞋袜脱下提在手上，互相攀着肩头，扎稳脚步，亦步亦趋地过河。水不深没有没过膝盖，恰到好处的微凉，那河坝软泥上的青荇，油油地在水底招摇，映着浮动的余晖，晃得人眼前恍惚，也让这堤软软糯糯的溜滑，脚趾头须用力扎紧，小心翼翼地前行，不敢有片刻疏忽，竟也从来没有滑倒过，只是不到百米的坝却蹚出千米的节奏。过来后，坐在岸边洗净脚丫风干水穿上鞋袜，向晚的风抚过脸庞，抚干额头的汗珠，有说不出来的惬意。印象最深的一次，我们久等渡船不至，又决定蹚水，遇上班上几个男生在坝边洗衣，彼此也不打招呼，只是笑笑。我们行到坝中央，他们突然唱起了粗犷的歌"大河向东流，天上的星星参北斗啊……"，闻声而立，驻足莞尔，风儿吹乱头发，夕阳跌在水面，英雄出巾帼的豪情，风萧萧兮易水寒的悲壮在心头交集，浮光跃金绿

水红颜的资水河秀色可餐，我似乎看到了青春最美的模样！

曾记否，到中流击水，浪遏飞舟！

逐梦云台岭

求学逐梦的日子却是安详而宁静的。老师博学又和蔼，同学团结又友善。

犹记得，师恩似海深。

高一高二时的数学老师是刘孙柏老师，一位严谨得一丝不苟的老先生，总穿一身不太新却永远干净笔挺的蓝色中山服，上衣兜里也总别着一

作者：王雪莲

197

支钢笔，走路带风，满面春风，让人爱戴。讲课也是认真有耐心，慢条斯理，有条不紊，一笔一画画好每一个平面或立体的几何图形，一步一步引导我们思考求证。有时有调皮的同学打趣喊说听不懂，他从来不恼只是用手扶了扶眼镜又微笑着耐心地开始了又一次讲解，直到我们全说"懂了"，他才放心讲下一题。高三时我选择学文科，而刘老师在青砖楼下教理科生，我的数学老师就成了儒雅的马昌辉老师，一头精神的自然卷，时尚而又有点可爱，个子不高，也架副宽边眼镜，微笑着不紧不慢地给我们讲解代数几何。年纪不大，却面容慈祥，我们都很喜欢听他的课。高考分数出来那一天，我差几分没上专科线正埋头沮丧行走在校园里，迎面碰到马老师，老师为我惋惜之余不忘微笑着鼓励我，让我备感温暖和鼓舞。

政治老师是高高帅帅的张居华老师，教了我们三年。张老师那时候也正年轻，由于个子高总微弓着背，上课前总有片刻的低首沉思，给人一种深沉的感觉，让人肃然起敬。沉思之后常猛一抬头，额前那一绺稍稍长点的头发也漾起了一圈潇洒的弧度，帅呆了。于是他开启了这一节课的精彩表演，将原本枯燥乏味的政治课堂演绎得生动活泼有趣味，让我们慢慢地喜欢上政治课。

还记得生物老师马昌政老师，那课堂幽默风趣，一堂课下来笑痛了腮帮子，想不好好听都不行。印象最深的是每次考后马老师念我们的生物成绩时的情形。那时候生物总是很难，我们的成绩总是不理想。有次考后，马老师拿着一大沓卷子满面春风地走进教室，又给人仿佛考得还行的错觉。等到发卷子了，马老师用他那夸张的语调抑扬顿挫地念着："×××，90分……"，被念到名字的同学几乎要高兴得跳起来的时候，他却又接着念了一句"减四十分"，让沸腾的心硬生生地掉进了冷水里，而其他同学虽然笑着心却被揪着，更紧张地竖起耳朵关注着自己的分数，也有考得不错的同学，马老师念了一个让人满意的数字后

良久没有下文，而他们还有点不相信自己的耳朵。马老师就是用这样别致的略带黑色的幽默表达着他的期望和失落，让我们欢笑之余悄悄地努力学好生物这门课。

高三时的班主任是以严著称的刘力平老师，精力充沛，认真负责，我们都有点怵他。身材不高，但责任从不缺席，教学和管班从不含糊，学了他讲的世界史，我们私下里给他取了个绰号——彼得一世，只因为历史书上对彼得一世有这样的评价：短小精悍，精力充沛。现在想来，这个绰号更多的是表达对刘老师的敬畏。他总是起得比我们都早，每次我们寄宿生匆匆赶到操场时，他早就等在那了。晚寝时我们常意犹未尽地闲聊不肯入睡，楼下窗外总会有人接过我们的话茬，却能让我们立马闭嘴乖乖睡觉，因为那是刘老师在接茬；有男生学习用功，回寝室时早熄灯了，黑暗中还想抽支烟，就向邻铺借火，邻铺不作声，"啪"地点亮打火机，借火男生吓得叫起来跳起来，从此不敢再抽烟——为他点烟的不是别人，而是深入卧底的刘老师。有这么敬业负责的班主任，我们再不认真学习也不好意思啊！

众多的科目里我最喜欢语文，我的语文老师们也都对我青睐有加。高一的董老师当时是学校的教导主任，入学的第一堂作文就让我们写当年的高考作文，结果我的作文得了全班最高分——90分，作文本发下来时我有点不相信自己的眼睛，直到董老师说本次习作王雪莲写得最好时，我才放心地微笑着低下头，这也坚定了我热爱写作热爱文学的决心。可惜董老师教了我们一期多就因病去世，我们全班同学含泪送别，痛心的感觉弥漫在每个人的心头，经久不散。后来的段荣偶老师写得一手刚劲隽秀的粉笔字，严谨扎实；肖坤喜老师幽默风趣，功底厚实，教风粗犷豪放让人折服，字也豪放人也潇洒，深受我们喜欢。至今还记得肖老师边抽烟边用武冈话给我们讲解《硕鼠》的情形，那次第，怎一个风流倜傥玉树临风

了得。

　　还有很多好老师，很多美好的校园故事，让人难以忘怀。高中三年，我收获了许多同窗佳谊，也谱写了不少青春华章。

　　犹记年少梦轻狂，多情应笑我，一尊还酹江月。

　　还记得高二那年，我们班一帮文学少年自发组建了我们班的文学社，叫"望峰"文学社，社长是现在武冈人网的站长黄高远同学，不爱说话但文笔还行的我也被拉入伙，成了主编。出了好几期刊物，全是手抄笔录，一本红格的文稿纸用钢笔或铅笔写上或稚嫩或成熟或忧伤或豪壮的文字，再用线装订成册，就变成了我们的"铅字"。而我的作品每册都有，用铅笔写尽少年的惆怅忧愁，现在想来怕也只是"为赋新词强说愁"罢了，但在当时却极有力地激发了我们潜藏的文学情结和文化自信，让我们今后多年坚持将文学作为自己的执着爱好。感谢同学，感恩遇见，感谢"望峰"，在我们青春懵懂的时光里树起了希望之峰，点亮了心底的文学之光，温暖明亮了逐梦之旅。

　　还记得，五月的雨打湿了我们的头发，也润泽了满校园的栀子花，我们被迷醉的花香牵引着，常常在下了晚课后约二三好友，掳一枝带雨的栀子塞入书中又匆匆离去，那袭人的纯湿了几页书却香了我们整个五月。五月的雨丰润了资水河，随之高涨的还有校外河中日渐急促高昂的龙船鼓点——那些年河对岸都会在端午节赛龙舟，鼓声就这样一声声敲打着校园里少男少女鼓噪的心。总有人会想方设法溜出去，现场感受赛龙舟群情激昂热血沸腾的场景，返校后就成为多日茶余饭后的谈资，让没有溜出去的同学羡慕神往。女孩子呢，织一串纸船，写满少女心事，付诸河水东流，归来，就似乎释怀了不少，仿佛粉红色的秘密有了倾吐有了依托，得到了安抚和慰藉，心中的期许就陡然获得了力量。

　　走得最快的总是最美的时光，我的高中生活，我的青春华年，都留在了资水河畔的云台岭上。感谢母校，感恩老师，感谢同学，感恩遇见。资水过渡客，过渡的还有我的似水流年；云台逐梦人，追逐的还有我的似锦前途。感恩资水，这孕育都梁几千年的母亲河；感恩一中，我百年归来仍少年的母校！

作者简介

　　王雪莲，武冈二中教师，武冈作协成员。1995年毕业于武冈一中高96班。热爱生活热爱文学。从教二十多年，认真工作，用心做人。学生习作常发表于《新湖南》《初中生》《邵阳日报》《邵阳晚报》《邵阳新闻在线》《武冈人网》《武冈文艺》《都梁风》等媒体。本人也笔耕不辍，曾在《湖南教育》《惠州日报》《邵阳日报》《邵阳晚报》《邵阳新闻在线》《武冈文艺》《都梁风》等媒体发表文章，所撰写的论文多次获国家级、省级、市县级奖。教过中学、小学，教过语文、地理、政治、历史，多次获武冈市"嘉奖"，多次被评为市"教学质量先进个人"，所带班级团结、活泼、友爱、积极向上，德智体美劳全面发展，被学生深情地称呼"王妈妈"。

武冈一中（云台岭）田径场

做人一定要体面

作者：谭电波

在人生花季，我曾就读于武冈一中高54班。高一的时候，教我们化学的是欧阳祖雪老师，他多次在课堂上讲到"做人一定要体面"。也许他只是随口一说，但我却从中获得启发，受益终身！

20世纪80年代，作为农村的孩子，我们都很穷。港台文化刚刚在我们县城（当时还是武冈县）传播，孩子们对那些光鲜的服饰与靓丽的装扮很是羡慕。看着缀了补丁的衣裤，我们埋怨起父母，埋怨起生活，认为我们农村人很不体面，是一群没有尊严的小"乞丐"。在少年不知真"丑"味的时候，欧阳老师给我们教诲，他说："没有好衣裤，并不可耻，只要干净卫生，照样可以挺胸走路，照样体面。没有饭可以喝粥，没有肉可以吃素，但没有知识就没有希望。这个世界很大，不能够更体面地生活着的人也很多，我们先要自己体面起来，努力读书，积极向上，就有体面。一个人只有有目标有方向有进取心，才能进退自如。能够'由自己主宰'，就是好人生，就是体面的人生。"他让我们务必记住：只有勤奋努力，学习时稳扎稳打，才能理直气壮；只有"用体面的方式"，

一个人只有有目标有方向有进取心，才能进退自如。能够"由自己主宰"，就是好人生，就是体面的人生。

才能真正"赢得世界"；体面应该是世界上一件至高无上的事……这些话，虽然不是用普通话说出，但肯定不是普通人能说得出来的。不谙世事的我们似乎都听懂了一些，至少我是听懂了、听到心里去了！他告诫我们：即便我们到了绝望的时候，也要体面！

不劳而获是不体面的！世界上唯一可以不劳而获的是贫穷，唯一可以无中生有的是白日梦。没有哪件事是不动手就可以做好的。只要你愿意走，总会有路，人生贵在行动，迟疑不决时，不妨先迈出小小一步。前进不会留下遗憾，若美好，叫做精彩；若糟糕，叫做经历。

他说："每个同学家庭出身、个人秉赋是不同的，如同元素周期表，你们现在可能是金元素、银元素，也可能是氢元素、氧元素，并不能说金元素、银元素就比氢元素、氧元素高贵，大家都是由原子核与电子组成。正如你们的现在，都在一中学习，都是在一间教室读书，是平等的，但最后成为什么样的化合物，做什么样的人——高考是一个熔炉，就业、婚嫁等都是熔炉——都得看你们个人的勤奋和机遇了。"

一味抱怨，一味埋怨，不体面！任性不自制者不体面！朝天吐唾沫的人不体面，因为最终弄脏的，往往是自己的脸！终日忧伤不体面！一天只忧伤一次才体面！绝望中还能抬头才体面！体面的成功才是真实的成功，才可持续！

同学们将来能否过上一种风平浪静的体面生活呢？求学阶段，唯有发奋读书，才是体面的不二法门。

人活在世上，就像船行于海中。遭遇风浪，饱尝颠簸，乃是人生的常态，任何人都无法拒绝。生命的意义在于经历，成功也罢，失败也罢，正是一串脚踏实地，最终汇成了我们每个人或长或短的一生。离开了大海的船最安全，然而，船一旦离开了大海，也就失去了体面！落在鸡群的雏鹰并不可耻，但终生如鸡一样在泥土上啄食，才是一件不体面的事。

那时候的老师，并不是一味教人知识，还做育人工作。我们很幸运地遇到欧阳老师，他个子不高，身体健康，声音洪亮，讲人生道理时，他总是要走下讲台，站在教室中央，娓娓道来，没有距离感，很有亲和力。

还有很多老师也很风趣，比如每月所有的同学都要整齐地站在操场上或坐在礼堂里，恭敬地听唐义芳校长训话。唐校长讲话幽默睿智，很有老庄的风味。一次会上他说："你们同学要有尊严，不要饿着肚子走亲戚，哪怕是别人请你吃饭，最好你先要吃一点东西垫垫肚子，否则，不是吃相难看，就是坐立不安，这些都是不体面的。"

三十多年来，母校老师的谆谆教导一直回荡在我心间：体面是从容的，需要自制，需要准备，不能率性而为。

站在武冈一中操场上
——母校百年校庆纪念

回到武冈
我每次都要去一中操场上站一站
站着，站着
把明目站成娉婷
把伶俐站成睿智
把幼苗站成大树

站着，站着
一股浩然之气从涌泉直冲百会
骨头硬了，脊柱直了
百年了，我看见
一拨拨脊梁深深插在莽莽的大地、
神州的大地上

站着，站着

贯穿校门的大道，也站成了
沧桑之道，一百年
莘莘学子，裹着一腔热血
以梦为马，沿着资水
把黄河长江站成任督二脉
经络通畅，五脏强壮
把五岳站成金木水火土
演绎无限，万物生苏

站着，站着
一百年的风声雨声读书声
盈满天宇，奔涌在资水
裹着云山千年古树的种子
播散在神州大地上
成长，开花，结果

长成现代的、当代的
盘古、伏羲、老子、孔子

站着，站着
我后悔，为什么
不让自己的子女也到这儿站一站
这里的春夏秋冬百年
倚何梦想
如此沉思，如此成熟，如此繁茂

今天，我站立在一中操场上
呆呆地站立着
站立在这薪火相传一百年的校园里
站立在我们永远的精神家园中

作者简介

　　谭电波，1966年9月生于湖南新宁，1985年毕业于武冈一中高54班，现为湖南省中医药研究院研究员、主任医师，湖南省作协会员、省诗歌学会会员。从事中医药科研、临床三十多年，熟读中医四大经典，精通中医药基础理论。在中医健康领域颇有建树，先后开发新药、制剂、功能性食品及相应课题二百余个（项），主攻糖尿病、肿瘤临床医治与脱发养生。出版专著4部，获取省级奖2项。工作之余，爱好写作，尝试从文学角度诠释生命，著有诗集《数落时光》、散文集《萤火捕慧》。

武冈一中（云台岭）校园

我的老师谢云锦

作者：林亲章

百年校庆百年情，
老师妈妈谢云锦。
待生如子师德美，
敬业精神泽后人。

1958年我考上了武冈县第一初级中学。在高级社领导的帮助下，我凑了四十元一角钱，挑着行李，兴高采烈地步行到学校。

注册后，我被分到初四十五班，班主任是谢云锦老师。她是学校的音乐老师，国字脸，牙齿雪白，经常是满脸含笑，走路时双脚似乎踩着跳动的旋律，充满青春活力，显得十分阳光，全班同学都很喜欢她。

开学不到一个月，全校师生突然停课，投身轰轰烈烈的"大跃进"运动，去文坪挖煤。到文坪后，谢老师和我们同吃同劳动，还负责宣传工作，敲锣打鼓喊口号，把整个劳动场面搞得热热闹闹。我们的任务是把煤层上面的土挖开运走。我们每二十个人一组，十个人挖土装筐，十个人挑土到一百米开外的地方。挑土的十个人等挖土的人把十担筐装好

哥也不知道。我听了后，当时就满脸泪水，激动得说不出话。

我吃的黄豆、面条和鸡蛋全是谢老师给的，连他哥

排成队，等宣传队下令。当宣传队高喊同学们冲啊，我们挑起土就在锣鼓喧天中也跟着喊冲，挑着土没命地往前跑。其实所挑的土，掉地上的多，到目的地的少，但声势浩大，场面沸腾。

我们就在这锣鼓喧天的浩大声势中进行了四十天的"大跃进"挖煤工作。后来谢老师还带我们参加了楠木桥挖铁矿、武冈红旗电站挖水圳、武冈党校的基地挖土等劳动，谢老师白净的脸也变成黑红黑红的了。在师生劳动总结大会上，谢老师受到了刘文明校长的表扬。

劳动过后，就是紧张的学习。我们早自习一个小时，晚自习两个小时，谢老师在我们早晚自习时总是陪着我们，而且还经常跟我们讲：穷不读书穷到永远，富不读书富不长久。

1960年因自然灾害，我们的生活水平大幅下降。我严重营养不足，全身水肿。

在校医毫无办法的情况下，我糊里糊涂地吃了一个星期的黄豆、面条，面条下还埋着个鸡蛋。我的身体慢慢地好了起来。后来睡我上铺的蒋武美同学告诉我，他哥哥蒋武临和谢老师结婚了。我吃的黄豆、面条和鸡蛋全是谢老师给的，连他哥哥也不知道。我听了后，当时就满脸泪水，激动得说不出话。我心里只有一个念头，老师就是父母，谢老师就是我的妈妈。在往后三十八年的教育生涯中，这个念头一直激励着我无怨无悔地去关心帮助每一位学生。

可遗憾的是，我从来没有当面向谢老师表达过感激。在母校百年华诞到来之际，我终于可以把埋藏在我心中六十多年的遗憾，汇成一句话：谢老师，我谢谢您。

作者简介

林亲章，武冈秦桥镇秦桥村人，生于1943年12月。1958年在武冈一中45班读初中，1966年从武师毕业分配到杨柳区杨柳完小，1969年回秦桥乡秦桥小学任教，1970年被抽调参加农村"一打三反"运动一年，1971年任寿仁小学校长，1974年任黄沙小学校长，1978年任教于秦桥中学、秦桥五七中学，1980年回秦桥小学任校长，1987年任秦桥学区业务专干，后任秦桥学区校长，2002年回秦桥小学任教，2003年退休。

武冈一中（云台岭）校园

丹心铸教魂
——怀念父亲肖孝富老师

作者：肖希明　肖耀星　肖启明　肖永明

2000 年 9 月 15 日，一辆车头挂着白花的灵车在鞭炮声中缓缓驶入武冈一中校门。校门口，许多老师在肃立迎候。车上，我们全家人守护着父亲的骨灰，在一中校园里缓缓绕行一周。

父亲是三天前在桂林去世的。在他患病卧床的近三年时间里，他常常用已经有些含混不清的话语念叨着一中的人和事。我们知道他太想念一中了。于是，在与一中的领导沟通后，我们决定在他长眠青山之前，再陪他到武冈一中走一趟，向他一生心心念念的地方作最后的告别……

一、忍辱负重　艰难前行（1962—1978）

父亲是 1962 年来到武冈一中的。在这之前的几年，他遭受了人生第一次大磨难。父亲是刚解放就加入了教师队伍的。开始在武冈在资青中学教书，很快就被调入邵阳干部文化学校工作。这是邵阳地委办的一所专门为当时的南下干部补习文化的学校。父亲在这里工作得很出色，业

父亲深受中华优秀传统文化熏陶，儒雅温厚。他注重修身立德，在工作中克己奉公，以身作则，以德服人；在生活中严以律己，宽以待人。对亲友、同事、学生宅心仁厚，关爱有加。

务能力强，1955 年便加入了中国共产党。但正当他积极上进的时候，一场风暴骤然而降。1957 年，他因为不满单位领导的官僚主义作风提了意见，被划为"右派"，随后被派往邵东的一家农场劳动了三年多。1961 年被摘去"右派"帽子，1962 年，经他自己要求调回武冈，安排在武冈一中教书。

初到一中的几年，父亲谨言慎行，除了上课、开会等必需的工作，很少参加其他活动，所有的课余、工余时间都在自己的房间里读书。或许正是这几年的沉潜，让他在知识的积累方面有了更大的长进。我们能知道的是，他在一中教过初58、59 班（指1965 年前的初58、59 班，此后，一中为了与解放前的办学历史划清界限，将班次减去了 1949 年前的 10 个班，于是后来又有了新的初58、59 班）的语文，还教过高 10 班（1965年唯一的高中毕业班）的语文。父亲当年教课的情形，我们已无从知道了。只是在 1996 年，希明在北京出差时，见到了时任国家新闻出版署印刷司司长的肖时国，他就是高 10 班毕业考入清华大学的学生。他回忆说，你爸爸知识面宽，讲课生动风趣，给他留下了很深的印象。父亲教语文还有一个优势就是他的普通话发音很标准，讲课用普通话，这在当年也是颇为少见的。记得1965 年，大型音乐舞蹈史诗《东方红》拍成电影在全国热映。《东方红》的朗诵词写得大气磅礴，很有文采，成为中学生追捧的美文。学校便安排父亲在校广播室朗诵这篇朗诵词，至今还有当年的学生回忆起这件事。

1966 年，一场更大的风暴来临。父亲这样有"历史问题"的人自然在劫难逃。不过由于父亲那几年谨小慎微，没有太多的"辫子"可抓，所以开始无非是翻翻"历史问题"的旧账。但到 1968 年下半年的"清理阶级队伍"运动，父亲和刘文明校长、唐咏高老师等十余人被"揪"了出来，不仅大会小会批判斗争，还有各种形式的"武斗"。他们不能离开校园，每天挂着黑牌在校园劳动。

那时学校没有自来水，他们的主要劳动就是从学校后门陆家塘码头挑水到食堂，几十级台阶，每天挑水几十担。他们还被扣发了工资，只发 23 元生活费。这种日子直到 1969 年上半年总算结束。

父亲被"解放"以后，正逢上面有政策县属的武冈一中要下放到新东公社去办，因此武冈一中改名为新东一中，校址迁往新东公社的扶冲。于是父亲被安排去了扶冲教书。让他教什么课呢？语文课涉及意识形态，不能让他这样"有问题"的人去教。可能想到他在解放前上学还学了几句英语吧，于是让他教起了英语。他在扶冲待了多长时间我们已无从知晓。不知哪一年又跟着"新东一中"迁回"武冈一中"。那几年时间里，我们只记得他常常回来说，这段时间带学生去了某某地方开门办学，学农劳动，那段时间带了学生去某某地方访贫问苦。这种状态一直持续到1978 年。

时代的车轮转到了1978 年，一场伟大的历史性转折在悄然拉开序幕。1978 年冬天，希明已在一中复课准备高考。冬天很冷，但父亲那间小房里热度很高。刘文明书记、林千山老师等是那间小房的常客，特别是晚上，他们常常在那里热议国家大事。刘书记消息灵通，总会带来一些"小道消息"，然而这些"小道消息"很快就被证实正是党的十一届三中全会精神。他们很兴奋地在谈论、在憧憬、在期待，那情景希明至今记忆犹新。

二、云开日出 赤诚奉献（1979—1988）

父亲盼望的一天终于来了。1979 年 2 月刚开学，邵阳地委组织部通知父亲马上去邵阳，为他被错划的"右派"彻底平反，恢复党籍，党龄从 1955 年算起。22 年的沉冤终于昭雪，历史还给了他的清白。这 22 年，他忍受了多少屈辱，经历了多少磨难！在宣布平反的那一刻，他是什么表情，我们无从知道，但他内心的激动、欣喜，我们是完全可以想象的。在地委组织部，领导征求他对工作安排的意见，因为他原来所在的邵阳干部文化学校是地区所属学校，而这所学校早已停办，因此，组织上让他选择：第一，可以到邵阳选择一所学校工作；第二，可以选择去武冈师范工作，因为武冈师范也是地区所属学校；第三，继续在武冈一中工作。父亲没有犹豫，也没有与妈妈和家里其他人商量，当即就回答继续留在武冈一中。

从邵阳回来以后，也许是由于过于兴奋，他血压升高，血压一度升到220毫米汞柱，经常感到头晕。但他从医院看病回来以后，将医院开的病假条放在抽屉里，继续走上讲台讲课。

1979年下半年，父亲被任命为武冈一中副校长，主持学校工作。党和人民的信任，使他倍感振奋，也深知重任在肩。父亲在当副校长那几年的工作，我们作为子女，知晓的情况其实很少。在我们的印象中，他就是每天都忙忙碌碌，不是县里开会、学校开会，就是找人谈话或有人找上门来谈话，或者在校内校外的这个部门那个单位处理各种事情。父亲是个做事特别认真、细心的人，他处理大小事情，总是要追求完美的结果，总希望平衡、协调好各种关系。

从现在极为有限的资料中可以看到，父亲在主持学校工作期间，推动、参与和主持了几项重要工作。一是协助上级党委落实知识分子政策，调动教师的工作积极性。从1979年起，一中恢复了3位教师的党籍，将10名错误开除回家的教师收回任教，发展了22名骨干教师入党，提拔了7名骨干教师担任行政领导。父亲就是多位教师的入党介绍人。当时由于多种原因，殷恒成老师的错案迟迟没有平反，殷老师思想包袱很重。父亲

武冈一中科技楼

十分关心，帮他分析原因，多次帮他找上级组织部门反映情况，使殷老师的冤案终于得以昭雪，殷老师感激不尽。作为学校领导，父亲知人善任。朱可成老师是从外校调入一中的，入校时间不长，如果按照论资排辈的方式，很难有展示才华挑重担的机会。父亲慧眼识珠，看中了朱老师的能力，大胆启用朱老师教毕业班当班主任，结果朱老师不仅书教得好，班主任也当得好，深受学生欢迎。后来调广东增城一直教高三毕业班，还当了教导主任。二是全面贯彻党的教育方针，努力提高教育质量。父亲带领全校教师励精图治，狠抓基础，以生为本，开发智力、培养能力，教学质量逐年提高。从1977年恢复高考到1987年，学校共为大中专学校输送新生580余名。学校重视学生德、智、体、美、劳全面发展，从1983—1987年，各年级学生在参加邵阳地区、省和全国的作文竞赛、数学竞赛以及各种文体竞赛中屡屡获奖，一中声名大振。三是为适应学校改革发展的需要，父亲主持制定和健全了一系列符合教育规律且行之有效的规章制度，如1980年，根据《全日制中学暂行工作条例（试行）》制定了实施细则，规

定了校长、教导主任、总务主任及各类人员的职责，实行岗位责任制。由于办学有方，成绩显著，武冈一中多次被评为地、县教育工作先进单位，精神文明建设先进单位，学校党支部连续多年被评为先进党支部。

父亲在承担学校繁重的行政管理工作的同时，始终坚守在教学第一线，一直担任高中语文老师，没有离开他心爱的讲台，工作一如既往，认真负责，往往白天处理繁忙的校务，晚上还要熬到深夜批改作业、写教案。我们看到过父亲留下的教案，备课备得非常详细，字写得工工整整。马昌辉老师（90年代已从一中调到广东从化中学）当年跟父亲搭档同教一个班，他回忆说父亲的教学非常认真严谨，批改每个学生的作文都要一一指出错别字、病句，留下详细的眉批尾批。每次不管是小考大考，每个小组的平均成绩都要计算出来，做到心中有数，以便有针对性地辅导。马老师感慨道："肖校长严谨的教风使我终身受益"。

1979—1988年，是父亲生命中最辉煌的十年。他将二十余年的忍辱负重化为巨大的正能量，倾注到他所挚爱的教育事业中。作为学校领导，他夙夜在公，为学校的发展殚精竭虑，鞠躬尽瘁。作为教师，他犹如荧荧红烛，燃烧自己，用知识之光照亮莘莘学子的前程。

三、修身立德 言传身教

父亲是一名忠诚的共产党员，一位优秀的人民教师。在我们眼里，他也是一位好父亲。几十年里，他忠党报国、矢志不渝，勤奋不辍、治学严谨，修身养性、品德高尚，言传身教、培育家风。

父亲具有深沉炽热的家国情怀，矢志报国，信念坚贞。他热爱新生的中华人民共和国，解放初就参加了新中国的建设，并加入了中国共产党。1957年后他身处逆境20多年，但他对党的信念始终坚贞，独自在默默地承受着痛苦，从未在家里人面前怨天尤人。而一旦沉冤昭雪，他更是由

衷感激党的英明伟大，格外珍惜党中央拨乱反正给予他的第二次政治生命。1979年10月2日，他在给刚上大学的希明的信中写道："我的前半生，应该说虽走过阳关大道，但更多的是颠沛的厄运，又何况深堕陷阱，挣扎了五分之一个多世纪！多亏党中央英明，我才恢复了本来面目。痛定思痛之余，我无法抑制自己对党中央的感戴之情。为了捍卫党中央，虽肝脑涂地，我也在所不辞。"在信中他还附上国庆前夕填的三首词，以抒怀抱：

忆江南三首 华夏春正浓

其一

东方白，旭日出韶峰。披荆斩棘成伟业，五星旗帜舞东风。欢歌遍寰中。

其二

寒流急，大雪挺劲松。荡涤妖氛朝晖启，开来继往集群功。华夏显峥嵘。

其三

长征道，风浪自从容。奋勇登攀奔"四化"，迎来姹紫复嫣红。华夏春正浓。

1983年肖孝富在一中校园留影

正是这种爱国之情，报国之志，促使父亲无论身处顺境还是逆境，始终以党和人民的利益为重，全身心地投入他所钟爱的教育工作。几十年里，他初心不改，立德树人，教育英才，呕心沥血，在工作中兢兢业业，恪尽职守。由于他不凡业绩与在社会上的影响，80年代，他先后被聘任为武冈县和邵阳市政协委员。

父亲具有自强不息的奋斗精神，锐意进取，踔厉奋发。在身处逆境的岁月里，他从不自暴自弃，自甘沉沦，而是精神振作，工作生活极有规律。他埋头学术，钻研业务，相信终有一天这些东西能派上用场。父亲对待治学、工作都十分严谨，从来是一丝不苟，精益求精。他常常说，好教师不应该只是一个"教书匠"，不能只满足于将课本中的那些知识机械地、古板地传授给学生，一个好的教师要博览群书，对知识融会贯通，真正"化进"自己的脑子里，才能把课教好、教活。他正是这样要求自己的。由于多年的潜心钻研，他的语文教学艺术几乎达到炉火纯青的地步，他讲起课来收放自如，游刃有余，字词典故，信手拈来，被人称为"活字典"。近些年来，我们常常和父亲不同时期的学生有一些交集，也不时看到父亲的学生各种回忆文字。过去这么多年了，他们对父亲生动有趣、引人入胜的课堂教学还印象深刻，赞颂不已。

父亲深受中华优秀传统文化熏陶，儒雅温厚。他注重修身立德，在工作中克己奉公，以身作则，以德服人；在生活中严以律己，宽以待人。对亲友、同事、学生宅心仁厚，关爱有加。直到今年春节，当初他关怀的一位学生，在老师去世二十余年之后，还像往年一样向师母问候请安，表达怀念与感恩之情。对子女，他既疼爱关怀，又严格要求。启明和永明清楚地记得，父亲刚被任命为副校长，就将在一中上学的兄弟俩叫到身边，叮嘱他们说，不要以为爸爸当了校长就了不起了，要比以前更

加遵守纪律，更加尊重老师。担任学校领导期间，他清正廉洁，不谋私利。母亲长年在乡村小学教书，工作生活条件艰苦，到80年代初，父亲完全可以找关系将母亲调回城里，但父亲坚持让母亲留在乡村，直至临近退休，才因病回到城里。1988年父亲退休时，一中的一批老同事自发为父亲送了一块"德高望重"的匾。这几个字，看似平淡无奇却又字字千钧，应该是对父亲最恰当的评价吧。

父亲言传身教，为我们的家庭培育了向上、向善、清正、和睦的良好家风。父亲教育我们要努力报效国家，服务社会。在我们上大学期间，父亲总在来信中鼓励我们积极要求进步，争取入党。由于父亲的教育和影响，希明、启明都在大学时代成为各自班上的第一名党员，永明也在大学毕业后入党。现在希明任教于武汉大学信息管理学院，是二级教授、博士生导师，启明已担任生活·读书·新知三联书店党委书记、董事长，永明担任了湖南大学岳麓书院院长，也曾任党委书记。父亲教育我们要自立自强，即使身处困境，也要靠自己的努力去改变命运而不能屈服。在希明、耀星下乡插队那些年月，他鼓励儿子女儿再困难也不能完全荒废学习，并总是选择一些在那个年代可以读的书报刊给我们阅读。1977年耀星从武冈师范毕业后当了教师，父亲总是鼓励她要爱岗敬业，刻苦钻研业务。而耀星也没有辜负父亲的期望，在平凡的岗位上取得了不平凡的业绩，在武冈、从化都获得过市级优秀教师、优秀班主任奖。在恢复高考后，希明参加高考失利，情绪低落，不愿再考，他力劝希明到一中复课再作一搏。在给希明的信中深情地写道"余寄以厚望焉"。希明考取武汉大学以后，他在欣喜之余，又告诫儿子"有老师说你'大器晚成'，你应该将它看作是一种鼓励，离成功还差得很远，今后还要靠自己不懈地努力"。此后几年，启明、永明先后考上大学，父亲也总是以"天行健，君子以自强不息"的格言，告诫我们要不断进取，事业没有

止境，改变命运要靠自己努力。今天我们兄弟姐妹能够在事业上取得一定的成绩，是与父亲的激励和教导分不开的。父亲教育我们要注意个人修为，培育良好品德，要慎独自律，修己安人，与人为善，"勿以恶小而为之，勿以善小而不为"。他教育要我们珍惜生活，珍爱家庭，家庭成员要和睦相处。父亲培育的家风已经传承到了我们家的第三代，甚至第四代，大家庭成员个个都好学上进，事业有成，学业优秀。父亲若地下有知，一定会含笑九泉吧。

2022年，武冈一中迎来了她的百年华诞。百年筚路蓝缕，百年春华秋实，父亲如能看到他曾经为之辛勤耕耘的武冈一中今天这样欣欣向荣的景象，他一定会感到无比欣慰。他的奋斗已经载入武冈一中的史册，他也将永远活在我们心中。

武冈一中云台岭教学楼

我的老师，我的贵人
——写在母校百年华诞前夕

作者：曾宪林

　　2022年，我的母校武冈一中将迎来她的百年华诞。离开母校48年的我倍感欢欣喜悦，我又想起48年前在母校两年的高中生活，想起了我的老师，我的贵人肖孝富先生。

　　我是1973年春季考进一中的，被编在高26班。首位班主任是物理老师肖子慎，肖老师中等身材，人很和气，温文尔雅，讲起课来慢条斯理，物理实验课讲解得非常生动详细。不知是什么缘故，他带了我们班没两个月就挑着行李和劳动工具离开了学校。

　　肖老师走后，学校给我们班安排了新的班主任邱勋楚老师。邱老师也是中等个子，讲起课来左手老是按住肚子，右手拿着粉笔在黑板上吃力地写着，粉笔字写得潇洒飘逸。我们班的寝室是靠近大礼堂的那栋青砖楼，每晚熄灯铃响过后我们躺在床上总能听到寝室外的过道上邱老师来回走动的脚步声。如果听到寝室里有人在说话，邱老师能在过道上准确判断出是谁不睡觉。

　　高一下学期，我的班主任是教语文的肖孝富老师。肖老师国字脸，

　　学校为了适应形势开始『开门办学』。化学课，学校安排我们去武冈氮肥厂听工程师讲如何造氮肥；生物课则是去了湾头桥陆家铺学开手扶拖拉机，参观陆家铺渡槽；物理课则是去了东方红煤矿。

高高的鼻梁，乌黑的头发，穿着整洁而又有点发旧的中山装，气质儒雅，和蔼可亲。肖老师讲课中气十足，普通话自然流畅，粉笔字清秀工整。他讲课生动幽默，时不时说两句英语，有几次还说俄语，听得全班同学兴趣盎然，精神倍增。

课间，老师们大都夹着讲义拖着疲惫的身体回办公室休息去了，而肖老师常常坐在教室里和学生促膝谈心，似乎有使不完的劲。我是他问得最多的学生，好几次被带到他的住房谈话，连父母每年在生产队挣多少工分，父亲得什么病都问到了。我印象最深的是，在他的住房里，他针对当时"知识越多越反动""读书无用"的歪风，和我谈读书做人的道理，他说："书读得越多越好，知识越多越好，国家搞建设哪里不需要知识？"肖老师的谆谆教导是我人生的指路明灯，我读书更加勤奋了，除了阅读他借给我的《朱自清文集》《郭沫若文集》等书，我常在放学后扎进阅览室看书读报，把精彩的词句和片段记录在小本子上。

高二上期有一天放学后，肖老师把我叫到他的住房，指着办公桌上的作文《曾华》问道："曾宪林，这篇作文是不是你的生活经历？有没有抄袭文学杂志？"我告诉肖老师，作文写的是我们村里民兵营长带领村民建设家乡的真实故事。肖老师点点头。第二天作文讲评课上，肖老师对我的习作《曾华》做了详细的点评，说："这是我从教以来见到的最优秀的学生习作，记九十五分，能在两个课时里写出一篇五六千字的小说实属不易！我要将这篇习作推荐到《湘江文学》去。"刹那间全班同学一起向我投来诧异和赞许的目光，我心里很不好意思。

第二天课后，肖老师又把我叫进他的住房，指着习作《曾华》说："我已经做了详细的修改，提了详尽的建议，你把它修改好誊到文稿纸上交给我。至于《湘江文学》是否刊用并不重要，关

武冈一中云台岭老校舍

读书"的主题报告，号召全校学生向我学习。

1974年批林批孔，反击右倾翻案风，学校为了适应形势开始"开门办学"。化学课，学校安排我们去武冈氮肥厂听工程师讲如何造氮肥；生物课则是去了湾头桥陆家铺学开手扶拖拉机，参观陆家铺渡槽；物理课则是去了东方红煤矿。肖老师带领我们去矿洞参观，他总是走在最前面探路，听到远处轰隆轰隆响的时候，就停下来叮嘱我们要站到轨道外，注意安全。

1976年我在大队园艺场劳动，同时为大队毛泽东思想文艺宣传队写剧本。有一天肖老师去马坪荆竹搞开门办学，途经石羊中学时，找到石羊中学曾纪才校长，将我写的那篇习作小说给他看了，并推荐了我。没过多久，曾校长接连几次找我们大队干部协商，让我到石羊中学代课。1977年8月底大队通知我去曹旗小学当民办老师，从此，我开始了我的教学生涯。

这就是我的肖老师，他给予我的培养和关怀，远远超出了老师的责任和义务。他是我的大贵人。有这样一位老师，是我人生莫大的荣幸和骄傲。可惜，离开他22年了，我没有能力也没有机会回报他的大恩大德，唯有永远永远地记住他！感恩母校一中！感恩母校所有老师！祝愿母校发展壮大，永远繁荣昌盛！祝愿母校老师身体永远健康！

武冈一中云台岭校园

键是能得到编辑老师的指导，这对你今后的写作大有帮助。"肖老师从抽屉里拿出一本文稿纸交给我。肖老师又把我的这篇习作推荐给全校老师。在一次社团活动课上，校革委主任舒增银老师拿着我的习作小说和笔记本做了"热爱学习，勤奋

作者简介

　　曾宪林，武冈一中高26班学生，头堂学区教师，先后在曹旗小学、石羊小学、石羊中学、白羊小学、新东九年制等学校任教。业余爱好戏剧文学创作，有小戏曲剧本《新娘子抬轿》《嫁妆》《报应》在县文艺汇演大赛中获奖或在《武冈文艺》刊登，小戏曲《七爷断案》在邵阳地区获奖，微电影剧本《青钱柳》被湖南华博集团拍成电影，同时在河南郑州微电影繁花节、全国美丽乡村微电影大赛、粤港澳微电影大赛中获优秀剧情奖和优秀作品奖。

我的云台岭，我的梦

作者：廖小凤

　　我出生在 20 世纪 60 年代末，原本天生愚痴，八岁才开蒙入学。到了二年级时，1 到 100 依然数不清，作业本上的数字"3"与"8"还是歪歪斜斜挺不起脊梁；上到三年级，数学总是不及格，爱生如子又恨铁不成钢的马集云老师让我写保证，手板挨了无数次教鞭，保证书上的"及格"与"起格"还是云里雾里分不清。可对学校图书室《夺印》《浪花》《海的女儿》《农奴愤》等屈指可数的几十本图书却爱不释手。本就窄小破败拥挤不堪的土砖房被一张张破床与一大堆农具占据后，臭烘烘，苍蝇蚊子满天飞，鲜有人去的茅房猪舍牛栏旁便成了我学习的天堂。书中的人物和场景伴随着苍蝇的嗡嗡声，如今依然在脑海中萦绕。

　　1980 年小学毕业，我这个副班长与正班长唐谋魁在全班二十几名同学上下学途中"正班长讨到副班长，全班同学搞弹场"的说唱声中一同考入了县重点中学武冈一中。当老师把录取通知书送到家时，母亲盛情挽留，宰了大母鸡以谢师恩。

　　双抢结束，父母带着我们兄弟姊妹，在与已成家立户的大哥、二哥、

武冈一中云台岭的树林

大姐、二姐的帮助下，卖了口粮，将半年来蒸酒打豆腐积攒下来的分分角角，分别给我和在九中上学的三姐、四姐，还有小我两岁正念小学的弟弟交了上学费用。

那时的条件虽然艰苦，却也留下了很多美好的回忆。

从马山岭的家园到云台岭的校园，在现在看来，也就咫尺之间，油门一踩，半个小时即可轻松到达。可那个时候，一个公社方圆几十里，一天只有一两趟客车慢慢摇晃艰难往返，运气好能挤上去，就已是无比的荣幸，可动辄三五毛钱的开销也不是一般的家庭所能承受得起的。除了寒暑假，我们一学年就只有五一节与国庆节回家待上三两天。

刚入校时我们住的都是大通铺，一间四五十平方米的大房子，中间留出一个通道后，就用砖块砌成两排，上面铺上木板，就成了两张超大的床。我们把从家里带来的稻草汇聚起来，再各自在稻草上铺上一床1米宽的苇席或者床单，晚上二三十个人就躺在上面，肩挨着肩，天马行空地放飞理想。熄灯铃响了，查寝的老师打着手电筒晃来晃去，可宿舍里叽叽喳喳的声音依然此起彼伏。半夜三更，寒冬腊月，被老师逮住，一个个乖乖地钻出被窝，罚站到操场上，哆哆嗦嗦地站成一排。

起床钟一响，又立马拿着个铁桶飞一般地跑到河边打上半桶水，简单洗漱一下，溜进教室，早把晚上操场上罚站时的窘意忘到了九霄云外。

那时候的教育其实很简单。学生犯了错，老师可以批评可以骂，错了就老老实实接受处罚，半点委屈都没有。重罚之下必守规矩，教室里窗明几净，课堂上聚精会神，早读课上书声琅琅，晚自习时鸦雀无声，操场上生龙活虎。白天一声臭汗，晚餐后再去河边打上一桶水，到热水房换上半桶热水，和管水的师傅好说歹说，大师傅一高兴还可以额外再加上一勺热水，心里甭提有多美了。

那时候全校就一两个水龙头定时开放，一个班一天也只保证供应一次白开水，食堂洗碗槽里的一点点水也满是饭粒、油腥，大家饭后把碗用竹刷一刷也就万事大吉。换下的臭衣服鞋子就只能等到星期日去河里洗了。那个时候河里的水既深且清，河里一年四季也都漂浮着不知从哪里放下来的许多木排，每到周日我们三五成群，坐在木排上，洗衣浣纱，别提有多惬意了。

记忆中学校就一座旱厕，又在一个角落里，白天一个人去都感觉阴森森的，离宿舍还有两三百米，有时睡到半夜三更，被尿憋醒，又不敢叫醒一旁鼾声正浓的同学，只得自个儿麻着胆子，沿着黑黢黢、令人毛骨悚然的小道一路狂跑。虽说放下包袱一身轻，可浑身起的鸡皮疙瘩，让此后晚上再也不敢轻易喝水了。

那时候，每月十几块钱的生活费本已是十分艰难，回到家能吃上几块肉更是奢侈。开饭时我们常以百米冲刺的速度跑向食堂。肚里油水少，可云台岭上春夏时分鸟语花香，秋冬时节丹桂飘香，菊花盛开，书山学海，填充了辘辘饥肠。精神的富足，远非山珍海味所能比拟。最难忘图书室的曹老师，对每一本书放置何处，她都烂熟于心，对我们这些常借常还的学生，更是厚爱有加。每次学校购进新书，她都会用毛笔抄录好书名，编好号，张贴在图书室的楼梯口外墙上，满满一大墙，密密麻麻。

岁月回望，云台岭上的锻打锤炼，让万千学子百炼成钢。我们的青春、理想融入中华民族伟大复兴的中国梦，强健了我们的体魄，让我们的情商智商财商逆商，逆势上扬，与这个伟大的时代生死与共。岁月如歌，今天的我们虽已陆续步入夕阳人生，可面对这百年未有之大变局，依然热血沸腾。

物换星移，岁月更替，我那方小小的书桌大大小小腾挪过无数次，百年云台岭上的武冈一中亦华丽转身，蝶变成湖南师大附属武冈实验中学。可昔日莘莘学子，不讲吃穿，读万卷书，行万里路，一方陋室，一桌一椅，"三月不知肉味"的磨砺，依然根植于心。

一日为师，终身为父。忘不了云台岭上肖体刚老师，应迪云老师。特别让我感动的是，谢培基老师已耄耋之年还几次来到我办公室，指导我，鼓励我。

更要特别感谢刘力平、周乐庆君，他们是我的恩师，亦是我爱人云台岭上高 39 班的同学，更是鼓励支持我女儿师大毕业致力母校教育的引路人。我们师徒有缘，在各自岗位履职尽责，敬业奉献，共同为武冈教育殚精竭虑，更乃三生有幸。

与夫君相濡以沫 35 年，常听奶奶聊起往事，她临盆在即，爷爷却应征入伍，以身许国，一去不返。奶奶独自抚养父亲与两个姑姑，还勉励舅爷爷林睦盘在云台岭上刻苦求学，其中的坚忍和艰辛，莫不让人感动。

昔日舅爷爷从云台岭高中毕业，从中南大学到祖国边疆，成长为中科院著名的定向爆破专家，常年奋战在国家重大项目建设工地，直至 60 多岁罹患矽肺病长眠于乌鲁木齐烈士陵园。在舅爷爷去世前，作为孙媳的我常常替奶奶执笔代言，传递着他们的姐弟深情。1987 年，舅爷爷从新疆出差海南，转道广西，再回湖南，跨越数千公里，第一次带回一个硕大的椰子，留置数天，一直等到我和爱人回家，才剖开共享。如今斯人已去，依然珍藏着的那一封封家书，延续着不老的血脉情深。

武冈一中校园云台岭的桂花

所幸奶奶儿孙孝顺，苦尽甘来，享寿九十有五，无疾而终。倘若老人九泉下有知，她亲手扶携带大的最疼爱的重孙女，我们的独生女儿早已成长为云台岭上一名光荣的人民教师，定当倍感欣慰。

回望云台岭上昔日同窗，忙忙碌碌于地球村里百行千业，难得一聚。但纯真的同窗情谊愈久弥坚。我们几位一同从杨柳各偏僻村落聚集于此的同乡学子更是情同手足。小虎同学凭借全球顶尖的自动化研发制造技术，从深圳颐美科技的平台走上了 CCTV 华商论剑大讲台。他与夫人偶尔回乡来我家驻足，聊起往事，我们无不感叹父辈的神奇。他的父亲，一个普普通通的乡村教师，竟然创造了一个中国乡村基础教育史上的奇迹，我们同年级仅有的 89、90、91、92 班四个班 200 来名同学，其中竟有 7 名同学来自于杨柳公社大山小学，来自于他父亲曾石林先生任教的 20 几名学生。我的父母一介布衣，生养八个孩子，无一夭亡，无论男女，均送进学堂，其中艰辛，不难想象。曾老先生与我的父母早已经永远地离我们而去，找点时间，带上家人，尽己所能，为我们的父老乡亲，为我们的乡村建设添一分光发一分热，便是对他们最好的怀念。

雄关漫道真如铁，而今迈步从头越！

致敬我们每一位爱生如子的辛勤的老师们！

致敬我们每一位挺起中华民族脊梁的同学们！

感谢您，武冈一中，云台岭上我亲爱的母校，万千学子因您梦圆！

祝福您，湖南师大附属武冈实验中学，为中华民族伟大复兴培根铸魂接续起航再出发，一路顺风！

母校百年华诞，想留下只言片语，无奈思索良久，亦无从下笔。特在一个暴雨如注的周日，冒雨从居所步行经云台岭到师大附中校区，往返近10公里，耗时5个多小时，一路走走停停，情深深雨蒙蒙，在成了落汤鸡之后，方在手机上敲定了这些文字的基本架构。

作者简介

廖小凤，中共党员，中学高级教师。1980—1983年就读于武冈一中初90班。1986年武冈师范毕业，先后在武冈市某乡中学、乡小学、武冈市特殊学校履职尽责。曾当选为武冈市第二、三次党代会和邵阳市第九次，以及湖南省第十次党代会代表；获邵阳市优秀共产党员、邵阳市劳动模范、邵阳市特殊教育奠基人、湖南省保护未成年人优秀公民、湖南省芙蓉百岗明星、全国交通银行特教园丁奖等殊荣。

武冈一中云台岭操场

一片深情忆恩师
——忆我的初中历史老师刘文明先生

作者：王逸恒

　　八十多岁，已属耄耋之年。既已衰老，对年轻时的一些人事当尤为眷念，丝丝情缕常萦绕不绝。感情维系最多的，是哺我以知识乳汁，育我以做人根本的老师们。而我初一的历史老师刘文明先生，就是让我感恩最深的一位。

　　我是1955年考入武冈一中的。刘老师给我的最初印象是，身材颀长，脸庞黝黑，声音也很洪亮，也许是常年勤于教学吧，他的身体就显得单薄清瘦。他那时很年轻，二十刚出头的样子吧，但性格天生严肃，是那种不怒自威型的，我们做学生的以前几乎没见他笑过，因此心里总是有些怕他。记得那时我们同学在教室里闲谈，只要听到刘老师走路的脚步声，大家都自然而然地安静下来。

　　那时武冈一中的师资相当不错，教我们语文的是张照老师，教数学的是欧阳春山老师，刘文明先生当时教我们的历史。他虽然教的是历史，可教学却相当严谨，对我们的要求是一点也不落下，比如他要求学生读书时态度一定要认真，坐姿必须端正，声音必须洪亮，他说这是做他学

　　记得那时晚上照明用的还是煤油灯，我是生活委员，给寄宿生买煤油也是我的职责。学校坐落在云台岭上，而卖煤油的供销社，最近的也要到迎春亭去了，路途虽然不远，但是十分难走，一路有陡坡有泥泞也有坟山，沿途居住的人也不多，让我这个初到城里的小男孩感到十分害怕。

生的最起码的要求。因此，我讲话总是严谨的，办事也是认认真真的，这可都得感谢刘老师的严格要求。

刘老师的表达能力很强，语言逻辑性好，不重复、不拖沓，口若悬河，十分有感染力，大家都爱听他的课。他作为班主任十分重视学生的全面发展（我初二的时候，由于张照老师生病，就由刘文明老师代班主任），我的文字功底，很多都得益于初中时期语文老师张照先生的教导，这是不敢忘记的。可作为历史老师和班主任，刘文明老师对我影响也很大，以至于六十多年了，他劝我学好写作的情景还历历在目。

刘老师胸怀坦荡，为人正直。他从不收学生的礼物，不占学生的便宜，他的原则是：只要你肯学他就愿教，你成绩好他就高兴就喜欢你。他说他是农家子弟，他最喜欢努力读书的孩子，他最大的愿望就是学生们读书用功有出息。

刘老师做事特别认真。记得那时晚上照明用的还是煤油灯，我是生活委员，给寄宿生买煤油也是我的职责。学校坐落在云台岭上，而卖煤油的供销社，最近的也要到迎春亭去了，路途虽然不远，但是十分难走，一路有陡坡有泥泞也有坟山，沿途居住的人也不多，让我这个初到城里的小男孩感到十分害怕。

我跟班主任刘老师提出这个想法，他没有做声，只是沉默了一下，然后对我说："那就我去打油吧。"（那时的煤油供应十分紧张，学生每个月凭票供应 2 两煤油，其他的必须要想办法，如果没有有声望的老师去托关系，是很难很难买到煤油的）。

刘老师第一次买煤油，同学们凑了 1 元 5 角钱，8 斤煤油每斤 1 角 5 分钱共计 1 元 2 角（当时用 6 个装农药的大瓶子盛煤油，谁也不知道每个瓶子能装多少）。煤油买回来后，刘老师要 4 个男生跟他到食堂里复秤，做到丝毫不差。

当天晚自习，刘老师给我们每盏灯添了油后

（我班当时的寄宿生是 36 人，9 盏煤油灯，四人共用一盏，都整齐排放在教室后面的木柜子上），就拿出一个小纸盒子。我们一看，才发现那里面装的全部是一分面值的硬币。只见刘老师给我们寄宿生每人一个硬币，给完之后就笑着解释：这是买煤油剩下的 3 角钱，36 名寄宿生，每人刚好结余一分钱，他另外添了 6 分钱。

后来听欧阳历山老师（我们的地理老师）说，为了退还这些钱，刘老师硬是跑遍了一中的家属房，跟各位老师拆借零钱，才凑足 36 枚硬币，真的是很不容易。

那一刻，我们都感到很吃惊，为刘老师对钱的认真态度，也为他对学生负责的精神（那时一分钱的购买力不小，可以到城里买一小串糖葫芦）。这件事对我们的影响很大，以至于我们班 50 名同学，在后来的人生道路上有从政的、有教书的、有做企业领导的，可这么多人，却没有哪位因为经济问题走错了道路，这不能不感谢刘文明老师平时对我们思想的深刻影响。

1956 年春，我患上了一种奇怪的疾病，每天总是饥饿无力，上了四节课，我常常饿得清口水直流，头昏眼花。这时，刘老师就用开水泡了一杯茶，茶里面，放了几粒米花，米花泡在茶表面，立即泛起几个油花。这时，饿得不知轻重的我，接过"油茶"就猛灌，这时，刘老师就站在旁边，心疼地看着，边看边叹："只可惜我也没有什么好吃的给你。"

那时我总感觉饿，刘老师就经常来看我，那关爱的眼神从此就深深地印在我的脑海中，永远无法抹去。他给我的"油茶"，竟成为我学生时代最珍贵的回忆之一。

后来刘老师托一中的校医带我到人民医院检查，才知道我得了钩虫病，体内有寄生虫，我当然就总是饥饿且乏力了。

刘老师对学生的关心可以说是无微不至的。1956 年的冬天特别冷，我们这些学生，手上脚上都长出了冻疮，严重的，手背脓血直流。坐在教室里，我们把手拢在破棉袄袖子里，瑟瑟发抖。没有火烤，我们只好在地上不停地跺着脚。窗外寒风，呜呜刮过，大家心里一阵比一阵紧。

那一节历史课，凛冽的北风把我们的心思刮得老远老远。刘老师见状，就停下课来，无奈地望了望冷气直灌的窗户，望一望嘴唇打着哆嗦的我们，然后皱一皱眉。

那一节课，我们学得很不认真，刘老师走下讲台，要我们打起精神，抽出棉袄里的手，把手指压在书上。老师的话很严厉，我们只得照做，认真朗读起来。读着读着，我感觉有一只大手从头顶伸来，拾起我的手。他轻轻捏着那肿起化脓的手背，疼爱地端详着。

"疼吗？""不疼……很痒……"刘老师的问话，让人感到一种极大的温暖，可不知为什么，我的眼泪却止不住流了下来，而奇怪的是，看到刘老师那高大的身影，我那颗原本慌乱的心，此刻却布满了阳光。刘老师看了看我，然后走向别处，又检查其他同学红肿的手，没再说什么，只是怔怔地望着窗外出神。

一个小时后，刘老师来到教室，只见他提着一个破铁锅，铁锅里是一堆炭火。把这些放下，他就招呼我们来烤火，一点也没有以前威严的样子。见有火烤，我们班上的一群男生就"哗啦"冲过去，大家叽叽喳喳地说话，反反复复地烤着，直到脸颊发烫，手脚发痒，直到破棉鞋底烤出一股怪味弥漫了全教室，老师才把火堆移到一旁，让同学们回到教室的课桌旁，开始上课。

从那天起，我们每天上课，教室里便多了一堆跳动的火，温暖的火光驱散了寒冷，直到第二年春暖花开。

刘老师带班很有一手，他带的班，不仅学习成绩好，而且活动也很多。每到春天，他喜欢带我们出去踏青。虽然他只不过是我们的代班主任，但那时他年轻，精力充沛，思想活跃，与大家也谈得来。

春寒料峭的三月，藏在树干里的嫩芽正偷偷地窥视着即将郁郁葱葱的春天，温柔的阳光夹杂在春风里，走到哪里，哪里一片勃勃生机。这时，每到周日（那时没有双休日，每周只有星期天休息），刘老师就带我们到郊外朗诵、演讲、排戏剧节目，也带我们去爬云山，到托坪垅里踏青，到七里坪垦荒、植树。做这些事情的时候，刘老师总是给我们布置了学习任务的，比如注意山里植被的特点，树木的分布，有哪些药材，岩石的形状，等等，也常常给我们进行思想教育，教育我们爱劳动、爱学习，尊敬师长等，那时我们的班长萧致强长得比较高大，刘老师就吩咐他做我们的指挥长，其他的男生比如刘中沛、郑大学、刘建中、苏是眉等人就负责后勤保障，帮助女生们带水带干粮，整个班级的团队意识、配合意识十分强，于是集体主义观念无形中就被树立起来。现在想来，也许爬山、踏青、垦荒，这些与学习仿佛毫无关联，可刘老师却能让人意识到、在我们努力学习时，大自然最清新鲜活的一面已经来临，它们的意义，在于把一群少男少女释放在这烂漫的大自然中，让他们明白人生中除了学习，还有那么多有趣的事。我想，虽然在二十世纪五六十年代，党和国家还没有提出"素质教育"这个概念，可刘文明老师的做法，哪一样不是从培养学生的素质出发呢？

两年后，我们初中毕业，毕业前夕，刘老师跟我班每个同学都好好地交谈了一次，有祝福，也有嘱咐。而我，毕业后就招了工，开始在株洲工作，后来辗转到安庆，又因为成分的问题，下放到乡下。其他同学如萧致强、苏是眉等人，考进武冈二中读了高中，特别是苏是眉同学，学习成绩很好，高中毕业考入清华大学。

这些年，我虽然没有跟刘老师联系，可我常常想他，我觉得自己慈悲的情怀，是刘老师在我心里播下的种子孕育出来的。

习近平总书记曾经说过："一个人遇到好老师是人生的幸运，一个学校拥有好老师是学校的光荣，一个民族源源不断涌现出一批又一批好老师则是民族的希望。"很幸运的是，在我的求学道路上，我就遇到了这样一位好老师，在我一生的记忆中，刘老师的表情是严肃的、他的腰板是笔挺的、他的脚步是矫健的、他的为人是正直的。他不仅教给了我知识，也教会了我如何做人，做正直的人，不向强势谄媚、不向世俗附和、不向困难低头、真诚为人，踏实做事，终日乾乾，自强不息。

如今，刘老师虽然已故多年，可是他关心我教育我的那一幕幕，依然刻骨铭心地留在我心灵的底片上，像电光石火，一有合适的机会，就会瞬间在我心中点亮，映出那老师关爱的画面来，让我怀念至今。

作者简介

王逸恒，退休工人，曾任小学教师。1955—1958 年就读于武冈一中初37 班。

武冈一中（云台岭）学生进入大礼堂听学者讲座

父子三人的云台岭情缘

作者：欧阳灿　欧阳炎

岭南，春光明媚，天空偶尔飘过一朵白云。手机震动，一条微信的内容映入他的眼帘：武冈一中建校一百周年，武冈一中历届毕业生名单持续更新中……在长长的名单中，他看到了三个名字：阳代林、欧阳灿、欧阳炎。这分别是他已过世的父亲、他自己、他弟弟。

他父亲阳代林于20世纪60年代从众多学子中脱颖而出，怀着一颗虔诚的心来到云台岭上求学。不久，"十年浩劫"的寒流袭来，目睹混乱的时局，他父亲不愿随波逐流，只能辍学回家，和云台岭的情缘也戛然而止。

时间迈着恒定的步伐，来到了1988年。一个叫欧阳灿的男孩子来到了云台岭，并与云台岭缘定6年。以至于现在他梦中经常出现这样的场景：进校门后往里走，主干道长300米左右，主干道左侧是学校的标志性建筑——四层高的教学楼，每层6间教室。这楼后面还有两栋青砖瓦顶的教学楼，都是2层，每层4间教室，二楼教室的地板、走廊和上楼的步梯都是木制的，走上去咚咚地响，很有年代感。

老爹是来学校给他送米了，直等到下课，才把交米的收据给他，凭收据他就可以去食堂换取饭票。老爹一次挑90斤左右的大米来学校，够两个月口粮，一个学期送2～3次。

在这块读书的圣地，六年里发生过太多的故事，其中有一些画面早已深深地烙印在了他灵魂的深处。

记得有时在教室上课，冷不丁抬头一看，发现外面站着老爹，也不知道是什么时候来的。他一手拿着扁担，一手捏着蛇皮塑料袋，目光在努力寻找着，"我儿和葵（他的小名）今天坐哪儿呢？"一般他只要在前几排找就行，初中时代的他个头不高，老师通常安排他坐前面。父子目光交汇的一刹那，一股暖流就会瞬间从心底涌起，这种感觉很特别，他至今记忆犹新。老爹是来学校给他送米了，直等到下课，才把交米的收据给他，凭收据他就可以去食堂换取饭票。老爹一次挑90斤左右的大米来学校，够两个月口粮，一个学期送2~3次。其他同学的家长也会挑米来交，也到教室外找自己的娃，比如同乡的邓伟、乔立友、周成学，见的次数多了，自然就记住了不少家长的脸。

印象中的云台岭的六年时光，他都把心思用在了读书上，对其他与学习无关的事不上心、不掺和、不打听，只希望自己有朝一日能走出山旮旯、跳出农门，成为"公家的人"。通常晚自习后，他还会约几个要好的同学到操场、工地的灯光下看书，周末会独自一人到苏式教学楼后面的柚子园里看书。那些需要背记的课程——如生物、地理、历史等，都是课余时间背记的，而且效率非常高。夜间躺在床上，也不会马上入睡，闭上眼睛还得放一次"电影"，把白天记的生物、地理、历史要点全部复述一遍。初中三年他的学习成绩年年班级名列前茅，在全年级也从未掉出前五。

但这也给他带来了不小的困扰。初三时，父母亲都希望他报考中专，以便早点参加工作，为家庭分忧减负。而学校出于有利于学生长远发展的考虑，建议初三年级前十名的学生报考本校的高中，为三年后的高考储备本科院校的苗子。面对这样的情况，全家人都苦闷不已。平时听话守纪的好学生竟然也做出一个不可思议的决定，中考前十天他约了两名同学外出散心去了。他们游玩湘西南名山——武冈云山，一路上虔拜菩萨、问签未来、夜宿小寺，还借酒浇愁，体验了一次说走就走的流浪生活。两天后回到家中，老爹了解情况后，非常理解儿子的处境和心情，不过老爹还是语重心长地说："葵儿啊，不管将来怎么样，作为学生，你就得回校学习，先参加中考再说。"也许是平时底子厚，也许是考前放松有利发挥，他中考成绩还不错，位列当年一中高中新生前十。

待1992年9月弟弟考上一中后，老爹脸上的皱纹更多了，但腰板却更挺了。两个崽伢子都进入了云台岭求学，似乎正在帮他实现当年未实现的梦。为了节省开支，老爹没有给弟弟交第一学期的25元寄宿费，而是让他两兄弟睡一个铺位。这样，弟弟就成为他宿舍里最小的男孩了。在宿舍里，他的同学免不了会拿他弟弟开涮，每次弟弟都是笑笑，也没有生什么气，因为师哥们都没有坏心眼，或者有意取笑他。相反，弟弟还从师哥们熄灯后的天马行空式的聊天中学到不少东西，知道了91班有"学霸"王建斌、李朝红，"画神"达世秒、向方海等人物，暗暗把他们作为榜样来学习。

弟弟到来后，睡觉也许更挤了，但生活似乎更有味。还记得有一次周末，他和弟弟一起回家，返校时兄弟俩自己扛米回校，走到合心（地名，坐客车的地方）时就累得气喘吁吁。原计划搭乘班车，老娘也给了他们车费，但是为了省钱，兄弟俩决定爬拖拉机回县城。这是一台刚运送过煤炭的车，车厢、扶杆都是黑乎乎的。不过，他们也不在意这些，只要有车坐，车子脏些、黑些无所谓。可回到学校去食堂交米时，才发现事情被搞砸了：袋子里装的哪里是白米，简直就是煤炭！原来，这袋子密封性不好，手扶拖拉机车厢里的煤炭灰，随着拖拉机的颠簸，都悄悄地侵入袋子，把洁白的米粒几乎"亲"了个遍。他们俩欲哭无泪，像掉到了万丈深渊，这可是他们一个月的口粮啊！

父母亲面朝黄土背朝天辛辛苦苦种出来的大米，就这样被糟蹋了！怎么办？总不能把"黑米"倒入垃圾桶吧？还是弟弟机灵："哥，我们把米用水洗一遍晒干再交吧，可不可以？"说干就干，他们找来水桶、凉席，将洗好的米放在凉席上，忙乎3个小时后黑米再次变白。10月暖阳很给力，让他们换取到如数的饭票，两颗悬着的心得以落地。直到今天，那时的暖阳还时常出现在他的梦中，梦中那两个男孩脸上笑容好灿烂……

不过，好花不常开，好景不常在。1993年春天，因家境窘迫，压力过大，老父亲决定把弟弟从一中转学回乡中学。为全力保证他一个人先考上大学，不得不牺牲弟弟的"前途"，这成为了他心中一个永远的遗憾。

柳青说，人生的路虽然漫长，但紧要处却只有那么几步，特别是当人年轻的时候。六年中学生活，他自己没有虚度光阴，没有让父母亲失望，本科考取了211高校，毕业后投笔从戎，报效国家。云台岭的熏陶，也让弟弟开阔了眼界，更拥有了梦想，也从乡中学考上了武冈师范，获得了本科文凭，现在是省城长沙一名光荣而又优秀的人民教师。

回望云台岭上空飘过的云彩，今生忘不了王顺生、周乐庆、刘力平、唐军、达松柏等老师多年的谆谆教诲，是他们塑造出他奋斗、自强、拼搏、爱国的人生品格。

如果有下辈子，还要做一中的学生，期待还有父子三人在更好更强的云台岭邂逅，用"明理、砺志、笃学、践行"的校训激励斗志，书写别样的精彩人生！

在母校百年校庆之际，写下此文以示纪念，衷心地祝愿母校继续扬帆远航，再谱下一个百年辉煌！

作者简介

欧阳灿，中共党员，硕士研究生学历。1988年9月—1994年7月就读于武冈一中初123班、高91班。1998年毕业于西安公路交通大学后，投身火热军营服役22载。现在柳州工学院工作。

欧阳炎，汉语言本科学历，中学语文教师。1992年就读于武冈一中初139班。1998年武冈师范毕业，先后在武冈梅树中学、武冈晏田中学、展辉学校、长沙市一中广雅中学任教。获武冈市优秀班主任、开福区卓越教师、长沙市骨干教师称号。

徐兴（右三）将军回校看望老书记刘文明（左三）

记忆中云台岭的刘文明老书记

作者：林亲刚

人物简介：

　　刘文明（1930—2010），武冈湾头桥镇人，原武冈一中书记、校长。1952 年，从湖南省委党校第六期干部培训班毕业后，组织上即安排他在一中工作，此后，长期担任武冈一中、武冈二中两所学校的主要领导，并筹建创办武冈县农民大学——"五七"大学，为一中、二中、"五七"大学的发展，为武冈的教育事业均做出了杰出的贡献。

　　值此武冈一中百年校庆之际，我们必然不应遗忘为一中发展做出过巨大贡献的开拓者、奋进者和奉献者，更何况是为一中发展立下了汗马功劳、两度主政两次创造历史的掌门人——无数一中人心中的刘文明老书记、老校长！他 1958—1966 年、1978—1985 年，两度在武冈一中担任副校长、党支部书记共计 16 年，其中任副校长、实际主持全校工作 3 年半，任书记兼副校长 1 年半，任书记兼副校长负责全校性工作 3 年，任书记负责全校性工作 6 年半，负责党务工作 1 年半。

记性很好，特别能侃

听过刘书记报告的人，脑海中一定会浮现出这样一幅画面：刘书记往人前一站，左手叉腰，声音高亢，"同志们啦"或者"同学们啦"，简洁的开场白之后，挥舞着右手的食指，极有节奏地摇一摇，若有所思，语速放缓……再摇两下、停顿，食指停摆在空中……几秒钟之后，口若悬河，抑扬顿挫，双目炯炯有神，当然，左手仍然叉腰，右手食指还在不停地有节奏地晃动着……好一幅指点江山、激扬文字的图景。

土操场水泥台上的训话

20世纪70年代末80年代初，我在一中初81班、高52班读书期间，每天早操后、课间操后的"必修课"就是刘文明书记、邓先伟副校长、周民颁副校长、肖孝富副校长、李望筠主任、杨柞益主任、刘兴光老师等为我们训话。内容主要是要认真学习啦，不要去东塔底下及木材公司边的资江河里洗澡啦，在水井旁河中竹排上洗衣服时千万要注意安全啦，星期六晚上到隔壁汽配厂看电影要注意纪律啦等等。

轮到刘书记做报告时，全校师生都被他强大的气场镇住！他讲时事形势脱口而出、如数家珍，点评学生表现有名有姓、有板有眼、有理有据……台下，一两千张嘴巴全都张得圆圆的，一两千双眼睛全都瞪得大大的，一两千对耳朵全部削得尖尖的，从来没有交头接耳的，当然也不敢交头接耳，更不会有擅自离场的。

早操后全体寄宿生、课间操后全体学生集中训话曾经是个传统，讲的人讲得细致、具体，听的人听得认真、入迷，在1992年我调入一中工作后，再也没见过此情此景。"土操场水泥台子上的训话"成了我们20世纪70年代末80年代初一中学子永远的回忆。

历史课上的趣味故事

在一中，先后有四位老师给我上过历史课：初中先是欧明俊主任、后是周孝坤老师，刘书记客串周孝坤老师代了我们几节历史课；高中是刘治长老师。客观地说，欧主任的历史课基本是围绕教材讲述，但"阿尔巴尼亚——"的杨柳长声至今留在脑海；周老师的历史课有板有眼、条理清晰，但不能很好地对付考试；刘治长老师的历史课平铺直叙、波澜不惊，可考试特别管用，只要听到他拖着长声、敲着黑板说"这个地方要考的啊，做标记，背下来"，你要用心了，也要当一回事了，考试多半会考；刘文明书记的历史课特别好听，因为他总是给我们讲故事，但这些与考试并无太多的关系。

刘书记一进课堂，从古至今，从中到外，天南海北，海阔天空，娓娓道来，一气呵成！尤其是那绘声绘色、手舞足蹈的"张飞杀岳飞，杀得满天飞"的故事，听得我入迷，至今印象深刻。这样的老师，在那时的我眼里绝对是好老师；这样的历史课，在彼时的我认知中绝对是好课。今天我这么说，绝对没有半点取笑和贬低老书记的意思。如今，我已教了30多年的中学历史，干了20多年的学校行政管理，真正体会到：第一，爱好是最好的老师，我喜欢历史课并做了一辈子历史老师，这个念头是从那时开始萌生的。第二，学校领导不一定非学术研究型、专业技能型的专家学者不可，也可以是一名富有经验、务实肯干、学生喜欢、老师拥护的管理型领导，刘文明老书记就是这样一位学校领导者。

退休后谈教育、拉家常、讲故事

退休后的刘书记一直住在云台岭教工一舍。晚年时腿脚不好使，还有点哮喘，但仍然喜欢与人交谈且健谈。那些年，常常看见他老人家或杵着文明棍在校园溜达，或伫立教工宿舍一栋二楼阳台上张望。无论是在溜达时遇到学校老师，还是在阳台上看见路过的熟人，他都会与你热情地打招呼，亲切地跟你拉家常。你一停顿，他立马会打开话匣子，谈教育、谈人生、谈国际形势、谈家乡发展、谈教师成长、谈学校管理、谈家长里短……总之是没完没了，就算你有事要去办，也非常难以脱身。很长时间，许许多多的老师"怕"遇上他。碰到他，总会让人有左右为难的尴尬。但，就是这种相遇和絮叨，给我提供了非常丰富的校史资料和许许多多受益终身的社会生活经验。

学校几度搬迁，加上"文革"时期的破坏，20世纪80年代以前的学校校史资料可以说几近空白。我查遍了学校图书室，跑熟了武冈市图书馆、武冈市档案局，并与周乐庆副校长赴扶冲走访曾任过湖南省第二联合中学校长、武冈劝学所所长、武冈一中首任校长的刘国干先生的后人，与唐军校长、周乐庆副校长赴长沙拜访了80多岁高龄的易世廉老校长……奔波了一年多，才勾勒出了一个基本轮廓，但仍有许多地方需要完善和印证。无助之时，刘书记的拉家常式的絮叨和他老人家收藏的十几本记载一中只言片语的"孤本"，让我将武冈一中的发展史有血有肉地串联起来，很多的"好像""似乎"得到了印证，谜团得以解开：武冈一中建校史应往前推7年，从原来的"1929年建校"，溯源到"前身是民国十一年（1922年）创办的武冈县立女子小学，校址设在县城内老南门左侧的希贤精舍；民国十八年（1929年）改为武冈县立女子初级职业学校。"

惜才爱才，掏心掏肺

刘书记留给同事两个很深刻的印象：其一，他是一位非常正直、正派的领导；其二，他是一位识才爱才也善于用才的领导。

不遗余力地落实党的知识分子政策

1978年，党的十一届三中全会重新确立了马克思主义的思想路线、政治路线和组织路线。刘文明书记带领邓先伟、周民颁、肖孝富等班子成员，在党中央精神指引下，拨乱反正、跑上跑下、忙前忙后，不遗余力地落实党的知识分子政策。从1979年至1984年，经过深入细致的调查研究和实事求是的甄别查核，恢复了3名在政治运动中被错误开除的同志的党籍，将10位错受处分的教师接回学校任教，协助解决了14位教师家属的"农转非"（即吃商品粮）问题，提拔任命7名业务骨干担任行政领导或教研组长，选送了9名青年教师赴省教育学院和地区教师进修学校学习。

一切"好事"，优先教师，考虑他人

要当好一个师生认可的领导，必须舍弃一些东西，私心、私利、私欲等，尤其是优秀的领导，不是用各种荣誉、证书、锦旗堆砌起来的，也不是用各种学科竞赛、升学率和名师专家包装起来的，而是要用真心、真诚去待人，用热血、热心肠去关爱人，能真正从人的角度来帮助人、培养人和发展人。刘文明老书记就是这样一位好心人，他将所有的"好事"优先教师，考虑他人。如作为当时中教五级的他，按照国家政策可以享有一个"农转非"的指标，尽管当时他妻子和子女全部是农村户口，但仍毅然地把家属农转非的指标让给了他心中更优秀的老师。此外，他还把评优评先的名额毅然决然地让给了骨干教师：1984年，李望筠、禹耀彩两名同志当选为武冈县第九届人大代表；1981年和1984年，唐义芳同志当选为武冈县第一届、第二届政协委员；1983年禹耀彩、1985年肖孝富两名同志先后被评为邵阳地区先进教育工作者……但凡与个人利益、个人荣誉相关的，他都优先他人。

关爱学生，尽心尽力

爱学生是教师对学生的一种自然的情感，也是教师对学生奉献的核心。"谁不爱孩子，孩子就不爱他，只有爱孩子的人，才能教育孩子"，

这是高尔基说的，也是刘文明书记一以贯之努力践行的。在学校管理工作中，面对单纯可爱的学生，他常常感悟到身教重于言教，只有付出了自己的赤诚爱心，才能架起师生间的心灵彩虹之桥。

他带头响应社会主义教育运动，积极参加"四清"运动，与法新大队唐奕姣、飘坪大队刘兴根等农民兄弟姐妹结下了深厚的无产阶级革命友谊，为有困难的社员解决实际问题；他时常找犯学习冷热病的学生谈心，逐个督促、检查他们的作业；他为边远山区周末不回家的贫困学子解决生活困难、提供学习用品，给寒暑假不回家自愿留在学校学习的学生提供学习和生活上的便利……

一些因违纪受到他老人家"关照"过的学生，至今还记得那难以忘怀的场景，忘不掉在他那享受的特殊"待遇"。刘书记找违纪学生谈心，有特色，讲策略，采取逐个击破的方式。每次只请一个违纪学生到他家里或者办公室，先是请学生坐下，然后递上一杯水，再将自己的凳子拉到学生面前，右手搭在学生右肩膀上，语重心长地谈，声情并茂地说。

对学生无微不至的关爱，他从来就不奢求回报。"桃李不言，下自成蹊。"受过他教育和帮助的学生，绝对不会忘记老师的教诲。20世纪五六十年代的校友，每每回到母校，铁定的一件事就是"我要去看望刘校长""我要去拜访刘书记"……校友、原陕西军区副政委、少将徐兴将军如此；校友、原湖北政协副主席周宜开如此；校友、曾任广州军区某守备师政委兼中共珠海市委常委、珠海市政协主席肖时照如此；校友、原乌鲁木齐有色冶金设计研究院高级工程师、中科院著名定向爆破专家林睦盘也是如此；校友、武冈各界名流朱振宙、喻立伦、王耀楚、段世明、周乐民、王慈作等等亦是如此……

两度主政，两度辉煌

刘文明书记认为只要心怀期待、同心同德，就能迎来新的春天；只要辛勤付出、开拓创新，定会收获累累硕果。正因为此，他两度主政武冈

易世廉与刘文明在武冈一中（云台岭）校门口留影

一中，两度改写历史，创造辉煌。

60 年代初异军突起

1958 年，社会主义建设总路线公布。从此，学校在上级的指引下开展了教育大革命。10 月，中共武冈县委发出《关于抽调人员支援钢铁生产的通知》，学校组织师生分赴栗山园、文坪挖煤和云山铁厂炼铁，日夜奋战，历时 40 余天。11 月，学校与武冈师范、县二中、云山中学、鸿基中学联合组成"红专公社"。除武师外，师生分年级住校，挖煤炼铁回来，仍然大搞劳动，直到 1959 年 2 月，学校才恢复正常教学。在教育革命中，师生劳动过多，打乱了正常的教学秩序，降低了教学质量，学校在前进中走了一段弯路。

危难时刻，刘文明同志被任命为武冈一中党支部书记兼副校长，负责全校工作。他遵照党的教育方针政策，配合各项社会改革，进行了一系列整顿和改革，使学校面貌发生了根本性的变化：

一是抓住机遇，扩大发展规模。1959 年武冈县第一初级中学改为武冈县第一中学，校舍再次扩建，并开始于秋季招收高中班，学校发展成为完全中学。至 1966 年已发展到教学班 16 个，学生 800 余人，教职工 60 余人的办学规模。

二是强化了管理措施，改革了教学内容、方法，重视加强对教师的师德教育和对学生的思想品德教育。促成了校风优良、好人好事层出不穷、名师名生不断涌现的大好局面。如原对外贸易部部长助理熊正中，原湖南省文化厅厅长黄石，原新闻出版总署司长萧时国，原《人民日报》海外版编辑萧泽跃，原湖南省高级人民法院副院长毛善刚等等，都是该时期学子中的佼佼者。这一时期，一中的教师也享有盛名：萧子慎老师被评为全国劳模；唐咏高老师，书教得非常好，深受同行崇拜、学生欢迎；欧阳祖柏老师，知识功底扎实，讲课条理清晰，将地理知识与现实生活很好地结合起来；刘伦致老师（笔名鲁之洛），语文课上得好，

武冈一中云台岭校园内樟树下

文章写得好，课余时间辅导文学社，培养了原北京市委《前线》杂志编辑、《全国思想政治工作》杂志总编杨文上等众多优秀学子。

三是注重教研教改，教学质量迅速提高：多次在武冈县、邵阳地区统考和全国高考中夺魁。尤其是初中的教学质量在整个邵阳地区颇有名气；高中尽管是初办，教学质量也在逐步提升，1962 年第一届毕业班考入大专院校的仅 6 人，1963 年第二届则考取了 38 人；1964 年考取清华大学、北京大学、人民大学各 1 人，高考升学率达到 66%，实现了开办高中以来"清北"零的突破，圆了 20 余人到北京上大学的梦；1965 年，2 人考入清华、2 人考入北大，高考升学率高达 78%，升学率超过了当时邵阳地区名牌学府邵阳市二中。

80 年代初焕发新春

因受"文革"影响和冲击，火力全开的武冈一中戛然而止，中断了风生水起的大好局面。"文革"后的 1978 年，刘文明同志再一次被任命为党支部书记、主持全校工作。他全面贯彻党的教育方针，多措并举，教育教学质量迅速提高，学校迅速振兴，进入了第二个大发展时期。

此时的武冈一中，一是以严明的纪律、出色的教学质量在社会上享有盛誉。1983 年，学校被教育部表彰为思想政治教育先进单位。二是恢复

三三学制（即初、高中各三年），改进教学方法，鼓励教师开展教研教改活动，从而涌现出了一批大师级的教师，享誉武冈，他们成为武冈各个学科中的领头雁和带头人。如化学教师欧阳祖雪，略带沙哑的嗓音，绝对不影响他上课时的口若悬河，讲述内容的娴熟；语文教师、副校长肖孝富，普通话非常标准，知识相当渊博，教学形如流水，范读令人陶醉；语文教师、副校长周民颁，古文功底相当深厚，字词讲解深入透彻，分析人物入木三分；数学教师肖竟存，讲课思路清晰，板书工整规范，上课艺术性很强；物理教师、副校长、校长唐义芳，教学深入浅出，分析透彻，枯燥的物理硬是被他教活；数学教师戴时培，学历高，人品好，思路清晰，思维敏捷，教学效果很好，后被委以一中校长、教育局业务局长等重任；数学教师唐启胜，贯彻少、精、活的原则，精讲多练，善于设疑，教学效果很好，后来被评为湖南省特级教师，1995 年还被委以校长重任；全国优秀教师姜子华，用比较法进行教学，找到了语文课堂教学的最佳方法；语文教师周维治，注重引导，严谨扎实，逻辑严密，分析透彻。三是教学质量继"文革"前又一次进入了与武冈二中全面比高低的时期。1979 年，四个班被大中专院校录取 59 人；1980 年，三个班考取 34 人；1981 年、1982 年，四个班分别考取 51 人、53 人；1983 年、1984 年，四个班分别考取 83 人、84 人；1985 年，周伟球考取了清华大学，填补了恢复高考制度以来无人考入"清北"的空白。

语云："一个好领导就是一所好学校。"记忆中云台岭上武冈一中的刘老书记，说得比这更好，做得比这更多。他留给一中师生的印象是深刻难忘的，他为一中做出的贡献也是不可磨灭的。

刘老书记寿登耄耋，他离开我们已经十多年了，但是我永远也忘不了我们的老书记、老校长。

后来人由衷地赞叹：云台岭多美啊！一中人深情地怀念：刘书记多好啊！

作者简介

林亲刚，中学历史正高级教师、湖南省特级教师、湖南省优秀教师。1979 年—1983 年就读于武冈一中初 81 班、高 52 班。1992 年从九中调入一中任教至今，曾任武冈一中团委副书记、政教处副主任、办公室副主任、办公室主任、工会主席。撰写了《武冈一中：武冈历史最悠久的特色名校》，执行编辑了《云台足迹》《云台烛光》。

武冈一中（云台岭）学生在树阴下晨读

岁月的痕迹

作者：汪兴谦

　　1956 年我从武冈红星完小毕业，参加考场设在武冈师范的武冈一中的招生考试。那一年，武冈一中只招 3 个班，报名参考的有 2 千多人。

　　考完后，我自我感觉良好。数学没错题，作文题目是《一个好社员》，感觉没有走题，而且情节写得跌宕起伏，故事发展既在情理之中，又在意料之外！考完后，天天念叨，以至于睡梦中都笑醒过几回。

　　我们龙溪铺人去百景岭砍柴或放牛，都要经过强盗坳，我几次站在强盗坳远眺，眼光从两山之间穿过，可以清楚地看到武冈一中的教学楼！一想到自己就要去那里读书了，心就怦怦地跳，感觉比平时跳得快多了！

　　在选报志愿之前，我到一中参观过，我好喜欢两层楼之间楼梯拐弯处的栏杆，转得那么巧妙。我从来没有见过这么巧妙的转角！

　　发榜的时候，好多人挤在公布栏前，黑压压的一片。我在榜上发现了自己的名字，连蹦带跳，欣喜若狂！

　　报到注册的日子到了，我那时高不及 1 米 3，力气小得很，还是同村高年级的师兄帮助我挑了行李，步行十多里到达学校！

　　紧张的学习开始了！1956 年招的 3 个班分别是初 38 班、39 班、40 班，我分在初 39 班。

报到注册的日子到了，我那时高不及 1 米 3，力气小得很，还是同村高年级的师兄帮助我挑了行李，步行十多里到达学校！

那时，刘文明老师抓学校思想政治工作，他教导我们做人要"才怀隋和，行若由夷"。

初中三年，我时刻牢记学校和父母亲的期盼，牢记国家社会对我们的要求，牢记自己的责任担当！

我特别喜欢数理化。张运华老师、谭楚姚老师、蒋老师教我们的数学，李老师、罗老师教我们的物理，肖老师教我们的化学。

我也特别喜欢去阅览室看杂志，还喜欢看小说。

到了初三，视力不到0.1，又没有配眼镜。闹了很多笑话，总是看到一条路，却分不清高低；看到有个人，却看不清是谁！同学还送了我"汪瞎子"的"美名"！

那个时候，4天8餐，学生的伙食费分两档，第一档每月6元，第二档是每月5元！我自知体弱不能给父母亲挣工分，只好为父母亲省钱，当然选择了第二档，同时每餐只吃6两米（16两制的6两）！

虽然标准不高，但是，当时周后光老师抓学校的纪律与生活，每个星期都能打牙祭，吃上鲜美可口的猪肉！

回想在武冈一中的三年，最让我难以忘怀的是"雨中送伞诚挚意"。同班同学周乐民，他父母亲都是武冈一中的老师，他是我们眼中的贵气崴崴，又是少先队大队长。

有个星期六下午，天气蛮好，有些人趁着好天气进城了，可是天黑以后，突然狂风大作，下起了倾盆大雨。其时，乐民找到我，他说，这么大的雨，去城里的老师同学回不来了，肯定很着急。

我们决定收集雨伞，冒雨去城里送伞。

我们穿过东门口城门，步行到镶龙桥，沿四牌路、三牌路、水南桥，又走西直街，凡是亮着灯的店铺，特别是饺面馆，我们都高声发问："有一中的老师学生吗？"

结果，还真把所有的雨伞送完了！

我们感到做了好事，像个合格的少先队员！这样的好事，我们坚持到毕业！

62年参加高考，全湖南省的考生都"谦虚"，让我脱颖而出，取得了最好成绩，步入了清华大学！学的专业那时叫工程物理，现在叫核能科学与工程。2021年国家最高科技进步奖获得者王大中校长，曾是我们的任课老师！

我37岁时，部队从地方招录人才，经过严格的审查考核后，进入试讲环节，我试讲的课题是：多元函数的极限。

讲到中途，考官就不要我讲了，说我试讲得最好。于是，那年（1981年）我参军了！

从国防科技大学退休后，因在位时经常上午讲课2小时，辅导2小时，下午讲课2小时，辅导2小时，晚上答疑2小时，积劳成疾，戴上了6顶疾病帽子。不过我相信：九十不算老，八十不为稀。健康长寿经，含饴逗玄孙！

由于身体特别健康，经常有人问我，退休了没有？

作者简介

汪兴谦，1944年生，1956年到1959年，就读武冈一中初中39班。1962年到1968年，就读于清华大学。1968年到1970年在二机部工作；1970年到1978年，在湖南计算机厂工作；1978年到1980年，在湖南计算机高等专科学校（已并入湖南大学）工作；1981年进入国防科技大学工作直到退休。其间，担任过督导、系主任、执行院长。

胸怀强国志　思想育后人
——记武冈一中老校友、中国当代马克思主义史学家吕振羽

作者：苏敬华

一、出身农门成大家

吕振羽，中共早期党员，幼名典福、曲爱，字行仁，学名振羽。1900年1月28日生于湖南省武冈县武东乡溪田村一农家（今邵阳县金称市镇社田村），1980年7月17日在北京逝世，享年81岁。19岁从武冈县立中学毕业，26岁从湖南大学工科毕业。28岁赴日本明治学院学习经济，先后任杂志主编、大学教授，有"红色教授"之誉。

曾任刘少奇政治、学习秘书，安东省委常委，大连大学党委书记校长，东北人民大学校长，中央人民政府民族事务委员会委员，中国科学院哲学社会科学学部委员，第一届全国人大代表，第三届全国政协委员，中国社会科学院顾问，中央军事委员会顾问。是中国现代著名的马克思主义政治理论家、哲学家、历史学家、经济学家、社会学家、军事理论家。

二、毕生胸怀强国志

（一）"五四"高举反日旗

他11岁时听说辛亥革命爆发，毅然剪去辫子。17岁夏季入武冈县立中学读书（插班生），深受维新思想老师、著名国学家萧承舆（石城）影响，爱读唐诗，喜好吟咏；牢记师训，生平行事"务求蹈实"。19岁受"五四"爱国运动影响，在武冈县立中学发起、组织武冈学生会，被推选为会长。举行学生集会、罢课、游行示威，开展"反日抵货"运动，创办《武冈旬刊》。同时被推选为本校学生自治会会长，领导全校同学实行了一学期的学生自治。冬季从武冈县立中学毕业。

其间，因痛恨帝国主义的残忍，忧国家政治的腐败透顶，他写道："这万恶的社会，枪炮的毒焰，说什么公理？说什么人权？只恨那：大凌小，富吃贫，弱肉强食，残忍无边。全世界竞争的焦点：只看土地，只有金钱。要什么和平会议？订什么国际公法？来装门面。何不直截了当，只讲大炮战舰，只讲侵略强占。乌黑黑的天空，布满了云雾霾烟。太平洋的水，是东方人的涕和血。这病夫似的中国，已入了膏肓的危症。那些军阀、官僚、政客，却只知个人的快乐、方便，哪管你四分五裂。祸在眉睫。好伤心！老百姓，欲死不得。①因此他向人们呼吁："好同胞！猛回头，同来改革，切勿蹈印度、朝鲜的覆辙。"②

（二）创建塘田讲习院

1938年6月，在民族危难之际，吕老按照中央指示，在湖南省委和徐特立的直接领导下，回家乡武冈创建了"塘田战时讲习院"，招生两期，建立了新宁、金称市等5个中共湖南省委直属支部，至1939年5月为期一年，被誉为"西南抗大"，为抗日前线培养了一大批优秀基层指战员和大批地下党员。因影响大，遭国民党湖南省政府查封，期间得到国民党武冈县政府县长林拔萃③的帮助。特选一九三九年春吕老受林拔萃约为统战第一次去武岗，访古怀旧（六首之二）。

《去武岗中学讲演忆萧承舆（石城）》

吕振羽

高风宿学萧夫子，
尘拂鳌山启众士④。
"策问"吾曹寓意长，
"圣行""侠烈"起蹈实⑤。
今日满堂菁菁子，
时代号角速行止⑥。

《偕友游东塔访古》

吕振羽
危立江滨一斜塔⑦，
层层浮级接云霞。
成群宿鸟翔高下，
倒影江心舞参差。
千载咸称鲁班术，
万民同造新中华。

注释：
①②注释：吕振羽：《少年写作烬余录·杂感》诗。
③林拔萃，当时任武冈县县长。为著者求学武冈中学时的教员，对著者很器重。一九三八年应著者之请为塘田战时讲学院校董。在国民党反动派迫害塘院时，他曾帮助著者，起了维护塘院的作用。
④鳌山，指鳌山书院，武冈中学校址。
⑤自注：我在武中读书时，国文教师萧承舆为县著名国学家。著举后，不仕进，亦不理地方事。我班临卒业时一次试题"策问"，副题"盍各言尔志"。我文中大意云：如国家民族危亡，当拜谢祖宗，舍身以赴，告黄帝轩辕于地下；如民族国家昌盛，只求茅屋二三间，卧读唐诗，以至南窗……萧师批云："圣贤行止，豪侠义烈，兼而有之。"又附一长段批语，大意云：生有此志，吾甚嘉欣，但作来颇不易。如今反日仇货，我除一洗盆外无它日货，理应焚毁，亦觉可惜。生欲行其志，务求蹈实，凡事从一己始……
⑥自注：时武中校长王甫田，系王圭田烈士之兄。为我求学武中时博物教员，要我为该校讲演一一次抗日到底的问题。时武岗有一国民党黄埔军分校，以分校为中心，三青团活动颇猖狂，吾意甫田师必以此而约我讲演。
⑦自注：俗传神话云，鲁班与其妹相约在一夜之间分别建成东塔、高庙。鲁班建成塔时才半夜，故作鸡鸣给其妹。妹妹一急，便忙将碎木捏成两大柱子，故高庙大殿前两柱未刨光。妹知为鲁班作弄，便一脚将东塔踢斜，故东塔自始就是斜的，但不倾倒。

鳌山三载郊游遍,

每访农家话桑麻。

三、著作等身育后人

吕老一生著作等身,主要学术著作有:(1)《中国外交问题》1929年北平京城书局出版;(2)《中日问题批判》1932年导群书店出版;(3)《最近之世界资本主义经济》(上)1932年北平书局出版;(4)《史前期中国社会研究》1934年北平人文书店出版,1961、1979年三联书店再版;(5)《殷周时代的中国社会》1936年上海不二书店初版,1962、1979年三联书店再版;(6)《中国政治思想史》1937年黎明书局初版,1953年三联书店增订再版,1980年人民出版社再版;(7)《简明中国通史》(第一分册)1941年5月香港生活书店初版,全书上下册,1948年大连光华书店初版,1959年人民出版社新版修订本,1982年人民出版社再版;(8)《中国社会史诸问题》1942年耕耘出版社初版,1954年华东人民出版社再版;(9)《中国民族简史》1947年大连大众书店初版,到1950年三联书店增订版;(10)《史学研究论文集》1954年华东人民出版社出版;(11)《史论集》1960年三联书店出版;(12)《吕振羽史论选集》1981年上海人民出版社出版;(13)《中国历史讲稿》1984年人民出版社出版。以上大部

1961年7月,吕振羽参观内蒙古博物馆留言(右一为范文澜、左三为王治秋)

1953年,毛泽东任命吕振羽为东北人民大学校长

分著作被翻译成俄、德、英、蒙、韩、日等文字在国外出版发行。

《吕振羽全集》十卷本(600多万字),2014年由人民出版社出版,为后世留下了不朽的知识财富。

四、千年学府推演记

由吕老系民国初年武冈县立中学(即现武冈市第一中学前身)毕业,吾以为现在的武冈市第一中学应为"千年学府·百年校庆",千年学府指封建旧学,百年校庆为近现代新学。新学武冈县立中学始建于长沙,1916年从长沙迁回县城鳌山书院,1917年春季吕老插班武冈县立中学至1919年冬季毕业共计三年。往后计1950年武冈县立中学直接转为武冈县第一中学,百年新学至今延续。亦是现在的武冈市第一中学。往前朔则是清、明、元、宋、唐、隋朝的官学即武冈州学、路学、军学、县学。从隋炀帝开科考至今已有1460余年。为此我咨询了邵阳学院文学院、北京大学历史专业研究生毕业胡克森教授和该院历史研究所所长曾维君教授,他们一致认为这种推测的历史逻辑关系是成立的。同时我请教了曾在武冈一中教书,现年101岁的唐咏高老师,他说"解放前的历朝历代县州官办学校就只有1所,

其他都是私立学校或学堂。"鉴此，武冈一中的"千年学府"是成立的。

　　吾以为吕老自注"法相岩"中说"今武岗中学移建岩首山上"有误，据查原因有三：一是1950年成立武冈县第一中学时，原国民县立中学的牌子保留在该校内，这是校名与属性传承。二是原解放前夕武冈县立中学停办后改为简易师范，1950年简易师范停办时一部分教学设备和图书转入武冈县第一中，一部分转入省六师（后来的武冈师范），这是实物传承。三是武冈二中从洞庭中学成立至1953年公私合营时，一直是私立学校，也一直办有高中部，且名气比一中大。一中到1959年才恢复旧国立中学招高中。因此才造成吕老1962年回武冈时有此一误。

作者简介

　　苏敬华，公历1963年6月16日（农历闰四月二十五）出生于原武冈县保花公社石地大队第七生产队。1978年9月至1979年7月插班武冈一中读高二，毕业37班。中共党员，大学双本科学历。中国民间文艺家协会会员，邵阳市文联兼职副主席、市民协主席、市梅研会顾问、《邵阳文库》执行主编。

武冈一中云台岭校园

梦想开始的地方

作者：钟显辉

初夏的时候，满校园的刺槐花开，纯洁得简直让空气凝滞，烂漫了整个云台岭。清纯的香味飘进了课堂，飘进了梦乡。

一晃，三十四年过去了，自己已从一个懵懂的少年成了一个年近半百的"老人"。在母校百年华诞之际写下一些我初中时候的回忆确实需要鼓起很大的勇气：一来是觉得回忆没有什么意义；二来是水平有限，担心本来美好的人和事在自己的笔下变得干瘪。但记忆的闸门一打开，思绪却早已喷涌而来。作为一个年代的记忆，我的记叙或许也是有价值的。

1988 年的夏天，我在马路边放牛，教我数学的潘老师骑着自行车路过，告诉我考上了武冈一中。虽然很懵懂，我心里还是激起了一个小小的波澜。那个时候考上县属中学还是很幸运的，自己觉得也是。是妈妈陪我到武冈四排路老新华书店买了一本语文参考书起的作用，还是自己运气好？到现在我也没有琢磨明白，也不想纠结了，反正走进了武冈一中——我梦想开始的地方。

那时的一中条件不太好。自己考上武冈一中，也算是一种缘分。在武冈汽车站下车开始步行，过了迎春亭，往右拐，不远就是武冈师范的大门。顺着师范的围墙一直上坡再下坡，到了武冈三中门口，那段路一直不好走，坑坑洼洼，一下雨就留下一个个大小不一的"积水潭"，天晴的时候就放"烟幕弹"，汽车驶过，黄土飘扬。经三中门口，往右顺着三中的围墙，接着汽配厂的围墙，再上一个小坡就到了云台岭——武冈一中。这段路是一段泥巴路，学校每年组织学生撒了点锅炉煤渣，下雨天，泥泞不堪，不知多少次酱坏了我米黄色的解放鞋。

一中是美丽的。初夏的时候，满校园的刺槐花开，纯洁得简直让空气凝滞，烂漫了整个云台岭。清纯的香味飘进了课堂，飘进了梦乡。最难忘的是篮球场旁的露天砖混讲坛，绝对是一中最朴素的浪漫，在槐树林中，干干净净的砖混台子，老师摆个课桌，铺上红布，开始演讲，老师谆谆教导过的大小道理都记不清楚了，只记得阳光透射过来时摇曳的光影，树下的清凉，槐花的清香。仲夏的时候，那几棵矗立在跑道尽头巨大的香樟树，为我们撑起一片蓝蓝的天空，馈赠给我们无限的阴凉。香樟的幽香，空气的清爽，运动员的拼搏，同学们的欢呼……均是无穷的美好。秋天的时候，前后两排教学楼之间的几棵老金桂，优雅地伸展着墨绿的树冠，静静守护着廊道左右两个不大的天井，它可是我们课间的乐园。中秋前后，一场秋雨悄然飘过，好像扭动了开关，一夜之间桂树飘香，金黄透亮的小花点从枝头绿叶间冒出，着了魔般，拼命地挤满了整个树冠，无需微风碎花也常常铺满地面。冬天的时候，最难忘的是那几场狗头霜，白白的霜覆盖在操场浅浅的枯草之上，这时候我们会光顾食堂后面的那个烧大锅的灶口，借高年级同学用大铁棍猛力捅下的热煤渣把鞋烤得直冒热气。

一中的生活是有趣的。刚进初中，分到了125班，班主任是刚入职的语文老师夏建平。她年轻，漂亮，文雅。我们的教室跟高三年级的在一起，男生成了高三这些大哥哥们的"宠物"，课间抱着我们就像抱着一只小绵羊，常把大伙逗得乐开了花。男生宿舍是学校最矮的土砖房，紧挨着锅炉房，40来人住在一个大屋。床一张挨着一张，连成一个大舞台，晚自习之后熄灯之前都会演出各种"节目"。初中二年级，学校拆了前面

一排旧教学楼，教室不够，125班被拆了，我跟其他十多位同学被分配到了122班，班主任是音乐老师蒋力。122班的氛围跟原来不同了，蒋老师管理得非常好，勤奋好学的同学非常多。至今还记得跟着同学偷偷在寝室里点煤油灯，常常爬过围墙躺在坟地上……也记得那一年的元旦放假，几个同学窝在宿舍里，两天之内把所有的几何题做光了。我也学会了闲暇的时候跟同学结伴出游，一起去了新东中心小学，一起逛街，一起爬墙，一起分享情窦初开的躁动……这段时间也收获了日久弥坚的友谊，像李朝红、王建斌、李迪淼等等，几十年来我们一直都保持着紧密的联系。

一中的老师是高尚的。教过我们的老师，大部分早已退休，有的已不在人世。他们助我们成才，可我们没有任何回报，毕业之后就再也没有见过。永远记得英语老师黄鹤兰，上课精神饱满，认真负责，对大家非常关爱，个人觉得她是当时武冈最好的英语老师。依然记得化学郑春梅老师，初三才学化学，她手把手地教，一点一点地抓我们过关，认认真真带我们做化学实验的场景还历历在目。记得数学刘老师和殷老师，他们是夫妻，都是快退休的年纪了，一个给我们上代数，一个上几何，我每次作业上都会留下老师大大的"好"字，至今还记得刘老师告诉我们怎么算开平方。也不会忘记已经去世的许安臣老师，给我们上生

武冈一中云台岭校园

理卫生，教我们按摩穴位，现在肚子不舒服的时候，还不自觉地掐虎口穴。记得语文老师夏建平老师，从初一开始一直把我带到毕业，交往较多，对我的人格塑造，个性的养成都影响很大。前几年，一个偶然的机会联系上了她，她定居在广州，也快退休了。

一中是我梦想开始的地方，那里的一草一木，一人一物都深深地印在了我的心里。我很庆幸成为了一中的学生，很感激一中对我的培养。虽然没有太多的机会回母校看看，也无法为她作任何贡献，但总是眷念着她，关注着她，欣喜于她每一点的进步。祝福母校越来越好。

作者简介

钟显辉，1988—1994 就读于武冈一中，初 125,122 班、高 91 班学生。1995 年考入湖南师范大学。2006 年获南开大学博士学位，2008 年中国科学院高能物理研究所博士后出站。从事高能物理和核物理方面的研究。现为湖南师范大学物理系主任，二级教授，博士生导师。

八十老翁话当年

——访中国著名建筑企业家、武冈一中老校友苏是嵋

作者：苏敬华

一、山冲走出一牛人（简介）

苏是嵋，1943 年 1 月 16 日出生于湖南武冈马坪乡转龙村一个四面环山、山清水秀的小村落。小学毕业后以优异成绩考入武冈一中读初中，三年后考入武冈二中高中部。1961 年 9 月，18 岁的他以令人称道的成绩考入清华大学土木工程专业，是方圆几十里有史以来第一个入京读书的人，至今都是家乡年轻学子学习的榜样。

他是我的堂叔，更是我近六十年来的偶像，他一生的成就则更牛。清华大学毕业后他被分在国家建委长江工程指挥部二公司二处五连，该单位是我国导弹生产的三线建设基地。他从最基层的木工干起，跟随着单位从四川山区辗转到河南洛阳、河北唐山、北京市、深圳等地，足迹踏遍大江南北，职务从木工到班组长、项目经理、三分局局长、中国最大的建筑企业第二工程局局长、中华人民共和国住建部稽查特派员（副部级），承建过中国第一高楼，率领企业八次荣获国家建筑最高奖——鲁班奖，是教授级高级工程师、清华大学客座教授、英国皇家特许营造师、中国优秀建筑企业家、中国企业家协会理事、中国建筑业协会常务理事、中国施工企业管理协会常务理事、中施企协企业家工作委员会协会副理事长、中国力学协会结构工程专业委员会副主任、《中国建筑业年鉴》编委会特邀编委、中国建筑经济学术委员会委员。他感慨地说："企业的知名度是企业走向市场的名片和招牌，企业的荣誉才是我的荣誉，企业的品牌更是我工作的追求。"

二、勇于创新争第一

苏是嵋进入建筑行业后，一直梦想着建造中国第一高楼，这个愿望

1995 年建成的深圳地王大厦，高 364 米，当年竣工时为亚洲第一、世界第四高楼。在这个大型工程的建设过程中，他率领中建二局员工以平均 2.75 天一层楼的进程刷新了 20 世纪 80 年代由他们自己首创的、闻名中外的"深圳速度"。

在他成为中建二局局长的第一年就实现了。1995年建成的深圳地王大厦，高364米，当年竣工时为亚洲第一、世界第四高楼。在这个大型工程的建设过程中，他率领中建二局员工以平均2.75天一层楼的进程刷新了20世纪80年代由他们自己首创的，闻名中外的"深圳速度"。深圳地王大厦是他上任伊始亲自主抓的第一个大型工程。在这个工程中，他们在滑模技术的基础上再创爬模技术，克服了滑模滑动时墙体所产生的拉力作用，使施工速度再度提高。那时，工地上流传一个顺口溜："吃三睡五干十六！"为了完成好这个工程，大伙儿都豁出去了。

1999年建成的深圳赛格广场，高353.8米，是我国第一座完全由国内企业投资、国内企业设计、国内企业组织施工的超高层建筑工程，并创造了钢管砼结构摩天大厦世界第一高度。在建设过程中，中建二局再次突破"深圳速度"，创造了平均2.5天一层楼的新纪录。深圳地王大厦，深圳赛格广场，构成了深圳走向21世纪的时代坐标，也成为我国超高层建筑施工的样板。

三、真诚赢得客户心

在深圳地王大厦施工如火如荼之际，传来厦门高崎国际机场3号候机楼面向全国招标的消息，此时正坐镇"地王"的他立马派总工程师带队到厦门参与竞标。"那时候，局内部众说纷纭，有人说已经定下来要给某某单位干了。中建二局就是不信这个邪！我们就是要争！一个企业要生存，要发展，必须坐一观二望三。"他如是说。

不久，总工从厦门打回电话，要求加强力量，不然项目难以拿到。他当机立断："我去一趟。"就火速飞往厦门，然后一头扎进一个小宾馆里。三伏天，他和总工程师等十几个人关在闷热的屋子里，光着膀子做标书，力争标书一流，报价细致合理。

厦门市领导对二局的标书十分满意。然而，在这关键时刻，提出一个棘手的问题——中建二局在厦门没有一兵一卒，他们的方案再好，也不能在短时间内调集全套设备、人马，绝对不能按时实现厦门市的要求。"这下可算是一刀捅到我的心窝上。确实，我们二局在厦门没有一兵一卒，更没有任何设备。"

"咬定青山不放松"是他的性格特征。他从厦门追着负责此项目的厦门市副市长到京，瞄准时机再次向他汇报，从二局在施工中树立的良好形象，讲到二局一流的管理、技术，最后，他向副市长立下誓言："我保证，中标后10天之内，设备、人员全部进入现场，保证按照市里的要求，实现前期开工目标！"副市长被他的赤诚感动了："老苏，我们相信你！"

得知中标公示排名第一后，他就召集全局各公司主要负责人在厦门召开誓师大会，并邀请厦门市委、市政府领导亲自讲话。到合同要求正式开工的那一天，他们已经打完了一块底板，现场建材、设备码放整齐，连钢筋都用绳子捆放得规规矩矩，所需设备全部一次性开进现场。开工第一天，分管副市长热情地说："老苏，我请你到家里吃饭！"

四、技术品牌增效益

20世纪90年代初，中建二局在深圳妈湾电厂主厂房施工过程中，首创深层振中挤密技术，被国内外专家称赞"为海上填筑重型工业建筑场

深圳地王大厦

地的松散地基处理提供了可靠的施工工艺和有效的处理办法"。这项著名的地基处理技术树立了品牌，为中建二局中标越南西贡最大的电厂建筑工程起到了决定性作用。

1997年，中建二局在广西红水河上承建的我国第一个BOT电厂——广西来宾电厂B厂，被国际权威刊物《国际项目融资年鉴》评为"1997年度亚太地区最佳电力项目"。该局采用半潜驳浮箱法，克服种种困难提前完成施工任务。法国人佩服得五体投地："中国人的这种技术，我们连想都想不到！"这项技术中建二局首次应用于20世纪90年代初的深圳妈湾电厂施工中，为世界首创，曾荣获整个20世纪国家建筑工程领域唯一一项国家发明奖。

几年来，"名牌效应"带来一系列连锁反应。中建二局曾先后承建了20多座电站，装机容量达1000多万千瓦，成为目前国内唯一一家具有核电、火电、水电、风电工程施工资格的大型施工企业。

五、开拓进京谋福祉

中建二局员工的一致说法是：苏是嵋为中建二局作出的最大贡献是把指挥中心成功地从唐山迁到北京。

1995年初，他上任伊始，便将此事提上议程。经过近半年艰辛的思想工作，统一了全局上下的认识，并得到上级主管部门的同意，1995年5月，总部正式从唐山迁入北京。

深圳港口

这一历史性的战略转移，使这支建筑大军摆脱了在改革开放之初被搁浅的尴尬局面，背依京城，纵观八方，从没有市场，不懂市场，到腾空而起，叱咤风云，一举跃居国有建筑企业龙头地位。1999年初，中建二局被授予"全国最佳施工企业"。

把退休老干部的养老保险全部迁到北京后，退休金比在唐山时增加了不少。老人们眉开眼笑地说："到北京的决策非常正确！"

审计署在他离任审计报告中指出：一是2001年，中建二局上交北京市社保局1536.08万元，社保局返回5927.80万元，差额达4391.72万元。二是在他的任职期间内累计建造、购置职工住宅和办公场所26.53万平方米，实际投资支出3.85亿元，很大程度上解决了二局广大职工住宅问题，并改善了办公用房，提升了企业形象。三是他任职期间累计上交国家各项税金8.21亿元，为国家和社会稳定做出了积极贡献。

随改革开放不断成长

——《思想政治工作研究》杂志社原总编辑杨文上工作回顾

作者：苏敬华

人物简介：

　　杨文上，男，汉族。1945 年 9 月生，武冈市荆竹镇同兴村人。1961 年考入武冈一中高八班，1964 年考入北京大学中文系。1970 年 3 月毕业参加工作，分配到北京新华印刷厂，当过工人、宣传干事、党委秘书。1973 年入党。1983 年 3 月调入《思想政治工作研究》杂志社。历任编辑、编辑部主任、副总编辑，1988 年 4 月担任总编辑，一直到 2007 年退休。

　　光阴荏苒，《思想政治工作研究》从 1983 年创刊，到今年已经 30 年了。作为中国思想政治工作研究会的会刊，《思想政治工作研究》是同研究会同生同长的，同是改革开放的产物，并随着改革开放的深入发展而不断成长，不断成熟。

　　《思想政治工作研究》杂志作为中央宣传部主管，面向全国的刊物是幸运的，从它诞生之日起，就一直得到历届中央领导同志和老一辈革

在形势变化、体制改革、队伍精简情况下，广大基层思想政治工作者始终坚持订阅杂志、努力探索，积极参加杂志社开展的各种活动，关注杂志的成长进步。

命家的高度重视和亲切关怀。这充分体现了中央领导对中国政研会、对《思想政治工作研究》杂志的殷切希望。

《思想政治工作研究》从一开始就认准一条，紧紧围绕改革开放新形势下加强和改进思想政治工作的主题，为基层服务，为读者服务，开门办刊，因而得到了广大读者的厚爱。创刊时就达到了20万份的发行量，后来一度突破40万份。在方方面面的支持下，刊物质量不断提高，影响不断扩大，并获首届中国期刊奖提名奖和第二届全国百种重点社科期刊奖等荣誉。

我是1983年3月调到中国政研会工作的，当时的主要任务就是参与杂志的筹办工作。1987年6月，被任命为副总编辑。1988年4月，担任总编辑，至2007年1月退休，在总编辑的岗位上工作了将近20个年头。我是杂志创办、成长、发展过程的参与者和见证者，这也是我与杂志的一种缘分，我为此而深感荣幸。

我深深感到，杂志能有今天的发展，能有今天的知名度、权威性和影响力，首先得益于领导的关心和支持。尤其不能忘记袁宝华同志。宝华同志是政研会的老会长，从会刊创刊之日起，就一直十分关心杂志，呵护杂志。在杂志出版100期的座谈会上，他对编辑部的同志提出要保持和发扬三种精神：即服务精神、创新精神、战斗精神。在杂志出版200期座谈会上，他又提出要树立三种意识：政治意识、阵地意识、群众意识。宝华同志多次表示，只要对杂志发展有利的事，他都会支持。

二是得益于各条战线特别是基层思想政治工作者的关心和支持。基层的政工干部是《思想政治工作研究》杂志读者的主体，也是作者的主体，是支持我们办好杂志的中坚力量。杂志30年来的成长历程就是在广大基层思想政治工作者的热情关心和大力支持下走过来的。每当杂志创刊纪念的时候，我们总会收到大量全国各地各条战线朋友的来信、贺函，字里行间饱含着对杂志深切的关爱、浓浓的祝福。有的读者在信中说，在加强和改进思想政治工作的探索中，在思想政治工作不断面临新问题、新挑战的时候，杂志给了我精神动力，给我骨子里添加了钙质，使我工作时腰杆挺得更直。有的把杂志比作"良师益友""精

神食粮""工作航标""学习伙伴"。有的把《思想政治工作研究》誉为开展思想政治工作研究的"第一刊",希望杂志越办越红火。在形势变化、体制改革、队伍精简的情况下,广大基层思想政治工作者始终坚持订阅杂志,努力探索,积极参加杂志开展的各种活动,关注杂志的成长进步。我们一直把读者的支持和意见、建议、批评看成是办好刊物的无尽动力。

三是得益于编辑部同志的辛勤努力和艰苦创业。《思想政治工作研究》是在条件极端艰苦的条件下创办的。当时真正是白手起家。编辑人员不够,原国家经委政工办的同志一起上;没有美编,从《中国青年》杂志请一个来业余帮忙;没有办公用房,就临时借用全总单身宿舍的三间小屋;没有汽车发送杂志,就用平板三轮车自己拉到邮局、火车站,而且都是义务劳动。领导与群众同甘共苦,劲使在一起,汗流在一起,大家心情舒畅,关系融洽和谐,工作做得有声有色。那是一段充满激情的岁月,那是一段十分难忘、十分美好的回忆!现在条件越来越好了,但这种艰苦奋斗的精神什么时候都应保持和发扬。

《思想政治工作研究》已经走过30个年头。回顾过去,令人无限欣慰,展望未来,更是让人信心倍增。古人说:三十而立。历经了30年的风风雨雨,《思想政治工作研究》杂志也真正"立"起来了:在刊物的内容上立起来了,在刊物的形式上立起来了,在刊物的影响上立起来了。这是又一个新的起点。作为杂志的一名老同志,我坚信,在领导的关心和支持下,在广大读者的关心支持下,在编辑部同志的不懈努力下,杂志一定能够百尺竿头,更进一步,越办越好!

〔本文根据杨文上为《思想政治工作研究》创刊30周年所写文章(刊发于2013年9月)改编〕

武冈一中云台岭校园

永远的感恩

作者：李迪秦

寒窗苦读十余载，
渴望登科如飞鸿。
懵懂少年去无踪，
归来鬓发白如丛。

曾记否？草长莺飞、挥汗如雨的夏日，一纸录取通知书，承载着无限梦想和希望，母校的老师们为之祝贺，亲人们为之欣喜若狂。

怎能忘？1982年那个秋天，我带着母校、老师和亲人的嘱托，恋恋不舍离开母校——这个曾让我彷徨、苦闷又充满希冀的热土，来到一个陌生的城市，开启新的人生征程。

岁月悠悠，四十余载眨眼过。当年意气风发，而今两鬓渐白，记忆中青松翠柏的校园，明窗净几的教学楼，清澈照人的古井……也许都离我远去，但老师们一张张慈祥的面孔，依然历历在目。

是您——母校可敬可爱的老师们，教导我脚踏实地努力工作；是您——母校可敬可爱的老师们，教导我知难而进不惧困苦；是您——母校可敬可爱的老师们，让我在教书育人的道路上，孜孜不倦，砥砺前行。

岁月悠悠，四十余载眨眼过。当年意气风发，而今两鬓渐白，我记忆中青松翠柏的校园，明窗净几的教学楼，清澈照人的古井……

武冈一中塘富冲新校区

今日，值此隆重庆祝母校武冈一中百年华诞的高光时刻，我——母校的学子，怀揣感恩之心，衷心地祝福母校百尺竿头更进一步，恭祝母校全体老师阖家幸福，健康平安。

——武冈一中高45班学生
李迪秦于长沙

作者简介

李迪秦，博士，教授，硕士研究生导师，1963年生，1982年毕业于武冈一中高45班，现在湖南农业大学从事教学与科研工作。曾获得湖南省人民政府科技进步三等奖和科技发明三等奖各一项，获得国家知识产权局授权发明专利12项，实用新型专利4项，出版专著2部，发表科技论文120余篇，主持和参与国家自科基金项目及省部级项目20余项。

武冈一中云台岭教工宿舍一角

祖孙三代一中情

作者：李又成

我对云台岭有一种不离不弃的特殊感情。

从我的老家——武冈城关镇旱西门附近的乔家湾，往东到郊区两公里开外的云台岭，便是我的母校武冈一中。

1958年春天，我误打误撞考入了一中，成为众多一中学子里的一员。

那时的一中，虽说是武冈市重点中学，但除了黄土高坡上几栋砖木结构的二层教学楼和一些简陋的配套设施外，房前屋后的绿树红花很少。除了学校星星点点的砖瓦房，周围全是裸露的黄土。下雨天走过校区，脚上就会沾满讨厌的黄泥。空荡荡的操场就在离教室不远的地方，周围不多的几株白杨树高高地挺立在半空中，迎风飒飒作响。

老师的办公室都设在教室的隔壁。课间十分钟同学中如有内急，必须到几十米外建在高坡上的厕所去解决。如果你是不紧不慢而不是一路小跑奔去的话，下节课你准会迟到，等待你的就是在众目睽睽之下，站在讲台旁边罚站了。厕所的蹲位一排数过去有十多个。地上都是厚厚的松木板，坑底离地板很高，足足有七八米，如厕时都能感觉到下面凉风飕飕。

我现在还清楚地记得，校长叫刘文明，是一位三十多岁，身着中山装，

对母校的眷念。

多年的母校情结又让我们一家三代在岁月的长河中永葆

梦。

新时代的阳光雨露和晚辈的努力让孩子们圆了我的升学

很有风度的中年男子。他作起报告来总是滔滔不绝。记得有一次他在大礼堂给学校全体师生作报告，谈到什么是共产主义。他说共产主义就是老百姓每人每天有一杯牛奶，两个苹果，三个鸡蛋。楼上楼下，电灯电话。我和同学们个个都全神贯注，听得津津有味。在普通百姓每月人均生活费不到五元钱的年代，牛奶、苹果、鸡蛋和电灯电话对孩子来说似乎是天方夜谭，但又令人憧憬。

我们的班主任叫谢勋，是一位操着邵阳口音和蔼可亲的女老师。她的语文课上得相当好，还经常教育我们要用心读书，好好做人。

谢老师的家在离学校不远的资江河边。爱人在外地工作，身边带着个小孩。她知道我家境贫寒，对我照顾有加，不但每个学期为我申请助学金，而且还让我替她家挑水。这水当然不是白挑，每担水三分钱，一个月一结。到了月底，我便能拿到一块多钱的报酬。

初三那年，为了升高中，母亲让我在学校寄宿。熄灯铃声响过后，学生宿舍的灯光灭了。而我为了不让查铺的老师发现，常常用被子蒙着头亮着电筒在被窝里看书，一直看到下半夜。

1961年秋天，我完成了初中的学业。由于家庭的原因，我没能如愿继续升学。

也许是阴差阳错，也可能是缘分。28年后，十三岁的儿子也跨进了我曾经就读的校园。

送儿子去上学的那天，我又回到了我魂牵梦绕的母校。记忆中孤零零的砖木小楼，早已被掩映在树影婆娑中漂亮的砖混结构教学楼所包围，印象中的满眼黄土的景象早已荡然无存。操场也铺上了水泥，还修建了足球场。高中部扩大了，学生也更多了。

在儿子成为一中的学生之后，我经常去学校，曾经在教工宿舍见到老刘校长，他已经退休。而那些教给我知识的老师们也不知各在何方，教室里的老师都是我不认识的年轻新面孔。但是学校的环境却变得更美了，到处都呈现出勃勃生机。

时光匆匆，岁月轮回。又过了30年。二十一世纪初，在展辉学校读初中的孙子再一次考入了一中的高中部。孙子的班主任第一时间就给我们打来了报喜电话，其喜悦之情，溢于言表，就像他自己考上了大学一样。

自然，我们一家得到消息更是欣喜有加，为了感谢老师的培养和教育，孙儿还特意到班主任家里表示感谢。

因为孙子的原因，我常常去我的母校。看到在高中部光荣榜里孙儿的照片，听着任课老师介绍孙儿在校学习情况，我的心里泛起了阵阵涟漪，感情上也得到了丝丝慰藉。

新时代的阳光雨露和晚辈的努力让孩子们圆了我的升学梦。多年的母校情结又让我们一家三代在岁月的长河中永葆对母校的眷念。

作者简介

李又成，男，1945年10月生。籍贯湖南攸县，后随父母移居武冈，中共党员。曾任原武冈报社特约通讯员。武冈市作家协会会员，武冈市诗词协会会员，邵阳市诗词协会会员。从小热爱文学，数年来在省内外报纸杂志上发表文章多篇。

武冈一中云台岭改造后操场

为了不忘却的纪念

作者：张熠鸿

> 为什么我的眼里常含泪水？
> 因为我对这土地爱得深沉……
> ——艾青

　　刚写下艾青的诗句作为题记，突然觉得自己好矫情。毕竟不是中学时期写作文，经常引用一些名人名言，以附庸风雅；而今站在不惑与知天命的中间，突然迷茫起来，作文是这样写的吗？老师是这么教的吗？人生已过大半，碌碌无为多年，没有意气风发，没有挥斥方遒。与高中同班同学三毛同志微信聊天，他说，青春啊，回忆起来都是泪。

　　这个"泪"字，倒是形似了艾青的诗句。

　　咱也仿写句子：为什么我的眼里常含泪水？因为我在居家隔离。

　　是的，这几天居家隔离，核酸三天两检。在疫情严重的东莞大朗，隔离了24天整，基本每天检查核酸，健康码一直是喜人的绿色，东莞摘星，即刻返回长沙，经过三天的核酸阴性和绿码后，健康码在第三天半夜时分突然变黄。

　　我和我的小伙伴都紧张了。

当年家庭困苦，生活艰难，发育得晚，刚进一中时，身高不足一米六，体重不到80斤。为了长个子，我每天清早与体育生一起跑步，绕着教学楼跑圈。别的同学都是跑三五圈，我是跑个把小时。

为了缓解紧张的情绪，半夜起来整理一些文字，回味一下过往的记忆，缅怀一下逝去的青春。

一、汗水浸泡过的高中毕业证

1994年，我从米山中学考入武冈一中，分班到高104班；1996年高三前夕文理分科，我选择文科，唯一的一个文科班就是高101班。

进入一中，我也有了属于自己独一无二的学号：94052601174。这学号虽然没有周星驰的9527那么好记，但是只要理解得当，还是很简单的：94（94级）05（邵阳）26（武冈）01（一中）174（学号流水编号）。

对于174这个数字，我很满意，一度以为是为了自己的身高立的标杆，没想到多年后的今天，看到体重秤上的87kg字样，只有感叹"缘分天注定"。

当年家庭困苦，生活艰难，发育得晚，刚进一中时，身高不足一米六，体重不到80斤。为了长个子，我每天清早与体育生一起跑步，绕着教学楼跑圈。别的同学都是跑三五圈，我是跑个把小时。

锻炼的效果非常显著，每餐最少可以吃6两米的饭，要是奢侈一把，来个荤菜，一斤二两米，轻松入肚。打菜的师母虽然也会全国通用的抖手动作，但是她们会很厚道地加一勺菜汤，盖浇饭，爽歪歪。很多同学都说食堂生活不好，不及家里的一半，我却觉得食堂的生活比自己家的丰盛多了。

吃得好，作息规律，加上勤奋锻炼，身高体重噌噌涨。

锻炼的另一个效果就是，成绩不好的我，被班主任唐军老师提拔为体育委员，高中三年，当了两年半体育委员，也算意外收获。

或许有人要问：难道你进一中光长个子了，那么学习呢？

学习？我忘了。真忘了。

从小学到初中，我一直是松散地读书，早晚要放牛，家庭作业也不多，优哉游哉习惯了，加之刚进一中，有朋友跟我说一中一年最多考二三十个大学生，努力也没用。我深以为然，对学习不当回事，以致"越堕落越快活"。现在我经常教育儿子：要是你同学跟你说努力读书没用的话，你就不要跟他交朋友。

文理分科时，体育任课教师易智明老师曾私底下找我谈话，建议我搞体育专业，他对我的体育成绩做过测试，说再系统训练几个月，专业上线没任何问题，文化课比其他体育特长生肯定强很多，这样考大学就妥了。可惜我脾气倔，硬是没听易老师的话，选择了文科，当时的政策体育专业生必须学理科。

不听老师言，吃亏不仅仅在眼前。时也，运也，命也。——噢耶。

高中毕业，顺利落榜，揣着高中毕业证南下广东打工。

寻寻觅觅冷冷清清凄凄惨惨戚戚，我这个青春年华新鲜出炉的高中生居然找不到工作，说我没经验我承认，说我近视眼我不否认。可是经过笔试100分，体能测试100个俯卧撑轻松完成，那个面试的人居然说我的毕业证是假的，这就让我愤怒了。

我说，这个仓库杂工的职位我可以放弃，但是你说我毕业证是假的我就得跟你说道说道。

人事文员很轻蔑地回答：所有来面试的高中生都是红色的小册子毕业证，就你拿一张硬壳纸来冒充；其次，你的证件上是两种字体，名字写得又丑又粗，后面的字体倒还凑合。

怼得我无言以对，亲爱的老师呀，这个毕业证是谁填写的呀，怎么还没有天桥下面菜市场西南角那个东南亚证件集团公司做的证件像真的呢？

看着被汗水浸湿的毕业证，我欲哭无泪。这毕业证，是我通过努力实打实经过9科会考考来的呀。

记得高二6科会考前夕，老师动不动警告我们，会考如果没及格，可以补考一次，经过补考及格的，将来毕业证上面会加盖"补考及格"字样，补考不及格的，没有毕业证。

这着实让我紧张了一番，紧张到哪种程度呢？呃，就像我现在健康码变黄，然后强制我居家隔离一样，随时担心被拉去集中隔离。

清楚记得，临近会考前的一次摸底考试，我某科成绩居然还没及格，让任课老师情绪波动很大，变着声调将我好一顿"夸奖"。该老师上课风趣幽默，说：同学们，为了我的高级职称，努力吧。当时我就醍醐灌顶：原来会考考好一点，不仅可以拿到毕业证，还能帮助老师评职称呢。真好！

高二6科会考，有惊无险顺利通过，而且成绩也不差，印象中，我好像没有低于80分的科目（满分100分）。

高三是语数外三科会考，数学是我老大难的问题，班主任李老师生怕我考不过，记得数学科刚下考，走出考室就碰到李老师，李老师问：怎么样，能及格吗？我当时还蛮有把握的，还没想好怎么嘚瑟，李老师又换了个说法：怎么样？能考一百分吗？

真逗！

我们97届这届学生，还算争气，9科会考，有6科是邵阳地区第一名。后来，某老师顺利评上高级职称，武冈一中被评为重点中学，很多同学开玩笑说自己立下了汗马功劳。

我个人只能说，这张高中毕业证，我是付出过汗水的。

可惜，我这张毕业证被别人认定为假的。无奈之下，我也花了15块钱在东南亚证件集团公司办了一张文凭，顺利进了工厂。

至于这张被汗水浸泡过的高中毕业证书，一直压箱底，再也没拿出来过，直至今日，重新翻出来，发现塑料壳已经腐烂了，相片也毁了，大印上的"一中学"几个字也看不清楚了。但是，看到这张文凭，很多陈年往事就会在脑海中一一呈现，永不褪色。

二、蜘蛛网下的记忆

94年去一中上学时，带的行李箱是父母结婚时候的木箱子。97年毕业后，那木箱子被我带回家胡乱塞在房间一角，好似把三年的高中生活揉成一团麻，然后丢进无人知晓的角落，自欺欺人地轻装上阵。尔后外出求学、打工，貌似把那箱子彻底忘记了。

年前，父母从老房子里翻出这个箱子，告诉我老家还窖藏了一箱子宝贝。抹干净箱子外面的蜘蛛网，打开一看，嘿，还真是宝贝，25年前胡乱塞进箱子里的东西可不少：相册、书信、证书、文章手稿、发表文章的样刊等。由于保管不善，很多东西已经褪色甚至损毁了，直叹可惜。

曾经弃如敝屣，如今视若珍宝。人生无常，大抵如此。

里面最让我得意的是一个档案袋，里面居然有毕业生登记表、团员档案。当初只有考上大学的才迁移档案，我没考上大学居然把档案保管在自己手上，估计也是独一份。

可能我政治觉悟低，大部分同学都是初中就入团了，我高一下学期才入团。

入团介绍人里面，唐跃军同学非常优秀，武冈一中高中入党，应届考上南开大学，然后硕博连读，如今是复旦大学的教授了。李辉晖同学是邵阳师专中文系第一届本科生，大学毕业后曾在广东、深圳短暂见过两面，现在他应该在生意场上风生水起。

箱子里另外的一些物件，勾起的回忆或清晰或模糊，仔细想想，怅然若失，哑然。

本想用文字记录一下，又想起十几年前曾写过一些相关的文字，记忆偏差不大，特录入下面。

三、永远的钟楼（2009年12月4日）

再一次看到武冈一中的钟楼，时间已经过了十多年了，而且是通过网络通过网友的照片。

没错，这就是钟楼，虽然原来矗立在她左边那口钟已经荡然无存，我还是一眼认出了她。

当初，她的左边是个铁架，跟楼一样高，上面悬挂一口钟，全校师生的作息全听她指挥，钟楼因此得名。

"当……当……当……"预备铃响起，我们走进教室准备上课。"当当、当当、当当……"二遍铃响起，老师正式开讲。"当当当、当当当、当当当……"下课了，静谧的校园顿时沸腾起来。"当当当当当……"急促的铃声响起，中午集合课间操开始。多熟悉的场景，往事历历在目。

钟楼两层，砖瓦结构，楼梯、楼板、二楼走廊全是木板，走在上面，"咚咚"地响。窗户将近一个人高，典型的苏式楼房，教室里面很暗，白天上课都要开灯。

高一高二的学生在前面的主教学楼，有事没事喜欢往后面钟楼瞧，因为钟楼里面全是毕业班，甚至大伙还指指点点，说某某成绩很厉害，考名牌大学没点问题；某某就是文艺队的美女，说不定将来就是明星等等。

议论着，盼望着，憧憬着。终于，高三的时候我们也搬到里面学习了。

我分在文科班，高三文科就一个班，教室就是二楼左边第二间，好多年了，这教室一直是文科班教室。

咱们的文科班大家戏称"混科班"，也就是说里面的学生大部分是用来混的。此话虽然有些偏激，倒也一针见血。高考后，全班80来个人，考上大学的只有8个。

依然记得当年全国一千多所大学，而湖南只有27所。千军万马挤独木桥，竞争就是这么激烈，由此产生的结果就是，湖南的分数线遥遥领先其他省份。高考分数出来后，我们这些落榜的就在一起自我安慰：不是我们素质差，而是我们投胎投错了地方，以我们的分数在北京等地方可以上本科，在新疆西藏可以上重点，落在我们湖南，专科线都上不了。

在钟楼里面上课，座位也是班主任指定的，一般参考平时成绩，成绩好的座位排前，于是我们这些坐后排的同学开始郁闷起来。上课随时离开教室回宿舍睡觉，或者搬个凳子在走廊上晒太阳，或者干脆在课堂上睡觉。底子差，听课跟不上；人多，教室小，尤其阴天，我们这些后排的近视眼根本看不清楚黑板上写的什么东西，虽然开了灯，但是灯光反在油漆黑板上，更是一片糊涂。

听力，也就是这个时候锻炼出来的。老师在上面念，我们在下面写，课桌上的书码得老高，所以，听写的时候头基本上埋在书堆里，一不小心听漏了，心一慌，干脆将头深埋，酣然入睡。

下课了，大部分同学或在教室继续学习，或在轻轻讨论"过长江、跨黄河"等未来的理想，只有像我这样的闲散人员，就趴在栏杆上发呆。

发呆的习惯也就是这时候养成的。

低年级的学弟学妹们，不少人认识我。我趴在栏杆上发呆的时候，时不时从对面教学楼传来呼唤声，头一抬，往对面寻觅的时候，对面哄然大笑。同学中有几个人开始调侃我："哟，是美女叫你呢。"

我笑笑，没做声。我知道谁在对面叫我，他们都是那些盲目崇拜我的人，文学社开会的时候，他们曾私下问我，说是不是课间在构思文章。

我心想，构思个屁呀，纯粹发呆呢。但是我没做正面回答，故作高深，笑一笑。他们也像当年的我一样，还处于做梦的阶段，而我，已经直面惨淡的现实。

这情形，使我想起了卞之琳的那首《断章》："你站在桥上看风景，看风景的人在楼上看你；明月装饰了你的窗子，你装饰了别人的梦。"

钟楼前也是有风景的，那里是一排桂花树和樟树，我们将那里叫作"樟园"，樟园的四周是绿化带，绿化带的内侧有栀子花。下午下课后，吃完饭，大伙喜欢在樟园坐坐、走走。栀子花开的季节和桂花开放的时候，人最多。而我，还是喜欢趴在栏杆上远远欣赏。

引用一个学姐的名言，当时的心情是：想起什么都可以想，想起什么都可以不想。

我与钟楼是浑然一体的，我与钟楼是格格不入的。

毕业后，因为自己的不成器，我有意无意避开进入母校。母校的一草一木，也只能放在内心深处慢慢回味。而钟楼，是我面临残酷现实的第一站，想起她，却是一丝疼痛的甜蜜。

这种感觉，或许会伴我一生，挥之不去。

钟楼的钟声，也会不经意间在心灵深处响起。

四、三人行（2008 年 11 月 17 日）

楚浪、丹某和我，武冈一中高中同学，我和楚浪是同一个乡不同的两个初中考上的，丹某是一中直升。分班的时候我和丹某是同一个班 104 班，楚浪则在 102 班。

高一的时候我们只能说互相认识，但没有深交。

高二的时候，学校出了通知，说恢复重建云台文学社，我们三个是同时报名参加的，这样，我们三个才真正成为朋友，直至如今。

楚浪当时已经有一定基础了，他在《武冈教育报》上发表了一篇散文《世纪的歌谣》，我当时看了感到很震撼，因为全文气势磅礴，排比对偶，无一不有，至今我还能记住其中对我来说很新鲜的词语"立交桥""摩天大楼"等。

丹某发表文章更早，小学的时候就开始在一些小学读物中发表文章。他是一中教师子弟，学习成绩好，身体素质好，性格相当活泼，文章当然也不错。

我写文章一般，不好也不坏，但当时的语文教师段荣倜老师和周维治老师很看好我，段老师经常鼓励我投稿和参加各种作文竞赛，周老师对我的赞赏和鼓励常令我汗颜，他曾在课堂上毫不吝啬地赞赏我，说教了几十年的书，他的学生课堂作文很少打 80 分的，而他给我 98 分。

段老师出身革命家庭，外祖父彭钟泽先生是中共邵阳地委第一任书记，母亲少年时代就参加革命，而他自己也是行伍出身。他谦卑、和蔼，也经常在《湖南日报》等刊物发表作品。周老师在武冈一中当了近 20 年副校长，他为人正直、可亲。在两位老师的鼓励下，我也参加了文学社。

当时文学社的指导老师是王顺生老师，《武冈教育报》"双华亭"副刊就是由他主编，在他的指导与帮助下，我和楚浪的文章相继在各级报刊发表。丹某这时候要准备考少年大学，但是他对文学社的活动依然热情。

那是一个疯狂的年代，为了提高写作水平并多发表文章，我和楚浪疯狂写作，学校阅览室的图书不够看，我们又到乐洋路邮局旁的书报摊买自己喜欢的杂志，顺便偷偷地将自己的作品投入邮筒寄往各编辑部。

我们三个付出了课余时间，我们得到的回报就是写的文章陆陆续续在《湖南教育报》《语文报》《作文》《第二课堂》等刊物上发表。

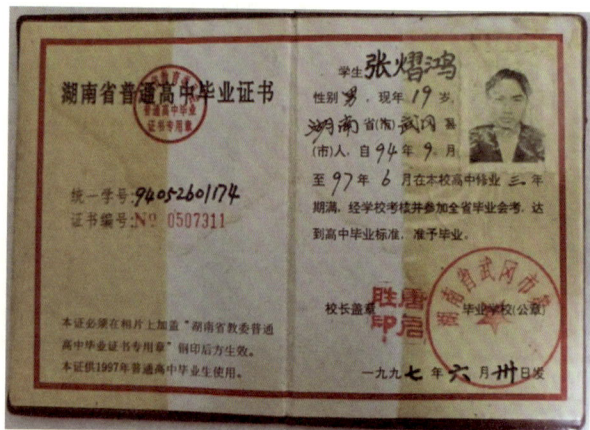

张熠鸿的高中毕业证书

因为年少，所以冲动；因为冲动，所以代价惨痛。进入高二第二学期，面临的是毕业会考，而这时我的成绩已经一塌糊涂。我可以在走廊栏杆上一趴就是一下午构思文章，就是不愿意将课本浏览一遍。

楚浪少年老成，及时刹车，安心学习，应对会考；丹某提前跟高三年级一起上课，应对高考；而我，依然我行我素，心里想的，只要会考及格就行了。

有努力就有付出，有付出就有回报。

丹某最终考上了吉林大学少年班，楚浪后来也考上了吉首大学，只有我，社会大学一直未毕业。

五、想念三毛（2009年12月5日）

三毛，高中同班同学，本名傅交煌，跟那个满脑子浪漫思想的女作家八辈子挨不上关系。要说有关系，就是女三毛到过撒哈拉，男三毛到过西藏，都是曾在边疆混过的。

"三毛"这个外号还是他自己起的，当时大家都互相取外号，偏偏他没有，他很不甘心，终于有一天，在教室里对着一面小镜子端详了半天，才幽幽地说了句："我叫三毛。"

耳尖的同学如获至宝，到处传播，大家笑翻了，他也很高兴，终于随了"主流"。

"三毛"这一创意，源于电影《三毛从军记》，三毛自己说的。还真别说，他当时身材瘦小，头发枯黄，皮肤白皙，眼珠滚圆，确实跟电影里面的三毛有几分神似。唯一的区别就是他很干净，一身中山装穿得笔挺，走起路来斯斯文文，生怕踩伤地上的蚂蚁。

三毛平时不太爱做声，只是在我们高谈阔论的时候偶然插几句话来，往往将我们逗笑。别人的幽默是表现在语言上，他的幽默是深入骨髓的。

跟三毛的关系最铁的时候是高三，因为我和他的床位挨在一起。那时候，一间废弃的老教室是我们的宿舍，40来个男同学挤在里面。

武冈一中云台岭校舍

睡在一起，我们交谈的次数就多起来，甚至互相间没什么秘密了。他告诉我，初中毕业考试的时候，他是报考武冈师范的，但是没考上，只考上了一中。父亲本来以为儿子可以考上师范，将来会有份稳定的职业，心里充满希望。现实是残酷的，希望越大，失望越大，为了这件事情，他父亲受了很大的打击，甚至长期藏在家里不出门见人。三毛自己也很难过，别看平时眯眯笑，实际上内心很紧张，生怕将来没考上大学，在学习上从来不敢放松。也就是他长期的不放松，后来才考上了大学，才在工作领域顺风顺水。

闲聊的时候，三毛向我透露，说喜欢上班上一个女孩子。那女孩子是属于辣椒型的，外表清秀内心泼辣，是个一般人不敢惹的主。我很吃惊，只得说"萝卜白菜各有所爱"，同时也唆使他赶紧行动。

三毛对我的态度很不屑，嘲笑我不懂爱情。"爱情是心灵深处的感动，我远远看她一眼就够了，什么行动不行动的。"说得我很丧气。

女孩子坐前排，学习很认真，往往下课了也在教室里不出来，三毛就跑到走廊上，站在靠前门的栏杆上，时不时地透过虚掩的门缝往里偷看，我跟他聊天，他老是走神，终于被我发现这个秘密，将他一顿奚落。三毛毫不在意，反驳我："精神恋爱，怎么啦？"

毕业后，三毛考上了大学，中文专业。经常

书信往来，在书信中三毛透露自己参加了文学社，也开始创作了，我很高兴，免不了替他鼓气加油。

大学毕业，三毛携女朋友一道去了西藏，在一个中学教书。当时我就很担心，担心他那瘦小的身子能否经受西域的折磨。没想到，他坚持下来了，由于经常发表文章，在当地有一定的名气，08年已经调到组织部去了，同时兼任党校校长。

看来从小养成的韧劲、钻劲与心态的开朗，在人的一生中会发挥很大的作用。

通过电话、网络，得知他还是原来那个身子骨，体重还没有90斤，我真的怀疑他是不是一坨铁了。最近看到他的照片，风采依旧，神情中透出一股干练与成熟。

后记

看了很多前辈校友、老师回忆母校的文章，深有感触。对于盛大活动，我一般是眼神助攻，默默关注，很少参与。

东拼西凑以上文字，权当给记忆力日渐衰退的生活里留点纪念。

作者简介

张熠鸿，武冈一中97届高中毕业生，高一高二就读104班，高三就读101班。"天地国亲师"，没考上大学，乃人生一大憾事，但母校的教育之恩永难忘怀。打工之余，通过自考混了几张文凭，聊以自慰。出身农村，却成了不事稼穑的农民；闲时也曾鼓捣文字，始终难登大雅之堂；几番创业，草草收场；而今重入职场，顺应天命，为养家糊口埋头苦干。

武冈云山

三月之唁

作者：陆先云

编者按：本文所吊唁聂义勇教授为武冈一中初 27 班校友，中科院研究员，世界有名数学家，东北大学客座博导。作者陆先云先生为聂义勇校友大学的师弟，邵阳市第二建筑设计院退休高工。

又到三月，又是绵绵细雨。抬眼蒙蒙雨幕中，依稀有那抚着前额沉思西行的一帧身影，渐行渐远，千呼万唤不回转。此情此景，不由模糊了武冈老学子们的双眼……

去年的三月二十一日，我们武冈一中、湖南大学的学长——聂义勇先生走完他孜孜攀登数学高峰的人生历程，撒手西去。一颗数学天才之星骤然陨落，呜呼……我们伫立资水之滨，合十贴额：学长一路慢行。

早在 1993 年，辽宁日报《风流人物》栏目就以"闯入世界名人行列"为题报道过他。文中"这位 50 年代末穿草鞋上大学，如今抚光了前额的'书呆子'做梦也没想到会闯入世界名人行列""行笔至此，消息纷至，由香港世界文库出版社和中国作家协会联合组织的《当代世界名人传》已经给聂义勇寄来入选通知书，英国剑桥国际传记中心出版的《国际传记辞典》亦将其入典"等语至今犹存我脑海。

数学维系着他的脉络呼吸，贯注他的整个生命。

病魔缠身之前一直担任数所大学的客座教授或博导。

此话不虚，义勇君不仅的确是名人，同时也的确是"书呆子"。

极为突出之"呆"，就体现在他对学术的孜孜求索之上。1962年尚在大三的他，受一本力学小册子的启发，对"多项式稳定性判据"萌生了兴趣，竟在黄草纸上东划西算，就寻求出用判定系数表示的必要且充分的条件，从而优化了游移一个多世纪的世界性的多项式稳定性问题，并被推荐到湖南省科学普及协会作报告。从此他一发不可收，运算的草纸足足可以将自己堆埋起来。又经过十多年的艰苦探索，功夫不负有心人，终于在1973年获得更为精确的结果，其论文发表在当时唯一的国家级的《力学》杂志上。他与我国数学教授谢绪恺联手完善的判据成为迄今为止多项式最深刻的代数判据，被命名为"谢聂稳定判据"，得以在国际杂志上发表与评介。以后的几十年，更是马不停蹄，发表论文五十多篇，二十多篇上了国际刊物，同时在应用数学、计算机学、计算力学、科学工程计算领域颇有造诣；工程技术计算软件开发亦经验丰富，为国际科技界瞩目；还担当过"神六"的太空计算主力，解决过辽河油田热压阀阀体应力分析，为国家节省外汇两千多万美元，两次获中国科学院科技进步一等奖。病魔缠身之前一直担任数所大学的客座教授或博导。数学维系着他的脉络呼吸，贯穿他的整个生命。

他更是"呆"在一生的奋斗中，成为"小车不倒只管推"的典型。不仅自己奋力求索，还不断鼓励帮助为梦想而奋斗的"呆"者。清楚地记得，他夫人出版《艺苑采英》一书，他马上分寄给亲友，给我的信中不无"煽动"性地写道："人们常说女同志有了小孩就被拖累而消沉下去了。我看也不尽然，你和挹云还有这里的王晔就不是这样。我是鼓励发愤的，孩子确实给生活增添了无穷的快乐，但陶醉于快乐之中却不是上帝安排给我的事情，上帝赋予我的除了奋斗还是奋斗，有人把我看成怪物，相信你和挹云不会这么看我，因为我们同是奋斗者。"当我面临晋升高工的外语考试，正愁丢了几十年的俄语短期内捡不回来，且书店又暂缺这类书籍时，义勇先生从他的朋友处强硬索取俄语词典，及时从遥远的沈阳给我寄来，同时寄来的还有几本俄语科技读物和一封信，信中说："时代在飞跃，曾几何时同饮一江水的娃娃们如今驰骋在万里山河，嬉笑在一条街的孩子都走向了社会，我们随着时代脚步迅跑，东方巨龙已经屹立，伟大的中华民族应该对人类有所贡献，当今世界哪里没有中华儿女的足迹，我们为此骄傲。唯有战斗的生命力才是永恒的青春，挹云君所言'我来到这世界本是为战斗而生存'特别能引起我的共鸣。"语言文字浸透着豪情，实际行动呢？应该说表现得更为淋漓尽致。四十多岁原本学俄语的义勇君受派瑞典讲学，便倔强地自学英语。坐也看，走也念，乘火车则满车厢找人会话；在家学，访友时也学，一次出差插空隙来到我院，恰逢我接待客户，他便悄然坐于阳台，掏出英语小册子念念有词，惹得一帮年轻同事直朝我眨眼睛竖大拇指。如此全身心地投入探索与学习，义勇君的内心深处也有若干遗憾乃至苦楚，然而并未退缩。他的老父亲八十大寿时，适逢他将赴美国康奈尔大学工作无暇回湘，获知我愿作世侄代表回乡致意时，便在信中殷殷向我诉说："我这么当儿子的，确实使父母寒心，从1959年入大学那天开始，我便近乎一片孤叶，有亲友又像没有亲友，有家庭又像没有家庭，天南地北漂泊，没有彼岸，又不能回头，无所谓成功失败，做不完的事，思考不完的问题，这大概就是我的奋斗命，我从来不记生日，也说不清父亲的生日……我心里总是很苦，苦得可以滴血。"字字句句大有欠缺于家人亲情、忠孝未能两全之憾。面对"书呆子"越读越蠢的讥讽，他在心中呐喊："我何止越读越蠢，还越读越呆，越读越痴，越读越狂。话又说回来，蠢、痴、呆、狂，敌不住一个'乐'字，心甘情愿，乐在其中，获得了知识，学会了思考。"

如此这般，真可谓"呆"得深沉、"呆"出豪气。

出人意料，满脑瓜数学的义勇君还"呆"在格律诗词的创作里，竟数量不菲，造诣不浅。他无烟酒嗜好，也无棋牌兴致，独把格律诗词的写作当作劳作的更替，积极的休息方式，兴趣的满足，心潮的余波。并将对祖国家乡的挚爱，对亲友同学的浓情以数学的严谨性，逻辑性融注在字里行间。试看他游越秀公园的诗作："北国隆冬此著春，嫣红翠绿木欣欣。林荫道静宜于步，水碧舟孤贵在情。镇海楼台全得穗，中山塔下足知今。羊城不负南门意，越秀峰顶笑饮冰。" 壮丽河山一入眼，挚爱之情跃然纸上。再看他 1984 年写于瑞典的两首七绝："天南地北叶飘零，几度风霜几度春。最怕高山流水处，淹流故土离别情" "远步长途苦坐禅，家乡景色想依然。年年岁岁怀旧日，又听阳关共管弦"。足见其对家乡的眷恋深深镌刻在心坎。再请看《五绝·送别》——"临别言语急，迈步数回头。老母倚门望，辛酸泪两行"，《 一剪梅·三哭娘亲 》——"风雨催春故土杳，母在何方，儿却泪抛。南天唯留苦声招，游子身飘，老母声焦。含辛茹苦一世劳，咽下清汤，哺出浓膏。而今走了玉树凋，叫我伤烧，叫我愁浇"……我们似乎可见那抖动的双肩和那滴血的隐泣，字字句句无不催人泪下。另一阕《一剪梅·怀念已故恩师》则寄载着他对恩师至深的缅怀与感戴，字字情真："一片恩情数十年，先辈身言，后辈心田。几多思念我师前，江水穿穿，泪水涟涟。莫谓书生软如绵，生是开篇，死是成全。英灵寂寞在黄泉，骨献山川，魂献蓝天。"……嗟乎！我不禁喃喃而语：呆乎哉？不呆也。我亦从中感触到，在生命的奔跑中，只要是将人伦、亲情、乡情装在心里，为了国家民族的崛起，痴也罢，呆也罢，仍不失为一个大写的"人"，更掩盖不了"虽为文弱书生，也是铁血男儿"的一代学人的熠熠生命之光。

举笔沉思，听着窗外淅淅沥沥的春雨，不由忆起半个多世纪前我与聂君的一次文字交流："亭前说天下，山头望京华，今日都梁子，明为处处花"（《题照》陆），" 山峰时上下，曲径有喧哗。往昔湘资水，奔腾咆哮花"（《和题照》聂）……嗟乎！如今湘资之水依旧奔腾，涛声依旧在耳，斯人却已远去……愿慧魂常回故里，祝英灵九泉安息。

一中往事

作者：顾国云

一

　　1988 年 7 月一个阳光明媚的早晨，我正在扶冲一个小山村公路旁放牛，小学老师顾正斌一脸喜气地走过来告诉我我考上了武冈一中，懵懂的我那时还不知道考上一中对于我们偏远的扶冲农村中学而言是一件多么艰难的事情。我所在的村小，属于现在典型的"三支一扶"片小，教室刮风进风下雨进雨。所有教师都是民办教师，每天教完书还要匆匆赶回家帮干农活，他们工资低，家属都是"半边户"，紧靠教师工资也养不活家庭；普通农村家庭吃饭更是问题，父母亲不是在田里就是在山上干活，可没有多少时间管我们这些野孩子的读书，对孩子的读书，一般家庭不抱什么希望的。好在我母亲在"文革"时期毕竟读过两年初中，是一个"老一中人"，算得上当时农村知识分子，知道一中在武冈教育界的地位，听到我考上一中的消息后也跟着高兴，当早从柴垛鸡窝里掏出平时都舍不得吃只拿来卖钱的两个鸡蛋炒了给我吃。我在妹妹嘴馋的眼神中吃完鸡蛋，丝毫没有顾及她的感受。

　　暑假在忙不完的农活、吃不饱肚子的日子中也算过得较快，一下子就到了开学季。9 月 1 日我记得是个下雨天，天空中下着毛毛小雨，父亲

父亲从当地花高价钱与人合租了一辆农用拖拉机，车上放着我读书的全部家当：一个里面没放两件衣服的笼箱、一个用尿素袋套着的棉被枕头、一捆母亲亲手用稻草编就的草席。

从当地花高价钱与人合租了一辆农用拖拉机，车上放着我读书的全部家当：一个里面没放两件衣服的笼箱、一个用尿素袋套着的棉被枕头、一捆母亲用稻草编就的草席。我紧紧地挨着别人坐着，我紧张地一手抓住冰凉的铁护栏，一手时不时摸下口袋，里面放着家里卖掉唯一的一口壮猪换来的学费。临出发前母亲一再叮嘱别弄丢了，弄丢了书就不要读了。一路好奇一路惶恐中过了迎春亭，拐过三中，驶过用锅炉渣铺起到处是积水坑洼的上下坡路，拖拉机突突地一路颠簸着开进一中大门，把我们扔下后又突突着扬长而去。父亲在人山人海中帮我挤窗口、交粮食、领餐票、交学费、领书，而我看着混乱的人群不知所措。父亲在忙完入学手续后陪我在食堂吃完中餐：一份用二毛钱打来的冬瓜和四两米饭，叮嘱我在学校攒劲读书后就赶着要回家。我送父亲从汽配厂走路回，在父亲转身离开的那一刻，我再也忍不住。顾不上旁人眼光号啕大哭起来，从小没离开家门半步的十三岁的我从此将与他人相伴为友，独自面对生活的许多坎坷。

二

老一中的每一个早晨都是在锅炉房嗡嗡作响的伴随声中醒来。我所住的男生宿舍是座泥砖砌就的一层土屋，外墙用石灰粉刷得斑斑驳驳，很是破烂。上铺同学竹篾搭的床板翻身就发出吱吱嘎嘎响声，阴暗潮湿的过道里还时不时传来老鼠们打架的吱吱叫声。我在与人抢水漱完口洗完脸后爬上几级台阶，走过一段用老式瓦片搭成的鹅卵石凉亭，绕过操场就到了教室。初122班在几棵大桂花树下，青灰色的外墙加上叮咚作响的木楼梯显示着这个学校悠久的历史。我在同学们异样陌生的目光中找到自己的座位——第二排靠教室门口。同桌的个子比我还小，却显得老到熟练，有板有眼地拿着英语书大声朗读，显然他早就熟悉了这里的环境。而我只能用乡下人的怯懦慢慢

地去认识周围的同学：同桌的杨勤良、右邻居龙会清、左邻居廖海燕，再往后面的同学因为自己胆子小圈子窄，直至初中毕业都没有认识完。

初中班主任李十河是个年轻的帅气小伙，教语文，鼻梁上架着一副近视镜，左脸颊上长着一颗黑黑的大痣很是显眼，他喜欢穿双铮亮的皮鞋，讲起课来有声有色，远超村小的民办教师，听说从师范学院毕业就分到一中，是个大学生，幼稚的我哪知道大学生是什么，反正课讲得好喜欢听。2022年在武冈传统文化研究会参加活动时偶遇同为会员的李老师，此时的他已从武冈党校退休，竟然还记得我这个学生，说来荣幸，也真是师徒缘分。

数学老师邓小红是位美女老师，穿着一双高跟鞋，讲课时思路清晰，非常流利，一手粉笔字又快又好。有时她还穿着条黑色裙子，走路带风像只黑蝴蝶在讲台上飞舞，很吸引学生。

英语老师黄鹤兰是唯一从初一教我们到毕业的老师，剪着个精炼的短发，矮个子，一双眼睛明亮明亮的，时不时把英语当歌唱，上起英语课全班同学兴致勃勃，到毕业会考我们班众望所归获年级第一。

政治老师许名华兼任着政教处主任，矮胖身材，在宣读学生违纪违规时最喜欢说"影响极坏"，结果发音不标准说成"影响吃饭（武冈话 chi/ji 不分）"引来台下同学大笑。一次我从家中背米回学校太晚没赶上晚自习被他抓到，解释说扶冲没有班车才晚了，那时居然才知道他与我是正宗老乡，家是距离我家不足2里的许家冲的。

那时的学校老师流动性很大，各科老师换了一个又一个，有些没教多久的老师我都不记得了。初二时班主任李十河去搞社教，班主任变成了教音乐的蒋力，背着一把吉他教我们流行歌曲，年幼的我们也不懂歌词含义，一起扯着大嗓门把迟志强的《铁窗泪》和《钞票》唱得楼响，引得对面楼同学探身观看。后来我调到了房产局与其妻

子管艳成为同事，本想抽时间去与老师聚聚，没想到得知两年前老师已因病去世……

三

叮叮当当的下课铃声响起，鹅卵石小路上满是奔跑的男同学女同学，从四面八方向学校唯一的一个食堂汇集，有的还一路小跑一路敲打着饭盒。班上有个同学吃饭时敲得最响最积极的，后来我才认识叫钟显辉，现在湖师大教授，前年同学聚会时讲起当年敲饭盆的事记忆犹新。同学们百米冲刺进入那个下雨漏水一地泥浆的老食堂，冲到食堂窗口挤进脑袋，挥舞着饭票好让食堂的师母先看到自己给自己先打饭出来；而老师则可以不慌不忙地到教师食堂就餐，不用挤也不用抢。刚开始一中食堂实行大席制，每桌8个学生来自不同的班级，每星期一人轮流负责去食堂领出饭菜，分好。初中学生正长身体，什么都能吃，有些自私的学生先来总会把大份的挑走，后来的学生也没办法。每人四两米饭，菜则是附近农民拿来食堂卖的时令茄子、冬瓜、包菜等，吃得最多的是豆腐渣、豆芽菜、水豆腐；肉一般是一个星期吃两次。那时家中条件很不好，时常吃不饱，菜中没见几滴油水，学校吃肉时我舍不得吃完，用罐头瓶攒着拿回家吃，母亲还夸一中的伙食好有肉吃……后来学校食堂改革，实行餐票制，每人凭从家中拿来的交到食堂的大米换成饭票，四两米一张；餐票用现金换，5角的可以买肉吃，2角的只能买小菜。我与其他同学一样很少吃5角的。相反每星期回家我都要从家中用瓶子带些剁辣椒、酸辣椒、南瓜藤、霉豆腐等到学校当菜吃，为的就是只打饭不打菜省点伙食费。而那些家庭条件较好的同学则时常在我们面前津津有味地吃着从食堂打来的肉菜。食堂改革导致买饭菜拥挤的情况更糟糕，以前八个人只要一个去排窗口，现在每个人都需去挤，窗口全是挤动的人头和撞击的饭盆，有的学生甚至因为抢、打了架。高中

时学校食堂再次进行改革开放，在校门口办了个私人食堂，由体育老师毛汉帆的妻子与人承包，毛汉帆儿子甚至在校门口橘子园旁边搭了个窝棚卖饭菜，时不时向学生炫耀从没吃过的佛手瓜菜。武冈电大附近农民在家居然也开了私人饭堂卖起饭菜，尽管时有夹生饭，生意却相当火爆。教师们经常提醒学生不要外出买农民饭菜，但奈何学校食堂解决不了排队挤、抢问题，只能听之任之。

那时的一中除了食堂买饭抢，用水也需抢的，不管素质不素质，反正没人管。食堂为节约用水在水槽上面横放一根铁管，每隔十来公分开通一个小口射出比尿还小的小水滴。学生们洗碗要抢，没抢洗不到碗的发明了用作业本擦洗的方法，到了冬天下雪居然有同学用雪擦洗碗，听说还洗得干净。用于洗漱的几个水龙头旁边不到上课时间永远排着挤水的同学，我和罗国荣、龙会清则干脆舍近求远，或提着铁桶从后门出去跑到农民池塘边的水井打水或到资江河边水井打水，顺便看渔歌唱晚别样风景。记得有次学校停水，很多人没水用，我们跑到新东中心小学附近水井打来水，引来羡慕眼光。热水限时供应很是抢手，一到冬天老一中食堂下面热水池边的水龙头更是竞争激烈，总是传来铁桶的撞击声，有的甚至把铁桶挤变了形。有的实在打不到热水就提桶冷水，在澡堂从头淋下去，跺跺脚捶捶胸一声呐喊以驱赶寒冷。表面老实的我发现了大礼堂旁边水塔里余下的温水，趁着晚自习后没人注意时顺着水管爬上去洗了几次舒服澡，把父亲离开时"在学校莫吵事"的叮嘱忘到了九霄云外。

四

下午课后，闲来无事的我喜欢四处逛逛，彼时的学校俨然一个生物公园。从校门口到既是食堂又是大礼堂的鹅卵石路边、土操场边、垃圾堆边长满了刺槐树，就连我们男生宿舍都被刺槐树盖了半个屋头，一到六七月整个校园弥漫着淡淡

的槐花清香让人很是舒爽，坑坑洼洼的鹅卵石路一到季节就铺满白色的槐花毯，因此变得平整了。澡堂边和锅炉边则是不高不矮的柞树，叶片毛茸茸，结满了红色的果球却没人敢品尝；又脏又臭的老厕所旁边的空地一年四季难得见到阳光，满是落叶垃圾，长着高高的核桃树和香樟树，树身上长满苔藓、寄生藤甚至木耳。调皮胆大的初中同学刘军除了冬天上课偷偷在火笼里烤黄豆吃外，还像猴子一样麻利，爬上高高的核桃树摘核桃。男生澡堂旁的几棵毛桃树在阳春三月可以繁花朵朵，一到挂果季却从未见过绯红的桃子，因为熊学生们在桃子还酸脆未成熟时就先下手为强一扫而光……河边围墙边的空地上，勤快的师母们总是种上芹菜、莴笋、白菜等时令蔬菜，盛夏季节四季豆爬满支架，开着紫色小花吸引着蝴蝶蜜蜂；校门口无人搭理的池塘里居然有小鲫鱼、泥鳅游来游去，时不时蹿出水面击打出水花；老槐树上面则不时传来斑鸠翅膀的扑腾声和小斑鸠的咕咕声。医务室在四棵两只手都抱不拢的大香樟树下面更显矮小，旁边就是一个大橘园。5月，橘花将谢未谢，橘果初生未生，正是赏橘花和小橘果的最佳时节。不推开窗户都能闻到一阵沁人心脾的清香，花香有点像槐花，又带点栀子花味道，但却很清淡。

五

1990年一中开始大规模基础设施建设，原貌难见：起伏不平的鹅卵石路变成了平坦的水泥路面；东倒西歪的刺槐树换成了笔直挺拔的雪松；闲置空地改造成花池，里面种上五颜色六色的花草；前栋嫩红色的两层旧楼建成了现代化的六层教学楼，高层楼的年级同学可以站在阳台上看风景看行人，远处农田、近处资江河尽收眼底。1991年初中毕业时因体检未过关，我在中专录取时被刷下来回一中读高中，很是沮丧，母校像慈祥的母亲一样接纳了我。英语教师许兴淼戴着茶色变色眼镜，个子虽矮却显洋气；语文教师段荣迪几次在班上朗读我的作文，我又欢喜又害羞地把头低下去；高三数学教师兼校长戴时培，几次在我测评小考试卷上写上几句激励话语让我至今感动……再后来破旧的男生宿舍土房子拆了建成标准化宿舍，我们再也不受锅炉房嗡嗡声烦吵。

一个宿舍 8 个人，班主任刘力平时常在宿舍熄灯后跑来偷听哪个不自觉的同学还在讲话聊天。又脏又臭的老厕所如大家所愿拆了建成一角公园，高耸入云的香樟树得以保留，树下建有石圆桌，边上围着的水泥仿古石凳宛如古树桩。读书累了的同学时常来树下坐坐，听微风吹过树叶的沙沙响声和小鸟枝头觅食的唧唧叫声，时不时有黑色浆果枝头掉落。运动场后面的红色钟楼再也不用人工敲钟，学校早改成电子铃。七八十个应届生复读生挤在一间教室，教室里密密麻麻摆满了桌凳，窗户上密密麻麻放满饭盒，起身出去都要小心翼翼唯恐挤翻桌上堆放的课本。医务室对面一个水浸坪的师母那里一到早自习结束总是热闹的，父母们见孩子学习压力大时常拿来鸡蛋牛奶给补充营养，学生们则拿去师母那里花两毛钱买来开水冲熟，然后围在一起一边喝着鸡蛋牛奶一边天南地北胡侃着，释放着学习压力。

黑色七月在知了的聒噪声中不知不觉过去了，我有幸以应届生身份考上一所普通高校离开了母校。时隔多年一直想到母校看看，但一想到母校如今桃李满天下，培养出的都是社会精英而自己却碌碌无为，心中胆怯无颜面对。在外的同学一直嚷嚷着举办毕业 30 年纪念大会回老一中走走瞧瞧，因疫情原因不了了之。更为遗憾的是虽在一中读书 6 年却连一张毕业合影都没保留，只能借着记忆一点一滴地回忆起母校一草一木、一砖一瓦……

作者简介

顾国云，1988—1994 年就读武冈一中，初 122 班、高 90 班学生。1994 年考入吉首大学中文系，文学学士学位。毕业先后在武冈市法院、房产局工作。现任武冈市住房保障服务中心综合股股长。

难忘母校情

作者：林林

　　"人过留名，雁过留声"，我本来没打算写的，一是因为我的名字"林林"四个"木"很容易记，很多同学都记得，名字在校友花名册已经留下了；二是因为在一中的初中、高中六年，各方面都平平常常。但同学们反复催促，自己又认真想了想，觉得还是应该写点什么，以表达对母校的怀念。

　　1979年9月，我从法新小学考入武冈一中初86班，当时录取线是140分，我140.5分在班上是倒数第二名，我的运气好，差一点点就与一中失之交臂。初中三年，懵懵懂懂，还是顺利地考上了一中的高56班。高中三年还是不知道要努力学习，幸运的是1985年应届就考上了大学。

　　记忆中的一中，一直是"高大上"的。整个小学我基本上没有读什么书，白天放牛、砍柴，天黑后就与小伙伴们"打仗"。拿到武冈一中的初中录取通知书后，在辣椒地里摘辣椒时父亲问我，是去一中读书还是就在家附近的法新中学读书算了，我毫不犹豫地说想去城里读书。家里很穷，兄弟姐妹6个，父亲考虑了一晚，第二天跟我说，你读到哪里送到哪里！我搭货车从家里进城，夏天的太阳把柏油路晒化了，我打着赤脚走在街上，把脚背弓起来还是烫起了泡，满脚板的柏油，一个月后脚板还是黑的。走到一中，觉得校门又高又大，两旁的树好高，二层楼的教室和寝室也

好高、好大,用现在的话形容就是"高大上"。

2020年国庆,回到一中新校区参观,宽敞的校园,现代化的教学楼、图书馆、体育馆,高标准的学生公寓映入眼帘,再一次感受到了母校的"高大上"!

记忆中的一中,老师们很亲切很敬业。初中毕业时的班主任是林睦力老师,他身体不好,好像是有心脏病,家里子女多,但一身中山装一直干净整洁,教书兢兢业业。肖孝富老师知识渊博,教我们高中的语文课,记忆最深的两堂语文课是:讲授《泰山游记》课文后,马上安排同学们秋游云山,作文课就写《云山游记》;讲授课文《孔乙己》时,肖老师穿着长衫,手里捏着几颗蚕豆,惟妙惟肖的表演,让我如临其境。高中班主任林道运老师,本来在我们高三一学期就要调到贵州去的,但他一直坚持到我们高考后才走。

2016年夏天,我们十余位同学相约从全国各地出发,到贵州龙里看望阔别三十多年的林老师,回忆青春时光、重温师生情谊,我看到了林老师眼眶里饱含着激动的泪水,脸上露出了灿烂的笑容。

记忆中的一中同学、校友是真诚、可敬的。一中朴实、真诚的校风培养了一届届善良友爱的学生。初82、高85届的全体同学在2015年8月8日毕业30年之际回到云台岭的母校,看望老师,感恩母校,再续师生情、同学情。高56班同学肖永明(国学大师、湖南大学岳麓书院院长)、55班校友唐军(曾任武冈一中校长)、周伟球(恢复高考后一中第一位清华生、武冈一中校友基金会理事长)、严正(校友基金会秘书长)、蒋慧民、李志辉(84届师兄)等同学们发起成立的校友基金,得到了各届校友们的积极响应,七年来资助了300多名学弟学妹,用实际行动回报母校。

百年一中百年情,代代相传到永远!

作者简介

林林,男,1967年7月出生于武冈法新村,1979年—1982年就读于武冈一中初86班,1982年—1985年就读于武冈一中高56班。1988年由湖南财经高等专科学校毕业分配至现工作单位长电高新科技股份公司,从事管理工作,为高级会计师、注册会计师。

永远的老师

作者：杨少波

　　四岁那一年，我和妹妹随母亲从冷水江市"下放"，回到老家武冈县德江村。过了几年，父亲从冷水江市调回到地处县城东门外云台岭上的武冈一中教书，从此我与一中结缘。

　　我的小学和初中都是在德江村里的学校读的。1977年，我初中毕业，参加"文革"后的第一次"中考"。通过分片区招生考试，我考上了武冈二中，父亲把我的档案转到一中，我就成了武冈一中高34班的学生。

　　一年以后，1978年的暑假，我匆匆忙忙看了十多天政治复习资料，就和上一届的师兄师姐们一起走进高考考场，没有什么思想负担，结果上了"大专"线，学校老师领导都觉得我提前去读个大专有点可惜，便以各种方式挽留我。刘文明校长说要给我发"工资"，希望我来年考个"清华北大"！我哪敢答应，最后我还是去上"大专"了。大家都不太理解，其实原因很简单，我当时主要是想解决"吃饭"的问题，当年家里经济条件差，可以说吃不上饱饭，而我正处于生长发育期，已出现营养不良，我右小腿当时一个小小疖肿，竟然久治不愈，最后出现溃疡，后来留下

267

一个不小的疤痕。上了"大学"，我马上能吃饱饭，吃上"国家粮"，永远有饭吃，这是我最朴素的想法。生存是第一位的，有生存才能有发展，这也成了我后来处事的一个基本原则。

我在一中只读了一年多书，没有拿到高中毕业证。但这一年多时间对我的人生观价值观影响很大，可以说对我后来的工作生活有决定性影响。那时正处在"知识改变命运"的时代，一中学习氛围浓厚，值得回忆的东西很多。那里有我喜欢的青砖砌的教学楼、齐齐整整的卵石路、一级又一级的青石阶，还有那连接着教室和寝室的风雨长廊。我跟父亲一起住在教师宿舍，与很多老师都有接触交流，所以最难忘的还是我的那些老师们。

高 34 班班主任蒋瑞梅老师，她引领我入团，还让我当了班长。我"出道即巅峰"，"班长"是我当过的最大的"官"。我读书还行，班长当得不怎么样，发现自己不是当官的料，有此定位后也就安心学点手艺，搞点业务。

我当时进 34 班本来是奔肖孝富老师去的，但不知什么原因错过了。大家都说肖老师语文课讲得好，普通话标准。我后来在北方工作，口音一直是短板，某种意义上影响了个人发展。当时隔壁的朱振宙老师，普通话讲得好，调到了县广播站，后来当过县广播局局长、县组织部部长和县委副书记，退休时是县政协主席。当年讲的是"学好数理化，走遍天下都不怕"，都想当科学家。记得肖老师对我说过"学文科挺好，当老师也不错"，后来他的三个儿子都是学文科的，全都做到了各

自行业的顶级。有人就说我如果学文科，可能会更好一些。我觉得自己当医生挺不错，这也是命运的安排，如果我高中毕业时再考大学，那就不一定学医了。

其实学医还是挺有意思的。住在对门的唐咏高老师，文学造诣很高，后来调到邵阳去了。在邵阳，他住五楼，每天都坚持下楼跑步运动，风雨无阻。现在他年过百岁，耳聪目明，思路清晰，完美诠释了"生命在于运动"。据说唐师母搬到邵阳后，却很少下楼活动，最后也是高寿，充分体现出"长命在于安宁（不动）"。他们的生活经历，使我这个医生对辩证法有了更新的认识，学无止境啊！

教我们语文的潘彰焱老师，上课时在黑板上写字有板有眼，下笔有力，一丝不苟，给同学们的印象极深。我以前写字还行，当医生后字就越写越潦草，但工作作风却是越来越严谨，应该还是得了潘老师的一点真传。

我高一时参加县里高中作文比赛，题目是"我想到 2000 年"，当时其实知识面很窄，凭空写了些什么我都忘了，但得到了评委的认可，得分最高，应该是"第一名"。但兄弟学校老师坚持只设"一等奖"，我们学校老师们退了一步说，"一等奖"杨少波也得排第一！最后我和老师潘彰焱的合影照贴在县城大街文化馆门口宣传栏最显眼的位置，风光一时。通过这件事，我似乎学会了"中庸"和"低调"，以后也就没有得过什么像样的奖了。

数学课肖竞存老师，在县里很有名，还没做他的学生时，就和同学抄过他的整本数学资料书。肖老师上课每次都是先天南地北讲一通，后半场才切入主题，以致同学们对他讲的数学课虽意犹未尽，但有点小意见。我是后来工作了才慢慢领会到肖老师的境界——有张有弛。人生千姿百态，除了学习和工作，应该去享受更多的生活乐趣。

我当年还获得了县高中数学竞赛第一名，后来就和几个同学一起，去参加邵阳地区数学比赛，

出发前学校领导说，你们好好考，考好了学校到时派拖拉机去车站迎接你们。结果我们考得不理想，最后自己走路回到学校。这提前给我们上了一堂人生课。

1978 年高考的物理题目，唐义芳老师说我只学过 60 分的内容，如果得 60 分就是满分了，最后我得了 58 分。错的那个题目至今没忘：钟摆运动，摆到最高点时，运动的速度应该是最低的，我不小心给弄反了！后来我就记住了：不管自己站到多"高"，都不能满足，都得努力！

邻居戴开梅老师，她教给我的数学知识我基本上都忘了，忘不了的是，她对我这个"哈宝崽"的那种特别的喜爱。后来在我的博士生导师那里也有这种爱的影子，这是她们给予我的那种有点"无原则"的爱，我理解为"母爱"。

还有物理课周启潜老师，他在黑板上随手画一个圆，都跟拿圆规画得差不多，我开始只是惊叹圆画得精妙，后来周老师调回到他老家去了以后，我才体会到了周老师对团圆的渴望。

学俄语出身的彭老师，英语教得也挺不错，

可惜我一直没有上道。后来我学的是西医，英语就在某种意义上左右了我的人生轨迹，我与英语纠缠半生，把对英语的畏惧变成了对一位英语老师的爱，现在的工作和生活也算是圆满。

……

岁月悠悠，四十多年转眼过去了。我想回去，却不再少年。怀旧的年龄，记忆中的许多往事却已经模糊，但一中老师们一张张慈祥生动的面孔，依然历历在目！你们是我永远的老师！

感谢一中！感谢老师们！

怀念一中！怀念老师们！

作者简介

杨少波：男，58 岁，武冈一中高 34 班学生，医学博士，现为解放军总医院主任医师。

母亲河南岸塘富冲武冈一中新校址

母校与母亲河的往事

作者：黄祥明

我是武冈一中初 65 班，高 3 班（后改为 19 班）的班长。说来也巧，1955 年武冈一中由武冈母亲河南岸的塘富冲许家大屋搬迁到母亲河北岸的云台岭，至 2020 年下半年又再次搬迁到母亲河南岸的塘富冲。整整 65 年，我与母校云台岭一中同年岁！我的金色年华是在母校云台岭一中度过的，这里也是我梦开始的地方。

母校云台岭一中南门前有条奔流不息的河，这条河在不同的历史时期先后有过大溪、赧水、济水、沧浪水、资水、资江等不同的名字。北魏郦道元《水经注》记载："资水出无阳县界（今芷江县东北），经唐糺山（今城步县路山），武冈县南，谓之大溪，分都梁之所置也。"这是大溪河名称的历史依据，也是我坚持认为陶渊明笔下的"世外桃源"就在我们武冈的重要原因。大溪河多个名称背后都有一段经典的历史故事，这里且不逐一考证此历史话题，但把它称作武冈母亲河则名正言顺。

一般认为，武冈一中的前身是 1922 年建立的武冈县立女子小学，到 2022 年整整 100 年。作为武冈"第一所县学"，其历史可以追溯到中华人民共和国建立后的武冈一中、民国十一年（公元 1922 年）的武冈县立女子小学、大清光绪元年（公元1875）的希贤精舍。无论历史如何变迁，不管校名如何改变，武冈一中在其发展史上无不打上了县学的历史印记，所以才有县学第一的定格。如果从县学历史印记意义上继续追溯，便可从大清光绪元年（公元1875年）武冈知州张宽和与乡绅名流邓辅纶创办的希贤精舍学堂，再追溯到西晋永康元年（公元300年）的县学宫。陶侃时任武冈县令，创办第一所县学宫，需要八万贯铢钱，遂向邵陵郡太守吕岳申请："风化之本在乎人伦，人伦之正在乎设庠序（学校）。崇重庠序，教养人才，惠之渥也。故愚将置县学，所需铢钱八万贯（一千个铜钱为一贯），敢翼蠲（juān）免输课为拜。"太守吕岳不给一文钱，还把陶侃恶训一顿："庠序教化，明德知礼，圣人之至也。然物有大小曲直，事有轻重缓急。汝为县令，然先不问政而问学，岂非舍本逐末也哉？"陶侃向郡府要不到铢钱，不得已在武冈民间筹集4万贯铢钱，缩小计划规模，在武冈母亲河北岸儒林武陵乡武陵井村（现武冈城济川门）创办了武冈第一所县学宫，在大门前栽种双银杏，象征孔子杏坛讲学之意。县学宫与双银杏记载在《晋书·陶侃列传》与《武冈县志》史册上。从这个县学的意义上说，武冈一中可算得上千年学府，千年传承。

说到这里，也许有人要问，既然有武冈第一所县学宫，为何大清光绪年间武冈知州张宽不去利用，却还要在县学宫对面一河之隔的地方，再建"希贤精舍"？这里又有一段历史典故，陶侃创办的第一所县学宫，传承到宋绍兴8年（公元1138年）在原县学宫规模上扩建成文庙，由学宫变成了庙堂神殿，希贤精舍学堂只好建立在原县学宫（文庙）对面。民国十一年（1922年），受资产阶级革命新思潮影响，在希贤精舍旧址上建立了武冈县立女子小学。1943年学校更名为武冈县立初级中学，男女生兼招。武冈解放后，学子的数量突飞猛增，学校规模小了，为了满足学子求学的梦想，武冈初级中学临时搬迁到母亲河南岸塘富冲许家大屋。许家大屋是土改时武冈最大的地主庄院，被政府没收后，历时3年改做学校。因为许家大屋不是学校建筑，办学有着诸多不便，且规模也不能满足教学需要，所以政府又于1955年在母亲河北岸云台岭新建武冈初级中学，1959年初高中兼招，开启了完全中学的历史。

最近，学校百年校庆筹备办公室的同志在查阅文献资料、走访老校友的过程中又有了新的发现：在武冈县学宫、希贤精舍之外，武冈一中还有两个源头——鳌山书院和武冈驻省中学堂。1900年，清廷下令将全国的书院改为学堂，鳌山书院正式改为初等学堂。1914年，由武冈旅省人士林泽佑、欧阳刚中等人于1906年凭原武冈州同乡会会馆馆长创办的武冈驻省中学堂迁回武冈，进驻鳌山书院，更名为武冈县立中学，后又更名县立初级中学。1937年此县立初级中学改为简易

西晋时母亲河北岸武冈县学宫外景

西晋时母亲河北岸武冈县学宫外景

乡村师范学校，主要培养乡村师资，兼招公办初级中学生。1943年源于希贤精舍的几经更名后的武冈县立女子初级中学再次更名为武冈县立初级中学，实行男女生兼招，公办初级中学生的培养任务全部由这一新的武冈县立初级中学承担。1950年简易乡村师范学校停办，教学器材和图书分配给省立第六师范学校和县立初级中学。至此希贤精舍、鳌山书院、驻省中学堂三源合一，初步定型。1953年县立初级中学更名武冈县第一初级中学，1959年开始招收高中生，更名为武冈县第一中学。

据此，母校可考证的历史已有122年，取其整数，校庆办仍称今年为百年校庆之年。

云台岭一中校址在武冈母亲河之滨，学校后南门离河流仅数步之遥，在搬迁至此的前20年，每年的夏季都有男女学生下河游泳。这里走出过无数敢于中流击水的勇士，他们或成长为保家卫国的中流砥柱，或成长为建设国家的栋梁之才，但也有不幸落水遇难者。1971年我在一中高中3班（19班）就读，吃过晚餐后，同学们便三五成群结队下河游泳。其中一个姓张的男同学带着4个初中班女同学走出学校后南门下河游泳，4个女同学3个有救生圈，没有救生圈的女同学抱着一个篮球，下水一紧张，篮球失手，不慎落入深水。同学们见状，一边呼喊，一边实施救援。听到呼救后，我和一位管后勤的副校长（转业军人）与部分高中同学下水救援，可惜水面太宽太深，救援未果，那个初中女同学永远地离开了我们。至今回想起来，仍让人痛惜不已。这也许是后来学校严锁后南门、严禁学生下河洗澡的原因。附近村上一个老者认为，云台岭一中风水很好，北有靠山，南有河水，可谓风水宝地。

2020年下半年母校再次搬迁到母亲河南岸塘富冲，坐北朝南新建，正大门朝南开，符合中国风格建筑学理念，占地300亩，建筑面积15万平方米，是西晋武冈县学宫、大清光绪元年（1875）希贤精舍、民国十一年（1922）武冈县立女子小学，武冈鳌山书院、县立初等学堂，武冈驻省中学堂、武冈县立中学堂的百倍规模。至此，作为县学第一的母校业已进入了发展的鼎盛时期。无论是西晋永康年间的武冈县学宫，还是大清光绪元年的希贤精舍学堂、光绪二十五年的初等学堂、民国三年的武冈县立中学，以及民国十一年的武冈县立女子小学、民国三十二年的武冈县立初级中学，到新中国的武冈县、市第一中学，都围绕在武冈母亲河（大溪、资江）南北两岸的济川门（老南门）、塘富冲（许家大屋）、云台岭（红军山）、塘富冲（新校址）地段，年轮沧桑变迁，武冈母亲河就像慈母手中线，始终连着学子身上衣。母校一直都在母亲河的怀抱里。

作者简介

黄祥明，武冈一中1970届初中65班，1972届高19班学生，1971年底转学至父母工作的河北秦皇岛山海关中学就读，1972年底参加铁路工作，1979年调回长沙铁路分局，先后任工人、技术员、工程师、局长秘书、办公室主任、铁路建设指挥部部长等职，铁道作协、湖南作协会员。出版过官场小说三部曲，网络小说有长篇军事小说《百战不殆》、长篇历史小说《劫难之帝》。学习研究陶渊明文化，《一个契字破解陶渊明千年桃源之谜》得到多方肯定，中国版权局特发破解版权证书。电影剧本《中朝侦察兵》获得第13届澳门国际电影节优秀剧本奖，历史电影剧本《义杀岷王记》通过2022年4月中国广电总局拍摄备案批准，批号20220479。

五代一中情

作者：苏敬华

母校——

是学子成长的摇篮……

更是魂牵梦绕的地方……

我的母校有很多，她们是：神山庙耕读、转龙小学、石地小学、转龙中学、武冈六中、武冈一中、邵阳供销学校、湖南省委党校、中央党校函授学院。然而：

最难忘却的是武冈一中。

最感恩的亦是武冈一中。

最浓墨重彩的还是武冈一中。

因为我们家从爷爷到外甥孙五代与武冈一中有缘，在近七十年里，有37人在一中工作学习过，百分之九十以上考了大中专学校，是百年校史中的一道风景。

第一代：爷爷苏书国，20世纪50年代中至60年初在一中学生食堂做厨师，我到一中读书时，向师傅父子都说是爷爷的徒弟，并深受"教益"，说我爷爷对年轻人言传身教、谦让随和，炒得一手好菜，师生喜欢，特别是回锅肉。后因年老体弱，转至县畜牧场养马。

第二代：父亲苏是樑，从20世纪50年代中期起，先后在团县委及县委政府委办局工作，特别是在团县委工作的几年里，常去学校组织学生、团员开展活动，宣讲时政，与刘文明、周民颁、姜子华、肖孝富、周维治、唐义芳、戴时培、唐启胜等老校长们长期关系密切。在父亲的引领下，至今四代有35人入读一中。

三叔父苏是局是新中国成立后一中第一届高中生，一九五九年入校，在校担任校团支部副书记、学生会主席，深受刘文明校长器重。一九六一年底响应党的号召，提前毕业入伍到广州军区万塞边防部队，历任班、排、连、营长，1978年转业，任原武冈县教育局政工副局长。1985年后调县建委，在环保局长岗位上退休。他与一中的感情比父亲更深，认识的老师、同学更多。曾经为武冈一中发展壮大做出一定贡献。

第三代：有12人就读母校初高中——苏敬华、二弟苏亲华、三弟苏祝华（已故）、小妹苏利霞、堂兄苏本科、表兄李迪夫，表弟段博、李勇华，堂妹苏辉群、苏丽群、苏艳群，表妹李爱华。其中 10 人考上大中专学校，并都有不错的工作。苏敬华 1979 年以本届文科第一名的成绩考入邵阳供校，参加工作后努力自学，获双本科学历，在武冈农资公司、县政府办、邵阳市委办和发改委工作多年，现任邵阳市贸促会二级调研员。李迪夫 1980 年 7 月高 40 班毕业，英语专业自考专科，先后在城步丹口、黎平茅贡任初中英语代课教师。20 世纪 90 代初南下深圳，现任深圳市三展电子有限公司厂长兼总工程师。三个小孩都考上大学，大女在广州市银行工作，小女现在北京大学读博士，儿子李子杰 2018 年 7 月高 384 班毕业，同年考入西安空军军医大学。

第四代：有 20 人就读母校初高中，全部考上了大中专学校，有了理想的工作。侄女苏泓榕，2013 年 6 月艺术高 28 班毕业，同年考入中南大学艺术学院音乐系。现为在职研究生，在武冈十中任高中教师。侄儿苏钰淞 2007 年艺术十班毕业，同年考入沈阳建筑大学设计艺术学院，现任深圳市硅谷动力产业园运营集团——招商策划总监。表侄女李蓝萍 2012 年 6 月高 272 班毕业，同年考入中国地质大学（武汉），现在广东省地质勘察设计院工作。表侄段林玲，2000 年高 118 班毕业，隔年考入华北电力大学（北京）工程管理专业，本硕连读，先任职于国家能源集团，现在国家电投集团下属国电投天启（广东）智慧能源科技有限责任公司任总经理助理，主要从事新能源项目的投资开发工作。

第五代：有 3 人在母校初中、高中毕业，1 人在校工作。外甥孙段俊光，2018 年 7 月初 1503 班毕业，2021 年 6 月富田中学毕业，现在邵阳学院理学院读大一。外甥孙段俊旭 2019 年 7 月初 1609 班毕业，现在富田中学读高三。外甥孙女向慧，2020 年 6 月高 436 班毕业，现在吉首大学读大二。表外甥郎曾纪辉现在一中总务室工作……

话说我转学一中读高二，有一段佳话，恐怕也是一中有史以来鲜有的。

1978 年 8 月父亲得知二弟考取一中初中，心里患了愁，特意到一中找刘、周两位两老校长，难为情地笑着说："两位仁兄，我老二考上一中，本是高兴的事，却让我患了难，现在大女儿还在'五·七'大学复课，大儿子下期在六中读高二，老家还有老婆和两个小孩，我一时拿不出这么多套被子啊！"刘老校长大笑着说："这事也能难倒你大局长？"父亲也笑着说："我就是特地来请两位老兄帮忙的呢！"周老校长认真地说："老弟啊，这事怎么办呢……"停了停看着我父亲道："你老二成绩如何？"父亲立即说道："他成绩没问题，上期各科 90 分以上，德智体全面发展，还是班长，初一就考进了县文工团，我知道后让他回去继续读书，是区里的文体主要骨干，读高中还是区委马万庄书记特批的。"两位老校长点了点头，同时对我父亲说："是个好苗子，让他转到一中来吧，两弟兄睡一个床铺，你看如何？"听后父亲十分开心，诚挚地说："太好了，真的谢谢两位老兄。"我就这样，插进了一中的高 36 班就读，任班长，语文老师是周维治并兼班主任，数学老师是王楚成，物理老师是唐义芳，化学老师是欧阳祖雪，其他老师已记不太清。一个多月后分文理科，我进入高三十七班读文科。

在高三十七班虽然只有一年，但确实是团结紧张，严肃活泼的一年：学习——学校、老师、同学都抓得很紧、抓得很实，老师们辅导的身影，同学们交流讨论的场景，历历在目，终生难忘。劳动——我们班 78 年下学期还到城西公社神架冲校办农场，挖过红薯、花生，种过小麦、油菜，担着土肥去，扛着产品回，一次两个班，长长的队伍，很是壮观；在校园的空地上种过萝卜、白菜、辣椒、南瓜，成熟后卖给食堂，收入做班费。体育——清晨做体操，上午课间做眼保健操，下午自由活动，有在河边、树下读书的，有打篮球、排球、乒乓球、羽毛球的。晚上自习，我们班有30来人寄宿，八盏煤油灯，4人一盏，我跟王松云、钟金姣、周前国一组。同学们学习非常认真、非常刻苦，常常是打了熄灯铃，要姜老师来督促才离开教室。之后有的同学还在路灯下看书，大部分在床上用手电筒看书到深夜2点。

庆幸37班所有的任课老师都是良师、严师，他们是：语文姜子华老师、数学戴开梅老师、英语陈斯平老师、政治邱盛楚老师，历史刘文明、周民颁、邓集湘老师，地理蒋瑞梅、袁理舒老师，体育毛汉凡老师。我深深地敬爱着所有任课老师……与姜老师相识45年，联系未曾间断，感情最深，这次又同为校庆顾问。我作为班长至今还与近四十位同学保持联系，特别是肖希明、翟玉华、林坚石、刘仕萍四兄姐，一直是我学习的榜样，激励着我前行……

时值母校千年历史、百年校庆之际，我相信我的爷爷、父亲、叔叔、三弟在天堂一定会很开心！一定会祝福母校！

我家三、四、五代的一中学子，虽然没有大富大贵之人，却都好学上进、克勤克俭、工作顺利、生活安宜，我们能有今天的一切，衷心：

感恩母校！

感恩良师！

感恩同学！

诚祝：

同学心想事成！

恩师幸福安康！

母校繁荣昌盛！

甘为杏坛马前卒
——忆我的父亲欧明俊

作者：欧寿松

"岁月一世纪，弦歌满百载。"当人们的目光聚焦在无数为武冈一中的教育教学付出毕生心血的教师们身上时，别忘了，还有相当多的为一线教师默默服务、无私奉献的后勤人员。我的父亲欧明俊就是其中一员。

我的父亲欧明俊从 1978 年 9 月到 1988 年 8 月，在武冈一中担任总务主任，之后从事图书管理等工作直到 1992 年退休。

打开后勤工作的新局面

1978 年 8 月，武冈一中迎来了它百废待兴的时期。可是，一中却缺乏一位能够担当重任的总务主任。经周民颁副校长推荐，教育局调动，父亲从武冈九中调入武冈一中担任总务主任一职。

20 世纪 50 年代，年轻的父亲就在武冈党校的暑假班管理总务事宜。他的工作能力和作风得到了党校师生们的肯定。后来在特殊历史时期，父亲受到不公正的待遇，下放回乡工作。当一个新的时代到来时，父亲的崭新时期也到来了。人到中年的父亲，似乎焕发了青春，以十分饱满的工作热情，一心扑在武冈一中的后勤建设中。

总务工作，千头万绪。武冈一中一千多师生的教学和生活后勤保障，系于父亲这个大当家身上。经父亲不懈努力，学校总务工作打开了新的局面。

教学是学校工作的重点，父亲在工作中始终坚持"后勤服务于教学第一线"的原则。他主动做好与教导处工作的配合。每年寒暑假做好下一个学期书籍作业本的购买，教具（钢笔、墨水、体育器材、实验器材）的准备，教室门窗、黑板、课桌椅、灯具的维修等工作……开学时组织后勤人员收取各项费用，发放书籍，发放卫生劳动工具，安排学生住宿就餐，调整学生宿舍……

他主动与班主任联系，合理解决学生就餐分桌问题和宿舍分配问题，争取班主任对总务工作的支持。

他安排教师宿舍，配备床、桌、椅子、洗漱架等生活用品，提供尽可能舒适的工作生活环境。

合理安排学校家属子女的工作。根据学校家属子女的个人能力，分别安排在食堂、养猪场、小卖部、小吃店、校办印刷厂等处。合理的工作安排使分居两地的教师家人得以团聚，家庭收入增加，教学无后顾之忧。

民以食为天，父亲对师生吃饭问题尤其关注。改一日两餐为一日三餐，改中午供应馒头为供应米饭，学生就餐由一人一钵改为八人一桌，改大水池洗碗为水龙头冲洗，改由师傅将饭菜放桌上为学生到窗口拿饭就餐……吃饭的时候，学生们会发现，经常有一个老师站在饭堂看他们吃饭，有时会问："同学，每餐吃得饱吗？菜好不好吃？"那个人就是父亲。他就是在观察中发现问题，听取师傅和学生的意见，做出可行性的调整。一中学生的米饭是淘洗过的，这在当时的学校食堂很少见。那时寄宿学生需要交大米，交来的大米质量不一，有很多的米糠，如果不经淘洗，蒸出来的饭最上面一层发黄，淘洗过蒸出来的米饭干净卫生，又白又香。厨房总是忙而有序。天还没亮，厨房里的师傅们就已经忙碌着淘米、分米、上屉、蒸饭、切菜、洗菜、炒菜、分菜……早读结束铃声响起，学生们欢快地敲着碗筷奔向食堂。师傅们已经将饭菜按照窗口整理好。学生递饭桌牌子、拿饭、拿菜、分饭菜、洗盆、退回饭菜盆、拿回饭桌牌子。学生们吃完后，师傅们清理桌子，清洗桌子，打扫卫生。这一切都有条不紊地进行着，日复一日。

七八十年代还是实行供给制，一中学生吃肉比较困难。为了给学生增加营养，让学生尽可能吃到更多的肉，每到打牙祭的日子，父亲对负责采购的禹耀彩老师要求说："你的任务就是专门去食品站蹲点要肉，其余的事情我来处理。"这样才保证了一中学生一周吃三次肉。这种情况直到取消供给制才得到彻底解决。

解决喝水问题。当时的武冈一中属偏远之地，自来水管没有架设到这里，学校决定将旧有水井挖深挖宽。这个浩大的工程由父亲来主抓。岩层问题加上技术问题，打井并不顺利，还曾经发生过塌方事件，幸好没有人员伤亡。为保证工程进度，父亲经常蹲点在这里，和施工人员讨论最佳方案，他从井底上来经常是一身湿漉漉的黄泥。井后来终于打好了，但水质不稳定，一碰到下大雨，井水就变黄。后来，学校直接约请某地质工作队，用大型机械钻井。那时的课余，学生们和老师围观大型机械钻探作业，也是在单调的学习工作之余的一件乐事。可惜，虽然看到机械钻出来一截又一截像炮弹一样圆滚滚的大岩石，但打井工作还是没有成功。随着城市建设扩大，一中通了自来水，才彻底解决喝水问题。

修建锅炉房，解决师生喝开水用热水问题。原始的大铁锅烧水存在很大的局限性，不能完全保证厨房用气和师生喝开水用热水。父亲带病出差去衡阳锅炉厂参观，实地考察锅炉的作用和功能。之后，锅炉工程很快上马。锅炉建成后，又增建两个大水池，增加几十个水龙头供热水。冬天时为使学生能喝上开水，学校特意安排了一名送水工，他挑着开水，送到每班的大水缸里。老师的讲课声中有时会伴着送水师傅倒水的"哗哗"声，也成了校园独特一景。有同学写了《他从雾中来》，赞扬这位师傅。没人去探寻这后面的大功臣其实是父亲。

创建小卖部和校办工厂。20世纪80年代开始开放搞活，武冈一中建了小卖部和小吃店，既解决了教师家属的就业问题，也方便了学生。后来武冈一中创建校办工厂印刷厂，刘喜义老师任厂长主抓业务，父亲总管全厂。

拓展了校园面积。武冈一中云台岭旧址在80年代经历了三次大的征地：一是购买了木材加工场，二是征收了南面的农田，三是征收北面土地修建了大操场。一中的领导们高瞻远瞩，基本上确定了武冈一中云台岭校园旧址的校园规模。整体购地还好，迁走一些老坟才是最大的难度。每一次购地父亲要做很多前期的沟通工作。既要和大队干部谈，还要和生产队长谈，最后还要和农民谈。这是一场场艰难的谈判，各种艰辛只有亲历者才能知道。

勤勉工作，无私奉献

总务工作千头万绪，需要大量的工作时间和旺盛的精力。说父亲的工作时间是每天的24小时，一年365天一点都不为过。他没有固定的上班时间，他上班时间就是学校每一个需要他的时候。平时工作忙，寒暑两假，其他的老师可以休息，父亲依然忙碌。教学楼以及教室黑板、门窗、课桌椅、床的维修；宿舍的清理、修整和消毒；厨房的锅灶及其他用品整修；大型建筑工程的完成；大量开学物资的采购，比如：老师的日用品、劳动工具（锄头、扁担，那个时候还有劳动课）、卫生工具（大型的扫把、垃圾铲等）、增加新的饭盒、新的课桌椅、新的床、新学期的办公用品（钢笔、墨水、粉笔等）、书籍课本、作业本等。哪个时间段该完成什么工作，放假前都需要有恰当而合理的安排，并及时督促到位。最为忙碌的时候是开学，各个部门都紧锣密鼓地投入到紧张的开学之中，而总务要做的比较大的事项更多：学费和住宿、餐费的收缴，交完费用学生书籍的发放，寄宿学生上交大米过秤入仓，教师学生就餐人数的预估计和就餐分配，新班级学生课座椅的调整，学生宿舍的入住分配，班级教具和劳动卫生工具的发放，老师生活、办公用品及教具的发放……方方面面的任何问题，都是父亲统筹解决的。父亲往往是吃着饭就被急急忙忙叫走去解决突发事件，一顿饭都要分成好几次才能吃完。即便如此，父亲也没有过怨言。

他没有固定的办公地点，他的办公地点就是学校的每一个地方。上班时间，他也许在建筑工地和师傅了解工程情况，也许在保管室清理物品，也许在宿舍和师傅们一起喷洒石灰水，也许在骄

阳下指挥卸煤，也许在暴雨中抢救物资……他没有固定的身份，时而化身为木工，敲敲打打修理摇晃的课桌椅；时而化身为水电工，布置电线、置换保险丝、换灯管、换水龙头；时而化身为泥水工，操刀抹泥修补破烂之处……你见到他的时候，可能他一手拿着试电笔，一手拿着钳子，衣服沾满灰尘，手指时有伤口。父亲为学校节约每一分钱，为工作节约每一分钟。我的印象中，父亲刚到一中，后勤只有四个正式职工：禹耀彩老师负责采购和出纳，谢伯炳老师负责会计，黄师傅负责厨房，其余工作是父亲一肩挑。后来随着学校的扩大，学生的增多，才陆续增加了保管员、电工等其他专职人员。但父亲的工作量并没有因为工作人员的增加而有所减轻。

处理好学校内部的工作，还需要与学校的上级管理部门经常保持联系，如：教育局、财政局、劳动局、新华书店、供销社、外贸局、供电所等。学校的各项工作和建设所需的财政物资都要经这些部门支持或批准。武冈的财政一直不宽裕，老师们的工资经常被拖欠。而且在20世纪80年代初，并没有提出"再苦不能苦孩子，再穷不能穷教育"的口号。为了获得更多的校园建设经费，为了老

师们能够及时拿到工资安心教学，骑着他的二八大杠自行车，风风火火一趟一趟地跑财政局等部门，一次次找领导反映情况。费了多少口舌，坐了很多冷板凳，吃了无数闭门羹，旁人无从得知。

他对待工作可以用"不惜命、舍得死"来评价。

公私分明，廉洁为公

父亲担任总务主任期间，真正做到了公私分明，两袖清风。他严格遵守财务制度，从不挪用学校一分钱。学校经费开支一律按照财务制度办事，不当开支的就坚决不开支，从不随意开口子。父亲是这样说的，也是这样做的。父亲在学校财政不宽裕的情况下，节约每一分钱，把有限的经费倾向于教学一线。

父亲刚到武冈一中，在后勤处分到的是两间小房间，只有一间房可以安放一张床，姐姐们只能睡在学校的学生宿舍，厨房只能放在屋檐下。80年左右，武冈一中修建了新的教师宿舍，学校的领导们和一些老资历教师住进了新房（学生们戏称为"中南海"），父亲本有资格住到那里去，但他依然和他的工友们住在一起，在这个逼仄的房间里一住就是三四年。直到后来学校工厂印刷厂修建好，父亲才分得了三间房。我家修建了自住房后，父亲就将其中两间房退还给了学校，只保留一间办公。80年代末，学校修建了第一栋套房，按照父亲的资历，是可以分到一套，但是父亲主动放弃了这个资格，把房子分给更需要的老师。

父亲不为自己谋取一点私利。父亲的亲外甥高中毕业务农，父亲没有给他安排一个哪怕是厨房的岗位，我的姑父因此对父亲有极大意见。工作能力强的扎实肯干的工人，他往往委以重任。张新元师傅一直在学校工作很多年，从一个年轻小伙子到中年，从一个临时工成为一个小组长，从一个普通厨房工人被培训为一个锅炉工。他的成长有他自己的努力，更有父亲对他工作的认可和扶持。学校后勤人员中正式职工非常少，绝大部分是聘请合同工。父亲尊重每一个工人，管理工作不独断专行，有事大家一起出主意，充满人性化。他善于做思想工作。刘师傅（大家叫他兔子）不安心工作，多次说想回家照顾家庭。父亲给他分析：学校一年寒暑假可以回家，农忙的时候可

以请假回去照顾农田，平时在学校每月有固定工资，比起在农村收入稳定。父亲的倾心交谈打消了刘师傅的顾虑，解开了刘师傅的心结。但原则性的问题，父亲不会让步。每到学生打牙祭的日子，猪肉送到学校，学校老师可以购买。但是，有些人却捡最好的地方下刀，那剩给学生的猪肉就会差。父亲很快发现了这种情况，他绝对不允许损害学生的事情发生。他规定，要买肉可以，先保证满足学生的需求，如果有剩余，其他人才能购买。并亲自监管，对好占便宜的人毫不留情面。正是因为父亲大公无私的做法，严于律己的行为，父亲在后勤处乃至学校的威信很高，老师们亲切地称呼父亲叫"欧老总"。

处于建设高峰期的一中，每年有很多的项目上马，父亲手头经过的款项数额巨大、工程不计其数，但是他没有为自己和自己的家人谋取一点点利益，从来不会接受任何礼物。有卖肉师傅希望能够长期为一中提供猪肉，偷偷地送了猪肝到家里（厨房就在屋檐下），父亲知道了，严厉批评了他，把肉拿到食堂，照样给钱。他选择施工队看中的是施工人员的技术能力。油漆师傅欧阳光炎、木工师傅邓师傅、建筑包工头王师傅等，凭施工能力强、不要滑头、认真工作成为和一中长期合作的对象。

父亲的正直无私、工作原则性强在赢得尊重的同时，也有极少数人表示不满。在我家购买了住宅后，有一些人就污蔑父亲贪污，还说得有鼻子有眼。上级有关部门来校调查访问，发现来往账目十分清晰，父亲没有任何贪污腐化行为。清者自清，父亲用事实证实了自己行得正坐得端，无愧于党和人民。

对党忠诚，淡泊名利

父亲是一个老党员。特殊时期受到不公正的待遇，被开除了党籍。恢复党籍是到武冈一中工作之后。恢复父亲党籍的那天，父亲像个孩子似的那么高兴。因为，他是那么热切地渴望重回党的队伍，为党工作，奉献自己。他用自己的实际行动践行了一个共产党员入党时的誓言。有一次，一个老同志闹着不交党费，大家的劝说没有效果。父亲很严肃地问："你还记得你的入党誓词吗？"这个老师顿时哑口无言。他从不为自己遭受不公正待遇有过丝毫的怨言。他经常教育我们爱党爱国，工作上要知不足，生活上要知足常乐。在他的言传身教下，我们作为他的孩子，都能在自己平凡的岗位上努力工作，默默奋斗。

他淡泊名利。到一中不久，他的出色工作获得了大家的高度赞扬，并晋升一级工资。但是父亲将这一级工资让给了另一个老师，他的理由是：这位老师的工作很出色，并且家庭情况更需要这一级工资。事实上，父亲的经济压力也很大，我的哥哥姐姐在寒暑假都要去建筑工地做泥水工、小工挣学费。父亲的这种做法不仅在现在让人难以理解，就是在当时也是破天荒的。但父亲就可以这样高风亮节，坦荡无私。

父亲在武冈一中担任了十年的后勤主任。年轻时父亲经历了两次大的腹部手术，年岁渐长，父亲的身体已经不适合再在这么繁重的岗位上工作。父亲多次申请，终于从这个岗位上退下来。退下来的父亲被安排在图书馆。他重新整理图书馆，干得同样精彩和出色。父亲主管了一段时间的阅览室工作，使阅览室不再名存实亡。阅览室开放时间是每天中午和下午，是其他老师和学生的休息时间。当上午最后一节课铃声响起前，父亲就已经坐在阅览室等候学生们。下午最后一节自习课，父亲坚守岗位直到晚自习铃声响起他才下班。其余上班时间，父亲会整理图书馆和阅览室，撤下来旧报纸杂志，装订上新书籍，让学生们能够阅读到最新的内容。这样的岗位，父亲乐在其中。

退休后的父亲也经常去学校走动，关心学校的发展，为学校发展献计献策。

父亲的身份是一个教师，在一中的教师工作

中，他没能像有些名师一样培养了许多北大清华的高材生，甚至也说不上带了多少届毕业班。在一中开拓和奋斗的时期，在老师和学生们辉煌成绩的后面，别忘了，有着在为他们前行披荆斩棘、为他们解除后顾之忧的父亲和他的同行们。武冈一中的百年历史、百年华诞，我们不能忘记工作在教学一线的光荣老师，更不能忘记默默奉献在幕后的后勤工作者。是他们，也撑起了杏坛的一片天。

作者简介

欧寿松，初102班、高72班学生。现工作于广州市泰安中学，中学语文高级教师，学科带头人，广州市优秀班主任，广州市文明家庭获得者。

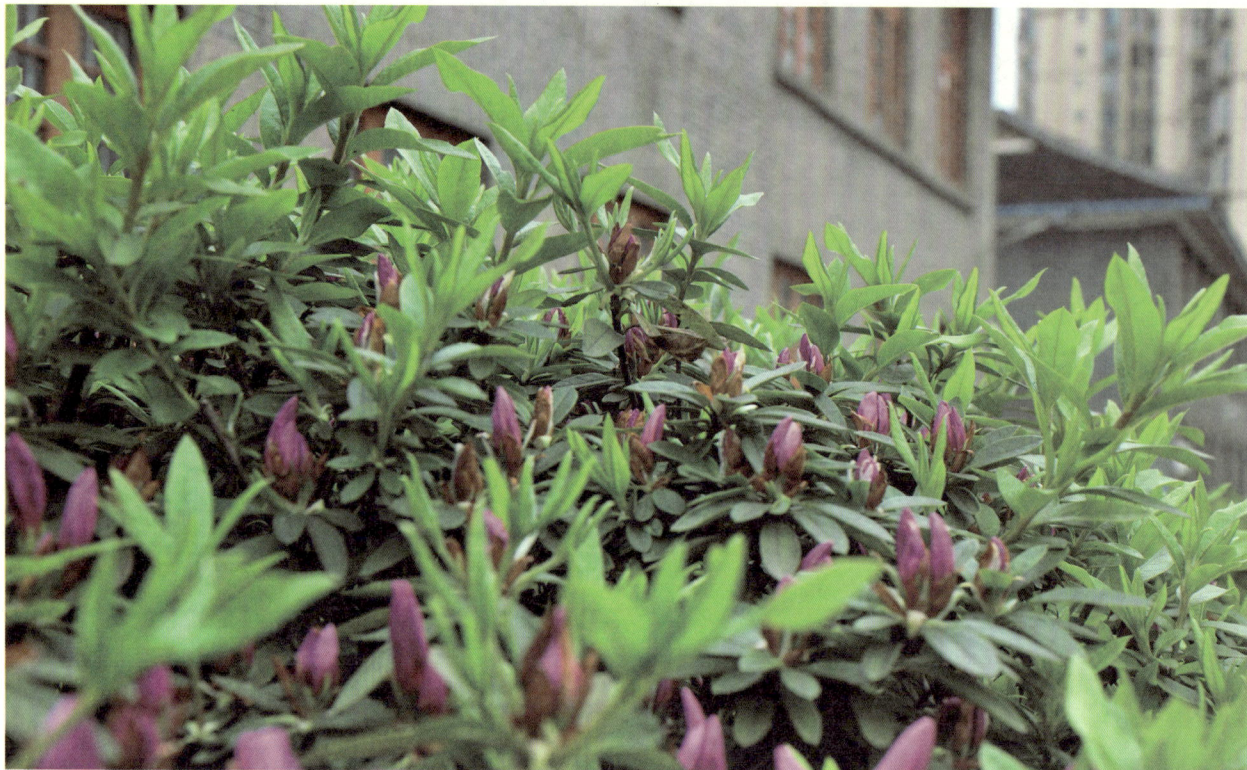

一中铸我根和魂

作者：路荡平

1991—1997 年我在武冈一中求学，度过了从懵懂到初谙的成长时光，哪怕此后历入 5 所大学修炼、辗转南疆北国 5 省工作，都没有一个地方让我如此魂牵梦萦，都没有一段际遇让我如此洗髓伐脉。

走正道：一群毛孩第一课

初一班主任刘力平老师是远近闻名的严师，就连眼睛的余光里都充满了严厉。然而，出人意料的是，这位"虎爸"的麾下却是一个有爱有温度的大家庭。全班同学都是百里挑一的佼佼者，少年老成的"张毛"、睿智勤奋的"唐毛"、淳朴厚道的"飞毛"、多才多艺的"黄毛"、心灵通透的"兢毛"、才思敏捷的"丹毛"、大智若愚的"欧毛"、浓眉酒窝的"谢毛"、潇洒飘逸的"安毛"、侠女风范的"刘毛"、胸怀天下的"中生"、小灵精怪的"平生"、青春萌动的"望伦"、温润如玉的"成佗"、早慧活泛的"春婆"、颜值担当的"老痞"、人小志大的"老赛"、行为乖张的"老造"、质朴憨厚的"老马",还有一曲《牡丹之歌》就将全班同学的青春"芳华"寄付的"甲板",以及一群鲜花般灵动的美丽女生——董莉、唐玲、黄艳君、王艳萍、姚洁、阳爱华、曾振华、李锦莲等。30年过去,当年那群带着泥巴气息的孩子,都已成长为国家社会经济发展的栋梁。从中南海到大上海,从粤港澳大湾区到纽约大湾区,从国际国内经济战场到政界学界庙堂殿堂,我们的同学灿若星辰,成才比例和质量之高堪称传奇。大家在各行各业担当主力军,贡献正能量,没有一个虚度年华,更没有一个走向社会反面。当年求学情景许多已经淡忘,但刘老师在第一次班会上要求大家铸正气、走正道的谆谆教诲依然振聋发聩,无论走多远、走到哪里,仿佛身后始终有恩师严厉的目光,时刻警醒我们要心存正义、常行正道。

知甘苦:一瓶腐乳拌饭香

我的老家距学校40余公里,坐中巴车往返要6个多小时,车费足顶半个月伙食费。像我这种家庭的孩子基本上开学就把整个学期的米带够,期中再回家拿一次生活费,因为也只有到那个时候

父母才能把钱攒够。老娘心疼儿子长身体,每回都提前做几个好菜、煮一堆鸡蛋,在我返校时用罐子装好带回学校改善生活。但年少的我不懂规划,好日子没过几天就囊中羞涩,再次回归清贫的常态。记忆中最长一次是连续吃了一个月的豆芽菜。后来,有同学发现食堂每晚都会剩些饭菜,于是我们就捣鼓着,等到夜深人静时,把小个的平生、老赛从打饭的窗口塞进去,偷些饭菜出来打牙祭。这种幸福别提多及时多开心了。可惜没持续多久就被人发现,很快断了"生计"。好在办法总比困难多,我的邻村同学红军发现农贸市场卖的腐乳既好吃还便宜,虽然没啥油水但是开胃又下饭,有了这个宝贝后我不仅食欲大增,每个月还能从牙缝中省下几块钱逛逛新华书店。时过境迁,我们的生活越来越富足,但年少时的饥饿感却在消化系统和神经系统深深扎根,时常提醒我要知甘苦、懂惜福。我的孩子曾好奇地问我,爸爸为什么每次吃饭都把好菜留点放到最后吃。我给他讲了我记忆中的这瓶腐乳,告诉他梅花香自苦寒来,好日子要慢慢过。

立长志:一盏路灯照前程

我的六年同窗唐毛一直是勤奋学习的标杆,即便今日作为复旦大学的著名教授,依旧保持奋勇攀登的作风。蓬生麻中,不扶而直。在唐毛等一批好学之士的带动下,初134班学风非常浓厚,食堂东头老土砖屋里熄灯后猫在被窝打手电看书的有之,天不亮凑在昏暗路灯下晨读的有之,借同学丹毛妈妈是图书管理员之便潜入读书的有之,就连我、平生、老赛这些玩心很重的小伙伴,都不好意思不偶尔也做做姿态。在此过程中,有幸认识了

堪称"灯塔"的隆范师兄。他和我都来自偏远山村，家境相仿，师兄一肩扛起整个家族的希望。记忆中的路灯下没谁比他到得更早，春夏秋冬、天晴下雨莫不如此。我们十分有缘，几年后进了同一所大学再次成为校友，每年全校通报表彰的优异生里总有他，毕业后被选拔到北京从事航天尖端科技研究，现已是国家重大战略工程的总工程师，料想再过几年必然成长为院士。隆范师兄为人干净纯粹，一路给我颇多指点，无论是中学留言本上的"穷且益坚，不坠青云之志"，大学临别时的"我们没法选择组织的安排，但可以选择上进的道路"，还是多年后在北京重逢的"兄弟登山各自努力，爬到山顶自然相见"，每次都让我受益匪浅，从师兄的身上我总能依稀看到云台岭上那盏路灯的光芒。

报家国：一次旅行开心智

初三班主任陈腾蛟老师对我视如子侄、格外栽培，课堂上再深奥的数学原理都讲得别有韵味，下课后再贵的好菜师母打饭时总会给我们多舀一勺。这一年我不仅学业大幅进步、身高也蹿升十几厘米，更有幸入选直升班。这是当年学校领导着眼于三年后的高考要打大胜仗，把自己的好苗子留下来，又从全市拔擢英才组成的"龙班"，真可谓用心良苦。那个夏天，直升班组织了几周的强训后，学校筹措经费、包下专车安排了一次别开生面的旅行。这也是我第一次走出武冈，驰骋国道、跨越大江，观察城乡差异，品尝南北美食。老师们选点很有深意，让我们在烟波浩渺的洞庭湖边感受"先天下之忧而忧，后天下之乐而乐"的胸襟，在韶山上屋场伟人故居领悟"春来我不先开口，哪个虫儿敢作声"的气概，在虎歇坪制高点体会"为有牺牲多壮志，敢教日月换新天"的豪情，一路上虽然遗憾地与曾国藩、魏源、彭德怀故居擦身而过，但在我的心里却播下了湘军情怀的种子，注入了一腔从军报国的热血。在直升班这个藏龙卧虎的集体里，我清楚看到了自身与他人的差距，感受到了学校和老师的期盼，更激发了我对外面广阔天地的向往，希望自己有朝一日也能成长为湖湘英才，做一点对人民有益的事，成为对国家有用的人。

常自警：一场惩戒挽沉沦

进入高一我有幸成为恩师唐军的弟子。唐老师思想开明、眼光超前，倡导宽严相济、因材施教，对直升班转过来的学生厚爱有加。可惜我那时错把信任当放任，白天浑浑噩噩、晚上龙精虎猛，上课时看闲书、写骈文，放学后看电影、打台球，深夜里翻墙去资江河洗澡、入果园偷橘子。没钱买票进乐洋电影院，五米高的围墙摸黑都敢爬。周末不是去同学飞毛、阿贵家打秋风，就是和老赛、辉球满武冈城瞎晃悠，到了期末成绩居然落到十名开外，唐老师勒令我和另外三名"共犯"下学期开学必须把家长叫来保证。那个春节我过得浑浑噩噩，正月十三日距离开学还有两天，我提前去给老师拜年，认错、反悔、检讨等软话说尽，但老师愣是没松口。之后其他三位家长都过来解了套，而我没胆量面对父母失望心碎的神情，一拖再拖死扛了下来，整整一个星期没报上名，教材自然也迟迟没有领到，靠着老实人松青把书借给我看，学业才没有落下来。现在回想，是老师的惩戒让我悬崖勒马，使我在向上提升还是向下沉沦的岔路口回归正道。最严厉的恩师，饱含最深重的恩情。时过境迁，成长为带队伍的人后，我始终杀伐果决、从不手软，而且越是有潜质的手下要求越严，因为平时最严苛的训练，就是对他们战时自保最大的爱。

向远看：一个书摊度阴霾

祸兮福所倚。虽然可以继续坐在教室听课，但没能报上名、领到书却也让我的高中生活晦暗了一段日子。在那段日子里，上课之余我在一个书摊找到了新的乐园。那是学校门口的小书摊，摊主是学校教工子弟，腿脚不便。各种书不知从何淘来，从连环画到大部头，从时政要报到美女画刊琳琅满目。老板最初只卖不租，后面看我们几位老主顾家底菲薄，同意网开一面可买、可租还可换，只要新书一到总是头一个把我叫到家里先挑，让我在精神食粮上过得相当富足。通过这个小书摊，我阅读了大量的中外名著、历史小说和名人传记，浏览了很多世界知识画报、电影画报和地理游记，涉猎了诗歌、散文、书法和围棋，提前接触到高等数学、物理甚至同乡庾建设的大作，当然也买了不少教辅材料、应试指南，从中得到一些课堂老师讲授之外的学习方法和解题秘籍，想来真是神游古今、思通圣贤、乐何如哉。时至今日，从小书摊上得来的培根《论读书》我还带在身边、时常诵读，"读史使人明智，读诗使人灵秀，数学使人周密……凡有所学，皆成性格"。正是这位身残志坚的摊主，用他的人生之书告诉我，再困难也要豁达，在低谷更要上进，也正是这成百上千的杂书，拓展了我的思维眼界和知识底蕴，更让读书和自学成为一种习惯，在潜移默化中改变了我的生活态度和人生轨迹。

重情谊：一盒红桃K结福缘

高三我被分到理科102班，在班主任肖华老师麾下冲刺高考，这位吉首大学数学系毕业的恩师，厚厚的眼镜背后满是睿智，他爽朗的笑声与楼前的桂花香一样浓郁、令人心神宁静。这一年学校推行逢考必奖、靠前重奖，我有幸享受政策红利隔三差五领点小钱，交给桃园三结义的大蒜、争鸣操持，终于再不用为一日三餐发愁，成绩也愈发走高，期末考试后肖老师在批语中写道"百尺竿头更进一步，争取考上国内顶尖的名牌大学"。可是几家欢乐几家愁，我的好友、多年的尖子生骚鬼患了神经衰弱，白天一做题就头痛欲裂，到了晚上怎么折腾也难以入睡。同学们想方设法给他疏导，从煤球的饥饿疗法、阿Q的精神胜利法、姚囡囡的武侠代入法到某女士的亲情催眠法，最后还是红桃K口服液奏点效，每天一盒再辅以2小时的扑克升级，终于在临考前2个月把骚鬼的魔怔缓解了，可我们这些陪玩的同学全都熬成了熊猫眼。谁承想，红桃K和扑克牌竟能造就一名北大高材生，这也算我们为母校做的一大贡献。高考后，因为家境原因我选择报考军校，与大家分道扬镳，开启了下一段充满挑战的征程，但师生六年的情谊，还有云台学堂的钟声、资江龙舟的呼号、花塔江畔的侧影、云山雾霭下的小径，时常梦萦、伴我前行，一直是我内心最厚重的底色、最硬实的支撑。

躬耕杏坛两父子，云台岭上写春秋
——记父子校长刘文明先生与刘力平先生

作者：陈云龙

　　百载历程，百载芬芳；百载历程，弦歌不辍。

　　武冈一中发轫于希贤精舍，历经风雨沧桑，今年迎来了百年华诞。百年来，一中人踔厉奋发，笃行不怠，为国家培养了一大批卓有成就的杰出人才，为社会经济文化发展做出了不可磨灭的贡献。这是一中的荣光，亦是万千学子的骄傲。

　　作为一中校史上的两座重镇刘文明、刘力平父子，在百年历程的起承转合中，在形势不利于一中的教育大环境中，父子俩都能独当一面，带领一中人面对现实，改变思路，迎接挑战，走出低谷，创造了一个又一个奇迹，使一中成为名副其实的三湘名校。

　　1955年夏天，一中从塘富村的许家大院整体搬迁至云台岭上。1958年，刘文明老先生身为学校副校长，全面负责学校工作。1959年，他兼任党支部书记，带领班子成员，高瞻远瞩，招收了第一届高中生，从此学校由初级中学华丽转身成为了完全中学，开启了一中办高中教育的先河。老先生带领一干人等，励精图治，仅几年的时间，云台岭上教学质量突飞猛进，迎来了第一个高峰。1964年考取清华大学、北京大学、人大各1人，高考升学率达到66%，实现了开办高中以来"清北"零的突破。1965年，有2人考入清华、2人考入北大，高考升学率高达78%，同时在本地区遥遥领先，进入全省先进行列。

　　65年后的2020年秋天，执政一中十五年之久的刘力平校长带领全校五千多名师生，从云台岭上重返故址，回到阔别六十五年的塘富村。这是一次华丽的破茧，是凤凰的浴火，学校的办学条件彻底改善，领跑湘西南。

　　刘文明老先生是武冈教育界的大擘，享有崇高的威望。高中时我们这一辈的都叫他刘爷爷。刘爷爷喜欢与年轻人谈见闻阅历、历史掌故、管理方法。他有着丰富的社会实践，完全就是一本百科全书。

　　刘爷爷在教育岗位上奉献了38个春秋，其中有31年在一中度过，两度主政，敢为人先，雷厉风行，为一中的崛起和超越发展立下了汗马功劳。他老人家即便是退休赋闲在家，仍然关心着一中的前途，常建言献策，恳切之心，拳拳之意，可昭日月。

1952年，建国不久，百废待兴，国家亟须人才，而当时的新中国基础教育尚且薄弱。刘爷爷在武冈洞庭中学高中毕业，响应国家的号召，听从团县委的召唤，作为思想进步的优等生被留下来直接参加教育工作，组织安排他到一中，担任教导处副主任，兼管学生思想工作。

90高龄的周康陵老先生说，刘文明先生是个觉悟很高的人，他绝对服从组织的调遣与安排，党组织、团组织叫干啥就干啥，叫干啥就能干好啥。92岁高龄的欧阳祖柏老师说，刘文明先生是个有大智慧的人，政治立场坚定，他是解放后武冈县第一批加入中国共产党的青年教师之一，那个时候入党难度很大，能入党的可谓凤毛麟角。

1955年的夏天，刘爷爷实质性地担任起学校搬迁的总指挥。据杨祚益老人回忆，那时刘爷爷指挥全校师生搬着校具从塘富村许家大院走小路，踏过资江上设的浮桥，三天时间就把所有要搬迁的物件完好无损地搬到了云台岭，效率之高，叹为惊奇。

继20世纪60年代初取得卓越的成绩实现了办学史上第一个高峰之后，第二个高峰是在20世纪70年代末80年代初，刘爷爷重新回到一中成为学校的实际负责人，狠抓教育教学质量，再次创造辉煌，高考升学率可与兄弟学校分庭抗礼。刘爷爷晚年常与人谈起当年那些人事，谈起那个时代的工作干劲，常唏嘘叹惋不已，说"人心不古，世道衰微，世界是变了"，颇有江河日下之虑。

1981年秋天，我的恩师刘力平先生子承父业，参加教育工作，从此扎根云台岭四十余个春秋，一刻也不曾废离，把青春与才华奉献给了母校。师父的行事风格，有乃父遗风，为人有气场，有魅力，有时不乏幽默。

师傅是我励志的榜样。他谈起自己的中学时代，也是感叹颇多的。父亲在名校掌舵，他初中读的却是湾头中学。大队书记的儿子小学毕业在教初中数学，他哪里是教书啊？特殊年代，师傅遇上了"根正苗红"的"老师"，这是无可奈何的事情，是人生的不幸，也是那个时代的不幸。尽管数学不佳，但师父励志，专攻文史，遍览群书。高中毕业后担任代课教师，他勤学好问，砥砺前行，他暗下决心一定要给老父亲长脸。

刘师父担任初中历史教学与班主任工作，那时他就名声在外了。社会上的混混不敢到他班里闹事，他站在讲台上，最调皮的学生都不敢吭声，他一开口，大家就紧张兮兮。刘师父凭着一身正气，关爱学生，做学生的"保护神"。我到一中工作后，师父把当班主任的经验传授给我。他对我说，要爱护学生就要严格要求，凡事都要务实，要细心，要耐心，更要讲究方法，工作要大胆，心中有正气，什么都不用怕。他对待品行不端，有陋习在身的学生，常说的一句话是"宁肯被你恨一时，不愿被你恨一辈子"。他秉着治病救人的原则去挽救那些可能会失足的调皮学生。

师父在学生心目中总是精力充沛的。起床铃尚未响起，他就蹲守在寝室门口；晚上十二点，他悄悄潜入宿舍走廊，管理睡觉纪律；他安排学生做信息员，及时向他汇报情况。每个学生的家庭情况、思想动态、兴趣爱好、学科特长与短板，师父都了如指掌。用师父自己的话说，只要进入他视野的问题，他一定会要一个结果，绝不放任问题不管。

高三一年，师父留给学生印象最深的有几点。一是他上课充满激情和热情，他的声音具有强大的穿透力，他在教室里上课，声音洪亮得连大门口的门卫都听得清清楚楚。二是他的眼睛里总是布满血丝。他每晚十二点前没有睡过觉。既要教学，又要读书，他的眼睛是熬夜熬红的。三是他精选的历史训练题，都是用手抄写在专门的教案本上，工工整整，然后交给刻钢板的师傅刻印。

有刘师傅对班级管理与教学无限的投入，加之科任老师的积极配合，高85班在高考中取得了很好的成绩，为一中的文科长了志气，让那些"杞人忧天"之士刮目相看了。后来，师父又连续几届在高三担任班主任，组建起了一支高三文科最优秀的教师团队，一中的文科优势越发明显。

师父担任行政岗位，从政教处副主任做起。印象最深的是师父特别强调班主任队伍的凝聚力，他认为学校是一个整体，管理要服从大局。他几乎每天早晨第一个到校，检查学生起床、出操与内务。他的摩托车声音与口哨声，学生们都非常熟悉。师父抓政教工作十余年，学校的安全工作有明显的起色，班主任队伍建设也取得了可喜的成绩，在师生中赢得了很好的声望，得到各级领导的高度认可。领导找他谈话，欲安排师父去二中任政教副校长，师父谢绝了。后来云台中学想请他去做校长，师父毅然拒绝。师父的事业在母校，他对母校的爱与不舍，是很多人难以理解的。

2003年师父担任教学副校长，在教学管理上进行了大胆的改革，原则上实行循环制，教师从高一带到高三，打破了以往"座山雕"式的高三师资模式，一定程度上调动了教师的积极性。其次是加大了奖惩力度，形成了较有效的竞争机制，直接把教学质量、班级管理考核与年终考评、晋职等挂钩。这些措施促进了教育教学质量的稳步提升。

2007年元月，师父主政一中，历时十五年之久。在位期间，最值得称道的有六件事。一是多次调整绩效工资与奖励方案，确保教工福利待遇稳中有升，这是有目共睹的。二是积极探索学校内涵式发展，教师专业成长，加强与外面名校的合作互动，主动"走出去，请进来"。三是狠抓教育教学质量，强化安全意识，教学质量持续上升，学校没有重大安全事故发生。四是探究学生多元成才的路径和方法，看准形势，特色立校，大力发展体艺教育使我校艺术教育享誉三湘。五是为学校的长远发展深谋远虑，作为校长、人大代表师父一直向政府各界呼吁武冈教育的均衡发展，实现"三驾马车"并行体制，十几年坚持"鼓"与"吹"，为后续高中招生制度的改革做出了重要的铺垫，没有如此持续的"久久为功"，很难有后来的"ABBA"招生制度。六是品牌引进，为发展布局。

侯文书记主政武冈，王福民局长建言盘活武冈教育的办法就是引进教育品牌。师傅寻求各方力量相助，使师大附中的牌子花落一中。为新校区选址问题，师傅前前后后不辞辛劳找领导建言，苦口婆心，最终领导放弃了西互通与东互通附近而选择了塘富村。这样，六十五年的轮回，武冈一中伸展开了拳脚。搬迁后的武冈一中从此迈入了发展的快车道，跃上了新台阶。

师傅是个心胸宽广的人，尽管他有点固执，但毫不影响他的人格魅力。他把生活与工作分得清清楚楚，生活随意轻松就好，工作却一丝不苟，十分严谨，甚至近乎苛刻。子承父业，在教育战线奋斗四十余个春秋，他与他的老父亲一样，桃李满天下，有着庞大的人际圈子。他是个乐于为教工排忧解难的好领导。小孩读书升学，家属工作异动，家庭遭遇困难，只要他能做得到的，他都不会拒绝。他的宅心仁厚，很多老师都深有体会。

师傅勤勉、虚心、励志的品质，与其父刘文明老先生极为相似，父子之间的传承，从开创之功到走上康庄之道，半个多世纪的历程，我们看到的是两代教育人呕心沥血的奋斗史，是爱校如家真挚的教育情怀，正是有这样的教育者在，学校才有了温度，才有了灵魂。

梦回一中话人生

作者：姜斌卿

　　梦回母校，走过母校的沙石操场，仿佛还有欢呼声在耳边回荡；走过教室，仿佛还有老师们的授课声和学生们的读书声在耳边回响；走过宿舍，仿佛还有嘈杂声在空气中飘扬。

　　老师，是耕耘者，是知识和美德的传播者。老师的教育，像和煦的阳光，像甘甜的雨露，温暖和滋润我们朦胧的心田，让我们茁壮成长。

　　母校武冈一中，是我一生的骄傲。

　　我出生在荆竹区朱溪乡上冲山。1958 年，我从西禅小学考入武冈一中，也是当时唯一一个考入城里学校的学生。开学时，父亲挑着行李和大米带着我翻山越岭走了近 6 小时才来到一中。青砖砌的教学楼、棕色的办公楼、空阔的操场、整齐划一的学生宿舍、卵石路、青石阶、还有那连接着教室和宿舍的风雨长廊，让我终生难忘。没有现今大厦的豪华气派，却有朴实无华的文化底蕴。

1964 年高考，好像没什么压力，一颗红心，两种准备嘛。填报志愿时却一无所知，最后就以专业好玩为标准。后来录取到北京钢铁学院（现今的北京科技大学）冶金系特种冶金专业。皇城脚下无平民，良民堆里显枭龙。我如刘姥姥进大观园，小心再小心。好在我的下铺是一位高干子弟，为人朴素随和，给了我不少帮助。

五年大学生活稍纵即逝，毕业后不分配，我先后在首钢、马鞍山钢铁公司实习一年，1970 年来到湖南 305 厂（当时的央企）。得知是走过二万五千里长征的肖厂长把我们从湘潭钢铁厂要过来的，我们受宠若惊，立誓革命到底。那时我们是"臭老九"，只好扎根基层，勤学苦练，向工人阶级学习，争当红色接班人。真得谢谢在一中打下的数理化基础，工作改行也轻松。在工作中把朴实的情感置换成真实感恩的爱国、爱厂、为母校争光的不竭动力。是领导信任、群众支持，让我先后走上了车间技术员、车间主任、分厂厂长、总厂常务副厂长、高级工程师、党委常委等岗位。90 年代开始出国考察、交流，六年磨一剑，把我厂原来的苏联老式生产线置换成世界最先进的生产线。而后我们对国外先进技术的消化、吸收、改造、优化，差点酿成外交风波。我们技术人员用自己的聪明才智，为国家扩大再生产节约了大量的外汇资金。

2005 年退休后，我与时俱进，爱上了 IT。我常给老年朋友讲授电脑知识并帮助他们组装、维护电脑，教老年朋友玩电脑、手机。但不做低头族，更不入剁手党。我们坚持与现金再见，与数字续缘。我们上淘宝是图省钱，我们上网是为求知为陪伴。退休后的前十年，我喜欢码字，写了二十多万字的杂谈、游记等。我写过五洲四海的风土人情，魂牵梦绕的家乡，悠长的玉带桥，雄伟的东塔，绝伦的花塔，醉人的云山，沧桑的城墙，还有在母校度过的峥嵘岁月，总是萦绕在心间。耄耋之年将至，写作常常导致失眠，于是只好金盆洗手。

时下流行把脸藏起来，这样就不会丢了，也不会被打了。尽管我是暮年对残阳，这次却发了少年狂，老来之心仍激荡。写下上述文字，算是对母校和老师的汇报、感恩和思念。

（2022 年 5 月 22 日于福建厦门）

作者简介

　　姜斌卿，男，汉族。1945 年 9 月生，武冈市荆竹朱溪上冲山人。1958 年考入武冈一中初 47 班，初中毕业后升入高 9 班。1964 年考入北京钢铁学院冶金系特种冶金专业。1970 年 9 月分配到湖南 305 厂。当过工人，技术人员，技术组长，工程师，车间主任，分厂厂长，高级工程师，1980 年入党。1990 年开始任总厂常务副厂长，党委常委。在职期间分管过生产、机动、技改、质量、环保、科研、新产品开发等，主持过总厂老式生产线的升级改造，产品荣获国家新产品金奖。

百年沧桑 寻根之旅
——武冈一中创始人刘国干先生孙女寻亲纪实

作者：李晓枫 王艺琳

楚南有胜境，古郡名都梁。有记载湖南武冈西汉时即设府置县，已有 2200 余年建城历史，为湘西南文化、军事重镇。深受湖湘文化熏陶，书院学风盛行，传承至今，其中武冈一中就是这样的一所百年学堂，从 1922 年创立于希贤精舍的武冈县立女子职业学校到武冈市第一中学、湖南师大示范性实验学校，时代变迁，百年沧桑，一路芬芳。

心 愿

为什么我的眼里常含泪水，因为我对这片土地爱得深沉。为生活拼搏在上海有这样的一群武冈人，远在异乡，得益于上海市武冈商会的凝聚力，把彼此当亲人。其中有一位特殊的理事会员，来自武冈人最早在上海发展和定居的知识分子家庭，她就是刘进年女士，我们都亲切地叫她刘姐。刘进年女士 20 世纪 80 年代曾留学澳洲，退休前在上海市第二电表厂工作。其父亲刘祚远先生于1948年同济大学医学院毕业，退休前是上海市第一人民医院主任医师。父母离世后，由于彼时通信和交通不如现在便利，刘姐与家乡的亲戚日久失联。2019年通过上海市武冈商会在武冈多方寻找联络才终于和老家的亲人取得联系。

据其家族老一辈回忆，刘姐的祖父刘国干老先生是毛主席湖南省第一师范的同学，毕业后回乡参加了叫"江南别动队"的地下党组织，以办学的形式开展活动，是武冈一中前身武冈县立女子职业学校的创始人之一。由于父亲在世时一直念叨家乡，联系上多年未有音信的亲属后，刘进年女士回乡看看的心愿更为迫切，那里有祖辈父辈的足迹，也是梦开始的地方。

寻 根

黄浦通波接武冈，明月何曾是两乡。2021年清明前夕，在一次上海市武冈商会的活动中，刘进年女士第一次结识了荣誉会长潘用元先生，如他乡遇故交，畅谈甚为亲切。再次表示希望能回武冈认亲，返乡祭奠缅怀祖父刘国干老先生，希望顺便能够到爷爷创办的学校看看。清明祭祖本

是中国传统文化习俗，而武冈的游子们不亚于春节过年一样，也将从四面八方返乡参加挂清扫墓仪式。于是潘会长建议她清明节安排一起回武冈，实现心愿。

乡亲一杯酒，萍水喜相逢。刘进年女士很乐意地采纳了潘会长的建议，当即预订了上海到邵阳武冈的飞机票。清明放假第一天就踏上武冈这

片遥远却无比亲切的土地。走访了亲属之后，潘会长联系武冈教育局有关领导专程安排其拜访了武冈一中云台岭旧址。刺槐树下，片片飞絮，阵阵花香，似在欢迎这位失联已久的亲人。刘女士心情激动，在随同人员的解说下，目光凝视着学校的一砖一瓦，感怀着爷爷当年的奋斗痕迹。听闻武冈一中正在筹备百年校庆，如今新校貌展新颜，传承岳麓精神，有此盛举，刘进年女士感到非常欣慰和高兴。

缅 怀

刘进年女士回到家乡按习俗祭扫爷爷祖坟后，又在亲属的陪同下，前往邓元泰祭拜了老新四军夏光墓。夏光同志即是《沙家浜》家喻户晓的英雄郭建光原型之一，早年参加新四军，与其父亲是世交。据刘女士介绍，父亲刘祚远先生在武冈一中就读的时候，还有两个莫逆好友，一个叫程以范，退休前是郑州纺织机械配件厂工程师，一个叫程融钜，退休前是杭州师范学院党委书记，程书记当年受夏光同志介绍加入地下党，走上了革命道路。

一盏乡愁，暗香盈袖。往事如烟，遥望南山白云悠悠，阔别经年，近乡总是情怯。因为那片土地上生活过养育我们的父辈，那片土地上还有培育我们的母校，每回想到这些，总是让人眼里充满泪水。后续的几天，刘女士在朋友们的介绍和陪同下，参观了家乡多处青山绿水美景，愉快返沪后，时而坦诚地和大家表达对家乡的那份喜爱，对和家乡人能在上海时常相聚感到无比开心。无论我们身处何方，家乡始终是那个我们回首便

能看到来时路的地方，我们的每一份成长，都离不开先辈们的教育。

踏歌古风行一首为记：

楚南有胜境，古郡名都梁。

秦汉遗仙迹，屈子留余章。

四时云为壑，帝曰山之良。

纯阳传佳话，止戈同保冈。

炊与云共染，清晓僧颂祥。

菩提原无物，法相别有天。

武陵始春汛，桃花泛井甘。

顺渠寻故渡，袅袅过晴岚。

山瀑惊崖落，空谷生幽兰。

停楫回望月，倚窗魂未安。

入夜甘霖雨，龙潭心潮暄。

老枫递秋信，寒扉立斜阳。

宣风逢雪霁，翠影先相迎。

横江争晚渡，问卿为谁忙。

云台岭上景，晨读声琅琅。

回忆我在一中读书的日子

作者：谭敦容

　　从 1955 年 9 月到 1958 年 7 月，我在武冈一中度过了三年难忘的学习与生活时光。我们那一届有 33 至 37 共五个班，每班 30 人，我分在 33 班。时间虽已过去 60 多年，但学校领导和老师们的谆谆教诲，我和同学们亲密无间的友谊以及有些铭刻着时代印记的学习生活经历，至今仍记忆犹新，久久难忘。

一

　　我上学期间，校长是胡鳌松，教导主任是刘文明，总务主任是姚书桂。学校唯一的一名教政治的老师是戴宏松。我们班的语文老师有两位，初一年级时是庚昌益，初二初三年级时是彭泽。学校的语文老师还有好几位，名气比较大的是吴君仁和彭秋琴。他俩的毛笔字写得很好，当时部分同学和老师所穿白背心胸前印的红色的"武冈一中"四字，就是出自吴老师的手笔。其他的语文老师还有庚国玑、杨芳堃、邓集玉。我们班的数学老师有三位，一年级时是谭楚瑶，高个子，教学经验比较丰富。二年级时是舒百春，她是刚从大学毕业分配来的，教课缺乏经验，但教学态度非常认真；她还担任过我们班一个学期的班主任。三年级时是何就盛，他是广东人，瘦高个，是学校里篮球打得好的教师之一。临毕业的那一学期，他当我们的班主任，人很和气。学校的数学教师还有欧阳春山、唐光南、张运华。在数学老师中，欧阳春山的名气很大。当时有一种说法：武冈著名的数学教师有三个半，他算半个。可惜我只听过他一堂课。那是因为谭楚瑶老师家里有事，他来代课。至今我还记得他在课堂上解释什么叫"公理"？他说，公理是不需要证明的真理，就像一朵花开在你的心坎上，永不凋谢。虽然你看不见、摸不着，但你时时想念着它，永远不会怀疑它。我读初三时，欧阳老师调到武冈师范学校去了。武冈师范学校和武冈一中隔得很近，都在资江边上。过去我的伯父也是他的学生，欧阳老师调到武冈师范学校以后，我还到他那里玩过几次。学校有两位体育老师：周后光和楚如茂。周老师的儿子周乐民和我同班，个子不高，很活泼。周乐民的母亲在学校总务处工作。周老师除了教体育以外，还给我们代过几节植物课。学校里教其他课程的老师都只有一位：物理老师罗少圃；化学老师李宝卿；历史老师肖济君；地理老师欧阳历山；植物老师林亲弟；动物老师谢勖；音乐老师张炎；美术老师周映湖。动物老师谢勖是女性，个子不高，比较泼辣，风风火火，一副精明强干的样子。她还担任学校的团委书记和少先队大队辅导员。她留给我印象最深的一件事是，学校操场上出现一条约两尺长的蛇，别人都害怕，她却用铁钳将蛇夹住放入一个大玻璃瓶里作成标本。学校教务处有两位老师：周清坤和钟怡康。周老师个子较高，有40多岁；钟老师中等个，30来岁，毛笔字写得很棒，学校的通告多由他书写。学校有位校医，男性，名叫徐世安。学校负责打钟的工人也是男性，名叫王忠管（那时学校白天没有电，只有晚上由学校自备的发电机发电，点亮电灯供学生们自习）。除了少数家住武冈县城的学生以外，绝大多数学生在学校寄宿。学校伙房和食堂没有连在一起，伙房地势低，从伙房到食堂要爬数十级石砌的台阶。把饭菜从伙房运到食堂是一件很辛苦的工作，炊事员戴玉和个子高大，力气也很大，任劳任怨，日复一日，把这个力气活干得很令人满意。他性格也很随和，人们都亲切地喊他"戴师傅"。

二

我就读武冈一中期间，国家发生了两件大事，学校也受到一定的影响。一件是1957年的反右派运动。杨芳堃、李宝卿两位老师被划为右派。他俩虽然被划为右派，但学校从领导到老师到学生对他们的态度并没有太大的变化，在全校师生员工大会上，胡校长仍然称他们为"老师"。当时我们并不理解。数十年后，在《关于建国以来若干历史问题的决议》中明确指出："反右派斗争被严重地扩大化了，把一批知识分子、爱国人士和党内干部错划为'右派分子'，造成了不幸的后果。"

第二件事是"大跃进"。1958年，全国掀起了"大跃进"高潮，到处放粮食高产"卫星"。学校组织我们毕业班的学生去县里听报告。听报告的人除了我们学校的以外，还有别的学校的人。听报告的具体地址不记得了，作报告的人是县委书记张玉仲，他向我们介绍全国和湖南省的"大跃进"的大好形势，要求我们积极了解、支持和宣传"大跃进"，做"大跃进"的积极分子。

三

在武冈一中的三年里，有好多事情颇值得一记。

那时候，学校的围墙是篱笆墙。我刚进学校不久，大约是10月末的一个晚上，已经过了12点，可能是凌晨一两点钟了，忽然有人越过篱笆墙，想进学校偷盗。他还未偷到东西，就听清脆的哨音响了起来。很快，好多住校的老师和高年级学生听到哨音就起来了，并纷纷向传来哨音的地方聚集。大概是因为被发现了，而且聚集的人越来越多，偷盗的人害怕了，很快就逃跑了。虽然偷盗的人并没有被抓到，但后来学校再也没有发生过这样的事。这件事我并没有亲眼所见，我一向睡眠很好，那天晚上睡得很香，我那个房间的人都没有起来。第二天这件事在学校里传播很广，说明是实有其事。同学们对那位吹哨的人都很佩服，那位吹哨的人就是教导主任刘文明。

1957 年春天，学校组织春游。春游的项目是爬云山。我也参加了这次春游。那一天天气很好，日丽风和。那时没有汽车，全靠步行。早晨吃过早饭，从学校出发，自带中餐。老师领着我们，先步行到蔡家塘。然后从蔡家塘往上爬。爬山过程是自由行动，依自己的体力而定。预定的目标是要爬到山顶，我因为力气小，走一阵歇一阵，爬到半山腰就往回返了，连山中的寺庙也没有看到。下山后在蔡家塘集合，整队集体返回学校。这是我学生时代的第一次春游，虽然内容不很丰富，留下的印象却很深刻。

1958 年夏初，资江发大水。学校组织高年级学生去参加县里统一安排的抗洪行动。我也参加了这次行动。任务是到靠近玉带桥的一段大堤上帮助挑土，以增加大堤的高度。干活是以成年人为主，我们这些初中学生只能起到协助的作用。那时没有汽车，从学校到大堤来回全是步行。那天劳动的时间是在上午，我们吃过早饭出发，从出发到回到学校，总计不超过四个小时，估计也就两小时左右的劳动，劳动强度不算很大，对我这个出身农村的学生来说，总的感觉不累。那时国家的教育方针是"教育为无产阶级政治服务，教育与生产劳动相结合"。我们在学校里有时也要参加一些种菜、浇水和挖土修操场的劳动。但这次抗洪劳动对我们的教育意义，似乎比在学校参加的劳动更深远一些。它告诉我们，每一个生活在社会中的人，都承担着一份社会责任。社会随时可能遇到自然灾害或其他灾害，当灾害到来时，靠一个人和少数人的力量是抗拒不了的，只有在强有力的科学组织下，靠大多数人的团结协作，才能战胜灾害，保证社会稳定和人类正常有序的生活。就像 2003 年遇到的非典和这三年遇到的新冠肺炎疫情一样。

那时候学校澡堂的卫生是由每个班级轮流打扫的。有一次，轮到我们班打扫。男澡堂的排水沟由于长时间没有很好清理，又臭又脏。这一次，我班杨贞许同学脱掉鞋袜，卷起裤脚，下到水沟里，在大家的配合下，把水沟里的脏泥清理干净。他的这种不怕脏不怕累的精神得到大家的赞扬。我把这件事写成表扬稿交给学校，学校通过广播在全校通报表扬，杨贞许同学的优秀事迹引起很大反响，给班级长了脸，班主任老师和同学们都很高兴。我当时是班里的少先队小队长，因为爱好写作，写广播稿的任务就由我主动承担了。当时我班的团支部书记是莫文星，班长是王云，副班长是夏守英。

我们班同学相处很融洽，在学习之余，有时也开玩笑。有位男同学名叫何芳秋，住武冈城里，他是走读生。他个子不太高，身体长得也不是很结实。有些同学戏称他"禾发秋"，比喻为稻子长得不壮实，有点枯萎的意思。何同学听了也不生气，只是笑笑而已。当然，班里绝大多数同学都不会这样叫他。何同学面对同学的取笑不发火，说明他的涵养比我们这些农村来的孩子更高一些。

我个人在学习方面，有两件比较露脸的事，是一辈子也忘不掉的，也对我以后的学习和工作及业余生活产生了长期的影响。一件是 1957 年上学期，我获得了全校写作比赛第二名。（第一名是周民颖，听说他后来参了军，在部队当了记者。）作文题目和所写内容已记不清了。此次比赛写得好的作文稿陈列在一间空余的教室里展览。学校没有发奖状，而是奖给我一本图书，书名忘记了。

那本书我很喜欢，看了多遍。也有不少人借去看，因为借的人多了，借来借去就找不到下落了。由于爱好文学，有点写作能力，初中毕业以后考上中专，中专毕业以后，工作了四年，又考上大学。大学毕业以后，工作到退休。数十年间，先后加入了团组织和党组织，担任了多年的团支部和党支部宣传委员，临退休的几年，又担任了工厂机关第一党支部的支部书记（兼职）。这辈子做了数十年的基层宣传工作，为宣传党的政策和祖国的大好形势尽了绵薄之力，也为我退休后加入苏轼研究队伍，为提高文字理解能力和表达能力奠定了基础。我从事苏轼研究的时间虽然比较晚，但接触苏轼却很早。2000年，法国《世界报》评选"世界千年英雄"，总共评出12位，苏轼是其中唯一的中国人。可以说在我国古代人物中，苏轼是除孔子以外，在国内外知名度最高的人。研究苏轼，对于促进中国乃至世界的精神文明和物质文明建设，仍然具有巨大的借鉴意义。我虽然是在年近80才在苏轼研究中取得一些微小的成果（已出版《苏轼与徐州》《古今诗人咏黄楼》《从楹联读苏轼》三部著作，徐州苏轼文化研究会会刊《放鹤亭》杂志被徐州市社科联誉为全市民间团体中"办得最好的杂志"，我是其中编辑之一），但研究苏轼的种子早在十五六岁时，在武冈一中上学时就已经播下了。郭祥正是曾在武冈任过职的历史名人，被称为"李白后身"。郭祥正是苏轼的同时代人和好朋友，和苏轼的关系比较密切。武冈若有人有志于研究苏轼、或者对郭祥正和苏轼进行比较研究并取得一定的成果，相信对促进武冈的精神文明和物质文明建设，必将有所裨益。我在学习中另一件露脸的事，是有一次，美术老师布置作业，要求全班每个同学画一张画。我没有画画，而是用美术字体写了"青春颂"三个字，四周用简单的图案装饰起来。周老师看了很满意，在课堂上把我大大地夸奖了一番。尽管只是一次口头表扬，但这件事我至今没有忘记。

我在武冈一中的学习中也干过一件蠢事。我和唐启金、林亲建三人的数学成绩在班上是名列前茅的。毕业那一学期，我们三人在一起复习功课，对着数学课本上的习题一道一道做。每当把一页上的习题做完了，觉得自己已经记住了，就把那一页撕掉。我们三人每个人的数学课本都撕掉了好几页。当时认为这是一个"壮举"。后来才认识到，这实在是干了一件蠢事。以后，我在中专和大学学习阶段，再也没干过这样的事。

（写于2022年5月）

外一章

我和段德弘都是20世纪50年代武冈一中的学生，我分在33班，他比我低一届，分在39班。当时武冈一中只有初中，没有高中。我的父亲和他的父亲是同年出生，我们都称对方的父亲为"同年爷"。我们两家住在农村，相距不到二里地。由于经济条件限制，初中毕业以后，我们都没有考高中，而是报考中专。我考上了湖南工业学校，他考上了长沙地质学校。凑巧的是，这两所学校的校址都在省城长沙市南门外黄土岭，两校相距也不到二里地。中间只隔一条公路，湖南工业学校在路东，长沙地质学校在路西。由于隔得很近，节假日我们也常在一起玩，在长沙度过了一段快乐的时光。1960年9月，因国家正处在三年困难时期，执行"调整巩固，充实提高"的八字方针，长沙地质学校部分专业暂停办学，段德弘学的物探专业也包括在内，于是他只好回家自学，何时返校听候通知。湖南工业学校更名为湖南机械工业学校，我所在的采矿科并入位于湖南资兴三都镇的湖南煤炭学院中专部，这样，我也离开了长沙。

中专毕业以后各奔一方，见面的机会就非常少了。2017年5月，我回故乡看看。段德弘退休以后就住在老家。我在弟弟陪同下去看望他。临别时，他写了三首诗送给我：

学友情赞

一

求学长沙黄土岭，
潜心攻读忘晨昏。
正逢三载困难日，
为国分忧离校门。

二

东西南北竞驰骋，
苦辣酸咸体会真。
攻坚不畏征途险，
同心异地献青春。

三

已是萧萧白发盈，
隔山隔水总牵情。
但能微信爱心寄，
古稀友谊贵如金。

自从 1958 年 7 月毕业离开武冈一中以后，我再也没有回过母校。这次回乡前，我在心里思量，如有机会一定得回母校看看。正好我弟弟数年前在武冈城里买了房子，他现在就住在武冈城里。由于父亲母亲早已过世，我这次回来就住在弟弟家里。弟弟家离武冈一中（旧址）不远，要去看

看是很方便的。凑巧得很，段德弘多年以前也在武冈城里买了房子，他每年有好长时间都住在城里。据他介绍，我们读书时的教导主任刘文明也住在武冈城里，他每年都能见到刘主任。刘主任后来当了校长。现在他的儿子正在武冈一中当校长。可惜的是，刘主任两年前已经去世了。段德弘正在老家帮助儿子照看小孩，有空时也练习画画和写字，为不耽误他的时间，没有让他陪我一起到母校去。在离开故乡的前一天上午，弟弟陪同我来到武冈一中，见到了刘校长，同时见到了学校的周书记。没想到周书记竟然是我当年在武冈一中读书时教体育的周后光老师的儿子、我的同班同学周乐民的弟弟。刘校长和周书记子承父业，献身教育，为国育才，真是可喜可敬。刘校长在百忙中陪同我参观校园，热情地介绍了学校的概况。他告诉我，因为学校规模扩大，现在的校园面积满足不了要求，已选定新址，正在建设，预计过几年即可搬迁去。能亲眼看到母校的发展和变化，我心里感到由衷地高兴。今年 6 月，适逢母校百年华诞，我特向母校图书馆捐赠图书 80 册，以表庆贺，也算是为建设母校尽点微薄之力。祝愿母校教学相长，越办越好，学风浓厚，英才辈出，为建设社会主义强国，实现中华民族的伟大复兴作出更大的贡献。

作者简介

谭敦容，1955 年 9 月至 1958 年 7 月就读于武冈一中 33 班，现为苏轼研究专家。

武冈二邓先生与希贤精舍

作者：肖永明

　　二邓先生是指清末著名诗人邓辅纶、邓绎兄弟。邓辅纶〔1829—1893〕字弥之，邓绎〔1831—1900〕又名辅绎，字葆之，又字辛眉，湖南武冈州南乡大甸人。在当时，二邓先生与王闿运一道，被谭嗣同视为"庶可抗颜"国朝诗坛的湖南诗人。[1]清末民初学术名家王闿运甚至在《邓郎中墓志铭》中称"曾胡讲武，二邓昌文。群贤响应，济济翩翩"[2]，将二邓先生与声名显赫、地位崇隆的湘军统领曾国藩、胡林翼并举。这可能有感情因素在，甚至不排除王、邓两家联姻的这一特殊因素，但王闿运的说法也并非完全无据。

---

①周清澍：《再释陈寅恪〈先君致邓子竹丈手札二通书后〉》，《中华文史论丛》2020 年第 4 期。
②闵尔昌：《碑传集补》（下），上海古籍出版社 1987 年版，第 1561–1562 页。

二邓先生都与书院结下不解之缘。少年时代兄弟均就读城南书院；中年以后，邓辅纶先后主讲武冈观澜书院、峡江书院、衡阳东洲船山书院、靖州鹤山书院，任山长于武冈希贤精舍、南京文正书院，最后病逝于文正书院讲舍。邓绎先后主讲长沙校经堂、河南致用书院、武冈希贤精舍、武昌两湖书院。二邓先生以当时的诗坛名家长期从事书院教育，讲学的书院遍及湖南、湖北、河南、江苏等省，既有僻处湘西南一隅由地方乡贤创办的乡村书院，又有由地方大员创办的州府、省级书院，在晚清书院教育史上占据一席之地。在此主要介绍二邓先生与希贤精舍的渊源。

一、二邓昌文：晚清历史舞台上的二邓先生

二邓先生父亲邓仁堃（1804—1866）为道光五年（1825）拔贡，在四川（现重庆市）綦江等地任知县，咸丰初年任江西南昌知府，署督粮道，后兼署摄布政使、按察使，所到之处皆政声卓异。任职江西时，配合江中源、曾国藩、罗泽南等抵御太平军。邓仁堃在江西为官的经历对后来二邓先生的交游产生了影响。

邓辅纶生于其父邓仁堃綦江知县官舍。"幼有神慧"①，五岁能诗，十三岁入泮，十五岁补州学廪生，后求学于长沙城南书院。在这里，邓辅纶的才华得以显现，"同郡邓显鹤、湘阴左宗棠叹为异才"②他与胞弟邓绎一道结交了王闿运、李篁仙、龙汝霖等一批才俊之士。他们志趣相投、恃才放旷，在共同的求学生活中结下了深厚的情谊。邓辅纶曾与王闿运"于岁暮同走衡阳风雪中，宿废寺或逆旅，酌酒谈诗以为乐"。他们意气风发，

吟诗作赋，相互唱和，结"兰林词社"，号为"湘中五子"，以弱冠之龄在当时文坛崭露头角，并以五人为核心形成湖湘诗派，在晚清诗坛名动一时。作为湖湘诗派领袖之一，邓辅纶有《白香亭诗集》三卷传世，刻本甚多，流传甚广。其诗作在当时和后来都颇受推崇。③王闿运在《论作诗之法》中就将邓辅纶与魏源之诗并提，称"不失古格而出新意，其魏源、邓辅纶乎？"④学者费行简（1871—1954）在《近代名人小传》中称邓辅纶"蔚然为一代大宗"。

作为诗人，邓辅纶影响很大，不少诗作传诵一时。但他的仕途却并不顺畅。邓辅纶为咸丰元年（1851）副贡生，后以助饷续用为内阁中书至京城。太平军进攻江西时，他回家乡组织"宝庆同志军"帮助父亲守卫南昌城。咸丰六年（1856），又奉命率领"江军"在抚州、湖口等地与太平军作战，虽多次取胜得立战功，但最终全军覆没。邓辅纶遭到弹劾被革职并调五级留用。

咸丰八年，邓辅纶进入曾国藩幕府。第二年，又进入权臣肃顺幕府，与王闿运等一道成为"肃门湖南六子"之一。此时，因曾国藩奏请，任浙江候补道。咸丰十年赴任后，受浙江巡抚王有龄委派巡城。咸丰十一年，杭州城破，王有龄战死，邓辅纶在无法抵挡的情况下跳入护城河得以生还，徒步返回故里。因为此事，他再次受到弹劾。虽然经过左宗棠上奏说明，但仍在同治三年（1864）遭革职，只是不再另加惩处。

短短数年间，连续两次遭到弹劾被免官，给志在经纶天下的邓辅纶以巨大打击。仕途的挫折，使邓辅纶在壮年就心灰意冷，绝意仕途。或退隐

---

① 王闿运：《湘绮楼诗文集》（卷九），岳麓书社 1996 年版，第 2160 页。
② 王闿运：《湘绮楼诗文集》（卷九），岳麓书社 1996 年版，第 425 页。
③ 萧晓阳：《湖湘诗派研究》，人民文学出版社 2008 年版，第 166-184 页。
④ 王闿运：《湘绮楼诗文集》（卷九），岳麓书社 1996 年版，第 367 页。

乡间，闭门著述，或四处游历、诗酒唱和、讲学授徒。也正是在这一时期，邓辅纶开始了他的书院教育生涯。

邓绎为邓仁堃次子，邓辅纶胞弟，又名辅绎，字保之，又字辛眉。"君髫龄颖秀，五岁能诗"①，弱冠之年与其兄一起就读于城南书院，同结"兰林词社"，为"湘中五子"之一。其才情学识在当时引人注目，"声誉之美，远近推襟"。②太平军兴，曾在武冈组织抵抗太平军。同治初年，入左宗棠幕府，以军功得员外郎衔，为浙江知府并赏花翎。后因花翎一事多有曲折，邓绎辞不受命。③同治五年，服父丧回到武冈乡间，闭门读书，"博览篇籍，口吟手披，凡所经览数十万卷"④，撰著《井言》《云山读书记》数百万言。《云山读书记》分内学、外治、谭艺三部分："曰内学，言德行也；曰外治，言政事也；其曰谭艺，皆言语文学之支流"⑤。光绪四年，邓绎东游浙江、江苏、江西三省，"以周览时会，观时吏治得失，以扩其忧世之志，而内证其所学"⑥。光绪八年后，应陈宝箴、张之洞等人之邀，主讲长沙校经堂、河南致用书院、武冈希贤精舍、武昌两湖书院等书院。光绪十九年（1893），还居故里，直至终老。

邓绎有很深的儒学造诣，自少壮起就"有志圣学"，"学必以邹鲁为归"⑦。他继承儒家经世致用传统，"思为宏简之学以周世用"⑧，孜孜矻矻，勤于著述，"意在修明学术，裨补当世"⑨。一生作诗万余首，留下《藻川堂诗集》《云山读书记》《藻川堂谭艺》《藻川堂文集》等著作。

二、二邓先生与武冈希贤精舍

同治十三年（1874），武冈知州张宪和鉴于鳌山书院书册未备，斋舍狭窄，与州中士人"厘

---

①闵尔昌：《碑传集补》（下），上海古籍出版社1987年版，第1561-1562页。
②闵尔昌：《碑传集补》（下），上海古籍出版社1987年版，第1561-1562页。
③萧晓阳：《湖湘诗派研究》，人民文学出版社2008年版，第186页。
④闵尔昌：《碑传集补》（下），上海古籍出版社1987年版，第1561-1562页。
⑤邓绎：《邓绎集》，光明日报出版社2016年版，第238页。
⑥邓绎：《邓绎集》，光明日报出版社2016年版，第2页。
⑦邓绎：《邓绎集》，光明日报出版社2016年版，第297页。
⑧邓绎：《邓绎集》，光明日报出版社2016年版，第2页。
⑨邓绎：《邓绎集》，光明日报出版社2016年版，第2页。

田谷之人数为经课之用，礼聘硕儒以为师长，而购书于鄂、湘资讲习"，在鳌山书院祭祀周程张朱的五子堂东南面另建希贤精舍，"邓观察辅纶实经始其事"①，并担任山长，主讲其中。其子邓国巘、侄邓琅均"随侍旁听"。希贤精舍的建立，是武冈教育史上的一件大事，甚至在整个湖南都具有开风气之先的作用："都梁启曙光，道德培根源""草堂聚髦俊，风气开湘沅"②。张宪和，字文心，浙江平湖人，咸丰己未（1859）举人。他宗奉程朱理学，"其学以孔孟为归，由清献而上溯濂洛关闽"③。"清献"是被誉为"本朝理学儒臣第一"的平湖先贤陆陇其（1630—1692年）的谥号。从张宪和应邓辅纶之邀所撰的《希贤精舍记》看，希贤精舍尊奉的是周程张朱之学，这也正是精舍以"希贤"命名的由来。在《记》文中，张宪和为精舍诸生所谈到的为学功夫、路径，都以朱熹、张栻之言为标准，理学色彩非常浓厚："窃尝闻之《大学》以致知为先务，致知以读书为先务，而读书之法在于循序而致精，致精之本在于居敬而持志，则子朱子言之矣；夫敬者，主一无适之谓也，居无越思，事靡他及，则南轩宣公言之矣。下学上达之事，朱子之记石鼓，宣公之记岳麓者甚详，学者诚由博文而约礼，由致知而力行，志伊学颜，过则圣，及则贤，不及则亦不失于令名焉④。"在《记》中，张宪和还特意提及专宗朱熹理学的同乡先贤陆陇其。从中不难看出希贤精舍的办学宗旨、特色与育人理念。

在廷桂所作的《希贤精舍记》中，还谈到精

舍的建设"大指仿文忠公箴言书院成法而行之，盖欲绍绝学于废坠之余，培人才于中兴之会"⑤。邓绎在《希贤堂记》中也花费不少笔墨称颂胡林翼创建箴言书院一事⑥，比照、对标的意味相当明显。箴言书院位于湖南益阳瑶华山麓，由中兴名臣、湘军统领胡林翼于咸丰三年(1853)创立。箴言书院的教育在注重经史研习的同时，强调立身之本与治事能力的培养。首任山长所订立的《箴言书院学程》分经史、立身、治事、为文四门，其中"治事"门，包含军事、地舆、政治、农桑四类书目，多属于国计民生直接相关的知识和技能。这与当时许多以科举为鹄的、以帖括时文为教学内容的书院是有明显区别的。希贤精舍以箴言书院为效法对象，在精神取向、教学内容方面应当有近似之处。

这一点，在知州张宪和《希贤精舍记》中也是有迹可循的。作为精舍的创立者，张宪和解释为何要在原有的鳌山书院之外另创希贤精舍，二者异同之处何在。其中一段文字颇耐人寻味："虽书院尊功令、专课制艺，精舍以穷经为专务，微若有异，

①张宪和：《希贤精舍记》，清光绪元年（1875）刻本，第2285页。
②邓琅：《希贤草堂讲习诗》，光明日报出版社2016年版，第236页。
③张德昌：《署武冈知州张侯宪和遗爱亭碑记》，清光绪元年（1875）刻本，第2282页。
④张宪和：《希贤精舍记》，清光绪元年（1875）刻本，第2285页。
⑤廷桂：《希贤精舍记》，清光绪元年（1875）刻本，第2295页。
⑥邓绎：《希贤堂记》，清光绪元年（1875）刻本，第2290页

然精舍之人才即书院之人才，未有入于精舍而不升于书院者，精舍之于书院二而一者也①。"这里暗含一个意思，精舍有异于书院之处，就是"以穷经为专务"，而不是"尊功令、专课制艺"。虽然张宪和并不希望突出精舍与书院这种差异，甚至还力图弥缝其间，落脚于二者的一致性。但这种差异又是他不能不点出的，否则就不能说明别创希贤精舍的必要性。从这段文字中，我们可以对希贤精舍的教学内容有大致了解。精舍的教学刻意与科举制艺保持了距离，这应该也是当时许多书院的共同选择。

除了"穷经"之外，精舍生徒还把邓绎的《云山读书记》作为研读的内容。《云山读书记》是邓绎遍览群书，贯通经史诸子，潜心探究而撰写的读书札记，涉及立德修身、经邦济世与言语文学各方面。张宪和对此书爱不释手，推崇不已，"尽日夜之力以讽吟之，而见其渊然浩然者，几若与元气同流，而混融乎天人经籍之奥"。希贤精舍建立后，"因节录其书之系于劝学者数十条，第二卷，刊示诸生，用广其明道授业之意"②。《云山读书记》被王闿运称颂为"诸出濂洛，暗符洛闽"③，具有理学的底色，既关注内学之"体"，又重视外治之"用"，与希贤精舍的办学旨趣非常契合，被选为教学内容也是很自然的事。

同治末年光绪初年，亦即在希贤精舍创立之初，邓绎一度受聘在精舍主讲《大学》，启迪士子。后来因邓绎远游四方，讲学中断。④光绪十三年（1887）到十五年，邓绎回到武冈，再次应邀主讲于希贤精舍。

当时，任两广总督的张之洞对二邓兄弟的"高才博学""经术湛深，践履笃实"早有了解，尤

其是读到邓绎在河南致用书院所撰《警士铎言》，深感钦佩。为此，他修书礼聘邓绎前往广东潮州金山书院主讲。这是张之洞在两广整饬书院行动的一部分。金山书院为同治年间新建，"本意讲求经古，旋以因循习俗，亦遂改课时文。院中学徒百人，不过从事帖括，希心捷获。"因此他希望邓绎能够出任山长，"教以为己之学，崇实黜华，建端树义，以通经致用为勖，以躬行实践为归"⑤。张之洞对邓绎非常看重、信任，也寄予很大的希望。以张之洞的地位、阅历与识见，他对邓绎的品行、学识、能力、思想倾向的了解把握应当具有较大的准确性。这也表明，邓绎在河南致用书院的教育活动及其《警士铎言》所体现的教育理念，已经产生较大影响，获得较大的认同。

收到张之洞的聘书，邓绎感奋不已。但是家乡的希贤精舍礼聘在先，邓绎觉得义难辞谢，因此奉还金山书院聘书，仍旧每月讲学于希贤精舍。

主讲希贤精舍期间，邓绎留下了大量诗作，以精舍及其建筑为题的有《希贤草堂讲学》《希贤精舍培风亭玩月，地在去思亭上》《秋日培风亭高望》《朝霁登培风亭》《希贤楼晓望》。这些诗作呈现了作者讲学精舍的日常生活与情感世界的某些片段。如邓绎常常登上精舍的希贤楼、培风亭、去思亭，在雨后初晴的清晨感受"云山朝气阔，江日上光圆"的壮阔景象，在月光皎洁的夏夜，伴着培风亭的流萤和薜萝，欣赏远处山峦"万壑凝苍霭"，或在秋日遥望云山、资水，游心无垠，发出"云岭暗连乔岳雨，江流遥合洞庭波"的感慨。这些描摹景物、抒发胸臆的诗作，为我们了解晚清书院士人心迹提供了很好的历史材料。

①张宪和：《希贤精舍记》，清光绪元年（1875）刻本，第2284页。
②张宪和：《节录〈云山读书记〉序》，清光绪元年（1875）刻本，第2288页。
③邓辅纶：《邓绎集》，光明日报出版社2016年版，第238页。
④邓辅纶：《邓绎集》，光明日报出版社2016年版，第238页。
⑤邓绎：《邓绎集》，光明日报出版社2016年版，第298页。

忆云台岭上的"周总"周民颁副校长

作者：林亲刚

　　题记："周总"是我学生时代的"贵人"。我从杨柳区中转到武冈一中就读，完全是因为他在杨柳全区的名气、影响力和帮忙。当然还是靠了他老人家的帮忙，我来到了以严厉著称的马继龙老师所带的初81班。于是有幸与"周总"的儿子周晓华同学同班，有了此后同学间几十年的交情与交流，也就有了本文中许许多多真实的素材。

　　随着武冈一中百年校庆第3号公告的发布，征集回忆性文章截止日期日渐临近。我反复拜读各位校友的回忆文章，颇受教益，感触良多，许许多多熟悉的前辈、老师的光辉形象跃然纸上。但回味之余，总觉得似乎缺了点什么。哦，对了，还没有对武冈一中第二个（"文革"后第一个）大发展时期一位重量级人物的回忆！他，是一位头发花白、慈眉善目、沉稳睿智、笑口常开的智者，是一位有着充沛的工作干劲和丰富的教育教学管理经验的强者！他，就是曾在武冈一中担任10年副校长、人称"周总"的周民颁老师。

博古通今，献身教育

周民颁（1931—2020），武冈杨柳（今稠树塘镇）人。出身虽非名门望族，也算书香门第。他的父亲是解放前当地有名的私塾先生和医生。他从小受父亲的影响，四书五经，诗文书画，无所不精。1949年10月他以优异成绩考取了中国人民解放军军医学校，后因父亲去世，家境困顿，于1950年5月回到家乡参加革命工作，同时担任乡文书和乡校校长，从此献身教育，先后在武冈县10余所各级中小学校从事教学和管理工作。

1974年3月，周民颁老师从一名享誉武冈的语文名师、武冈二中语文教研组组长岗位上调任武冈一中副校长，至1984年3月调任县教研室主任（至退休），在武冈一中副校长岗位整整奉献了10年。

这十年，是中国教育发展从乱到治的十年，也是武冈一中拨乱反正、蓬勃发展的十年，更是武冈一中"文革"后初创辉煌的十年。十年间，无论是作为分管教学、后勤、政工的副校长，还是担任常务副校长，他全力支持配合刘文明书记的工作，打理校务，顾全大局，团结同志，忠于一中；求贤若渴，爱生如子；敢于担当，善于管理；夙夜在公，殚精竭虑，为一中的发展壮大留下了浓墨重彩的一笔。

总理校务，忠心不二

武冈一中校史资料记载："武冈一中是一所具有光荣传统和优良校风的学校，尽管十年浩劫中备受摧残，却始终存在着向上的勃勃生机。早在"文化大革命"结束之前，教师们就能顾大局、识大体，坚持安定团结，使教学工作逐渐恢复正常。1978年下学期，武冈一中被定为县属重点中学，党的教育方针得到全面贯彻，教育教学质量迅速提高。学校迅速振兴，进入了第二个大发展时期。"这里讲到的教师在"文革"前就能"顾大局、识大体"和"被定为县属重点中学""教育教学质量迅速提高""学校迅速振兴，进入了第二个大发展时期"，可以肯定地说绝对离不开周民颁校长夜以继日、方方面面的校务"总理"，离不开他的"忠心不二"！

2020年4月25日，在周老的追思会上，刘文明书记的儿子、时任武冈一中校长的刘力平动情地说："父亲在世时，多次说过，老周大局意识强，善于团结同志，协调关系，是学校班子里的润滑油、调和剂，跟老周搭档最愉快、最超脱、最放心。"刘文明书记在一中，威望高，站位高，领导经验丰富，抓工作举重若轻，具有大将风范，而周民颁校长善思考、善总结、教学管理经验丰富，抓工作举轻若重，执行力强。两人优势互补，相得益彰，主副明确，配合默契。熟悉他俩关系和了解他们工作风格的人，戏称刘文明是一中的"董事长"，周民颁则是一中的"总经理"！云台岭上武冈一中"周总"的名号由此而来。刘书记对周校长的信任，有时达到"无原则"，周校长对刘书记的服从有时也达到"盲目"的程度。

我曾听说过这样一件事：20世纪80年代初，县里准备调周民颁校长到武冈二中担任主要领导。信息不知为何被刘文明书记提前得到，他立马找到县里有关领导，坚决不肯放，并说如果把老周调走，我这个书记也不干了。回来后，刘书记又把自己找县领导的事告诉了周校长。蒙在鼓里的周校长，听到刘书记说了这件事，不但没有责怪刘书记，还动情地说：老刘呀，我不是说好听的话，我也不想离开一中，人贵有自知之明，我还是适合在你的领导之下工作。

尊师爱生，无微不至

周民颁校长深知，一流的学校要靠一流的老师、一流的管理人才和优秀的学生。20 世纪 70 年代末 80 年代初，有一批优秀教师因受反"右"派斗争扩大化和"文革"的影响，被错误处理，没有落实政策，难以走上讲台。周校长在刘文明书记的领导下，不遗余力地落实党的知识分子政策，为一大批优秀的老师洗清了冤屈，落实了政策，重上了讲台，比如唐泳高老师和殷恒勤老师等。也正是由于上述原因，当时的各地师资力量紧缺，几所县属中学竞相"抢名师、抢人才"。周民颁校长利用自己的各种资源，协调各种关系，为一中调进了不少的名师和紧缺人才，如英语伍桂林老师、语文马继龙老师、后勤欧明俊主任等，都是通过周校长的人际关系和人格魅力"抢"来的，"挖"来的。

对于教学质量，他更是从招生抓起。为了吸纳优秀生源，他不放过任何机会。1978 年苏敬华同学的弟弟苏亲华考上一中，由于家里比较困难，拿不出两床被子，他的爸爸到一中找刘书记和周校长，准备让苏亲华放弃来一中上学的机会。当得知苏敬华同学在六中读书成绩很好，周校长灵机一动，动员他爸爸将苏敬华也转学到一中读书，兄弟同盖一床被子，既解决了老弟一中就读的问题，也解决了兄弟不同校、没有两床被子的"窘境"，关键是为一中招收了两棵"好苗"。

对在校就读的学生，他更是关怀备至。在学习上他因材施教，悉心指导；在思想上，他关心学生的进步，推出了高中班级学生对口帮助初中班级学生，培养初中优秀学生入团等措施；在生活上，经常鼓励有困难的学生树立信心，克服困难，并经常资助困难学生。高八三届有个孤儿，在 3 岁时父亲去世，母亲改嫁，靠几个伯父轮流资助读初中，高中又考上了一中。但是因为实在太困难，伯父们不准备再送他读高中。周校长知道后，多次到该生伯父家里做细致的工作，并且每学期从微薄的工资中挤出钱来给予资助。后来该生顺利完成高中学业并考上了重庆大学。

淡泊名利，只为一中

重才而不妒能，尊师而不自私。这就是周民颁校长那一代学校领导的优秀品质，而周校长可以称得上那个群体中最无私的代表人物。周民颁校长的小儿子、我初 81 班的同学周晓华曾经给我讲过几件事情，至今记忆犹新。

往事一：晓华的姐姐因为年龄的原因无法通过高考获得正式工作，就去了公路段当一线养路工人。那工作很辛苦，一般人很难体会到。县公路局的领导和周校长及学校其他领导私交都不错，有"好心人"提出来如果一中答应每年解决公路局几名干部子弟到一中上学的问题，就可以将姐姐调到公路局机关去工作，然后逐步解决干部身份，刘文明书记听说后说"可以"。事实上，那个年代，县领导及各部委办局领导子女想上一中、二中不是一件很难的事情，但是因为这个条件涉及到自己，最终被周校长否决了。姐姐也因此走了很多弯路，后来靠自己的努力和国家政策支持，才一步一步从代课教师做起，四十几岁才成为一名正式的小学教师。

往事二：1981年，晓华初中毕业，受几个同学"换环境"的影响，同时也想摆脱父亲的"监管"（刚到一中的前两年，学校条件较差，晓华与父亲同睡一张床），坚决要求去武冈二中读书（他的分数远超二中的录取线），周老坚决不同意。他说："我是一中领导，如果我的儿子都不在一中读书，别人怎么相信一中？自己的儿子去武冈二中读书，我又怎么能招到优秀学生！"当时矛盾闹得很大，周校长甚至威胁如果晓华去二中就断绝父子关系。后来在周伯母、刘书记和杨祚益主任等反复做工作的情况下，晓华才"勉强"答应留在一中读完高中并轻松地考上了重点大学。

往事三：1980年后，国家提出实现干部队伍"知识化、年轻化"，教师实行职称评定制。很多领导岗位上的专业教师都把重心放在自己的专业课程上，而周校长——这个原来武冈二中语文教研组组长、武冈语文名师，却放弃自己最拿手的语文课教学，而去教授政治、历史等"杂课"。热心同事马继龙老师和林千山老师专门找他谈过这件事情，还说"无私无错，但您不能太无私了"。周老却说："站在自己的立场，我当然希望去教语文，但是刘书记希望我做专职领导，我肯定得服从和支持他的工作；再者，学校进来那么多年轻的教师，学校领导需要的是培养他们、关心他们，而不是与他们抢指标、争名额。"这样，一直到在武冈市教研室快退休了，周老还是行政职务。后来他的同学、时任教育局长的蒋武临亲自上门做工作："你奉献一生，总得为自己、为家人想想，而且你是最有资格申请中学高级教师资格的，别人不知道，可我最清楚，你不评中教高级，我会觉得对不起你，你也会愧对家人！"在这样的情况下，他才同意申报，最后以中教高级技术职称退休。

思想开明，教育有方

20世纪80年代初期，随着改革开放大幕拉开，西方国家的生活方式也随之传入，这种影响也很快传播到武冈这个偏远的县城。留长头发、穿喇叭裤，是那个年代城市学生的"时髦"配置。怎样处理这些问题，学校意见分歧比较大，最后还是决定采取保守、温和态度对待这种现象。但毕竟是学校，是培养祖国接班人的场所，绝对不能听任这种"潮流"泛滥。因此要不要开大会坚决杜绝这种现象，刹这个"歪风"？会场怎样"抓现行"，剪长发、剪喇叭裤？作为学校领导，周校长明确支持集体决策。但是，他也深知，这会引起那部分学生的抵触心理。所以，每次大会之后，周校长都会亲自一个一个找他们谈话，告诉他们学校有学校的纪律，批评处理他们并不是否定他们，希望他们能够理解和执行学校的规定，同时不要影响学习。周校长的谈话特别平易近人，从不居高临下地呵斥学生，这些同学往往在听了他的谈话之后，也都释怀了。

对于子女的教育宽严适度。比如冬天天气很冷，一大早要出早操，晓华有时候偷懒，不出早操。周校长并不直接骂他，只是在晓华不出操时就不给他去锅炉房打热水、不给他在教师食堂订餐。后来，聪明的晓华逐渐想到了"办法"，只要没去做早操，就会自己悄悄溜去提洗脸水、自己去找教师食堂的蒋师傅订餐。这些，周校长肯定知晓，但他并没有点破。用周校长后来的话说，就是只要不突破底线，无关紧要的问题，他不会计较，但是违反了纪律就要得到惩罚。桃李不言，下自成蹊，周校长为一中无私奉献的精神，宽严相济的教育方法，也影响了他子女们的一生。他的女儿周艳华，儿子周建华、周晓华都事业有成，几十年来在工作中、在为人处世方面，往往能够站在大局、站在别人的立场上去思考问题，但是也绝对坚持底线。

一中情结，历久弥坚

周老虽然 1984 年荣调武冈县教研室任主任，但他对一中的情结从未减弱，而且历久弥坚，特别是在他退休之后。他离开一中后对一中的关注、关心和关怀，并不是为学校"出高招""谋大局"，也不是来做几场轰轰烈烈的讲座、报告，更多的是表现在对"熟人"的默默的关注、关心和关怀！因为这里有刘文明书记的儿子刘力平在做"领导"，这里还有 20 世纪 70 年代末 80 年代初在一中就读、如今在武冈一中任"领导"的唐军、周乐庆、马昌政、张居华、李建涛等等"熟人"，当然，也有我这个没出息的。他非常清楚，关心这些"熟人"就是关心武冈一中，关注这些"熟人"的成长就是关注武冈一中的发展，这些"熟人"出息了武冈一中一定会更加强大。

于是乎，他退休后，每个月必须要来一中溜达一两次。到学校到处走走，了解校园动态；到办公楼找"熟人"聊天，但从不刻意找哪一个，遇到"熟人"，看你比较忙，就说"没事，我去楼上找 XX"，然后立即离开，不打搅你；见你有时间，就聊聊，询问生活状况、工作情况，了解学校发展，说说对教育对管理的见解和看法……如此这般溜达了近 30 年！而且他老人家生怕影响我们，从来不在我们这里吃饭，只是喝一杯水，抽一两根烟。

周老的这种一中情结深深地影响了我们。在他老人家跟随建华兄和晓华同学在长沙和北京居住的几年里，无论是力平校长，还是我们几个，都会在想，周老怎么这么久没有来学校了，身体可好？何时回来？在我担任学校工会主席的十年里，每年的重阳节老教师座谈时，我都会不由自主地问，周校长怎么没有来呢？哎，又忘记了，他老人家不是一中退休教师而是教研室退休的！

是呀，他老人家一心只为一中，我们早就将他老人家当成完完整整、实实在在的一中人了！更何况他是"文革"结束后一中转型时期为学校发展做出了杰出贡献的"周总"！

作者简介

林亲刚，中学历史正高级教师、湖南省特级教师、湖南省优秀教师。1979—1983 年就读于武冈一中初 81 班、高 52 班。1992 年从武冈九中调入武冈一中任教至今，曾任一中政教处副主任、办公室副主任、办公室主任、工会主席等职。

沁园春·武冈一中

作者：于启慧

资江之滨，云台岭上，书香满园。览学楼竞秀，桃李芬芳；千顷良田，稻浪滚滚。漫山披翠，红云满天，校园风光堪一绝。心神往，看百花争艳，一中领先。

校长文明情牵，开一代办学辉煌篇。千古武冈郡，楚南胜境；唯此学府，英才辈出。文化底蕴，代代相传，教育振兴更向前。迎挑战，传承加创新，直上峰巅。

（2022年6月9日于湖北黄石）

作者简介

于启慧，男，1944年9月生于秦桥潮水村，1963年毕业于武冈一中高3班，考入中南矿冶学院。1968年底毕业分配到中南冶勘公司609队。参加武钢几个大型铁矿找矿勘探工作，在铁、铜等金属矿产及非金属矿产资源研究与人才培养等方面卓有成就，开拓探索"对称构造控矿理论"。退休前任全国冶金地质系统最大地质队——601队总工程师，退休后撰有《鄂东南非金属矿产资源研究》《地热地质研究》等。

求学生活之吃不饱饭的初中生活

作者：林烨

　　虽然身体瘦小，但我从小就吃得特别多，而且怎么吃都不胖，属于典型的吃了也白吃型。如此能吃的我，在最需要吃东西的身体发育阶段，却有好几年都过着吃不饱饭的艰苦生活。这是我能找到的身高比我爸爸矮十公分的唯一理由。虽然在高中的最后一年"急起直追"，再加上有一位兄长的甜酒冲鸡蛋"助长"，我勉强达到一米七的低保标准，但每次被别人嫌弃为"三等残废"的时候，内心深处总会对那段吃不饱饭的时光耿耿于怀。可时光不会倒流，长高已是这辈子无法实现的梦想，谨以此文缅怀那段晚上常常饿得睡不着的青春岁月，并借此抚慰自己内心深处的遗憾。

——题记

　　第一次离开家独自在县城读初中的时候，我刚满十一岁，身高一米三五，体重三十公斤。在全校包括女生在内的所有学生中，我年纪不是最小，但身高最矮，体重最轻。因为我个子实在太小，所以爸爸有连续半个月的时间每天下班后从单位赶到学校陪我，以致武冈一中1994届初中毕业的同学大多认识我爸。这一方面是因为他一米八几的身高在90年代的武冈县城几乎相当于现在的姚明，另一方面也是因为他在四十几个人的大宿舍里的那张小床上蜷缩着身体陪我睡了半个月，跟同寝室的同学都混得很熟。

因为太小的原因，我的生活几乎不能自理。所谓生活，无非衣食住行、吃喝拉撒等这些每个人都要面对的琐事。爸爸每个星期送一次我的衣服回家给妈妈洗；每一个星期带我去他单位澡堂洗一次澡；每一个周末带我回家一趟。在与同学渐渐熟了之后，我不会因为想家而整夜睡不着，就不再让我爸来校陪我，但"食"的问题却始终没有很好地解决，吃饭成为一直困扰我初中生活的问题。

那时的一中学生食堂不兴排队打饭，一堆人一窝蜂地在食堂窗口前拿着碗拼命往里挤，就像现在一些城市挤公交车一样，但场面要更壮观。高中初中，男生女生都一样，只不过，约定俗成，男生和男生挤，女生和女生挤。一千多人围着十几个食堂窗口一字排开，十几堆人拿着碗拼命往里面挤，没有一点夸张。五十个人睡一间教室改成的宿舍，没有空调没有风扇甚至窗户都没有玻璃，冬凉夏暖；一个稍大点的搪瓷杯子装一杯水五六个人漱了口不出奇，还要供五六个人把脸也洗了；碰上停水的时候，三天不洗脸是经常的事，十天能洗一次澡是一种奢侈。可这些都不算大问题，民以食为天，对一个正在长身体且饭量出奇的大的少年来说，每天饿肚子才是最大的麻烦。

那时的学校全封闭式管理，寄宿生周一到周六不能出学校大门。除了食堂，学校再没有其他提供食品的地方。翻围墙出去当然是可以的，但对于一名刚进入初中且小学期间年年拿第一的三好学生来说，当时并没掌握翻围墙的技术，况且

也不具备那样的胆量——学校安保人员很勤快，抓着了是要被请进政教处学习校纪校规的。于是挤食堂便成了解决温饱问题的唯一办法。但对身高一米三五、体重六十斤的我来说，要在几十个人中间挤出一条路来，可能性为零。所以，饿肚子便是经常的事情了。

我一直都记得，初一第一学期，我能做的只能是等大家都吃完了再去食堂碰运气，运气好的话会剩一点锅巴加几片菜叶，可能还会有一点肉汤，这些东西要支撑我过一个晚上。初一第二学期，我开始尝试主动出击，结果大多还是难如人意。大多时候都是被挤出去，等几经周折费了吃奶的力终于挤进去，满心欢喜把碗递进去，听到的却是"没有饭了"或是"没菜了，等下再来"——菜少了食堂里的师傅会根据还站在窗口的人数再炒一些，饭少了再煮可就来不及了。这是那个时期最痛苦的事。

饿则思变，进入初二第一学期，我发现蛮挤没用，就开始考虑巧挤。经过几个星期的冥思苦想和临场实践，我终于悟出了门道。尺有所短，寸有所长，既然自己矮小，挤不过别人，那就扬长避短，发挥钻的长处吧。于是，我开始了见缝插针、见空就钻的钻空子打饭生活。没想到效果明显，成功率达到70%，总是吃不到饭、晚上饿得睡不着觉的痛苦得到大幅减轻。可是，钻空子虽好，对男孩子来说总是感觉怪怪的，尤其在自尊心格外重的青春期，仿佛一直有人在背后指指点点，被看不起一样。于是，在一次吃饭时被同学取笑了之后，我再也不愿去钻空子了。

时间过很快，进入初二下学期，吃饭的问题依旧没能得到很好的解决。但我的一项技能在抢饭吃的过程中得到了全面的锻炼和大幅度的提升，那就是赛跑。在明白挤饭吃的现状暂时不会改变，挤饭吃的事实无法回避，又不愿意钻空子打饭的事实之后，我无比清楚地知道：假如每次都能在别人还未到达食堂时就站在打饭的窗口，那么不

用挤也可以打到最好的饭和最想吃的菜。如果是现在，我肯定会每天早退十分钟去食堂。但在90年代初，几乎所有学生将不迟到不早退不旷课作为一种刻在骨子里的自觉，我也只能和同学们一样，等到下课铃响之后，再以百米冲刺的速度奔向食堂。

那时常常在学校看到这样的场景：下课铃声一响，教学楼所有的教室顷刻间涌出一堆拿着碗筷的人群，一个个像参加奥运会为国争光一样，以最快的速度冲出教学楼、冲向食堂。这个时候，最痛苦的就是碰到喜欢拖堂的老师，他在讲台上津津有味地滔滔不绝，我在座位上看到外面的人都在朝食堂冲刺，内心瞬间陷入绝望，完了完了，一个礼拜一次的红烧肉又没戏了……在初二下学期和初三上学期，我的跑步速度得到了大幅度的提高，以至于后来在篮球场上的速度常常惊艳观众。没想到，曾经为了吃饱饭练出的技能，之后会成为业余爱好的竞争优势。

初三下学期以后，我跑步的速度越来越快，除了学校体育特长生，几乎没人跑得过我。食堂条件和就餐制度也逐渐改善，吃饭的问题慢慢得到解决。到了高中，学校开始实行席餐制，按班次分好桌席，编好座位，每个人都有自己的一份，再也不要按挤分配；加上校内外都有了面粉店和餐馆，吃饭有了更多的选择，已经完全地解决了温饱问题。那段吃不饱饭、常常饿得睡不着觉的生活，也随着年岁流转慢慢变成记忆里的一个点，越来越远。

再后来，物质条件越来越好，选择越来越多，幸福感却没有按比例增长。偶尔想起那段时光，没有一丝痛苦，反而从心里涌出来纯粹的快乐与笑意，甚至向往。也许，正是由于连饭都吃不饱，解决温饱成了生活所有的内容，人便容易满足、容易快乐。而现在，吃饭不再是问题，但想得到的东西却越来越多，越来越难以满足，也就越来越难以快乐起来。

怀念那段时光，也怀念在那段时间中一起成长的各位同学和关心教育我们的各位师长。

作者简介

林烨，1991年考入一中就读于初134班，1994年就读于高104班，1997年高中毕业。现居长沙，目前从事公安宣传舆论工作。

壬寅五月贺母校武冈一中百年校庆

作者：朱振宙

武冈一中百年校庆感怀（七律）

风翻黄页忆曾经，雪雨冰霜洗学程。

资水岸边留倩影，云台岭上踏歌声。

潘江陆海追云梦，朗月萤光照墨亭。

百载芬芳重过眼，希贤喜望满天星！

注：（1）潘江、陆海，晋代大学问家潘岳、陆机，南朝梁代钟嵘《诗品》赞其"陆才如海，潘才如江"。此处代指一中学子。（2）希贤，意指清代武冈籍湖湘文化名人邓辅纶兄弟曾在武冈创办希贤精舍，旨在精心授业，培育才俊。此处寓意一中学府仰慕先贤，继承学风，人才辈出，星光闪烁！

联题母校一中百年校庆

贺百年学府，承精舍遗风，飞凤展鹏，名贯三湘谁翘楚？

骄千万俊才，继师恩厚德，摘星揽月，情倾九域我腾龙。

注：精舍，指清代武冈籍湖湘名贤邓辅纶昆仲创办的武冈希贤精舍。

作者简介

　　朱振宙，1965年秋毕业于武冈一中高10班，同年考入湖南师范大学中文系，毕业后执教于武冈一中。后奉调武冈县广播局从事编辑、记者及播音工作。再调入武冈县委组织部工作，并走上从政之路。历任武冈市委组织部部长、市委副书记，武冈市政协主席等职。卸任退休后，因爱好文学，与诗词结缘。现任武冈市诗词楹联协会主席，邵阳市诗词协会顾问，湖南省诗词、楹联协会理事。出版报告、散文、诗联、回忆录等专著几部。同时主编过诗词、对联、摄影、书法等作品专辑十余部，并倡导建成武冈云山古体诗词文化墙。

魂牵梦绕的云台岭

作者：唐子略

有一方故土，不管我走多远，总会让我留驻回望；有一缕乡情，不管我多么疲累，总会让我重获宁静与平和。

武冈一中，我魂牵梦萦的母校。穿过四十余年的岁月风尘，越过浩瀚无边的太平洋，那颗飘荡的游子之心无时无刻不在惦念着重回您的怀抱。

44 年前的 1978 年夏天，我从武冈文革中学转学到武冈一中初二年级 78 班，开始了我在一中长达四年的求学经历。杨祚益老师是我的班主任和数学老师，他对我要求非常严格，任命我当副班长，这应该是我人生中当的第一个"官"吧。到现在我还清晰地记得杨老师在讲台上宣布"现在请唐副班长安排大家课后打扫卫生"的情景。化学老师欧阳祖雪讲课诙谐有趣，他的口头禅是"要做对社会有用的正直的人；如果做坏人，那就是'知识越多越反动'"。我的英语基础非常差，英语老师陈斯萍经常给我单独辅导，可谓是殚精竭虑，费尽心血，使我受益终身。1979 年初中毕业考试，我以优异的成绩成为全县状元。出于对一中的热爱，我毅然选择留在一中继续我的高中学业。

进入高中，我开始在 43 班，文理分科之后，被分到了 44 班，班主任和语文老师是周维冶。周老师爱学生如子女，不仅书教得好，还非常关心同学们的生活，至今让我铭记感怀。刘文明校长见我的体质一般，就鼓励我积极参加体育锻炼，至今还记得刘校长在一次早操的时候表扬我学习和体育运动结合得很好。物理老师王荣积讲课循序渐进深入浅出，深得同学们喜爱。因我的物理成绩多次名列前茅，王老师让我做了物理课代表，我得意极了。数学老师肖竞存讲课非常有艺术性，同学们容易理解和记忆，每每想起他用有江西口音的普通话讲解各种解题技巧的情景，总不由得会心一笑。

我的满外公周民颁老师当时是副校长，他工作勤勤恳恳夜以继日，早操、晚自习、晚就寝、食堂管理等事必躬亲。还有唐启胜老师也经常关心我的学习和生活，嘘寒问暖关怀备至。

师恩重如山，关爱深似海，我身在海外，怀念之情常常涌上心头，唯愿有朝一日能"以我寸草心，报得三春晖"。

1981 年的夏天，高中毕业的我依依不舍地离开了深爱的云台岭，开始了对医学的不懈追求。几十年后，横跨太平洋成为了一位医学博士和临床医生。八千里路云和月，四十年功名尘与土。支撑我一路走来的是让我魂牵梦绕的云台岭上的一草一木，是各位恩师言传身教的精神力量，是武冈一中笃实厚重的校风校魂！

作者简介

唐子略，男，1964 年出生，武冈一中初 78 班高 44 班学生。定居美国旧金山湾区，药理学硕士，公共卫生硕士，医学博士，美国执业临床医师，现在凯撒医疗集团行医。任系主任，专长为医院管理和公共卫生政策研究。

是师长，更是伯乐

——我与周乐庆书记的情缘

作者：陈云龙

在母校工作二十余年，我的成长离不开长辈与领导的关怀。尽管至今业绩平平，有愧母校师长栽培，但是回想往事，在学校能遇上赏识自己的良师益友，也是人生的幸事。

在武冈一中遇上周乐庆书记，就是我人生的幸事。周书记对我的知遇之恩我始终铭刻在心，是没齿难忘的。

周书记常说我是个有点思想也能做事的人。我知道这是他的溢美之词，饱含着长辈对后生的关怀与爱护。或许正因为这样，学校的很多大型活动，我难免会被周书记点将。因此，我认定周书记是我的伯乐，哪怕我是一匹桀骜不驯的劣马。

当年高考因数学太差，我只好去了邵阳教育学院读书。我记得那个时候周书记是政教处主任，因住在青年楼同一楼层，一天要见好几次面。他对我说，大学是块敲门砖，你学中文以后会成为个好老师。他还举例肖孝富老先生，说肖校长高中毕业教高中语文，成为名师，就是底子厚又肯学肯钻研。他还说英雄不问出处，有真本事就有大天地。

我大专毕业的那一年，周书记已担任武冈一中政教副校长，来到教育学院参加中学校长培训，他特意邀我到他的宿舍谈心。我始终记得他对我说的一句话，"你的潜质很好，语文老师就是要能说能写"。我反复咀嚼他的话语的用意，他认为我是个可塑之材，以后我不能辜负他的美意。那个下午，我们在校门口毛主席雕像前合了影。这张合影我一直珍藏着。

2001年秋季，我调入母校工作后，周书记对我关怀备至。他发现我在写作上有兴趣，多次把重要任务交给我。而我每次都如履薄冰，斟酌了又斟酌，书记说可以了，我才放得下心来。

第一次接受周书记给我的任务，是在2002年的夏天，学校参评邵阳市花园式单位，要求把学校突出的景点拍照，再在照片下做诠释。当时有位老师为此做过尝试，因写得过于简单，书记便把任务转交给我。这个材料从整体思路上是要突出环境育人的理念，又要把每个景点的特色用洗练优美的文字表述出来。我完成之后把材料交给周书记，他反复读了几次，改动了两个字。他呵呵地对我说，这样的材料难写，越短越难写，越短对语言的要求越高，你做到了，我知道你行，读高中的时候就看好你的文笔。周书记的一番鼓励，使我自信起来，中学时候开始发表习作，现在教书了，又是教语文，应该把写作的潜能挖掘出来。后来，我开始不连贯地写日记，积累了不少写作素材。

2003年，学校申报湖南省重点中学，周书记是材料组的负责人，他把我与王征平、毛政勇、王瑞汉、黄绍峰等安排在材料组，负责材料的写作与整理。因为经常碰头开会，2002年下学期到2003年暑假这段时间，与书记亲密接触的次数很多。回顾当时的工作与生活，我用一句古人的话来评价周书记是毫不为过的，那就是"每临大事有静气"。周书记思考问题有格局，站位高，能抓解决问题的关键。每逢学校发展历程中的大事，他总是胸有成竹，并鼓励我们要拓宽思路，敢于放手做事。

"创重"是武冈一中发展史上至关重要的一步，只许成功不许失败。书记唐启胜、校长唐军两人运筹帷幄，安排周书记负责拉总，这可是英明的决策。

2015年6月24日，湖南师范大学附属武冈实验中学在武冈一中挂牌

主持武冈一中 2019 年秋季开学典礼

周书记高屋建瓴、整体把握，又细致具体到每一个环节，他既能出思路，又能出方法。他吃透文件精神，把规定动作保质保量完成，又独立思考整理归纳学校的办学特色，做到"人有我有，我有人无"。周书记在会上把材料按板块分解，由专人负责，对每个内容又细分到人，倒排日程表，每个阶段都要碰头开会，汇报问题，汇报进度，提出完善改进意见。周书记提纲挈领，事事都做到条分缕析，几乎没有疏漏。"创重"的材料应该是比较完美的，每一个环节周书记都要亲自过细几遍，发现问题立即整改，决不允许有相冲突的内容。那次省教育厅专家组对我校的评估，分数是比较高的。从这件大事之后，学校无论整理什么材料都是杠杠的，周书记成了名副其实的专家。

周书记常与我们年轻人说，办事情一定要冷静，不浮躁，要思考问题，思考方法与对策。他是个性情中人，更是个沉得住气的人。二十多年来，他做副校长，当书记，在处理关系到学校利益的重大问题上，立场坚定，他的处事原则与方法都经得起检验，也是令人信服的。至于具体事件不便于一一赘述，实在太多了，老一中人心里都有一本账，那就是大是大非离不开周书记的把控。

后来，我又多次被书记点将。诸如为"创重"撰写校园解说词，撰写校门口的春联，为"我是一中人"党建活动语录册写作"序言"与"后记"，为校本教材《千年武冈》写序，为创建省级文明单位写汇报材料以及五万余字的《武冈一中校园文化建设综述》，等等，都得到过周书记的直接指导与帮助。周书记喜欢咬文嚼字，他看材料既看深度与创见，也看文句表述得妥帖与否。这一点，惭愧地说，我们不少的语文老师是远不及他的。

2012 年冬天，学校要搞 90 年校庆，周书记给我安排了任务，一是创作一首朗诵诗，展示母校九十年办学历程，体现办学理念、特色与成果；一是创作一篇赋体文，要求结合母校历史与现实，做到情景交融，既要典雅又要求通俗。我勉为其难地接受了，思前想后，总觉得十分为难。书记催了一遍又一遍。第一个任务算是完成了，交给了其他语文老师一起商量修改。第二个任务实在头疼，书记对我说，你去看看史料，尤其是《都梁文钞》，了解学校历史，还说这个文章只有你能完成。我知道书记这话的意思，就是说开弓没有回头箭，绝不可推脱了。我只好按照书记的要求，找到《都梁文钞》，也在网上浏览了近代武冈教育的相关历史文献。《武冈一中赋》出来之后，书记表扬我说思路清楚，结构整饬，文采不错，但是这个还不能草率，毕竟要刊刻的，慎重为好。为此，周书记与刘校长请来武冈文化界有名的几位前辈，对稿子进行研讨。我记得出席的有肖体刚、周飞跃、姜子华等前辈。稿件几经修改后，刊刻在樟园。

至于后来给楼宇命名，作诠释，也是书记点的将。那个时候，我已经因某些原因退出了办公室，有人认为我不会参与此事了。书记打我的电话，他知道我不会拒绝。我非常乐意，毕竟几代人都是一中的学生，为母校做点事情是义不容辞的责任。

书记两年前退出学校领导岗位，虽然病痛缠身在家疗养，但他仍然关注学校的发展动态。他在母校工作四十余年，一辈子没有挪动过地方，对母校的深情一般人难以理解。他把青春、健康与爱，都献给了母校，献给了教育事业。当他回到母校照全家福的时候，我送给他最近出的文集《俗世烟火》，他很高兴地说，你的选择是对的。这句话看似无意，却让我非常感动，周书记是真知我，真懂我的人。

作者简介

　　陈云龙，1993 年毕业于武冈一中高 85 班，2001 年选调进一中担任高中语文教学与班主任工作。邵阳市优秀教师，武冈市高考突出贡献奖获得者，武冈作协理事。长期在教学一线，担任过八年语文教研组长，教学之余潜心研读《红楼梦》，业余坚持文学创作，著有散文集《俗世烟火》与大量的教育时评。

后　记

探求武冈一中起源，千载而下。2022 年，湖南省武冈市第一中学百年华诞。

1922 年，五四思潮的孕育，武冈县立女子小学在希贤精舍旧址应运而生；1929 年 8 月，学校更名为武冈县立女子初级职业学校；1939 年秋，学校更名为武冈县立女子初级中学；1943 年秋，学校更名为武冈县立初级中学，开始男女生兼招；1953 年秋，学校更名为武冈县第一初级中学；1959 年秋，学校更名为武冈县第一中学；1994 年秋，学校更名为武冈市第一中学；2015 年，市人民政府与湖南师范大学合作办学，学校挂牌湖南师范大学附属武冈实验中学，同时，湖南省武冈市第一中学仍为法人单位。

一百年来，学校从女子小学到湖南师范大学附属武冈实验中学，从希贤精舍旧址到塘富冲，数易其名几易其址，见证了武冈历史的发展与变迁，成为武冈本土社会与历史发展变迁的重要组成部分。改革开放以来，学校在党的教育政策的春风中蓬勃发展，为党和国家培养了一批批优秀人才，为武冈乃至国家的经济社会发展做出了巨大贡献。回首百年来筚路蓝缕薪火相传蒸蒸日上的发展历程，回首百年来艰苦奋斗团结协作求实创新的文脉传承，回首百年来立足发展武冈振兴中华的使命担当，我们倍感光荣。

整理百年校史，回望光辉历程，才能更好展望未来；汲取先进经验，面向美好未来，才能更好开拓创新；凝练优秀文化，传承红色基因，才能更好地振奋精神。如此，我们便能明兴校之理，增强校之信，崇先贤之德，践报国之行。

校史整理工作开启之后，面对史料残缺的状况，我们深感不安。随着工作的推进，我们得到了社会各界尤其是历任领导、历届校友不遗余力的帮助和支持。在此，我们对关心学校发展，给予校史整理工作帮助与支持的历任领导、历届校友和社会各界人士表示衷心的感谢；对各种原因导致的校史资料收录不全向大家致以诚挚的歉意。

赓续百年文脉，开启崭新征程。诚挚感谢为百年校史整理、编纂付出艰辛努力的所有同志！衷心祝愿学校在新的历史时期，谱写出更加辉煌灿烂的新篇章！

刘兴龙

2022 年 5 月 1 日

320